A lógica das eleições municipais

A lógica das eleições municipais

Antonio Lavareda
Helcimara Telles
Organizadores

Copyright © 2016 Antonio Lavareda e Helcimara Telles

Direitos desta edição reservados à
EDITORA FGV
Rua Jornalista Orlando Dantas, 37
22231-010 | Rio de Janeiro, RJ | Brasil
Tels.: 0800-021-7777 | 21-3799-4427
Fax: 21-3799-4430
editora@fgv.br | pedidoseditora@fgv.br
www.fgv.br/editora

Impresso no Brasil | *Printed in Brazil*

Todos os direitos reservados. A reprodução não autorizada desta publicação, no todo ou em parte, constitui violação do copyright (Lei nº 9.610/98).

Os conceitos emitidos neste livro são de inteira responsabilidade dos autores.

1ª edição: 2016

COORDENAÇÃO EDITORIAL
Ronald Polito

PROJETO GRÁFICO DE MIOLO E DIAGRAMAÇÃO
Ilustrarte Design e Produção Editorial

REVISÃO
Victor da Rosa e Marco Antonio Corrêa

CAPA
Ilustrarte Design e Produção Editorial

IMAGEM DA CAPA
Cintia Erdens Paiva / Shutterstock.com

Ficha catalográfica elaborada pela
Biblioteca Mario Henrique Simonsen

A lógica das eleições municipais / Antonio Lavareda, Helcimara Telles (Org.). — Rio de Janeiro : FGV Editora, 2016.
420 p.

Inclui bibliografia.
ISBN: 978-85-225-1839-5

1. Eleições locais — Brasil. 2. Campanha eleitoral — Brasil. I. Lavareda, Antonio, 1951- . II. Telles, Helcimara de Souza, 1964- . III. Fundação Getulio Vargas.

CDD — 324.60981

Sumário

Apresentação   7
Antonio Lavareda e Helcimara Telles

1. Eleições municipais de 2012 e sinais para adiante   13
   Antonio Lavareda, Bonifácio Andrade, Enivaldo Rocha e Bartira Lins

2. Quem manda: governador ou prefeito?   43
   Gláucio Ary Dillon Soares, Sonia Terron e Antonio Carlos Alkmim

3. Fragmentação das eleições locais e a emergência de novas forças políticas no Brasil   67
   Silvana Krause, Denise Paiva Ferreira, Pedro Floriano Ribeiro e Paulo Victor Melo

4. O papel das Câmaras Municipais na arena eleitoral: as eleições de 2012   93
   Maria Teresa Miceli Kerbauy

5. Previsão eleitoral das eleições municipais brasileiras   123
   Marcelo Simas, Mathieu Turgeon e Marcos Tavares Pedro

6. O peso do dinheiro e do tempo de rádio e TV na disputa do voto para prefeito   145
   Bruno Wilhelm Speck e Emerson Urizzi Cervi

7. Televisão, imprensa e voto em Belo Horizonte e Goiânia 169
   Pedro Santos Mundim e Heloísa Dias Bezerra

8. Escândalos midiáticos de corrupção e pragmatismo:
   campanhas e voto para prefeito em Belo Horizonte 203
   Helcimara Telles, Pedro Soares Fraiha e Nayla Lopes

9. Tarifas e tarefas: determinantes locais e institucionais
   da aprovação do prefeito de São Paulo (1993-2012) 249
   Wladimir Gramacho, André Jácomo e Thiago Sampaio

10. Petismo e antipetismo: o local de moradia e a decisão
    do voto na cidade de São Paulo 279
    Márcia Cavallari Nunes e José Roberto de Toledo

11. A propaganda negativa nas eleições municipais
    do Rio de Janeiro e de São Paulo 305
    Felipe Borba e Fábio Vasconcellos

12. Russomanno e Ratinho Jr.: discurso de "independentes"
    em ondas despolitizantes 343
    *Luciana Fernandes Veiga, Gustavo Venturi
    e Sandra Avi dos Santos*

13. Campanhas online e suas repercussões: os usuários
    influentes do Twitter nas eleições de 2012 381
    Cláudio Penteado, Nayla Lopes e Regina Helena

Sobre os autores 417

Apresentação

Há inúmeros aspectos que norteiam as campanhas municipais e direcionam o voto nesse contexto a serem desvendados. A despeito do avanço da literatura brasileira, sobressaem muitas lacunas ainda existentes, seja devido à quantidade e grande heterogeneidade socioeconômica e política dos municípios, a dificultar generalizações para além dos poucos locais efetivamente estudados, seja por nossa tradição acadêmica que debruça as análises o mais das vezes sobre as refregas presidenciais, as quais supostamente organizariam nosso sistema partidário-eleitoral.

No Brasil, embora mais de dois terços dos eleitores não possuam vínculos de preferência com partidos políticos, as disputas presidenciais, desde 1994, têm sido bipolarizadas entre o Partido dos Trabalhadores (PT) e o Partido da Social Democracia Brasileira (PSDB). E as análises se concentram sobre uma dupla de fatores fortemente associados: o voto retrospectivo e o voto econômico. A performance dos mandatários e dos respectivos partidos se relaciona de perto com o desempenho da economia, ambas ditando as chances de continuidade, ou não, do partido no poder.

Entendemos que o acolhimento das teorias explicativas dos pleitos presidenciais nos estudos voltados para as outras dimensões federativas — estados e municípios — decorre do fato de que praticamente se repete nelas a moldura legal institucional das disputas nacionais. Por conseguinte, hipoteticamente repetir-se-iam, também, os esquemas mentais, a lógica enfim do comportamento eleitoral. Tal suposição pode ajudar-nos a entender o número reduzido de trabalhos acadêmicos sobre campanhas locais.

Mas, à medida que mergulhamos na multiplicidade de fatores presentes na dimensão municipal, vai se tornando claro que a simplificação de fazer equivaler, nesse terreno, o local ao nacional é insuficiente e insustentável. No Brasil, de frágil partidarismo, as campanhas podem ser de grande valia, principalmente as de vereadores e prefeitos. Elas são um universo complexo onde, além da temática nacional, dizem presente muitas peculiaridades, como a relevância de elementos herdados da dominação tradicional, em termos weberianos; o prestígio das lideranças locais; a força dos governadores; os temas provincianos; o compadrio; e até mesmo as miúdas relações entre as pessoas e as instituições, contaminadas por todo tipo de laços sociais e afetivos. Fatores que não raro se sobrepõem aos aspectos um pouco mais ideológicos, e às relações impessoais e "racionais", que se encontram mais presentes nas eleições nacionais.

O elevadíssimo número de municípios brasileiros, tanto os pequenos, nos quais vivem poucas centenas de eleitores, quanto aqueles formados por cidades nas quais habitam milhões deles, como nas grandes capitais, estimula o surgimento de fórmulas distintas de campanha. Elas mesclam recursos de mobilização tradicional — visitas aos eleitores, participação em festividades que celebram os rituais de vida e morte, o corpo a corpo, o uso de carro de som —, às mais novas tecnologias de informação, como o uso das redes sociais para compartilhar desde o programa do candidato, passando pelos boatos e o "disse me disse", tão comuns para a avaliação, construção e desconstrução dos candidatos a vereadores e prefeitos, sobretudo nas milhares de pequenas cidades do país. Os municípios são ricos em atividades de campanha, e as mídias locais, apesar de agendarem os temas nacionais, inserem outras pautas que fogem às preocupações debatidas em Brasília.

Os organizadores reconhecem as enormes dificuldades para o estudo sobre eleições focadas no município. E sabem que esta coletânea não poderia abarcar toda a complexidade delas. Este livro é resultado de uma agenda de estudos do Grupo Opinião Pública, Marketing Político e Comportamento Eleitoral, que, com a parceria institucional com o Instituto de Pesquisas Sociais, Políticas e Econômicas (Ipespe), vem desde 2008 se propondo a estudar, analisar e encontrar respostas às seguintes questões: que fatores influenciam a decisão de voto em candidatos a prefeito e vereador? Como e por que as campanhas municipais são distintas das nacionais? Que diferença fazem as campanhas nas disputas locais?

Algumas respostas a essas perguntas foram oferecidas no livro *Como o eleitor escolhe seu prefeito: campanhas e voto nas eleições municipais*, publicado em 2011, coordenado pelos mesmos organizadores desta coletânea. Seus capítulos analisaram a competição e as bases de escolha eleitoral nas cidades de São Paulo, Rio de Janeiro, Belo Horizonte, Salvador, Fortaleza, Curitiba, Recife, Porto Alegre, Manaus, Belém, Goiânia e Florianópolis, nas eleições para prefeito de 2008.

Durante o período de quatro anos que precedeu as eleições de 2008, e neste mesmo ano, o contexto econômico era positivo. A opinião pública se encontrava bastante satisfeita com o país e com o governo Lula da Silva. Parte dos eleitores votou com base nos laços que o candidato dizia ter com Lula e, por isso, foram evitados ataques à administração nacional. Os candidatos a prefeito destacaram o crescimento econômico e a expansão de benefícios sociais do governo federal; e os candidatos da oposição tentaram municipalizar as eleições, concentrando-se em questões locais.

Pode-se dizer, a partir das análises dos casos das capitais em 2008, que a lógica do eleitor não foi sempre vinculada aos temas nacionais. Embora boa parte dos candidatos a prefeito tenha se ligado ao governo federal, a bonança econômica favoreceu governistas e oposicionistas, e a reeleição foi o fator mais característico. As capitais elegeram quase todos os incumbentes que disputaram as eleições (95%), com exceção do prefeito de Manaus, Serafim Corrêa. Com efeito, 2008 pode ser qualificado, de maneira geral, como as eleições do continuísmo, da parceria entre os entes da federação e da economia. Embora nos pequenos municípios a influência do apoio dos governadores dos respectivos estados tenha como sempre se mostrado importante.

Pôde-se, ainda, incluir em 2008 o partidarismo e a ideologia entre as opções dos eleitores para a escolha de seu prefeito, embora *"to analyze partisanship more rigorously, scholars need to interview the same respondents at various points during the campaign, measuring their changing partisan identification, their responses to campaign messages and their evolving evaluations of political candidates*", conforme analisou Barry Ames, em 2012, ao resenhar nossa publicação.[1]

Este novo trabalho, que analisa as eleições de 2012, segue parâmetros diferentes. Vale lembrar que em 2012 era grande a insatisfação com as administrações e, por conseguinte, com os candidatos a prefeito que representavam o continuísmo. Isso resultou em maior fragmentação dos legislativos municipais e maior renovação nas prefeituras. Antes que considerar novamente caso a caso as capitais, esta coletânea se concentrou em fatores explicativos agregados, ainda que algumas cidades tenham sido retomadas na análise, como Rio de Janeiro, São Paulo, Curitiba, Belo Horizonte e Goiânia.

A primeira parte dela busca considerar o contexto no qual se desenvolveram as eleições, com ênfase nos aspectos institucionais, como as ofertas partidárias. Por isso, foram trazidos à tona elementos como o surgimento dos pequenos partidos, que se destacaram nessas eleições; a influência que o governador exerce sobre o pleito municipal; e a configuração das câmaras municipais no país.

Foram analisados, ainda, os fatores mais gerais que se associam ao voto, como a relação entre o Horário Eleitoral e os recursos financeiros mobilizados; as campanhas abordadas em suas diversas facetas e veículos; refletiu-se, ainda, sobre um modelo preditivo do voto para prefeito; e foram esboçadas hipóteses sobre o que poderá vir a ocorrer nas eleições seguintes (2016).

A obra retoma os casos de algumas capitais, como São Paulo, Curitiba, Belo Horizonte e Goiânia, e inclui, além das variáveis mais tradicionais para a análise do voto, o antipetismo e a influência do local de moradia na escolha eleitoral. Finalmente, são destacados o uso de novas tecnologias nas capitais com a análise dos usuários influentes do Twitter, e mais um tema altamente relevante nas campanhas de 2012, que coincidiram com o julgamento do "Mensalão", a percepção da corrupção no voto para prefeito.

Antes de finalizarmos, é necessário reconhecermos que, sem o apoio de outros pesquisadores, esta coletânea seria apenas uma promessa: os textos aqui apresentados foram antes expostos em um workshop nacional,

---

[1] AMES, Barry. Como o eleitor escolhe seu prefeito: campanha e voto nas eleições municipais. *Americas Quartely*, 2012. Resenha.

APRESENTAÇÃO

na Universidade Federal de Minas Gerais, onde os participantes receberam recomendações do público presente, bem como de avaliadores anônimos que se dispuseram a ler os capítulos e propor recomendações que os aperfeiçoaram. Agradecemos, também, à Diretoria do Ipespe, instituição que sempre apoiou as pesquisas aqui apresentadas, aos pesquisadores, professores e estudantes do Grupo Opinião Pública, bem como aos que colaboram com esse grupo e assinam os artigos.

Os 13 capítulos deste livro, elaborados por 34 prestigiados pesquisadores acadêmicos e do mercado, oferecem ao leitor um mosaico bastante diversificado sobre os fatores que incidem sobre o voto nos municípios brasileiros. As análises, além de utilizarem metodologias quantitativas mais consagradas, como os *surveys*, análises de discurso e dados agregados, inovam em métodos mais recentes, como a mineração de dados nas redes sociais. Desejamos que todos possam extrair desta publicação elementos que auxiliem a compreensão do comportamento dos cidadãos nesta categoria de disputa — os pleitos locais —, onde toda a longa tradição eleitoral brasileira começou.

Antonio Lavareda
Helcimara Telles

1
Eleições municipais de 2012 e sinais para adiante

Antonio Lavareda
Bonifácio Andrade
Enivaldo Rocha
Bartira Lins

Introdução

Percentual de reeleitos frustra Confederação Nacional de Municípios

A surpresa expressa na manchete do blog *congressoemfoco*[1] no dia seguinte ao primeiro turno das eleições municipais desse ano resultava da diferença entre a expectativa dos analistas e dirigentes da CNM, que haviam prognosticado uma taxa de reeleição[2] de 67%, e os resultados registrados nas urnas. Contabilizou-se um percentual de recondução 12 pontos inferior ao projetado: 55% dos incumbentes obtiveram êxito no pleito, o menor resultado registrado até então, como aponta a tabela 1. Isso a despeito do fato de que candidatos que concorrem no cargo contam com

---
[1] Disponível em: <www.congressoemfoco.uol.com.br>. Publicado em: 9 out. 2012.
[2] Conforme relatório CNM (2012).

um absoluto desequilíbrio a seu favor no acesso a recursos estratégicos significativos.[3]

O elevado otimismo antes do pleito provavelmente era alimentado pela hipótese de que as urnas de 2012 assistiriam, de alguma forma, à repetição do comportamento eleitoral de quatro anos atrás. Depois das duas primeiras disputas municipais após a adoção do instituto da reeleição, nas quais ocorreu a mesma marca — 58,2% — de reeleitos, o terceiro momento viu disparar esse percentual. O ano de 2008 foi o que já denominamos "o ano celestial da reeleição de prefeitos no Brasil". Praticamente dois terços (67%) dos incumbentes candidatos se sagraram vitoriosos (Lavareda, 2009:49).

Tabela 1
EVOLUÇÃO DO PERCENTUAL DE REELEIÇÃO DE PREFEITOS NO BRASIL

Ano	Prefeitos reeleitos* (%)	Prefeitos reeleitos nas capitais** (%)
2000	58	70
2004	58	73
2008	67	95
2012	55	50

* Fonte: CNM.
** Fonte: TSE. Dados organizados pelos autores.

Na primeira eleição (2000) em que estava liberada a possibilidade de os gestores municipais disputarem um segundo mandato, 62% o fizeram; na eleição seguinte (2004), dos 3.563 incumbentes aptos a disputarem, 63,3% (2.251) concorreram; em 2008, as condições positivas, que lembraremos a seguir, estimularam nada menos de quase oito em cada 10 incumbentes (78,6%) que estavam no primeiro mandato a perseguirem a reeleição; finalmente, em 2012, quase o mesmo percentual de incumben-

---

[3] Sobre incumbentes prefeitos, ler Lavareda e Telles (2011:17). Isso se dá também nas outras categorias eleitorais, conforme Pereira e Renno (2007). Speck e Mancuso (2013:120) apontam que nos municípios de grande porte "a chance de êxito da atual prefeitura é 15,5 vezes maior que a dos *challengers*". Fleischer (2002:86) já observa que mesmo antes de 2000 se verificava uma tendência à eleição de ex-prefeitos que depois de certo tempo voltavam ao cargo. Ele citava que, em 1996, "29,5% dos eleitos eram 'retornados' — tendo sido prefeitos eleitos em 1982 ou 1988".

tes aptos a tentarem um novo mandato apostou na vitória (74,8%). Desses 2.736 prefeitos que concorreram, apenas 1.511 obtiveram êxito.[4]

Nas capitais dos estados, as urnas foram ainda mais duras com os incumbentes, de acordo com os dados apresentados na tabela 1. Diferentemente do que ocorreu na eleição anterior, quando praticamente todos (95%) entre os 20 candidatos incumbentes se reelegeram, com a única exceção do prefeito de Manaus, Serafim Corrêa, esse percentual caiu quase pela metade (50%): quatro dos oito candidatos à prefeitura das capitais. Em 2000 e 2004 nelas haviam sido reconduzidos 70% e 73% dos prefeitos, respectivamente.

Mas deve ser lembrado que o número final de 2012 não reflete toda a realidade do que se passou nesse pleito especificamente nas capitais. É que nesses colégios eleitorais a taxa de incumbentes no primeiro mandato que se atiraram à disputa já foi bem menor que o universo potencial. Dos 12 possíveis candidatos, somente oito registraram suas candidaturas. Em Manaus, Natal, João Pessoa e Recife, os incumbentes não seriam candidatos. As oposições, nas capitais, foram vitoriosas em nada menos de 73 % delas.

Ao que parece, os resultados nessas cidades representam uma espécie de padrão extremado do que ocorreu nesse pleito no país. Como epicentros da dinâmica política, espaços onde se agudizam os problemas econômicos e sociais, onde também se concentra a "opinião pública" mais informada, as variáveis "nacionais" neles marcam presença com maior intensidade. Dessa perspectiva, este texto investe na reflexão acerca dos fatores que ajudam a explicar a ocorrência de uma inflexão vigorosa na taxa de sucesso dos incumbentes em 2012 em relação ao pleito anterior, 2008.

Embora não ignoremos o papel relevante do contexto local e das campanhas eleitorais nos resultados das urnas, acreditamos que a compreensão de diferenças expressivas no tocante aos percentuais de reeleição dos mandatários no conjunto dos 5.567 municípios face ao pleito anterior demanda a consideração de variáveis de abrangência nacional. Como já demonstraram Carneiro e Almeida (2008:425), a competição nos municípios não pode ser interpretada apenas à luz do que ocorre em seu território, pois "uma trama complexa de relações entrelaça os municípios às esferas estadual e nacional".

Escolhemos destacar aqui, entre as variáveis nacionais, alguns fatores econômicos capazes de terem impacto generalizado, ainda que seus efeitos não sejam uniformes.

---

[4] Conforme documento da CNM (2012).

Tabela 2
INCUMBENTES EM REELEIÇÃO

2008

Capital	Prefeito em reeleição	Partido	Resultado
NORTE			
Belém	Duciomar Costa	PTB	Reeleito
Boa Vista	Irandilson Sampaio	PSB	Reeleito
Manaus	Serafim Corrêa	PSB	Derrotado
Palmas	Raul Filho	PT	Reeleito
Porto Velho	Roberto Sobrinho	PT	Reeleito
Rio Branco	Raimundo Angelim	PT	Reeleito
NORDESTE			
Aracaju	Edvaldo Nogueira	PC DO B	Reeleito
Fortaleza	Luzianne Lins	PT	Reeleito
João Pessoa	Ricardo Coutinho	PSB	Reeleito
Maceió	Cícero Almeida	PP	Reeleito
Salvador	João Henrique	PMDB	Reeleito
Teresina	Silvio Mendes	PSDB	Reeleito
CENTRO-OESTE			
Campo Grande	Nelsinho Trad	PMDB	Reeleito
Cuiabá	Wilson Santos	PSDB	Reeleito
Goiânia	Iris Rezende	PMDB	Reeleito
SUDESTE			
São Paulo	Gilberto Kassab	DEM	Reeleito
Vitória	João Coser	PT	Reeleito
SUL			
Curitiba	Beto Richa	PSDB	Reeleito
Florianópolis	Dário Berguer	PMDB	Reeleito
Porto Alegre	José Fogaça	PMDB	Reeleito

2012

Capital	Prefeito em Reeleição	Partido	Resultado
NORTE			
Macapá	Roberto Goes	PDT	Derrotado
NORDESTE			
São Luís	João Castelo	PSDB	Derrotado
Teresina	Elmano Ferrer	PTB	Derrotado
CENTRO-OESTE			
Goiânia	Paulo Garcia	PT	Reeleito
SUDESTE			
Belo Horizonte	Márcio Lacerda	PSB	Reeleito
Rio de Janeiro	Eduardo Paes	PMDB	Reeleito
SUL			
Curitiba	Luciano Ducci	PSB	Derrotado
Porto Alegre	José Fortunati	PDT	Reeleito

Fonte: TSE; dados organizados pelos autores.

1. Diferenças nas conjunturas: 2012 em face de 2008

Como a economia nacional impacta eleições municipais? De duas formas: a primeira delas, indireta, diz respeito à importância do *feel good factor*, um sentimento de bem-estar e otimismo no qual os eleitores são impelidos a reiterarem suas escolhas passadas; a segunda tem a ver com os reflexos da economia e das políticas econômicas nacionais diretamente nas finanças das prefeituras, permitindo ou não a execução das promessas de campanha e outras iniciativas que possibilitem aos seus titulares granjear níveis de aprovação na opinião pública capazes de assegurar-lhes a vitória, uma vez trasladados em apoio eleitoral. No primeiro semestre do quarto ano do mandato é ultimado o cenário no qual irão se definir as candidaturas e se posicionarem os competidores. Com a mídia passando a dedicar a cada dia maiores porções do noticiário à disputa que se avizinha, os eleitores vão aos poucos se envolvendo no clima da pré-campanha e afiando suas percepções sobre a esfera político-administrativa em questão. Fazem isso consoante os sentimentos que desenvolveram em relação às administrações e aos governantes, incluindo a confirmação ou não das expectativas anteriores relativas aos mesmos, em um processo que pode se desenvolver até o dia da eleição. Mas não deve ser esquecido que tais sentimentos também convivem na mente dos indivíduos com seu grau de satisfação e de otimismo com relação ao desempenho da economia do país, que se reflete na percepção da situação econômica de sua família e de si próprios no presente e em um futuro próximo.

Conforme se observa no gráfico 1, o Brasil enfrentou, num primeiro momento, com relativo sucesso, a crise financeira mundial prenunciada em 2007 e que eclodira no final de 2008 levando à depressão da economia em todos os continentes. Após um ano difícil em 2009, com um recuo de -0,3%, registrou-se no ano seguinte um excepcional crescimento de 7,5% do PIB.

Gráfico 1
A CURVA DECLINANTE DO PIB

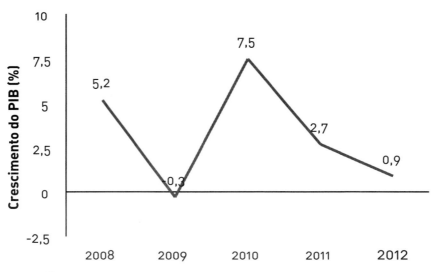

Fonte: IBGE.

Porém, a partir daí faltaria fôlego às estratégias adotadas e a economia infletiu aceleradamente. O patamar anterior foi reduzido a 2,7% em 2011 e a 0,9% em 2012. No primeiro semestre daquele ano a economia do país andava de lado; 0,6% de crescimento. Comparativamente, em 2008 o PIB do país avançara 5,2%. No primeiro semestre, o crescimento havia sido de 6,2%, comparado com o mesmo período do ano anterior.

O impacto desse fator objetivo na dimensão subjetiva, ou seja, na formação dos sentimentos da população com relação à situação econômica do país, é bem apreendido nas pesquisas de opinião pública. Na tabela 3 comparam-se as respostas a uma mesma questão, o *recall* de notícias sobre o governo federal, formulada em setembro dos anos de 2008 e 2012.

As diferenças, como é possível constatar, são eloquentes. Talvez o termo "euforia" descreva melhor que "entusiasmo" o clima verificado às vésperas das eleições de 2008. O *recall* das notícias sobre o crescimento da economia e as menções às matérias sobre redução da inflação eram acompanhados das citações referentes às recém-descobertas do pré-sal e da nova bacia de petróleo no litoral do município de Santos, no estado de São Paulo. Completados por referências às viagens do presidente Lula e ao aumento do valor dos benefícios do programa social Bolsa Família. O *recall* de notícias negativas[5] era incipiente, 13%. Dados inteiramente coerentes com a avaliação positiva (ótimo/bom) recorde do governo Lula,[6] de 69% naquele período, e que chegaria a atingir 83% na pesquisa do último mês do seu mandato.[7]

Tabela 3
RECALL DE NOTÍCIAS EM 2008 E 2012
Assuntos mais lembrados sobre os governos Lula/Dilma que saíram na imprensa

RECALL DE NOTÍCIAS SET. 2008	%	RECALL DE NOTÍCIAS SET. 2012	%
Extração do petróleo na camada do pré-sal / O presidente Lula faz uma marca de petróleo na ministra Dilma Rousseff.	9	Julgamento do Mensalão pelo STF.	16
		Anúncio da redução nas tarifas de energia para 2013.	11
Descoberta de uma nova bacia de petróleo em Santos / Anúncio da Bacia de Tupi.	8	Viagens da presidente Dilma.	5
Viagens do presidente Lula.	7	Greve de funcionários públicos.	5
Aumento no valor do Bolsa Família / Reajuste nos benefícios do Bolsa Família.	6	CPI do Cachoeira.	5
Redução da inflação / Queda do preço dos produtos.	5	Obras para a Copa de 2014.	5
Acusação de que órgãos do governo federal (Abin/Polícia Federal) teriam participado de operações para instalação de grampos em telefones de autoridades.	5	Redução da taxa de juros.	4
		Troca de ministros (Ministério da Cultura).	3
Problemas na área de segurança / Crise na segurança / Aumento da violência.	5	Presidente Dilma participa das campanhas para prefeito.	3
Proposta do governo brasileiro para ser negociador da crise política da Bolívia.	5	Rio +20.	2
Crescimento da economia no primeiro semestre de 2008 / PIB cresce acima de 6% no primeiro semestre.	4	Prorrogação da redução do IPI para automóveis.	2
Participação do presidente Lula nas campanhas municipais / Apoio do presidente a candidatos a prefeito.	4	Olimpíadas (participação da Dilma).	2
		Outras notícias.	13
Outras notícias.	29	Nenhuma.	18
Nenhuma.	15		
Não sabe / Não respondeu.	32	Não sabe / Não respondeu.	36

Fonte: Pesquisa CNI/Ibope, set. 2008 e set. 2012.

---

[5] Pesquisa CNI/Ibope, avaliação de governo, set. 2008.
[6] Id.
[7] Pesquisa Datafolha, 20-12-2010, última pesquisa de avaliação do governo Lula.

Em 2012, no mesmo mês, embora a avaliação positiva[8] da presidente Dilma Rousseff fosse elevada (62%), o registro dos fatos noticiados assumia um padrão bem diferente. Desaparecera qualquer menção ao crescimento do país, embora os entrevistados citassem alguns anúncios das medidas da estratégia do governo para animar a economia: redução das tarifas de energia, redução das taxas de juros, prorrogação da redução do IPI para os automóveis. Mas o *recall* do noticiário negativo emergiu com força. Apareciam em primeiro lugar as menções ao julgamento do Mensalão; e as citações a greves e à CPI tinham também lugar de destaque. Ou seja, de forma marcadamente diferente de 2008, agora o *feel good factor* não se repetiria. E o mau humor crescente da população explodiu nas ruas em meados do ano seguinte.

Prefeituras de cofres vazios

E quanto ao impacto direto da situação econômica nacional no "caixa" das administrações municipais? Foi devastador, para dizer o mínimo. A safra de prefeitos eleitos em 2004 desfrutara de uma situação excepcional do ponto de vista financeiro. Durante o mandato concluído em 2008 os recursos à disposição das prefeituras cresceram 52,4%, desempenho bem superior ao que tiveram as finanças dos governos estaduais e da União naquele período (Lavareda e Telles, 2011:14).

No quadriênio seguinte, a sorte dos prefeitos não foi a mesma. Aos efeitos da retração da atividade econômica somou-se um fator que deprimiu a principal receita da grande maioria dos municípios (75% deles): o esvaziamento do Fundo de Participação dos Municípios (FPM) causado pela desoneração do Imposto sobre Produtos Industrializados (IPI), em diversos setores, com destaque para a indústria automobilística. Afinal, os resultados do IPI têm parte expressiva (mais de 15%) destinada àquele fundo.

Como efeito colateral das políticas anticíclicas heterodoxas do governo federal destinadas a animar o mercado e manter os níveis de emprego

---

[8] Pesquisa CNI/Ibope, set. 2012.

em setores considerados estratégicos, as desonerações repercutiram como um petardo nas finanças municipais.[9]

As contas públicas nos governos locais sofreram um primeiro impacto logo após as eleições, em dezembro de 2008, e os repasses do FPM continuaram declinando ao longo de 2009, recuando 10% em relação à estimativa inicial na Lei Orçamentária Anual. Haveria uma pequena recuperação em 2010, de 2,4%, descontada a inflação do período, seguida por uma recuperação ainda maior em 2011, de 15,75%, mas no último ano do mandato, em 2012, novamente viria recuar[10] para -2,18%.

Diferentemente do quadriênio anterior, quando suas receitas haviam crescido linearmente mais de 50%, as prefeituras amargaram, nesse período, cofres bem mais vazios. O que afetou em cheio seu desempenho, sobretudo em face das promessas generosas de campanha parametrizadas pelos tempos de fartura do período anterior. Além de o enfraquecimento da economia como um todo debilitar as receitas, o impacto das desonerações do IPI em diversos setores produtivos (chegaram a 14 os decretos de desoneração desse imposto) subtraiu aos municípios aproximadamente 5,6 bilhões de reais,[11] e 44% dessa perda ocorreria exatamente no último e decisivo ano eleitoral.

Esse quadro se trasladava naturalmente para a popularidade dos gestores e a reação dos prefeitos não se fez esperar. Marchas e manifestações tomaram conta de Brasília. Basicamente em vão, porque o governo federal não tinha naquele momento nenhuma alternativa à política anticíclica de desonerações.[12]

Prefeitos mal avaliados

Ressalvadas poucas exceções, o impacto descrito no tópico anterior atingiu em cheio as administrações. Ruíram promessas de campanha, projetos

---

[9] Conforme documento da CNM (2013).
[10] Ibid.
[11] Ibid.
[12] Repasse do FPM tem nova queda. 10 mar. 2012; Movimento busca aumento do FPM. 17 jul. 2012. Disponíveis em: <Gazetaweb.globo.com>.

foram adiados, obras em andamento adotaram ritmo mais lento. Como consequência lógica do descompasso entre o que fora prometido por muitos candidatos, sob o padrão de um ciclo generoso de final insuspeito, e o que a população após a posse dos eleitos passou a assistir e viver no dia a dia. A opinião pública foi severa na avaliação dos governantes. Especialmente nas grandes cidades, como se verifica na tabela 4, que compara a média das avaliações dos prefeitos nos anos de 2008 e 2012.

Tabela 4
MÉDIA DAS AVALIAÇÕES DOS PREFEITOS DE CAPITAIS BRASILEIRAS,
NOS ANOS DE 2008 E 2012 (%)

CAPITAL	AVALIAÇÃO POSITIVA (Ótimo + Bom em %) 2008	2012	VARIAÇÃO	CAPITAL	AVALIAÇÃO POSITIVA (Ótimo + Bom em %) 2008	2012	VARIAÇÃO
Campo Grande	77	68	-9	São Luís	30	30	0
Rio Branco	63	67	4	Manaus	32	27	-5
Porto Alegre	39	55	16	Aracaju	52	26	-26
João Pessoa	74	55	-19	Vitória	73	26	-47
Belo Horizonte	78	54	-24	Fortaleza	34	25	-9
Rio de Janeiro	29	49	20	Belém	32	22	-10
Teresina	68	46	-22	Recife	59	21	-38
Maceió	80	45	-35	São Paulo	45	20	-25
Florianópolis	45	44	-1	Palmas	49	17	-32
Goiânia	74	41	-33	Boa Vista	55	10	-45
Curitiba	81	38	-43	Cuiabá	49	9	-40
Porto Velho	62	37	-25	Salvador	26	7	-19
Macapá	12	31	19	Natal	43	1	-44

Fonte: Ibope.[13]

---

[13] Média calculada utilizando a soma das avaliações "ótima" e "boa", com base em todas as pesquisas publicadas pelo Ibope, nos anos de 2008 e 2012, para cada prefeito de capital brasileira.

Como se constata, a média das avaliações positivas no segundo momento recuou em 21 capitais. A maioria dos prefeitos (16 deles) não atingia no ano de 2012 a marca dos 40% de avaliação positiva que a literatura tem cravado como patamar mínimo para possibilitar a continuidade dos partidos no poder, sobretudo no caso dos candidatos incumbentes. Em 12 capitais se situava abaixo dos 30%. Em três delas a avaliação positiva não atingia sequer os dois dígitos. Situação bastante diferente da que ocorreria em 2008, quando nada menos que 18 prefeitos contavam com uma média de avaliação (Almeida, 2008) igual ou superior a 40%.

2. A geografia da reeleição em 2012

Na tabela 5 observa-se a evolução do desempenho dos incumbentes nas urnas no total do país e nas cinco regiões. Em todas elas, com exceção do Nordeste, havia até 2008 uma nítida tendência na curta série histórica de avanço das probabilidades de êxito dos candidatos que disputavam as eleições no exercício do mandato executivo municipal. Em 2012 esse percentual recuou no país para 55%.

Naturalmente, em algumas regiões a queda foi bem maior. A maior delas, de 21 pontos percentuais, ocorreu no Centro-Oeste, seguido por quedas de 17 pontos no Sudeste e de 16 pontos percentuais no Norte. No Nordeste, o recuo assumiu a mesma dimensão do total do país, enquanto na região Sul se deu a menor queda no número de incumbentes reeleitos: apenas três pontos percentuais. Essa também foi uma das duas regiões (a outra foi o Sudeste) em que o percentual de êxito de 2012 conseguiu ser superior àquele registrado no início da série, nas eleições de 2000.

Tabela 5
TAXA DE REELEIÇÃO DOS PREFEITOS ENTRE 2000 E 2012, POR REGIÃO (%)

REGIÃO	ANO ELEITORAL (%)			
	2000	2004	2008	2012
Norte	52	55	61	45
Nordeste	65	61	68	56
Centro-Oeste	55	57	64	43
Sudeste	50	53	70	53
Sul	58	60	69	66
Brasil	58	58	67	55

Fonte: TSE, dados organizados pelos autores.

Complementando-se o exame dos resultados sob a ótica do porte dos municípios, verifica-se que, embora não haja uma relação direta entre o tamanho das respectivas populações e a dimensão do recuo nas taxas de reeleição, foi nos maiores municípios — acima de 200 mil eleitores — que se deu a maior queda nessa curva: um declínio de 25 pontos percentuais entre 2008 e 2012, como apresenta a tabela 6.

Tabela 6
TAXA DE REELEIÇÃO DOS PREFEITOS ENTRE 2000 E 2012,
POR PORTE DE MUNICÍPIO (%)

NÚMERO DE ELEITORES	ANO ELEITORAL (%)			
	2000	2004	2008	2012
Até 5.000	63	64	70	60
5.001 a 20.000	54	52	66	54
20.001 a 50.000	53	57	66	49
50.001 a 200.000	55	54	72	59
Mais de 200.000	58	56	83	58
Brasil	58	58	67	55

Fonte: TSE, dados organizados pelos autores.

3. Um passo à frente

As eleições municipais são as nossas "eleições intermediárias", como são chamadas nos Estados Unidos aquelas que ocorrem exatamente no meio do mandato presidencial e sobre cujos resultados se debruçam os analistas para fazer prognósticos sobre o ciclo eleitoral seguinte. Embora, diferentemente do nosso caso, essas eleições naquele país sejam sobretudo legislativas, faz sentido indagar se nossas disputas intermediárias municipais têm capacidade de emitir alguns sinais sobre o que pode vir a ocorrer nas urnas dois anos depois.

Em outros contextos, o reconhecimento dessa capacidade antecipadora é consensual. Na Península Ibérica, por exemplo, as eleições locais em Portugal e Espanha oferecem fortes indicativos da correlação de forças nacional entre os principais partidos. Como exemplos recentes, a fragmentação partidária na Espanha, evoluindo para um cenário de competição quadrangular, começou de fato nas eleições municipais de março de 2015 com a irrupção do "Podemos" e do "Cidadãos" que se acrescentaram ao Partido Popular (PP) e ao Partido Socialista Operário Espanhol (PSOE)[14] no sistema partidário-eleitoral. O mesmo aconteceu na França, também em 2015, quando a ascensão da Frente Nacional (FN), com 25% nas eleições locais, disputando competitivamente com o Partido Socialista (PS) com 29% e o Movimento Republicano Popular (MRP),[15] 36%, ditou finalmente as bases de uma sólida triangulação da competição partidária eleitoral nacional.

Essa relação entre as disputas municipais e as estaduais e nacionais também se encontra na América Latina. México, Argentina, Bolívia, Colômbia, El Salvador e Uruguai são casos conhecidos nos quais as disputas

---

[14] Ver: Especial elecciones autonómicas y municipales España 2015, n. 23, 2015. Também "As eleições autônomas em Andaluzas de 2012: quando a campanha é o contexto" em Telles e Lavareda (2015).
[15] Resultados da participação dos principais coalizões, no primeiro turno das eleições departamentais na França, em 2015. Disponível no site do Ministério do Interior Francês: <www.interieur.gouv.fr>.

locais, sobretudo a conquista de cidades importantes, têm grande significado na marcha para o poder nacional disputado adiante, ou servem, no papel de pleitos intermediários, como uma espécie de "terceiro turno", uma vez nacionalizadas essas campanhas.[16]

Então, vale indagar que o principal traço presente nas eleições brasileiras de 2012 viria a ser confirmado nas eleições seguintes.

O aumento da fragmentação

Finalizada a apuração das urnas nas eleições parlamentares de 2014, surpreendia-se a maioria dos analistas com a presença de 28 siglas entre os 517 deputados federais eleitos. Nunca tantas legendas haviam alcançado simultaneamente assentos na Câmara Federal. Os especialistas foram enfáticos em apontar o quanto essa fragmentação iria comprometer ainda mais o já desgastado processo decisório da instituição, aumentando para o sistema político o custo da governabilidade.

Como se observa na tabela 7, oito anos antes (2006), o número de partidos efetivos (NEP) na Câmara havia sido de 9,3; em 2010 subiu para 10,4; para em 2014 atingir 13,2. Um aumento superior aos 30% no intervalo de oito anos. Contando-se simplesmente as legendas representadas, o número delas subiu de 21 para 28 nesse período.

---

[16] Foi o que ocorreu na eleição de 7 de junho de 2015 no México, quando foram escolhidos 300 prefeitos, nove governadores, 17 legislativos estaduais e 500 deputados federais. Fonte: *Folha de S.Paulo*, 8 jun. 2015. E na Argentina onde a eleição local em Buenos Aires foi um degrau importante para os resultados das eleições gerais de 2015. Ver notícia "*Mauricio Macri impone a su candidato en las elecciones a alcade de Buenos Aires*". 8.7.2015. Disponível em: <abc.es/internacional/20150706/abci-resultados-elecciones-argentina-locales-201507060242.html>.

Tabela 7
EVOLUÇÃO DOS PARTIDOS NA CÂMARA FEDERAL

PARTIDO	\multicolumn{6}{c}{BANCADAS}	VARIAÇÃO (%)	
	\multicolumn{2}{c}{2006}	\multicolumn{2}{c}{2010}	\multicolumn{2}{c}{2014}	2006/ 2010	2010/ 2014
	ABS	%	ABS	%	ABS	%		
PT	83	16,2	86	16,8	70	13,6	4	-19
PMDB	89	17,3	78	15,2	66	12,9	-12	-15
PSDB	65	12,7	54	10,5	54	10,5	-17	0
PSD	—	—	—	—	37	7,2	—	—
PP	42	8,2	44	8,6	36	7,0	5	-18
PR	23	4,5	41	8,0	34	6,6	78	-17
PSB	27	5,3	35	6,8	34	6,6	30	-3
PTB	22	4,3	22	4,3	25	4,9	0	14
DEM	65	12,7	43	8,4	22	4,3	-34	-49
PRB	1	0,2	8	1,6	21	4,1	700	163
PDT	24	4,7	27	5,3	19	3,7	13	-30
SD	0	0,0	0	0,0	15	2,9	—	—
PSC	9	1,8	17	3,3	12	2,3	89	-29
PROS	—	—	—	—	11	2,1	—	—
PC do B	13	2,5	15	2,9	10	1,9	15	-33
PPS	21	4,1	12	2,3	10	1,9	-43	-17
PV	13	2,5	13	2,5	8	1,6	0	-39
PHS	2	0,4	2	0,4	5	1,0	0	150
PSOL	3	0,6	3	0,6	5	1,0	0	67
PTN	—	—	—	—	4	0,8	—	—
PMN	4	0,8	4	0,8	3	0,6	0	-25
PRP	—	—	2	0,4	3	0,6	—	50
PEN	—	—	—	—	2	0,4	—	—
PSDC	—	—	1	0,2	2	0,4	—	100
PTC	3	0,6	1	0,2	2	0,4	-67	100
PRTB	—	—	2	0,4	1	0,2		-50
PSL	—	—	—	—	1	0,2	—	—
PT do B	1	0,2	3	0,6	1	0,2	200	-67
PAN	1	0,2	—	—	—	—	—	—
Prona	2	0,4	—	—	—	—	—	—
TOTAL	513	100,0	513	100,0	513	100,0	0	0
NEP	\multicolumn{2}{c}{9,3}	\multicolumn{2}{c}{10,4}	\multicolumn{2}{c}{13,2}	—	—

Fonte: TSE; dados organizados pelos autores.

Em 2014, das 10 maiores bancadas, seis diminuíram em relação aos resultados eleitorais do pleito anterior (PT, PMDB, PP, PR, PSB e DEM); uma se manteve estável (PSDB); outras duas cresceram (PTB e PRB); e uma (PSD) não havia disputado as eleições anteriores. Os 10 maiores partidos da Câmara Federal, que em 2006 haviam elegido 461 deputados, viram esse número declinar, em 2010, para 447, e chegar a 339 representantes em 2014: queda de 27% em apenas duas legislaturas.

Tabela 8
NÚMERO EFETIVO DE PARTIDOS POLÍTICOS NAS PREFEITURAS
(ELEIÇÕES DE 2004, 2008 E 2012)[17]

UF	PREFEITO			UF	PREFEITO		
	2004	2008	2012		2004	2008	2012
Norte	6,3	5,5	6,4	Centro-Oeste	5,6	6,0	6,9
AC	4,0	2,8	4,9	DF	—	—	—
AM	5,6	4,8	4,2	GO	4,9	6,1	7,8
AP	5,3	5,8	8,5	MS	5,9	5,1	6,4
PA	5,7	6,7	7,4	MT	6,0	6,8	6,5
RO	6,5	9,0	6,6	Sudeste	6,9	6,8	8,6
RR	9,0	3,1	5,5	ES	8,7	6,5	7,2
TO	7,9	6,1	7,7	MG	8,3	9,2	10,9
Nordeste	6,2	6,9	7,9	RJ	4,1	5,1	8,5
AL	6,7	7,3	7,5	SP	6,6	6,5	8,0
BA	5,1	7,2	8,1	Sul	5,2	5,1	6,5
CE	4,8	6,4	8,2	PR	6,6	6,1	10,0
MA	7,8	7,6	10,6	RS	4,9	4,8	4,9
PB	6,7	6,5	7,3	SC	4,0	4,4	4,6
PE	6,9	6,7	6,2				
PI	6,4	5,7	7,5				
RN	5,6	6,4	6,4				
SE	6,0	8,4	10,0	Brasil	8,8	8,8	10,4

Fonte: TSE; dados organizados pelos autores.

---

[17] Cálculo realizado com base no modelo criado por Laakso e Taagepera (1979).

Na verdade, as disputas locais de 2012 já anteciparam o salto da fragmentação da Câmara Federal no ciclo eleitoral seguinte. O número efetivo de legendas (NEP) ocupando cadeiras de prefeitos aumentou em relação ao pleito anterior em 23 dos 26 estados, como se verifica na tabela 8. O número de prefeituras conquistadas por pequenos partidos[18] avançou de 375 para 642: 41%, como se pode observar na tabela 10.

A comparação a olho nu dos percentuais de executivos municipais[19] obtidos pelos partidos em 2012 e os de cadeiras na Câmara em 2014 antecipa em larga medida o que as correlações entre os dados, apresentadas na tabela 9, nos dizem: desde o primeiro episódio eleitoral analisado (2004), há uma associação superlativa entre a distribuição de prefeituras entre os partidos e a obtenção de cadeiras por eles na Câmara Federal. Que se estreitou ainda mais a partir de 2010. Isso ocorre nos dois sentidos: ao que parece, a fragmentação local impacta a fragmentação federal, e essa retroalimenta a fragmentação nos municípios.

Tabela 9
CORRELAÇÃO ENTRE A PARTICIPAÇÃO DOS PARTIDOS
NAS PREFEITURAS E NA CÂMARA FEDERAL ENTRE 2004 E 2014[20]

ANOS ELEITORAIS	CORRELAÇÃO ENTRE %
2004-06	0,90
2006-08	0,91
2008-10	0,90
2010-12	0,93
2012-14	0,95

Fonte: TSE; dados organizados pelos autores.

---

[18] Vale salientar que em 2012 a categoria "pequenos partidos", presente da tabela 8 como "Outros", foi composta pelas seguintes legendas: PV, PRB, PSC, PPL, PMN, PC do B, PRP, PSL, PHS, PSOL, PTC, PTN, PT do B, PSDC, PRTB, PSDC E PRTB.
[19] Ver os artigos do livro Lavareda e Telles (2011).
[20] A correlação de Pearson foi calculada pelo percentual de candidatos eleitos por partido, no total de prefeituras do Brasil, nos anos de 2004, 2008 e 2012, e de deputados federais, em 2006, 2010 e 2014, considerando-se no cálculo apenas aqueles partidos que obtiveram êxito nos dois pleitos comparados. O coeficinete de correlação pode variar entre -1 e 1. Sobre a análise do coeficiente, ver Figueiredo Filho e Silva Júnior (2009).

Ao analisar comparativamente o comportamento das siglas partidárias, constata-se uma notável similaridade de desempenho. Por exemplo, o PT obteve 11,5% das prefeituras em 2012 e 13,6% dos assentos na CF em 2014. Do mesmo modo, o PSDB obteve 12,5% das prefeituras em 2012 e 10,5% das cadeiras na Câmara Federal em 2014. O PSD, 8,9% e 7,2%, nos mesmos anos. O PMDB, tradicionalmente líder nas eleições municipais, apresentou sua menor participação em 2012, com 18,4%, fato que se repetiu em 2014, quando obteve 12,9% das cadeiras federais. Este percentual foi 15% inferior ao de 2010 e 25% menor ao comparar o último pleito com o de 2006. O DEM, por sua vez, que em 2004 representava a terceira força partidária local, com 14,2% das prefeituras, chegou a 2012 com 5%, um declínio de -65% em oito anos. Já na Câmara Federal, o declínio, ao comparar 2014 com 2006, foi quase na mesma proporção: 66%. Por outro lado, o PSB, que chegou a 2012 nas prefeituras com crescimento de 61% em comparação com 2004, não conseguiu o mesmo desempenho na CF. Em 2014, o partido, que crescera 30%, entre 2006 e 2010, perdeu uma cadeira (menos 3%) em relação ao pleito anterior. O fato de seus candidatos a deputado federal terem disputado a eleição pela primeira vez sob o guarda-chuva de uma candidatura presidencial própria, que não chegou ao segundo turno da eleição (Marina Silva), talvez explique esse resultado.

Tabela 10
EVOLUÇÃO DOS PARTIDOS NAS PREFEITURAS BRASILEIRAS (%)

PARTIDO	2004 ABS	%	PARTIDO	2008 ABS	%	PARTIDO	2012 ABS	%
PMDB	1.058	19,0%	PMDB	1.204	21,6%	PMDB	1.022	18,4%
PSDB	871	15,7%	PSDB	786	14,1%	PSDB	695	12,5%
DEM	791	14,2%	PT	558	10,0%	PT	638	11,5%
PP	551	9,9%	PP	553	9,9%	PSD	498	8,9%
PT	411	7,4%	DEM	501	9,0%	PP	475	8,5%
PTB	403	7,2%	PTB	415	7,5%	PSB	439	7,9%
PR	382	6,9%	PR	384	6,9%	PDT	308	5,5%
PDT	307	5,5%	PDT	346	6,2%	PTB	298	5,4%
PPS	306	5,5%	PSB	312	5,6%	DEM	278	5,0%
PSB	175	3,1%	PPS	129	2,3%	PR	274	4,9%
Outros	308	5,5%	Outros	375	6,7%	Outros	642	11,5%
Total	5.563	100%	Total	5.563	100%	Total	5.567	100%

Fonte: TSE; dados organizados pelos autores.

4. Conclusões. E o que esperar de 2016?

Um sumário de 2012

Embora os fatores locais — conjuntura municipal, avaliação e sentimentos em face da administração e dos candidatos, e a campanha eleitoral — forneçam o principal arsenal explicativo dos resultados eleitorais nas disputas às prefeituras, este artigo procurou chamar a atenção para o papel de fatores nacionais, em especial dos reflexos da situação econômica, já bastante estudados no que concerne às eleições nacionais, mas ainda pouco explorados no que diz respeito às disputas no nível local.

Contrastando dois cenários que são quase antípodas perfeitos — 2008, com PIB elevado e finanças municipais em alta, e 2012, com a economia encolhida e as finanças municipais retraídas —, arguimos o quanto a conjuntura nacional contribuiu para o registro, no primeiro momento, da maior taxa de recondução de incumbentes e, no segundo instante, da menor taxa registrada nessa categoria até aquele ano. Longe de ser exaustiva, essa reflexão é vista por nós como um passo preliminar que esperamos venha estimular a continuidade da investigação do relacionamento entre fatores locais e nacionais na dinâmica do processo eleitoral nos municípios.

De outra perspectiva, o artigo abordou também, de forma exploratória, a capacidade de sinalização dessas eleições "intermediárias", projetando características que se fariam presentes nas eleições gerais imediatamente posteriores. A evolução dos partidos periféricos na conquista dos executivos municipais em 2012 (de 375 prefeituras na eleição anterior para 642, nesta última) foi interpretada por nós como uma antecipação significativa do avanço da fragmentação partidária no Congresso Nacional extraído das urnas dois anos depois.

E o que promete 2016 à luz de novos dados?

Dito de outra forma, o que, com base nos estudos eleitorais, incluindo as reflexões contidas nesse volume e a análise da dinâmica recente do quadro político, pode ser antecipado sobre as próximas eleições municipais brasileiras?

A dificuldade de se fazer previsões sobre eleições municipais já foi bem destacada.[21] Exige correr o risco de afastarmo-nos das margens seguras da análise do passado — onde a ciência política tem o respaldo confortável da história — para navegar nas águas temerárias da elaboração de hipóteses acerca do futuro do quadro político brasileiro, dificuldade reforçada pelo cenário de crise econômica e política do início do segundo mandato da presidente Dilma Rousseff. Apresentamos abaixo três prognósticos, acompanhados de suas justificativas, mais uma vez, com o propósito de estimular a reflexão.

Menos reeleição?

As dificuldades econômicas que recordamos aqui, experimentadas pelo país no pleito anterior, assumiram nos anos seguintes contornos de inédita gravidade. Em um cenário dramático que analistas e governo reconhecem que se estenderá por todo o ano eleitoral, com um PIB sofrendo nova retração (projetada em -3,6% em 2015, e – 3,5% em 2016), com inflação prevista de 10,7% para 2015 e de 7,28% para 2016, a maioria das prefeituras ingressará neste ano com seus caixas amargando quedas expressivas na arrecadação dos tributos próprios e vendo minguar as transferências do Fundo de Participação dos Municípios.[22] Obviamente há exceções, a mais expressiva delas sendo a cidade do Rio de Janeiro, beneficiada pelos investimentos públicos e privados direcionados às Olimpíadas.

---

[21] Conforme "Previsão de voto nas eleições municipais brasileiras" de Simas, Turgeon e Pedro (2014).

[22] "3 em cada 4 metrópoles têm queda de receitas". 4-1-2016. Disponível em: <www.folha.uol.com.br>. "Representantes de prefeituras reclamam de queda do FPM". 13-3-2015. Disponível em: <www.g1.globo.com>. "Prefeitos pedem socorro em Brasília para bancar cofres municipais". 25-5-2015. Disponível em: <www.jornalvs.com.br>. Ao comparar o valor do FPM de 2015, até o mês de agosto, com o mesmo período de 2014, observa-se uma queda de -2,72%.

(continua)

Epicentros, como foi observado antes, dos principais problemas sociais do país, as capitais e as grandes cidades enfrentam picos nas curvas de desemprego, acentuando o pessimismo das populações e aumentando, também na esfera municipal, as atitudes e opiniões negativas ante as administrações. Faltando um ano para o início das campanhas municipais (setembro de 2015), a pesquisa Ibope[23] mostrou que 28% de uma amostra nacional avaliavam a atuação dos respectivos prefeitos positivamente (ótimo/bom), 30% como "regular" e 40% negativamente (ruim/péssimo). Números que traduzem as dificuldades aqui relatadas, associadas a um cenário que dificilmente será superado até o confronto eleitoral. Deve-se observar que as dificuldades previstas para os candidatos incumbentes (potencialmente 4 mil prefeitos)[24] atingirão também, logicamente, todos os candidatos dos partidos dos mandatários que não poderão se candidatar à reeleição.

Por tudo o que foi apontado anteriormente, se 2008 foi o ano "celestial" da reeleição de prefeitos, 2016 poderá vir a ser um ano "infernal" para a grande maioria deles. A seu favor deve pesar um único fator que poderá contrabalançar, eventualmente, todos aqueles adversos: com a alteração na legislação eleitoral que proibiu a doação de empresas a partidos e candidatos, além de tornar as campanhas mais curtas, a situação de "incumbente" certamente será um diferencial importante em termos de visibilidade e capacidade de captação de recursos em um período marcado pela escassez.

Sem reforma, mais fragmentação

Em segundo lugar, o processo de fragmentação na distribuição partidária dos executivos municipais — que não nasceu em 2012, mas nele foi aguçado — deve continuar, reproduzindo-se subsequentemente nas eleições parlamentares, com a próxima legislatura ultrapassando a marca dos 30 partidos. O que acelerará a nossa "marcha da insensatez", aprofundando

---

[23] Pesquisa Ibope, realizada entre 12 e 16-9-2015. Disponível em: <www.ibope.com.br>.
[24] Fonte: Confederação Nacional dos Municípios.

a crise de governabilidade sob qualquer presidência e vendo aumentar ainda mais o fosso entre os partidos e a sociedade. Isso emprestará uma dimensão definitivamente caótica à nossa crônica crise de representação.

Tal trajetória somente seria evitada caso uma reforma política digna desse nome tivesse incorporado se não alterações de monta que mudariam definitivamente a configuração do quadro partidário, mas que encontram forte rejeição da elite política — a exemplo do voto distrital ou do voto proporcional em lista fechada, sistemas que isoladamente ou em combinação evitam, na maioria dos países, o fracionamento indiscriminado da distribuição de cadeiras —, ao menos medidas paliativas, porém minimamente eficazes, como a proibição ou o forte desestímulo (pela inelasticidade do número de inscritos nas chapas ou por alteração na distribuição das "sobras") das atuais coligações *ad hoc*, que são definidas localmente por puro senso de oportunidade eleitoral.

PT removido dos grandes centros

Os obstáculos brevemente enunciados anteriormente atingirão com especial contundência os candidatos do Partido dos Trabalhadores, o PT, que teve sua imagem duramente arranhada pela percepção de "estelionato eleitoral", advinda da guinada radical no rumo da economia, que transformou o ajuste fiscal no principal desígnio visível do início do segundo governo da presidente Dilma Rousseff. Tal fato ocorreu logo após uma apertada vitória no segundo turno (51,64% × 48,36%), e sua repercussão danosa foi agravada no momento em que expoentes do partido foram indiciados pela Justiça no maior escândalo de corrupção da história do país, envolvendo empresários e políticos, revelado na "Operação Lava Jato". Com os efeitos negativos da crise econômica potencializados pela percepção de "estelionato" e o severo desgaste moral resultado da operação policial, a presidente e o PT tiveram seus índices de preferência e apoio desmanchados no ar.

A avaliação positiva (ótimo/bom) do governo federal que, no decorrer do seu primeiro mandato, tivera como pico os 65% medidos por pesquisa Datafolha em março de 2013 despencou para minúsculos 7,7% na pesquisa CNT/MDA[25] de julho de 2015. A preferência pelo partido,[26] que chegara a atingir o pico, com 29% em 2013, mais que o quádruplo do então segundo colocado PMDB, com 7%, em agosto[27] de 2015 estava reduzida a 9%, próximo dos valores do PSDB (6%) e PMDB (6%).

Vale salientar que esse indicador apresenta um futuro potencialmente ruim para a sigla, pois é acompanhado pela queda entre os jovens, cujo percentual recuou ainda mais, chegando a 7%. Além disso, nesse segmento, a desaprovação à administração da presidente somada ao protagonismo negativo da legenda na "Operação Lava Jato" aceleraram bruscamente uma tendência que começara antes. Como corolário da crise de representação, verificou-se entre 2009 e 2015 redução expressiva (56%) no número total de jovens filiados às cinco maiores siglas — PT, PMDB, PSDB, PP e PDT. Porém, esse fenômeno impactou com mais força o PT. Mesmo mantendo o maior contingente de inscritos com menos de 24 anos, o partido perdeu nessa faixa 60% dos seus filiados.[28]

O que muito provavelmente ocorrerá no geral com o PT em 2016 — a redução pela primeira vez na série histórica de sua participação em números de prefeituras conquistadas — será ainda mais acentuado nas capitais e grandes cidades. Algo parecido já ocorreu no Brasil anteriormente. É previsível que o partido sofra uma erosão equivalente àquela que atingiu o PMDB nas eleições municipais de 1988.

Nos estertores da Nova República (1985-89), o malogro do partido nas disputas locais em 1988, antecipando o que se verificaria na eleição presidencial do ano seguinte, quando seu candidato, Ulysses Guimarães, obteve apenas 4,7% dos votos,[29] foi consequência direta da rejeição à sigla decorrente do "estelionato eleitoral" percebido quando do anúncio do Plano Cruzado 2, que pôs fim ao controle de preços estabelecido na primeira versão do Plano, meses antes. O congelamento de preços havia feito disparar a aprovação ao presidente Sarney, reforçando o prestígio do partido construído na resistência à Ditadura Militar. Em 1986, o PMDB

---

[25] Pesquisa CNT/MDA. Disponível em: <www.cnt.org.br>.
[26] Pesquisa Datafolha. Disponível em: <www.datafolha.folha.uol.com.br>.
[27] Pesquisa Datafolha. Disponível em: <www.datafolha.folha.uol.com.br>.
[28] Pesquisa Pnad 2015. Disponível em: <www.ibge.gov.br>.
[29] Fonte: TSE.

elegeu 22 dos 25 governadores e seu aliado, o PFL, elegeu seu candidato em Sergipe.[30]

Foi o melhor momento de sua trajetória eleitoral e que nunca mais se repetiria. A frustração produzida pelo novo Plano conduziu a uma leitura severa do governo que o acompanharia até o final do mandato do presidente Sarney,[31] quando a avaliação positiva caiu a 9%, antes da transmissão do cargo (1990).

A quebra de confiança entre o partido e a sociedade perduraria no tempo. O partido, que obtivera 53,4% dos assentos na Câmara Federal[32] nas eleições de 1986, declinou quase 50%, chegando a 27,1%, em 1990. O declínio da sua imagem nacional repercutiria nos ciclos eleitorais seguintes. O desempenho do seu último candidato à Presidência da República, Orestes Quércia, em 1994 (4,4%), seguiu de perto o desempenho inexpressivo obtido cinco anos antes.[33]

Note-se, ainda, para corroborar nossa projeção sobre o futuro eleitoral do PT nos próximos ciclos eleitorais, que as dificuldades do PMDB durante a Nova República não foram agravadas por nenhum escândalo de proporções minimamente comparáveis à "Operação Lava Jato". O que facilitou de certa forma o partido a reerguer-se no plano regional, valendo-se de alianças estratégicas que até hoje lhe possibilitam ocupar alguns governos, ao mesmo tempo que elege bancadas expressivas de deputados federais, suficientes para assegurar sua presença ininterrupta no governo federal desde os anos 1990, uma vez que a estratégia do partido reservou-lhe o papel de satélite nas eleições presidenciais a partir da derrota de 1994.

Para finalizar, já que este terceiro e último prognóstico alongou-se sobre as dificuldades eleitorais do PT, deve ser acrescentado que no Brasil, como em outros países, aos partidos que sofrem em determina-

---

[30] Eleições de 1986 ocorreram nos 23 estados da Federação, nos territórios do Amapá e Roraima e no Distrito Federal, único local onde não ocorreu eleição para o representante do Poder Executivo. Fonte: TSE.
[31] Pesquisa Datafolha, de março de 1990. Disponível em: <www.datafolha.folha.uol.com.br>.
[32] Sobre a dinâmica partidária nos anos de 1980, ver Lima Jr. (1993).
[33] Eleições de 1989, em que o candidato do PMDB, Ulysses Guimarães, obteve 4,7% dos votos válidos. Fonte: TSE.

do momento um golpe significativo na sua imagem — administrativa, política e/ou ética — o que acarreta um turbilhão de defecções na sua base eleitoral (que nas eleições é chamado de "realinhamento crítico"), abrem-se basicamente três veredas.[34] Uma aponta para mudança de roupagem dos seus quadros, mudanças de denominação e fusões ou incorporações com outras legendas. Foi o que ocorreu entre nós com o PCB: após refundado em 1992, foi transformado em PPS, ao reconhecer o esgotamento político da mitologia comunista; com o PDS, que havia sucedido a Arena como base política do regime militar e, em 1993, fundiu-se com o PDC formando o PPR, que depois se fundiu ao PP formando o PPB, convertendo-se em Partido Progressista, em 2003 (do qual, durante muitos anos, Paulo Maluf foi a principal liderança); com o PFL, que reunindo antigos membros do PDS teve essa denominação entre 1985 e, em 2007, mudou seu nome para Democratas; e em alguns outros casos de menor relevância.

Na Itália, o Partido da Democracia Cristã (PDC), o Partido Socialista (PS) e o Partido Comunista Italiano (PCI), principais formações políticas que a partir da Segunda Grande Guerra conferiam estabilidade ao sistema político, desapareceram após a "Operação Mãos Limpas", que atingiu em cheio as relações escusas entre políticos, mafiosos e empresários. Hoje, na profusão de legendas que caracteriza a cena eleitoral do país, seus remanescentes se diluíram em partidos como o de extrema-direita, de Silvio Berlusconi, o Povo da Liberdade (PDL), e o Partido Democrático (PD) de esquerda, do primeiro-ministro da Itália em 2015,[35] Mateo Renzi, além das pequenas legendas que gravitam em torno deles.

A segunda vereda é bem ilustrada por partidos espanhóis como o PSOE e o PP. Atingidos durante em momentos diferentes, seja por escândalos, seja por forte insucesso administrativo, os partidos procuraram se reorganizar; purgar os principais "pecados" cometidos, substituindo as antigas lideranças que encarnaram tais "desvios"; buscar novos pontos de contato com a sociedade, sem abrir mão de suas marcas

---

[34] Para maior aprofundamento sobre realinhamento, ver Lavareda (2012) e Singer (2012).
[35] Resultados da participação das principais coalizões, nas eleições italianas. Disponível no site do Ministério do Interior italiano: <http://elezionistorico.interno.it/>.

históricas e, em ativa oposição, aguardar a hora de as circunstâncias se voltarem contra os adversários no poder.[36] As experiências mostram que esse percurso de resgate da imagem leva algum tempo e que ninguém deve aguardar milagres antes de dois ou três ciclos eleitorais (cada ciclo correspondendo a disputas locais ou à disputa nacional). Nesses casos, mesmo sobrevindo a recuperação, não se resgatam por inteiro os laços de confiança com a sociedade. Permanece latente a crise de representação que guarda espaço posteriormente para a emergência, turbinada pelas novas tecnologias de comunicação, incluindo as redes sociais, de terceiras ou mesmo quartas vias, como demonstrado na irrupção nas urnas do "Podemos" e do "Cidadãos" espanhóis, comentada anteriormente.

A terceira possibilidade, às vezes associada de forma pouco perceptível ao primeiro caminho referido, é a migração de parte significativa dos quadros da legenda afetada para partidos já existentes ou para novas organizações partidárias. Aliás, não foi esse o caminho de boa parte do PMDB na crise de identidade experimentada na Nova República? Do celeiro de quadros do partido saíram líderes fundadores e militantes do PSB e do PSDB, que elegeriam FHC — ex-PMDB — em 1994. Alimentando essa hipótese, observa-se que 11% dos prefeitos eleitos pelo PT em 2012 haviam mudado de legenda até outubro de 2015, número que poderá ser ampliado uma vez que as alterações na legislação eleitoral aprovadas nesse ano estipulam o prazo máximo de filiação de um candidato para março de cada ano de eleição.[37]

O que ocorrerá ao PT no médio prazo é impossível sabermos hoje. A única certeza é que o partido se endereça para ciclos eleitorais difíceis, quando deverá sofrer um recuo acentuado. Assim, nessa direção, 2016 será um encontro previamente marcado com a adversidade.

---

[36] Sobre as mudanças que vêm ocorrendo nos partidos políticos da Espanha, ver Ramo (2015).
[37] Em crise, PT perdeu 11% dos prefeitos que elegeu em 2012. 25-10-2015. Disponível em: <www1.folha.uol.com.br>.

Referências

ALMEIDA, Alberto Carlos. *A cabeça do eleitor*. Rio de Janeiro: Record, 2008.

CARNEIRO, Leandro Piquet; ALMEIDA, Maria Helena Tavares de. Definindo a arena política global: sistemas partidários municipais na federação brasileira. *Dados — Revista de Ciências Sociais*, Rio de Janeiro, v. 51, n. 2, 2008.

CNI/IBOPE. Avaliação de governo, setembro de 2008. Disponível em: <www.ibope.com.br/ptbr/conhecimento/relatoriospesquisas/Lists/RelatoriosPesquisaEleitoral/OPP%20080012%20-%20CNI%20.pdf>. Acesso em: 4 fev. 2015.

____. Avaliação de governo, setembro de 2012. Disponível em: <arquivos.portaldaindustria.com.br/app/conteudo_24/2012/09/05/52/20120926112435518927i.pdf>. Acesso em: 4 fev. 2015.

CNM. *Comportamento do FPM nos últimos cinco anos (2009-2013)*. Disponível em: <www.cnm.org.br/portal/dmdocuments/ET%20Vol%206%20- %2001.%20.pdf>. Acesso em: 10 mar. 2015.

____. *Eleições municipais — o quadro político atual*. Disponível em: <www.cnm.org.br/biblioteca/lista/todas/todos/24>. Acesso em: 10 fev. 2015.

DATAFOLHA. *Avaliação da presidente Dilma Rousseff, PO813636*. 9-8-2012. Disponível em: <media.folha.uol.com.br/datafolha/2013/05/02/aval_pres_10082012.pdf>. Acesso em: 2 fev. 2015.

FIGUEIREDO FILHO, Dalson Britto; SILVA JUNIOR, José Alexandre. Desvendando os mistérios do Coeficiente de Correlação de Pearson (r). Recife: *Revista Política Hoje*, Recife, v. 18, n. 1, p. 115-146, 2009.

FLEISCHER, David. As eleições municipais no Brasil: uma análise comparativa (1982-2000). *Opinião Pública*, São Paulo, v. VII, n. 1, maio 2002.

GOIS, Fábio. *Percentual de reeleitos frustra confederação de municípios*. Disponível em: <congressoemfoco.uol.com.br/noticias/percentual-de--reeleitos-frustra-confederacaode-municipios/>. Acesso em: 5 fev. 2015.

IBGE. *Em 2014, PIB varia 0,1% e totaliza R$ 5,52 trilhões*. Disponível em: <saladeimprensa.ibge.gov.br/pt/noti-cias?view=noticia&idnoticia=2857>. Acesso em: 2 jun. 2015.

_____. *Pesquisas eleitorais*. Disponível em: <www.ibope.com.br/pt-br/conhecimento/historicopesquisaeleitoral/Paginas/default.aspx>. Acesso em: 2 fev. 2015.

LAAKSO, Markku; TAAGEPERA, Rein. The "effective" number of parties: a measure with application to West Europe. *Comparative Political Studies*, v. 12, n. 1, p. 3-28, abr. 1979.

LAVAREDA, Antonio. *A democracia nas urnas*: o processo partidário-eleitoral brasileiro, 1945-1964. 3. ed. Rio de Janeiro: Iuperj; Revan, 2012.

_____. *Emoções ocultas e estratégias eleitorais*. Rio de Janeiro: Objetiva, 2009.

_____; TELLES, Helcimara (Org.). *Como o eleitor escolhe seu prefeito*: campanha e voto nas eleições municipais. Rio de Janeiro: FGV, 2011.

LIMA JR., Olavo Brasil. *Democracia e instituições políticas no Brasil dos anos 80*. São Paulo: Loyola, 1993.

LLORENTE & CUENCA. *Eleições em 2015*: mudança de ciclo econômico e político na América Latina. Madrid: D+I, 2015.

MINISTÈRE DE L'INTERIEUR. *Résultats des élections départementales*. Disponível em: <www.interieur.gouv.fr/Elections/Les-resultats>. Acesso em: 30 maio 2015.

PEREIRA, Carlos; RENNO, Lúcio. O que é que o reeleito tem? O esboço de uma teoria da reeleição no Brasil. *Economia Política*, v. 27, n. 4, p. 664-683, 2007.

RAMO, Francisco José L. Elecciones municipales y autonómicas 24–M: la victoria amarga del PP. *Más Poder Local*, Murcia, n. 24, p. 22-24, 2015.

SANDES-FREIRE, Victor Eduardo Veras. Alianças contextuais ou nacionais? Análise das coligações nas eleições para prefeito em 2012. *Cadernos Adenauer*, Rio de Janeiro, v. XIV, p. 147-165, 2013.

SINGER, A. *O sentido do lulismo*. São Paulo: Companhia das Letras, 2012.

SPECK, Bruno; MANCUSO, Wagner. O que faz a diferença? Gastos de campanha, capital político, sexo e contexto municipal nas eleições em 2012. *Caderno Adenauer*, Rio de Janeiro, v. XIV, p. 109-126, 2013.

TELLES, Helcimara; LAVAREDA, Antonio (Org.). *Voto e estratégia de comunicação política na América Latina*. Curitiba: Appris, 2015.

TSE. *Repositório de dados eleitorais*. Disponível em: <www.tse.jus.br/eleicoes/estatisticas/repositorio-de-dados-eleitorais>. Acesso em: 2 fev. 2015.

VEIGA, Luciana; SILVA, Arthur Leandro A. Voto econômico na América Latina em fase de crescimento econômico e redução da pobreza. In: TELLES, Helcimara; LAVAREDA, Antonio (Org.). *Voto e estratégia de comunicação política na América Latina*. Curitiba: Appris, 2015.

WHITE, John Kenneth; DAVIES, Philip John. *Political parties and the colapse of the old orders*. Nova York: Suny Press, 1998.

2

Quem manda: governador ou prefeito?[1]

Gláucio Ary Dillon Soares
Sonia Terron
Antonio Carlos Alkmim

1. Introdução

Em muitos argumentos sobre o sistema político-institucional brasileiro, os cargos para os executivos federal e estadual são os mais importantes na estrutura e na hierarquia dos mandatos majoritários: uma democracia representativa, federalista, republicana e presidencialista. Conta, ainda, com um sistema de representação proporcional, baseado nas listas abertas e nas coligações estabelecidas pelos partidos políticos de forma autônoma, nas eleições federais, estaduais e municipais. O presidente da república comanda a coalizão necessária para articular a lógica da administração nacional com os interesses regionais, que têm nos governadores as figuras centrais. Esse formato político-institucional é complementado pelas demais instituições políticas, incluindo o parlamento (em seus diferentes níveis e composição de interesses) e o judiciário, mas de qualquer maneira

---

[1] As eleições de 2008, 2010 e 2012.

submetidos ao jugo do presidente e secundariamente dos governadores (Abranches, 1988).

Para muitos analistas políticos, incluindo Abranches, esse formato é pernicioso, pois combina um processo hierárquico que parte da União, submetendo os municípios, passando pelo forte peso da intermediação dos governadores. O clássico estudo de Vitor Nunes Leal descreve a mazela do sistema brasileiro na Primeira República: a existência da figura central e autoritária do coronel, inserido em um cenário de forte precarização de nossa institucionalização política, combinada à baixa incorporação de direitos e cidadania na ponta mais débil do sistema, formada pelos municípios (Leal, 1975). Na linha de argumentação do coronelismo como um cancro para a vida política e social brasileira, inúmeros outros autores reafirmam ou atualizam o conceito, entendido na sua profundidade e abrangência, podendo-se citar o conceito de mandonismo desenvolvido por Queiroz (1969 e 1976) até o de clientelismo aplicado à rede urbana, no estudo de Diniz sobre o chaguismo no Rio de Janeiro (Diniz, 1982).

Junto a essa discussão, que nos remete a traços estruturais da nossa institucionalização política e que cobre o largo momento histórico até a formulação da Constituição de 1988, um conjunto de autores expressa, além da aversão ao sistema federativo hierarquizado a partir da União, sua combinação com o sistema proporcional e com as características do país, o que provocaria uma excessiva fragmentação das forças partidárias.

> Na visão de muitos autores, a Constituição de 1988 teria introduzido tendências centrífugas na nova democracia, fortalecendo a representação dos interesses subnacionais na arena nacional, ao mesmo tempo que promovia a fragmentação dos partidos e o individualismo político. Segundo essa vertente interpretativa, o federalismo contribuiu para a baixa institucionalização do sistema partidário, em função da descentralização da organização partidária e da capacidade dos governadores e lideranças estaduais de insular as suas máquinas políticas das influências nacionais (Abrucio, 1998; Hagopian, 1996; Mainwaring, 2001; Samuels, 2003). Esta literatura enfatizou ainda os efeitos deletérios do sistema eleitoral proporcional de lista aberta sobre a institucionalização dos partidos e sobre a governabilidade. [Borges, 2013:117]

Nos estados, o governador assume uma posição central em relação aos municípios, semelhante ao papel do presidente em relação aos governadores. Os coronéis da política pretérita no Brasil teriam se transformado, com a modernização do sistema, em políticos detentores de mandatos populares, mas carregando ainda uma grande força tradicional que se espraiou pelo período da ditadura militar, quando houve uma tentativa de torná-los agentes técnicos do governo, passando pela redefinição descentralizadora da Constituição de 1988. No entanto, alguns autores reforçam que, mesmo no período mais recente, os governadores, longe de ver diminuído o seu poder, na verdade o tiveram aumentado, tornando-se mais fortes na relação entre a esfera federal e municipal (Abrucio e Samuels, 1997).

Propomos uma hipótese alternativa que, em um escopo limitado, entra em sintonia com a mesma ideia formulada por outros autores, especialmente a de Borges (2010, 2013), que destaca que o padrão de explicação baseado em coronelismo, mandonismo, clientelismo e outros é frágil ou limitado para o entendimento da relação entre a elite política e seus representados. Propõe um sistema classificatório composto de quatro tipos para efetivação de políticas:

> Excluindo a hipótese de provisão de bens públicos puros (que em tese não possibilitam a exclusão de beneficiários e, portanto, não são passíveis de redistribuição/focalização), podemos pensar em quatro estratégias distintas de implementação de políticas públicas, associadas às duas dimensões da tipologia. A estratégia clientelista, no quadrante I, política distributiva, no quadrante II, focalização de recursos, no quadrante III, e universalista, no quadrante IV. [Borges, 2010:131]

Tipo de benefício	Critério de alocação	
	Político-partidário	Universal
Privado	Clientelismo (I)	Focalização (III)
Público	Política distributiva (II)	Universalismo (IV)

Fonte: Borges (2010:131).

Ainda segundo o autor, o realinhamento político que se verificou a partir de 1994 com o governo Fernando Henrique, e se radicalizou com a ascensão do PT a partir de 2002, trouxe uma modificação no formato de alocação de bens públicos, essencialmente marcado pela política distributiva gerada por políticas sociais, em especial o Bolsa Família. Nesse processo os governadores perderam parte da sua capacidade de articulação, e um dos principais motivos é a centralização e o controle técnico e político da distribuição de recursos nas mãos do governo federal, que se articula diretamente com os governos municipais esvaziando o papel dos governadores.

No artigo mais recente, Borges (2013) argumenta, utilizando técnicas estatísticas para exploração de material empírico, que é exatamente nas menores e mais pobres cidades, especialmente do Nordeste e Norte, onde a prática política favorece potencialmente as políticas clientelistas, que ocorre a maior volatilidade dos votos que migram. Essa migração ocorre, em boa parte, nos mandatos exercidos pelo PT, pois são os programas de redistribuição que quebram lideranças de governadores mais ligados às práticas tradicionais. Assim, barões/governadores entraram em certo declínio, perdendo boa parte de sua influência ante prefeitos e eleitores nas suas cidades, embora não tenham perdido totalmente a centralidade dentro do sistema político. O padrão da oferta das políticas públicas seria um dos motivos.

Nessa linha segue a investigação de Santos (2013) que, entre outras questões, relativiza a influência efetiva dos governadores sobre a competição local. Santos (2013) avalia o grau de alinhamento entre governos municipal, estadual e federal com base nos resultados das eleições de 2008. Compara o percentual de partidos/prefeitos eleitos em 2008 segundo quatro diferentes combinações governo/oposição: (1) município e estado sob o controle de partido vinculado à coalizão governante nacional; (2) partido governante no município alinhado com o governo federal, mas o governo estadual em oposição: (3) governo municipal oposicionista e estadual situacionista, em relação ao governo federal; e (4) município e estado alinhados em oposição ao executivo federal.

Para as três esferas alinhadas (tipo 1), mais de 80% dos municípios apresentam uma vitória governista. Quando apenas o governo estadual está em oposição (tipo 2), a vitória governista ainda assim ocorre em 78% dos municípios (Santos, 2013:16). Prefeitos oposicionistas baixam esse percentual para 67%; e prefeitos e governadores oposicionistas reduzem as chances de vitória governista para 47%. Essa situação só se neutraliza, de modo parcial, no caso de haver partido de oposição na prefeitura e no governo estadual. Santos (2013) conclui, principalmente, que prevalece um componente nacional na disputa local, e que a atuação dos governadores fica em segundo plano.

Poderíamos ainda agregar outro argumento para explicar a mudança na relação governador-prefeito. Após a Constituição de 1988, dado o realinhamento fiscal, o exercício de controles administrativos por parte dos governos federais e estaduais levou à necessidade de maiores habilidades administrativas e técnicas para potencializar a captação e a utilização dos recursos públicos, a fim de maximizar ganhos eleitorais, pelos atores municipais, o que levou à ocorrência de novos ciclos de investimentos e gerou maior autonomia dos prefeitos (Vieira e Arvate, 2008).

Inserindo a análise no contexto desses argumentos mais gerais, testamos as hipóteses da influência singular e combinada de prefeitos eleitos em 2008 e governadores eleitos em 2010 sobre o êxito eleitoral dos prefeitos em 2012, com resultados que, embora não nos pareçam definitivos, corroboram a tese da menor influência exercida pelos governadores ante a dos prefeitos.

Não obstante, é importante conceitualizar as eleições como expressões discretas de processos contínuos. Os partidos, os sindicatos, a mídia, as religiões, todas as instituições e organizações que pesam na política não desaparecem entre as eleições: elas continuam a existir, mais ou menos ativadas; apenas não se expressam eleitoralmente.

A estabilidade observada (por exemplo, por meio de correlações) entre resultados eleitorais separados no tempo não deve ser pensada como uma fênix que ressuscita sempre que há eleições. Ela nunca morreu, simplesmente não tinha como expressar-se, de maneira clara e insofismável, sem eleições. Tem, nas eleições, seus momentos de expressão, que são visíveis e quantificáveis.

O executivo pode ajudar, ou não. Governos, sejam federais, estaduais ou municipais, modificam esses processos, podem aumentá-los ou diminuí-los. Mobilizam recursos, atraem políticos que mudam de partido, para o partido no governo ou para outro da base governamental, influenciam organizações com forte capacidade mobilizadora como sindicatos, religiões e mídia. Não obstante, governos desastrosos provocam perdas.

É no contexto dessas expressões discretas de processos contínuos, capturadas em eleições recentes, que inserimos a análise apresentada neste capítulo. Com base nas três últimas eleições (2008, 2010 e 2012), procuramos saber quem exerceu mais influência sobre a última eleição dos prefeitos: o governador ou o prefeito em exercício? Investigamos ainda se essa influência variou entre os diferentes partidos políticos ou se apresentou um padrão estável. Buscamos capturar e dimensionar tais efeitos utilizando análises estatísticas e cartográficas.

2. Escopo da análise

Nas eleições de 2012, os 29 partidos vigentes lançaram candidatos para prefeito. Aproximadamente 89% dos cargos foram conquistados por cerca de um terço dos partidos: PMDB, PSDB, PT, PP, PSB, PDT, PTB, DEM, PR e PSD. O mesmo grupo, exceto o PSD que ainda não existia, já havia levado cerca de 90% das prefeituras em 2008. Nesse grupo estão cinco dos seis partidos que elegeram governador(es) em 2010, conforme se observa na figura 1.

Como se investiga, além da influência do prefeito, a influência do governador sobre a eleição do próximo prefeito, nossa análise por partido político se restringe aos partidos que elegeram governador em 2010. Não foram incluídos apenas dois casos: o PMN, que elegeu somente um governador, do Amazonas; e o Distrito Federal, com governador eleito do PT, mas onde não há eleição para prefeito.

Figura 1
MAPA DA DISTRIBUIÇÃO GEOGRÁFICA DOS PARTIDOS
DOS GOVERNADORES ELEITOS EM 2010

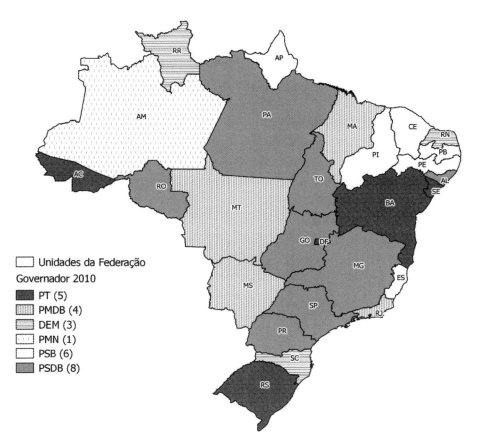

Fontes: TSE, IBGE. Elaboração dos autores.

Os cinco partidos, juntos, elegeram um pouco mais da metade dos prefeitos (55%) em 2012, conforme mostra o gráfico 1.

Gráfico 1
PERCENTUAL DE PREFEITOS ELEITOS EM 2012
POR PARTIDO DO GOVERNADOR 2010

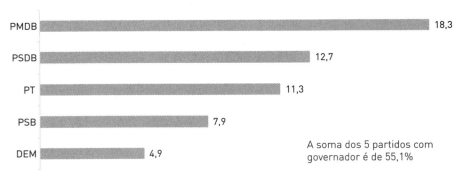

Fonte: TSE. Elaboração dos autores.

Foram criadas quatro categorias para análise da influência sobre a eleição do prefeito em 2012: "influência do prefeito 2008", "influência do governador 2010", "influência do prefeito 2008 e do governador 2010", e "outras combinações". Na última eleição, 42,7% dos prefeitos eleitos estão nas três primeiras categorias, como se observa no gráfico 2.

Gráfico 2
PREFEITOS ELEITOS EM 2012 (%) SEGUNDO
O PARTIDO DO GOVERNADOR E PREFEITO ANTERIOR

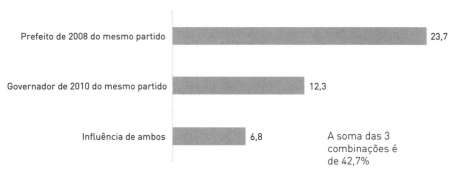

Fonte: TSE. Elaboração dos autores.

3. Análise de efeitos independentes e combinados

O PT elegeu 631 prefeitos em 2012 e 560 em 2008, 71 a mais. Dos cinco partidos analisados, apenas o PT e o PSB aumentaram o número de prefeituras conquistadas, em relação à eleição anterior. As sedes dos municípios onde os prefeitos petistas foram eleitos estão representadas como pontos nos mapas da figura 2, onde também estão representados em destaque os estados em que o PT elegeu governador em 2010. Embora o PT tenha aumentado o número de prefeitos eleitos, mesmo nessa escala meramente ilustrativa se percebe que houve variações nos estados. Alguns estados tiveram perdas (menos pontos representados no mapa da direita) e outros, ganhos (mais pontos).

Figura 2
MAPAS DA DISTRIBUIÇÃO GEOGRÁFICA DOS PREFEITOS ELEITOS PELO PT EM 2008 E 2012 E DOS GOVERNADORES ELEITOS EM 2010 DE ACORDO COM O PARTIDO A QUE ESTAVAM FILIADOS

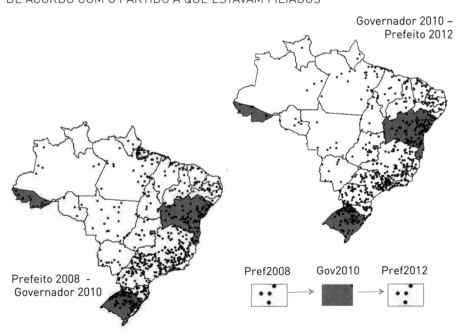

Fontes: TSE, IBGE. Elaboração dos autores

Além disso, há perdas e ganhos no mesmo estado. Em estados não governados pelo PT, como o Mato Grosso do Sul e o Mato Grosso, é visível a perda de prefeituras. Mas o Acre, governado pelo PT, também se enfraqueceu. Parece ter havido uma estabilidade nos estados das regiões Nordeste, Sudeste e Sul, inclusive na Bahia, no Sergipe e no Rio Grande do Sul, estados governados pelo partido.

Mas como saber se prefeitos e governadores petistas tiveram mais ou menos sucesso elegendo candidatos de seu partido na eleição de 2012? Os resultados eleitorais por município foram analisados utilizando comparações percentuais e testes de significância para dimensionar quais as chances de prefeitos e governadores influenciarem juntos ou separados a eleição de prefeitos de seus partidos em 2012, e se as diferenças entre elas são estatisticamente significativas.[2] O percentual de prefeitos eleitos em 2012 foi calculado separadamente para uma das quatro categorias:
- municípios com prefeito do PT em estados governados pelo PT (influência de governador e prefeito)
- municípios com prefeito do PT e estados governados por outro partido (influência só do prefeito)
- municípios com prefeito de outros partidos e estados governados pelo PT (influência só do governador)
- municípios com prefeito e governador de outro partido

Conforme mostra o gráfico 3, governadores e prefeitos do PT contribuíram para eleger prefeitos do seu partido em 2012. O governador ser do PT ajudou a eleição de prefeitos do partido, mas o efeito de o prefeito em 2008 ser do PT foi relativamente mais forte que o do governador.

A chance de prefeitos do PT serem eleitos em 2012 aumentou de 7,2% para 12,7% (1,7 vez) no caso de o governador ser do Partido dos Trabalhadores. No caso de o prefeito também ser do PT, o percentual aumentou 1,2 vez: passou de 37,3% (governadores de outros partidos) para 46,3%

---

[2] Agradecemos a um dos pareceristas por enfatizar o impacto da candidatura à reeleição do *mesmo* prefeito, além de o candidato ser do mesmo partido. Esta pesquisa poderia separar efeitos institucionais e partidários de efeitos pessoais. Infelizmente, esses dados não estão disponíveis na nossa base de dados, requerendo uma nova pesquisa para obtê-los.

(governadores do PT). Ou seja, o governador ajudou a eleger prefeitos do PT, mas ajudou mais quando o prefeito anterior era de outro partido.

Nos estados governados por outros partidos, a percentagem de prefeitos do PT eleitos em 2012 aumentou 5,2 vezes nas prefeituras que eram petistas: passou de 7,2% (prefeito anterior de outro partido) para 37,3% (prefeito eleito em 2008 do PT). O governador ser do PT acrescentou menos a esse efeito: aumentou de 12,7% para 46,3% (3,6 vezes). Ou seja, sem combinar o efeito do governador, a prefeitura do PT fez uma grande diferença na conquista de cargos para o partido em 2012.

Em síntese: prefeitos do PT contribuíram muito mais que prefeitos de outros partidos para eleger ou reeleger prefeitos do PT; governadores do PT aumentaram ainda mais as chances de sucesso, mas esse aumento foi maior nos casos em que os prefeitos anteriores não eram do PT.

Gráfico 3
PERCENTUAL DE PREFEITOS ELEITOS DO PT, SEGUNDO O PARTIDO DOS PREFEITOS ELEITOS EM 2008 E DOS GOVERNADORES ELEITOS EM 2010

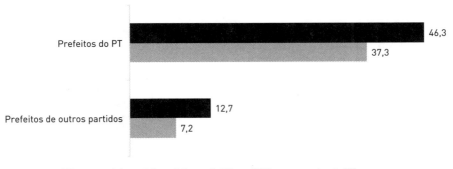

Fonte: TSE. Elaboração dos autores.

O PSDB elegeu 878 prefeitos em 2008 e 786 em 2012. Perdeu 92 prefeituras. Nos mapas da distribuição geográfica de prefeitos e governadores do partido (figura 3), vemos certa manutenção na densidade de prefeituras de 2008 para 2012 nos estados com governadores do PSDB. A perda é mais evidente nos estados das regiões Nordeste, Norte e Centro-Oeste, *não governados pelo partido*. Até onde podemos observar, a redução foi expressiva no Maranhão, Ceará, Bahia e Mato Grosso.

As estatísticas, geradas pelo mesmo método e expressas no gráfico 4, confirmam que prefeitos e governadores do PSDB ajudaram a eleger prefeitos do partido em 2012. Nesse caso, mais do que no caso do PT, a contribuição isolada do prefeito conta mais, ainda que o governador também contribua. Os prefeitos eleitos em 2008 aumentaram em aproximadamente seis vezes as chances de manutenção das prefeituras do partido nos estados onde o governador não era do PSDB: de 4,1% para 24,8%.

Figura 3
MAPAS DA DISTRIBUIÇÃO GEOGRÁFICA DOS PREFEITOS ELEITOS
PELO PSDB EM 2008 E 2012 E DOS GOVERNADORES ELEITOS
EM 2010 DE ACORDO COM O PARTIDO A QUE ESTAVAM FILIADOS
Fontes: TSE, IBGE. Elaboração dos autores.

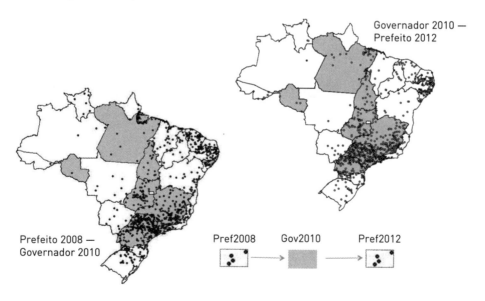

Gráfico 4
PERCENTUAL DE PREFEITOS ELEITOS DO PSDB, SEGUNDO O PARTIDO DOS PREFEITOS ELEITOS EM 2008 E O DOS GOVERNADORES ELEITOS EM 2010

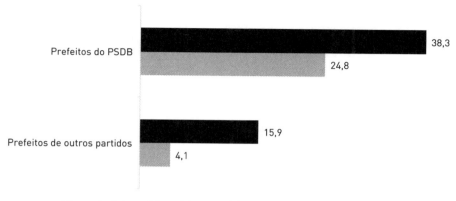

■ Percentual de prefeitos eleitos pelo PSDB em 2012 e governador do PSDB
▩ Percentual de prefeitos eleitos pelo PSDB em 2012 e governador de outro partido

Fonte: TSE. Elaboração dos autores.

O PSB, apesar de eleger menos prefeitos que os "grandes" (PT, PSDB e PMDB), foi o partido que mais cresceu em número de prefeituras conquistadas em 2012. Foram 440 contra as 311 em 2008, um ganho de 129. Os mapas do PSB (figura 4) mostram dois movimentos territoriais expressivos: um de manutenção e expansão nos estados governados pelo partido, e outro de conquista avançando *para o interior do país* nas regiões Nordeste, Norte e Centro-Oeste. Enquanto os dois partidos analisados anteriormente, o PT e o PSDB, mostram perda de prefeituras nos estados mais afastados da costa leste, há indicativos de um movimento de interiorização do PSB.

Figura 4
MAPAS DA DISTRIBUIÇÃO GEOGRÁFICA DOS PREFEITOS ELEITOS
PELO PSB EM 2008 E 2012 E DOS GOVERNADORES ELEITOS
EM 2010 DE ACORDO COM O PARTIDO A QUE ESTAVAM FILIADOS

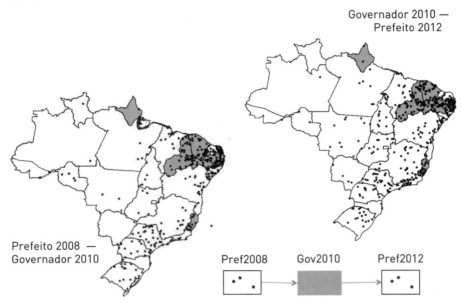

Fontes: TSE, IBGE. Elaboração dos autores.

As estatísticas confirmam: governadores e prefeitos do PSB contribuíram para eleger novos prefeitos do partido em 2012 (gráfico 5). Os municípios que já tinham prefeitos do PSB eleitos em 2008, sem a contribuição do governador, tiveram sua chance de eleger um novo prefeito do partido aumentada em oito vezes: o percentual passou de 3,9% para 31,2%. Os governadores do PSB, nos municípios com prefeitos do mesmo partido, aumentaram substancialmente (de 31,2% para 53,3%) as chances de as prefeituras serem mantidas para o partido em 2012. E aumentaram em 4,6 vezes a chance de se conquistar novas prefeituras (3,9% para 18%).

Gráfico 5
PERCENTUAL DE PREFEITOS ELEITOS DO PSB, SEGUNDO O PARTIDO DOS PREFEITOS ELEITOS EM 2008 E DOS GOVERNADORES ELEITOS EM 2010

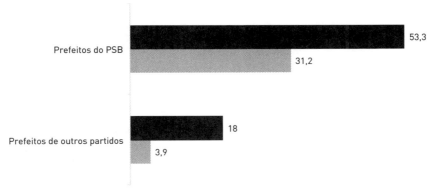

■ Percentual de prefeitos eleitos pelo PSB em 2012 e governador do PSB
▪ Percentual de prefeitos eleitos pelo PSB em 2012 e governador de outro partido

Fonte: TSE. Elaboração dos autores.

Os três partidos analisados, PT, PSDB e PSB, diferem em muitos aspectos. Desde o modo de organização interna, de fazer campanha e política, na extensão e padrão de distribuição geográfica das bases eleitorais até, no caso em questão, no número de estados e prefeituras que governam. Ainda assim, nos três casos, prefeitos e governadores contribuíram para a manutenção e conquista de novas prefeituras para os respectivos partidos. A análise estatística mostrou que as influências não são iguais e que há diferenças na extensão da contribuição dos governadores e prefeitos, combinada ou isolada.

No caso dos dois partidos analisados a seguir, DEM e PMDB, a contribuição do governador não foi estatisticamente significativa. O DEM perdeu muitos cargos de 2008 para 2012. Na última eleição ganhou 274 prefeituras, enquanto em 2008 havia conquistado 494, 220 a menos. Os mapas da figura 5 mostram que a redução foi expressiva, inclusive em Santa Catarina, que elegeu governador do DEM em 2010.

As estatísticas apresentadas no gráfico 6 confirmam que, no DEM, o partido do prefeito conta muito na eleição do novo prefeito ou na sua própria reeleição. O governador não conta.

Figura 5
MAPAS DA DISTRIBUIÇÃO GEOGRÁFICA DOS PREFEITOS ELEITOS PELO DEM EM 2008 E 2012 E DOS GOVERNADORES ELEITOS EM 2010 DE ACORDO COM O PARTIDO A QUE ESTAVAM FILIADOS

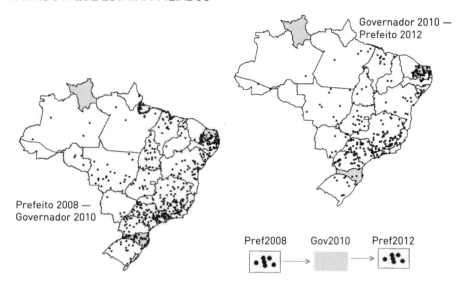

Fontes: TSE, IBGE. Elaboração dos autores.

Gráfico 6
PERCENTUAL DE PREFEITOS ELEITOS DO DEM, SEGUNDO O PARTIDO DOS PREFEITOS ELEITOS EM 2008 E DOS GOVERNADORES ELEITOS EM 2010

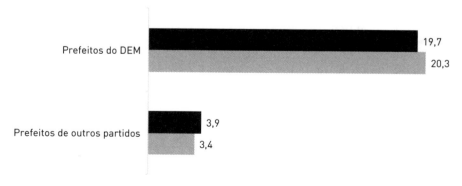

Fonte: TSE. Elaboração dos autores.

O PMDB é o partido que conquistou maior número de prefeituras municipais, como se observa nos mapas da figura 6. O partido, que elegeu 1.017 prefeitos em 2012 e 1.197 em 2008, apesar da redução no número de prefeituras, 180 a menos, continuou marcando presença em todos os estados brasileiros.

Figura 6
MAPAS DA DISTRIBUIÇÃO GEOGRÁFICA DOS PREFEITOS ELEITOS PELO PMDB EM 2008 E 2012 E DOS GOVERNADORES ELEITOS EM 2010 DE ACORDO COM O PARTIDO A QUE ESTAVAM FILIADOS

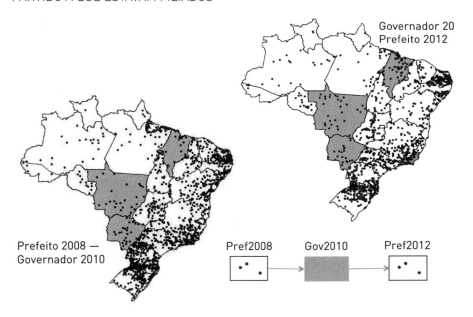

Fontes: TSE, IBGE. Elaboração dos autores.

A análise estatística apresentada no gráfico 7 mostra que, quando os prefeitos são do PMDB, o partido do governador conta pouco na eleição ou reeleição do prefeito; quando os prefeitos são de outros partidos, o partido do governador pesa um pouco mais. No caso do PMDB, o partido do prefeito conta muito na eleição ou reeleição do prefeito, qualquer que seja o partido do governador.

Gráfico 7
PERCENTUAL DE PREFEITOS ELEITOS DO PMDB, SEGUNDO O PARTIDO DOS PREFEITOS ELEITOS EM 2008 E DOS GOVERNADORES ELEITOS EM 2010

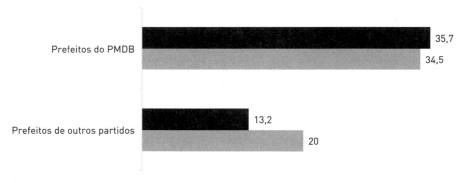

■ Percentual de prefeitos eleitos pelo PMDB em 2012 e governador do PMDB
■ Percentual de prefeitos eleitos pelo PMDB em 2012 e governador de outro partido

Fonte: TSE. Elaboração dos autores.

Nesta seção analisamos a distribuição espacial e estimamos o quanto o partido dos prefeitos e governadores contou na eleição dos prefeitos em 2012. Descobrimos que os governadores contam, mas o peso é diferenciado. Há casos de partidos em que o peso dos governadores é maior quando o prefeito é de *outro* partido (PSDB, PSB e PMDB) e casos em que o governador realmente não conta (DEM). Já o partido do prefeito contou na eleição de seu sucessor, ou em sua reeleição, em todos os partidos analisados, qualquer que fosse o partido do governador.

Após a descentralização administrativa posterior à Constituição de 1988, principalmente no governo Lula, que comanda um processo redistributivo com impacto de realinhamento federativo, as duas hipóteses, sobre a crescente influência tradicional dos governadores, e sobre o declínio do "baronato", parecem não ser tão contraditórias como se apresentam. No entanto, uma terceira hipótese pode se apresentar: para alguns partidos a importância do prefeito é maior, para outros partidos a importância do governador é maior.

Consideremos o gráfico 8, onde colocamos em perspectiva todos os efeitos e partidos em foco. A influência maior de continuidade partidária dos prefeitos, como já observada, se manifesta no PMDB, no DEM e no

PT. Por outro lado, o PSDB mostra outro padrão em que se manifesta a influência das três dimensões (governador, prefeito e o efeito combinado), prevalecendo a dos governadores de seus estados. O PSB apresenta um perfil próprio, embora da mesma forma que o PSDB tenha forte influência dos governadores.

Gráfico 8
REPRESENTAÇÃO DO PERFIL DOS PARTIDOS POLÍTICOS PARA
AS ELEIÇÕES DE PREFEITO DE 2012, SEGUNDO A INFLUÊNCIA DO
PREFEITO ELEITO EM 2008, DO GOVERNADOR ELEITO EM 2010,
DE AMBOS OS EFEITOS E DE OUTRAS COMBINAÇÕES

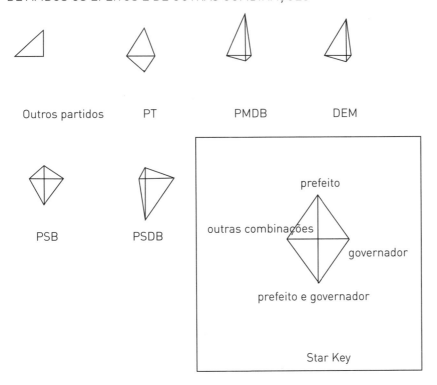

Fonte: TSE. Elaboração dos autores.

Finalmente, incluindo dois indicadores não eleitorais (população e PIB municipal em 2010), conforme o gráfico 9, observa-se mais detalhadamente a hipótese alternativa anteriormente formulada. Foram analisadas as quatro variáveis conjuntamente: o tamanho médio da população dos municípios, administrada pelos prefeitos eleitos e com influência de prefeitos ou governadores; o PIB médio municipal expresso da mesma forma; os principais partidos políticos nacionais, com representação no governo do estado; e a influência dos cargos majoritários estaduais e municipais. O tamanho dos círculos é relativo ao número de prefeitos eleitos pelo partido em 2012.

Gráfico 9
REPRESENTAÇÃO DO PERFIL DOS PARTIDOS POLÍTICOS PARA AS ELEIÇÕES DE PREFEITO DE 2012, PELO PESO DA VOTAÇÃO DE PREFEITO E A INFLUÊNCIA DO PREFEITO ELEITO EM 2008, DO GOVERNADOR ELEITO EM 2010, DE AMBOS OS EFEITOS E DE OUTRAS COMBINAÇÕES, SEGUNDO O PIB MÉDIO DOS MUNICÍPIOS ADMINISTRADOS PELO PARTIDO E A POPULAÇÃO MÉDIA ADMINISTRADA PELOS PARTIDOS

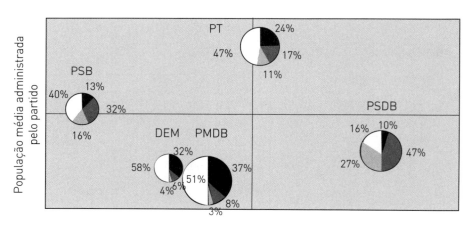

Fontes: TSE, IBGE (População 2010 e PIB municipal 2010). Elaboração dos autores.

Pode-se então reafirmar que o PSDB mostra influência maior de seus governadores, o que parece estar relacionado com a média mais alta do PIB dos municípios administrados por esse partido, contrariando a hipótese dos governadores "barões" derivados dos coronéis. Talvez haja uma inversão histórica no papel dos governadores e seu formato de gestão, hipótese a ser investigada. Na outra posição do quadrante está o PT, com administrações em municípios com grande população e PIB médio, o que pode estar relacionado com as políticas sociais distributivas, implementadas pelos governos de Lula e Dilma. A influência dos prefeitos convive com a dos governadores.

O PMDB é um partido municipalista por excelência. Na sua vocação clássica dentro do espectro político, ocupa o centro do campo da disputa ideológica. O DEM mostrou uma clara tendência de declínio e decadência de importantes lideranças regionais. O PSB conquistou o espaço tradicionalmente ocupado pelo DEM, apresentando uma ascensão no Nordeste, tornando-se uma alternativa com governadores que capitalizam o voto para prefeito.

Assim, a partir de uma nova hipótese, evidentemente dentro das limitações deste estudo, podemos observar, por um lado, um crescimento do papel da administração municipal e de seus representantes, os prefeitos. Tornaram-se figuras centrais dentro do recente formato federativo, em que pesem a redefinição fiscal e o formato das políticas públicas, centralizadas e articuladas mais diretamente com as gestões locais. Por outro lado, parece estar em curso uma redefinição do papel dos governadores, progressivamente descolados da imagem tradicional, transformando-se em atores significativos e "modernos" perante um eleitorado que também mudou em diversos sentidos: econômico, demográfico, cultural e político.

4. Conclusões e considerações

Esta pesquisa, a primeira de nossa equipe, subdivide a análise das eleições para prefeito de 2012 em partidos. Cada partido é analisado separadamente. Em cada partido os resultados eleitorais são analisados separadamente, em subconjuntos: os municípios cujo prefeito anterior é do mesmo partido que o prefeito eleito (A); os municípios cujo prefeito anterior não é do mesmo partido que o prefeito eleito (¬A); os municípios cujo governador é do mesmo partido que o prefeito eleito (B); e os municípios cujo governador não é do mesmo partido que o prefeito eleito (¬B). Os resultados mostram que a chance de um candidato a prefeito ser eleito é mais alta quando prefeito e governador são do mesmo partido do candidato (a interseção A ∩ B) e mais baixa quando nem o prefeito nem o governador são do mesmo partido do candidato (a interseção ¬A ∩ ¬B). Não obstante, a influência do prefeito e do governador varia de partido para partido: maior em uns, menor e até inexistente em outros. Essa constatação ainda não tem uma teoria que se proponha a explicá-la.

O conhecimento científico é isomórfico em relação às eleições. Tem forma parecida: surge nas publicações e apresentações, mas o trabalho, contínuo, é feito entre elas, por uma ou mais equipes de pesquisa. O conhecimento científico dá saltos e se presta a um certo viés evolutivo, no sentido de que "mais" e "depois" são atributos considerados positivos. Esse viés é menos visível nas eleições. Os "saltos" e a continuidade do conhecimento científico sobre um problema, como os determinantes (para usar uma palavra antiga) da eleição de prefeitos, dependem de recursos materiais, do capital humano, e da adequação dos dados, entre outros.

É nossa esperança que este trabalho tenha contribuído para avançar o conhecimento e nossa equipe pretende continuar pesquisando. As coligações eleitorais retiram a nitidez das análises, seu efeito sobre as chances eleitorais dos candidatos. Representam, em si, uma área do conhecimento exigindo ser incluída e estudada. As coalizões de governo, nos três níveis, também pedem passagem: nelas se originam, ou por elas passam, negociações e acordos, e a distribuição de recursos materiais que, hipotetizamos, influenciam os resultados das eleições. Outra flecha aponta para uma direção necessária de pesquisas futuras: ampliação longitudinal da cobertura. Não supomos que as relações encontradas no período 2008-12 sejam fixas, a-históricas e atemporais. Somente com essa ampliação poderemos detectar fatores que contribuem para aumentar ou diminuir a influência das variáveis já identificadas: controle do executivo municipal e estadual, região do país e os parâmetros impostos pelos próprios partidos.

Referências

ABRANCHES, Sérgio. Presidencialismo de coalizão: o dilema institucional brasileiro. *Dados*, Rio de Janeiro, v. 31, n. 1, p. 5-32, 1988.

ABRUCIO, Fernando L. *Os barões da federação*: os governadores e a redemocratização brasileira. São Paulo: Hucitec, 1998.

____; SAMUELS, David. A nova política dos governadores. *Lua Nova*, n. 40/41, p. 177-164, 1997.

BORGES, André. Federalismo, dinâmica eleitoral e políticas públicas no Brasil: uma tipologia e algumas hipóteses. *Sociologias*, Porto Alegre, ano 12, n. 24, p. 120-157, maio/ago. 2010.

____. Eleições presidenciais, federalismo e política social. *Revista Brasileira de Ciências Sociais*, v. 28, n. 81, p. 117-136, fev. 2013.

DINIZ, Eli. *Voto e máquina política*: patronagem e clientelismo no Rio de Janeiro. Rio de Janeiro: Paz e Terra, 1982

HAGOPIAN, Frances. *Traditional politics and regime change in Brazil*. Cambridge: Cambridge University Press, 1996.

LEAL, Vitor Nunes. *Coronelismo, enxada e voto*. O município e o sistema representativo no Brasil. 2. ed. São Paulo: Alfa-ômega, 1975.

MAINWARING, Scott. *Sistemas partidários em novas democracias*: o caso do Brasil. Rio de Janeiro; Porto Alegre: FGV; Mercado Aberto, 2001.

QUEIROZ, Maria Isaura Pereira de. *O mandonismo local na vida política brasileira*: (da Colônia à primeira República); ensaio de sociologia política. São Paulo: Instituto de Estudos Brasileiros, 1969.

____. *O mandonismo local na vida brasileiro e outros ensaios*. São Paulo: Alfa-Ômega, 1976.

SANTOS, André Marenco dos. Topografia do Brasil profundo: votos, cargos e alinhamentos nos municípios brasileiros. *Opinião Pública*, Campinas, v. 19, n. 1, p. 1-20, jun. 2013.

SAMUELS, David. *Ambition, federalism, and legislative politics in Brazil*. Cambridge: Cambridge University Press, 2003.

VIEIRA, Fausto J. A.; ARVATE, Paulo R. Eleições municipais: como interagem os prefeitos e as outras esferas de governo para alcançar maior sucesso nas urnas. In: ANPEC, 2008. Disponível em: <www.anpec.org.br/encontro2008/artigos/200807211138360-.pdf>. Acesso em: 28 jul. 2013.

Apêndice

As tabelas a seguir apresentam os dados utilizados na elaboração do gráfico 9.

Tabela A
POPULAÇÃO E PIB MUNICIPAL (SOMA E MÉDIA) NOS MUNICÍPIOS ONDE O PT, PMDB, DEM, PSB E PSDB ELEGERAM PREFEITO EM 2012

Partido	Soma da População	Soma do PIB (em mil reais)	População média	PIB médio (em mil reais)
PT	36.998.224	385.038.163	58.634	610.203
PMDB	30.373.132	544.033.991	29.865	534.940
DEM	8.785.569	132.101.669	32.064	482.123
PSB	20.618.317	155.626.029	46.860	352.696
PSDB	25.018.372	554.816.799	35.437	785.859

Fontes: IBGE. Censo 2010 e PIB 201. Elaboração dos autores.

Tabela B
NÚMERO TOTAL DE MUNICÍPIOS NOS QUAIS OS PARTIDOS ELEGERAM PREFEITOS EM 2012, NÚMERO DE MUNICÍPIOS COM PREFEITO EM 2008 DO MESMO PARTIDO, COM GOVERNADOR EM 2010 DE MESMO PARTIDO, COM PREFEITO E GOVERNADOR DO MESMO PARTIDO E OUTRAS COMBINAÇÕES

Partido	Prefeito 2008	Governador 2010	Prefeito 2008 e Governador 2010	Outras Combinações	Número Total de Municípios
PT	154	110	68	299	631
PMDB	379	86	35	517	1017
DEM	88	16	12	158	274
PSB	55	139	72	174	440
PSDB	72	332	191	111	706

Fonte: TSE. Elaboração dos autores.

3
Fragmentação das eleições locais e a emergência de novas forças políticas no Brasil

Silvana Krause
Denise Paiva Ferreira
Pedro Floriano Ribeiro
Paulo Victor Melo

Introdução[1]

Um dos temas recorrentes nas análises sobre os partidos e sistema partidário brasileiros tem sido a grande oferta partidária e seu impacto na arena governamental ampliando os custos da formação de coalizões governantes e seus reflexos sobre a governabilidade. A outra face da mesma moeda refere-se aos efeitos sobre o eleitorado ao dificultar a escolha eleitoral e a inteligibilidade do sistema em função do elevado número de partidos e da dificuldade de diferenciá-los. Diante desse panorama, a hipótese central deste artigo é que os partidos tradicionais e/ou mais longevos vêm perdendo espaço para agremiações menores ou mais jovens e

---
[1] Agradecemos aos organizadores do livro e aos pareceristas anônimos pelas contribuições para o desenvolvimento do capítulo.

que esse cenário não é resultado da ampliação da oferta eleitoral, que tem se mantido em patamares altos, mas estáveis.

Por conseguinte, um dos objetivos deste capítulo é analisar como novas forças políticas têm estruturado o quadro partidário e a força eleitoral dos partidos no plano local, contribuindo para ampliar a fragmentação política. Outro objetivo é analisar os efeitos da oferta eleitoral nas eleições para prefeito.[2] Não é nosso objetivo analisar as motivações do eleitorado que levam à decisão do voto em determinados partidos e/ou candidatos. Pretende-se observar como novas forças políticas têm granjeado apoio político, traduzido em resultados eleitorais, impactando a fragmentação.

Para tanto, dividimos o estudo em quatro seções. Na primeira seção apresentamos uma breve discussão teórica acerca das principais hipóteses da literatura para o fenômeno de surgimento de novos partidos. Em seguida, analisamos a dinâmica das eleições locais no Brasil nas três últimas décadas, em termos da oferta partidária e do aumento da fragmentação na distribuição do poder local entre as legendas. Na terceira seção analisamos o papel e o impacto dos pequenos partidos na fragmentação das eleições municipais. Na parte final do capítulo nos concentramos nas eleições locais de 2012 e ressaltamos o papel desempenhado pelos partidos que mais se destacaram naquele pleito e que em parte são os responsáveis pelo aumento da fragmentação em 2012, PSB e PSD. A análise mais detalhada dessas agremiações permitirá corroborar a hipótese norteadora de nosso estudo, o que será feito nas considerações finais.

1. Como e por que surgem novos partidos

A preocupação da ciência política em desenvolver modelos explicativos sobre o perfil de origem e o processo de formação de organizações partidárias tem tido destaque, especialmente em períodos em que novas organizações despontam no mercado político. Explorar variáveis que

---

[2] A noção de oferta eleitoral utilizada tem como pressuposto que os partidos participem da competição eleitoral nos municípios. Os resultados eleitorais analisados espelham o resultado dessa competição e a forma como sua presença atua, ou não, como fator de impacto sobre a fragmentação do sistema partidário.

possibilitem esclarecer distintas "incubadoras" que geram e estimulam o surgimento de legendas fornece subsídios para observar de perto elementos que são caros para a compreensão do fenômeno partidário.

Duverger (1980:15) foi pioneiro neste esforço ao lançar mão de uma construção tipológica, diferenciando partidos de "origem interna" e de "origem externa". Os primeiros, chamados de "partidos de quadros", de "notáveis", são aqueles formatados por parlamentares e comitês eleitorais com a preocupação básica de organizar a disputa eleitoral. Advindos de atores externos à arena parlamentar, os "partidos de massas" se organizam a partir de grupos sociais excluídos da vida política parlamentar, objetivando sua integração no cenário político institucional (Duverger, 1980:26-27; 55).

Embora os modelos tipológicos de Duverger possam não ser mais suficientes para a compreensão do surgimento de novas organizações partidárias na política contemporânea, sua obra contribuiu especialmente para o entendimento do advento das organizações partidárias como fenômeno moderno. É também necessário ter em mente que o exercício de Duverger oferece um constructo baseado em "tipos ideais", possibilitando a confrontação com estudos empíricos. A contraposição com a riqueza empírica apresentada pelo "fenômeno em si" seguidamente apresenta hibridez, onde, por um lado, é possível encontrar indicadores de ambas a tipologias em um mesmo caso e, por outro, apresentar variáveis não contempladas pelo modelo.

LaPalombara e Weiner (1966:14) possibilitam um olhar complementar ao de Duverger. Os autores desenvolveram um modelo explicativo para o surgimento de partidos a partir de contextos desafiadores, relacionados com convulsões político-sociais: guerras, depressões econômicas e crises de sistemas políticos. A base fomentadora de um ambiente propenso à criação de novos partidos se sustenta em três distintas dimensões de crises, que não são necessariamente excludentes para o afloramento de organizações partidárias: 1. Crise de *legitimidade*, quando a estrutura da autoridade vigente padece de credibilidade política junto à sociedade, gerando instabilidade; 2. Crise de *integração*, decorrente de problemas gerados pela integração territorial; 3. Crise de *participação*, advinda de mudanças socioeconômicas na estrutura social.

Podemos associar o surgimento dos "partidos de massas" descritos por (Duverger, 1980:23) com o que os autores anteriormente citados chamam de um contexto de crise de participação. A pressão dos "excluídos" do sistema político, associada à busca de ampliação do sufrágio e à necessidade de enquadrar eleitores, fundamenta a comparação e complementaridade das análises. Se, por um lado, o modelo de Duverger oferece uma perspectiva específica do arranjo institucional em que se insere o nascedouro de um partido, considerando seus impactos no perfil de funcionamento e desenvolvimento da organização, por outro, LaPalombara e Weiner chamam atenção para a necessidade de observar a natureza do esgotamento do ambiente (sistema político) em que nascem as organizações, mas não se preocupam em observar mais especificamente os impactos desses contextos sobre a dinâmica do funcionamento e desenvolvimento organizacional dos partidos.

O importante é salientar que o "local" do nascedouro, observado por Duverger, não é suficiente para entender o fenômeno de formação de novos partidos em contextos de crescente diversidade e complexidade política das democracias contemporâneas. Basta, por exemplo, reconhecermos que grupos *insiders*, ou seja, de elites políticas já atuantes e/ou integradas no sistema político parlamentar alavancam a criação de novos partidos. Esses, muitas vezes, são motivados e pressionados por uma crise de legitimidade de representação, porém não mais sustentada por questões de busca de integração de classes e grupos sociais que reivindicam a participação e integração no sistema político representativo. São criados a partir de enfrentamentos postos por novas "bandeiras" e desafios que não são de natureza integrativa. São demandas advindas com a complexidade e diversidade sociocultural, em uma cultura política pós-materialista, não contempladas de forma satisfatória em partidos tradicionais já estabelecidos no jogo político (Miragliotta, 2012: 410). Bolleyer (2011:326) também destaca a questão de demandas ambientais quando analisa o surgimento de novos partidos na Europa Ocidental e identifica que a maioria deles é "verde",[3] conseguindo estabelecer fortes laços com um eleitorado já inte-

---

[3] Bolleyer (2011:323) analisa 10 partidos, entre eles, cinco são "verdes" (German Greens, Austrian Greens, Swiss Greens, Irish Green Party e Les Verts (French)). Os partidos German Greens, Austrian Greens, Swiss Greens surgem de fusões e são federados, já

grado no sistema político, mas desassistido em suas demandas pelas organizações partidárias já instituídas.

O surgimento de novos partidos no Leste Europeu exemplifica um perfil distinto do citado. Semelhante à linha de LaPalambora e Weiner, quando destacam a crise de legitimidade da autoridade política como ambiente propício ao surgimento de novos partidos, o recente estudo de Sikk (2012: 478, 479) destaca que novas organizações, nesses países, são fomentadas fundamentalmente por lideranças políticas que procuram apresentar uma nova roupagem, desconectada com o *establishment*: "O início do terceiro milênio tornou possível assistir nos três países bálticos à ascensão triunfal de vários partidos genuinamente novos, no sentido de terem vínculos insignificantes com políticos estabelecidos" (tradução livre dos autores). O autor conclui que as legendas se constroem a partir de um novo estilo de fazer política, sem apresentar uma identidade ideológica, se afinando com a expectativa da busca da novidade por parte do eleitorado. A avaliação quantitativa e qualitativa dos novos partidos bem-sucedidos aponta na mesma direção: "as legendas não estavam defendendo as novas ideologias, mas antes desafiando os velhos partidos no seu território. Assim, eles surgiram como adversários ou purificadores, com a distinção fundamental que eles não tentaram purificar quaisquer ideologias, mas, sim, melhorar o estilo de política" (tradução livre dos autores) (Sikk, 2012:479). A importância dos atores políticos e lideranças na impulsão de novas organizações também já foi observada por Hug (2000) e Tavits (2008). Apesar de os autores analisarem contextos políticos diferenciados, democracias ocidentais maduras e novas democracias, ambos destacaram a variável do perfil de lideranças para a criação de novas agremiações.

Janda (1980) chamou atenção para um aspecto importante quando ressalta que é preciso, sobretudo, observar se o novo partido deriva da extinção ou da união de dois ou mais partidos, para lhe atribuir sua novidade (Barnea e Rahat, 2010:307).[4]

Irish Green Party e Les Verts (French) não, são altamente hierarquizados e centralizados na figura do líder. O Les Verts imprime forte presença territorial.

[4] De acordo com Janda, há três possibilidades: "A primeira é que, não obstante quaisquer outros critérios de novidade, um partido que mantém seu nome anterior é visto como um partido antigo. A segunda possibilidade é o partido usar um novo nome, sem nenhum traço com o anterior — possivelmente em uma tentativa de dissociar-se e mostrar-se como uma

Nos casos analisados por Sikk, o sucesso dos novos partidos repousa sobre uma combinação de fatores: carisma dos líderes partidários, mobilização de consideráveis recursos financeiros destinados aos gastos com campanha eleitoral, e/ou associação entre competência e simpatia do líder. A principal contribuição da sua pesquisa é reforçar a tese dos limites dos modelos clássicos de Duverger (1980), Lipset e Rokkan (1967) e LaPalombara e Weiner (1966) para a compreensão do surgimento de partidos e desenvolvimento dos sistemas partidários. A dinâmica dos sistemas partidários contemporâneos não é necessariamente movida por heterogeneidades/clivagens sociais, mudanças socioculturais ou crises. O caso brasileiro do PSD, analisado neste capítulo, parece reforçar essa tese.

As identidades partidárias sustentadas em clivagens socioeconômicas se tornaram fluidas e gelatinosas (Kirchheimer, 1980: 330). O papel central de integração de grupos sociais no sistema político já foi cumprido pelos partidos "de origem externa" e não teriam mais "razão" de ser nesse novo contexto: "[...] o partido político foi perdendo seu papel central como instrumento fundamental para a integração de grupos à ordem política existente, ou para modificar a própria ordem" (tradução livre dos autores) (LaPalombara, 2007:147; LaPalombara e Weiner, 1966:426-427).

Apesar de a preocupação de Kirchheimer ter sido identificar características de configuração partidária em situações ambientais novas, ou seja, entender o processo de adaptação e transformação e não especificamente o fenômeno de criação de novos partidos, sua reflexão oferece elementos importantes para compreender a gestação de novas legendas. Isso especialmente por duas razões. A primeira diz respeito ao descolamento do contexto originário e da função da instituição. Em democracias contemporâneas, a formação de legendas não é necessariamente impulsionada por atores sociais que almejam, por meio da participação, a integração no sistema político. Elas muitas vezes cristalizam um movimento alternativo de adaptação a contextos de aguda competição política, representando grupos sociais já atuantes no sistema político, mas que buscam sua

---

nova alternativa. Uma terceira possibilidade é adotar um nome que incluía traços do passado. No caso dos partidos existentes, isso pode simbolizar uma promessa de renovar o partido antigo, de modo a aumentar seu apelo a novos grupos de eleitores, preservando sua identidade aos olhos de seu eleitor fiel, por exemplo, adicionar o adjetivo 'novo' ao nome do partido antigo" (tradução livre dos autores) (Barnea e Rahat, 2010:307).

sobrevivência objetivando redimensionar e ampliar suas conexões com o mercado eleitoral. A segunda é que a perspectiva de Kirchheimer também admite a possibilidade de formação de novos partidos descolada dos contextos de crise de participação e/ou representação política. Novos partidos são inaugurados simplesmente por óticas de estratégias advindas de fatores conjunturais, orientados pela ordem do mercado político, absorto por clientelas altamente voláteis e diversificadas.

O surgimento de novos partidos também tem sido analisado por meio de incentivos institucionais que impactam diretamente a motivação para a formação de novos agrupamentos partidários. Facilidades de registro partidário, financiamentos públicos (fundo partidário, financiamento de propaganda eleitoral em meios de comunicação) e sistema eleitoral proporcional são apontados como variáveis para entender o fenômeno (Harmel e Robertson, 1985; Willey, 1998; Bolin, 2007).

Em virtude de o Estado crescentemente assumir um papel central na vida partidária, Mair (1994:8) insere no debate a necessidade de entender o funcionamento e a sobrevivência das organizações a partir do afastamento e descolamento desses com a sociedade. O distanciamento da sociedade em geral proporciona sua aproximação ao Estado (2003:280-281). O entrelaçamento das legendas com a máquina pública (cargos) e sua participação na elaboração de políticas de governo chancela um processo de transformação das organizações, se tornando altamente dependentes do acesso a recursos estatais e não mais de grupos sociais. Apesar de a preocupação do autor estar centrada em compreender o fenômeno da transformação das organizações partidárias, que reagem ante um mercado eleitoral altamente volátil produzindo um processo de cartelização, o olhar lança luzes para esclarecer alguns elementos de impulsão de novas legendas a partir da "máquina" governativa, mais alheia a "incubadoras" confinadas e reduzidas à competição eleitoral e clivagens sociais.

2. Oferta eleitoral e fragmentação nas eleições municipais

O gráfico 1 mostra a evolução da oferta eleitoral nominal por eleição. Como se pode verificar, houve uma "explosão" do número de competidores em

1985 e 1992. É importante mencionar que a explosão da oferta eleitoral, observada no final dos anos 1980 e até a metade da década de 1990, também se repetiu para os demais níveis da competição eleitoral, não sendo um fenômeno restrito às disputas locais (Paiva, Batista e Stabile, 2008).

Gráfico 1
NÚMERO DE PARTIDOS POR ELEIÇÃO

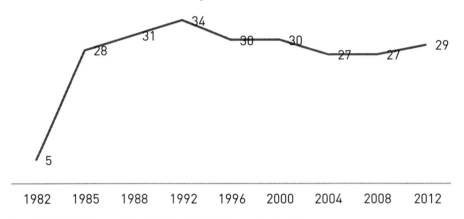

Fonte: Nicolau (1998) para dados de 1982 a 1996 e TSE para demais dados.

De acordo com alguns estudos, o *boom* na criação de novos partidos, até o início dos anos 1990, pode ser explicado pelo hiperativismo das elites políticas decorrente do realinhamento eleitoral após a reforma partidária de 1979, que restituiu o pluripartidarismo. Além disso, a existência de uma legislação partidária e eleitoral também criava incentivos para formação de novos partidos. Esses fatores acabaram por ampliar a oferta eleitoral no período mencionado (Nicolau, 1996; Krause e Paiva, 2002; Paiva, Batista e Stabile, 2008).

A partir de 1996 se iniciou um período de estabilidade da oferta eleitoral, embora em patamares altos, a média de partidos que participam por período analisado é 26,7. Portanto, podemos afirmar que existe um padrão de grande oferta partidária nas eleições locais que se mantém relativamente estável desde a segunda metade dos anos 1990, como mostra o gráfico 1.

Desse modo, a partir de 2004 temos uma combinação de grande oferta eleitoral e ampliação da fragmentação partidária, que em 2012 se acentuou (tabela 3). O processo de fragmentação na distribuição dos cargos eleitos é mais claro, contínuo e bem mais acentuado nas eleições legislativas, confirmando um padrão que se verifica também no nível estadual, no sentido de uma maior dispersão em face das disputas executivas. Esses dados reforçam a expectativa de que regras eleitorais de princípio proporcional tendem a produzir uma maior fragmentação partidária.

Em 1996, os nove maiores partidos do país conquistaram, juntos, 92,2% das vagas disponíveis nas Câmaras Municipais (tabela 1); em 2012, mesmo incluindo um 10º partido (o PSD), essa fatia havia caído para menos de 80%. A elite do sistema, formada por PMDB, PSDB, PFL/DEM, PP e PT, elegeu 70% dos membros das Câmaras Municipais em 1996, e menos da metade em 2012. Qualquer que seja o critério adotado e o recorte utilizado, em termos da diferenciação entre grandes, médios e pequenos, elite *versus* não elite do sistema etc., não restam dúvidas de que o poder dos legislativos e executivos municipais se espalha, hoje, entre uma quantidade bem maior de legendas do que em meados dos anos 1990.

Tabela 1
VEREADORES ELEITOS POR PARTIDO, 1996-2012 (% SOBRE TOTAL EM DISPUTA)

	1996	2000	2004	2008	2012
PMDB	22,4	18,9	16,0	16,3	13,9
PSDB	14,4	14,1	12,7	11,3	9,2
PFL/DEM	17,4	16,0	12,5	9,3	5,7
PT	3,2	4,1	7,1	8,0	9,0
PPB / PP	12,4	11,7	10,5	9,9	8,6
PDT	7,8	6,2	6,3	6,8	6,4
PTB	7,3	8,3	8,1	7,6	6,2
PL/PR	5,2	4,8	7,4	6,8	5,5
PSB	2,2	2,9	3,5	5,7	6,2
PSD	-	-	-	-	8,1
Soma dos 10 acima	92,2	87,1	84,1	81,6	78,9
Demais partidos somados	7,8	12,9	15,9	18,4	21,1
PMDB+PSDB+DEM+PT+PP	69,8	64,8	58,8	54,8	46,4

Fonte: TSE.

Tabela 2
PREFEITOS ELEITOS POR PARTIDO, 1982-2012 (% SOBRE TOTAL EM DISPUTA)

	1982	1985	1988	1992	1996	2000	2004	2008	2012
PMDB	34,9	63,2	37,5	33,7	24,1	22,6	19,1	21,6	18,3
PSDB	-	-	0,4	6,7	17,1	17,8	15,7	14,2	12,7
PFL/DEM	-	12,4	24,7	20,3	17,4	18,5	14,2	8,8	4,9
PT	0,1	0,5	0,9	1,1	2	3,4	7,9	10,0	11,4
PDS/PPB/PP	64,3	10,9	10,4	7,6	11,6	11,1	9,9	9,9	8,4
PDT	0,6	6,5	4,5	7,9	8,1	5,2	5,5	6,3	5,5
PTB	0,2	6	7,7	6,4	7,1	7,2	7,6	7,4	5,3
PL/PR	-	-	5,6	3,5	4,1	4,2	6,9	6,9	4,9
PSB	-	0,5	0,9	1	2,8	2,4	3,2	5,6	7,9
PSD	-	-	-	-	-	-	-	-	8,9
Soma dos 10 acima	100	100	93	88	94	92	90	91	88
Demais partidos somados	0	0	7	12	6	8	10	9	12
PMDB+PSDB+DEM+PT+PP	99	87	74	69	72	73	67	65	56

Fonte: Nicolau (1998), de 1982 a 1992. Demais dados: TSE.

Em relação às prefeituras municipais, as primeiras disputas reproduziram o mesmo processo que se dava nos demais níveis: a descompressão do sistema partidário brasileiro, com a passagem de uma estrutura de competição bipartidária para outra multipartidária, tendo como ponto de inflexão a disputa de 1996. A partir de 1988, nota-se uma estabilidade na fatia conquistada pelos nove maiores partidos, que gira ao redor dos 90%. Nesse sentido, a entrada do PSD no sistema parece ter apenas compensado as perdas sofridas pelos demais, especialmente pelo DEM (que já vinha perdendo forças anteriormente) e pelas outras legendas de direita (como

PP, PTB e PL/PR), que passaram de uma situação de relativa estabilidade nos anos 2000 para uma queda abrupta entre as duas últimas disputas.

O cálculo do número efetivo de partidos (tendo como base o percentual de cadeiras obtido por cada partido em relação ao total de vagas em disputa) não deixa dúvidas sobre o processo de aumento da fragmentação na distribuição do poder local (tabela 3). O NEP aumentou consideravelmente em 2004, devido ao avanço expressivo de partidos como PT, PL/PR e PPS, em detrimento das forças mais tradicionais — PMDB, PFL e PP —, que viram recuar suas fatias de prefeitos e vereadores conquistados. Após manter-se estável em 2008, o NEP sobe novamente em 2012 — destacando-se então o avanço de PT e PSB e, principalmente, o surgimento do PSD.

Tabela 3
NÚMERO EFETIVO DE PARTIDOS, 1996-2012[1]

	1996	2000	2004	2008	2012
Prefeitos	6,8	7,0	8,8	8,8	10,4
Vereadores	6,4	8,3	10,3	11,5	13,8

[1] O índice foi calculado adaptando-se a fórmula clássica de Laakso e Taagepera (1979): foi considerado o percentual de cadeiras (prefeitos ou vereadores) obtido pelo partido em relação ao total de vagas em disputa naquela eleição.
Fonte: Os dados brutos são do TSE.

Entre os grandes partidos, apenas PT e PSB avançaram entre 2008 e 2012. Assim, os recuos das legendas de centro e direita podem também ser tributados a um avanço dos partidos pequenos e, principalmente, à entrada do PSD no jogo, com o quarto melhor desempenho na disputa dos executivos (foi o quinto na disputa para as Câmaras), como mostram as tabelas 1 e 2. Em conjunto, os dados reforçam a hipótese de que a criação do PSD fez parte de um processo de reacomodação da elite política no interior dos campos de centro e, especialmente, de direita, potencializando um processo de fragmentação do poder local que já se desenhava anteriormente. A adoção de um recorte por blocos ideológicos confirma isso: as parcelas de vereadores e prefeitos conquistadas pelo campo da direita (soma entre DEM,

PP, PTB, PL/PR e em 2012 o PSD) se mantiveram praticamente inalteradas entre 2008 e 2012, ao redor dos 33%. Um recuo maior no tempo, no entanto, deixa evidente que essas forças políticas perderam terreno na última década, já que entre 1996 e 2004 elegiam, juntas, cerca de 40% dos prefeitos e vereadores do país. No centro do espectro político (PSDB e PMDB), destaca-se o acentuado recuo dos peemedebistas até 1996 (nos executivos locais), dentro do processo de transformação mais geral rumo a um sistema multipartidário; no entanto, o partido segue liderando o quadro de distribuição do poder local com alguma folga. Também vale sublinhar a progressiva perda de espaço do PSDB, para os postos executivos e legislativos, ao longo da era petista no governo federal.

Volatilidade e fragmentação representam movimentos distintos. Uma eleição pode apresentar alta volatilidade, mas como efeito de uma mudança de votação entre partidos já estabelecidos no mercado político, podendo assim alterar o NEP (mas não de modo muito acentuado). Ou seja, os mesmos partidos terem muita alteração em sua base eleitoral, em que a distribuição de força entre eles mesmos está fragmentada. Outro cenário que pode ocorrer é a alta volatilidade ser o efeito de surgimento de novos partidos na oferta eleitoral e esses, por sua vez, também serem responsáveis pelo aumento do NEP — mas em maior intensidade, nesse caso. Outra possibilidade é um aumento da volatilidade, mas com diminuição da fragmentação, ou seja, uma concentração maior de votação em uma quantidade menor de partidos já estabelecidos no sistema partidário.

Se compararmos a evolução do NEP com a volatilidade nas eleições locais em tela, não é possível afirmar que eles caminham sempre no mesmo sentido. Em 2008 houve um aumento abrupto da volatilidade eleitoral nas eleições para o executivo. Esse foi provavelmente um fator que motivou a estratégia prospectiva de elites políticas em promover uma reacomodação no sistema partidário para 2012, com a criação de um novo partido (o PSD), mas também fusões, incorporações e um intenso movimento de troca de legenda. Responderam, assim, a um incentivo para ofertar algo "novo" para um eleitorado pouco afeito à fidelidade e ao compromisso com seus eleitos.

Observando-se o comportamento da volatilidade eleitoral, veem-se diferenças muito significativas nas eleições para o executivo e o legislativo. A volatilidade é sempre maior na eleição para o Poder Executivo, o que indica que o executivo está mais frágil para se estabilizar no eleitorado. As tabelas chamam a atenção que a alta volatilidade eleitoral detectada nas eleições executivas de 2008 não foi acompanhada na mesma direção e intensidade na eleição aos legislativos. Na eleição de 2012 o padrão se inverte, ou seja, a volatilidade aumenta no legislativo e diminui no executivo. Poder-se-ia supor que um eleitorado altamente volátil abriria um maior campo de atuação e expectativa eleitoral para novos partidos, mas os indícios não reforçam a suposição. Se a volatilidade anterior poderia ser um elemento para pensar a estratégia de 2012, isto funciona para as eleições ao executivo, mas não para o legislativo.

Tabela 4
VOLATILIDADE PARA O EXECUTIVO MUNICIPAL NO INTERVALO DE 1996-2012

1996-2000	2000-04	2004-08	2008-12
17,72	13,05	23,75	15,35

Tabela 5
VOLATILIDADE PARA O LEGISLATIVO MUNICIPAL NO INTERVALO DE 1996-2012

1996-2000	2000-04	2004-08	2008-12
12,98	9,11	4,38	6,64

3. Partidos pequenos e a fragmentação do quadro partidário nas eleições locais

O quadro partidário brasileiro é composto atualmente de 32 partidos registrados e aptos a disputar as eleições,[5] com tamanhos e estruturas, programas e organizações variadas. Para classificar o "tamanho" de um partido político pode-se eleger vários indicadores, como: tamanho da bancada no Congresso Nacional; número de filiados; número de cargos executivos eleitos.

---

[5] Dados do Tribunal Superior Eleitoral (TSE). Disponível em: <www.tse.jus.br/partidos/partidos-politicos>. Acesso em: 19 nov. 2013.

Com base nos dados baseados no TSE, podemos pensar em três blocos de partidos de acordo com os cargos eletivos que eles ocupam (senadores, deputados federais e estaduais, prefeitos e vereadores).

PEQUENOS	PCB, PCO, PPL, PSDC, PSTU, PTC, PTN, PHS, PRTB, PSL, PEN
MÉDIOS	PRP, PMN, PSOL, PT DO B, PPS, PRB, PV, PC DO B, PSC, Pros, SDD
GRANDES	PTB, PDT, PSB, DEM, PR, PP, PSD, PSDB, PMDB, PT

A distribuição dos partidos por tamanho serve para demonstrar as diferenças entre os atores da cena partidária brasileira. Os grandes partidos brasileiros ocupam 88,6% das prefeituras eleitas em 2012, enquanto os médios e pequenos ocupam 9,5% e 1,9%, respectivamente. No entanto, analisar os dados das eleições estaticamente não possibilita a formação completa do cenário partidário. Ao comparar o crescimento ou não dos blocos, a análise fica mais completa e ajustada.

Tabela 6
VARIAÇÃO NA CONQUISTA DE CARGOS LOCAIS ENTRE 2008 E 2012

	Vereadores	Prefeitos
Pequenos	1,56%	0,83%
Médios	1,28%	1,61%
Grandes	-2,84%	-0,61%

Fonte: TSE.

Com base nos dados das eleições de 2008 e 2012, se observa um aumento dos pequenos e dos médios partidos e decréscimo na ocupação de cargos públicos pelos grandes partidos. O que o aumento dos pequenos partidos nas prefeituras e nas câmaras municipais pode indicar para o sistema político brasileiro?

O sistema político brasileiro, apesar de ser formatado como uma federação, tem uma estreita relação entre os entes federados. A ocupação de cargos na esfera local é essencial para a busca de cargos nas outras esferas de poder, e vice-versa. Os municípios são a primeira base eleitoral dos candidatos, por isso os candidatos aos cargos nacionais e estaduais dependem dos políticos locais para sua eleição ou reeleição. E o alcance da máquina pública local já possibilita ao partido algum grau de patronagem essencial para a manutenção e o desenvolvimento da sua máquina partidária.

Essa ocupação dos cargos locais fornece também a possibilidade de o partido desenvolver políticas públicas, criar e recrutar lideranças para seu partido. A ocupação de poder em nível local é a primeira entrada para os pequenos partidos.

Voltando à pergunta posta sobre os pequenos partidos — o que o aumento do poder desses partidos pode significar para o sistema político brasileiro —, o primeiro enfoque que se pode pensar é o poder de barganha de mais uma legenda para o sistema. Partidos podem ter seu poder medido pelo poder de barganha que este exerce. Ou seja, o quanto seu posicionamento será vital para a tomada de decisão. Ao ter um sistema mais fragmentado e com um maior número de atores com poder de barganha, a tomada de decisões pode se tornar mais morosa e custosa.

O segundo ponto a se discutir com o aumento dos pequenos partidos é a possibilidade de se ter uma inversão de tamanho dos partidos — os que são os maiores hoje tornarem-se menores ou desaparecerem e os menores tornarem-se maiores. Essa tendência existe, todavia, a extinção de partidos não se apresenta como uma atitude palpável em curto prazo. Eles se adaptam à conjuntura, à sociedade, aos poderes, às formas de governo, e conseguem sua sobrevivência. Os grandes partidos, também por autodefesa, podem mudar as regras para a construção de novos partidos, de modo a possibilitar a manutenção do *status* vigente. Por isso, podem ocorrer mudanças, mas não uma completa reformulação do sistema. Outra questão: o crescimento dos pequenos partidos pode levar a uma forma de parasitismo interno do grupo dos pequenos partidos, que ao invés de retirarem cadeiras dos grandes partidos começam a disputar o eleitorado entre eles.

Um terceiro ponto para a análise é quanto à compreensão do sistema partidário para os eleitores. O aumento dos pequenos partidos agirá de forma a tornar os partidos mais próximos aos eleitores, já que se teriam partidos com programas mais equiparáveis com os eleitores. Ou, pelo contrário, o aumento do número de legendas só tornaria o sistema mais ininteligível? O que se observa é cada vez mais os partidos sem um programa que possibilite a diferenciação.[6] Não existem clivagens claras para a fundação dos partidos, o que pode ser notado pelos nomes das legendas. As legendas partidárias em sua maioria não se identificam com clivagens da sociedade. Por isso, o aumento dos pequenos partidos levaria em suma a um aumento na ininteligibilidade do sistema brasileiro.

4. As "estrelas" de 2012: PSB e PSD

4.1 O avanço do PSB

Os recuos relativos nos blocos de direita e centro têm como contrapartida óbvia o avanço da esquerda, com PT e PSB sendo os únicos partidos relevantes do país que conseguiram sustentar uma trajetória contínua de crescimento nas prefeituras e Câmaras Municipais. Somados ao PDT, fizeram com que o campo da esquerda passasse de um patamar de pouco mais de 10% dos cargos em disputa nos anos 1990 para o controle de mais de 20% dos postos executivos e legislativos em 2012. A lenta ascensão do PT na conquista de espaços locais de poder teve como ponto de inflexão a disputa de 2004, a primeira realizada sob o governo Lula. O antigo partido dos médios e grandes centros urbanizados, e que já era uma força relevante no cenário nacional desde o início dos anos 1990, entra no grupo das grandes forças do poder local somente a partir dessa data, rivalizando com PTB e PL/PR, por exemplo (que têm uma importância secundária em outras esferas). O controle do governo federal e a elevada popularidade de Lula,

---

[6] Uma variável explicativa importante para a emergência dos partidos políticos é a existência de incentivos para isso, ou seja, a possibilidade dessa criação exumar em sucesso e a não existência de uma alternativa menos custosa. Devidos às características do sistema político brasileiro (federação, muitos cargos elegíveis em disputa, custeio do partido pelo Estado), há grandes incentivos, atualmente, para a criação dos partidos.

especialmente nas regiões em que o partido tinha maior dificuldade de penetração (como no Nordeste), são fatores que ajudam a explicar esse salto (Ribeiro, 2010).

Já os grandes avanços do PSB se deram em 2008, quando elegeu 310 prefeitos (78% a mais do que na disputa anterior), e 2012, quando conquistou 438 prefeituras (acréscimo de 40%). Apesar de apontado, em muitas análises, como um dos grandes vencedores das eleições de 2012, o cenário altamente fragmentado fez com que o partido ficasse em sexto lugar na quantidade de prefeitos eleitos, e apenas em oitavo na quantidade de vereadores. O PSB, assim como o PT em suas primeiras duas décadas, era um partido com maior inserção nos centros mais urbanizados dos estados: desde 1988, ele conquistou a prefeitura de pelo menos três capitais em cada eleição, obtendo cinco em 2012 (primeiro lugar nas capitais).

Esse desempenho teve, ao longo dos anos, um forte componente regional: o PSB sempre mostrou mais força nos estados do Nordeste, especialmente em Pernambuco, sob a liderança de Miguel Arraes e, mais recentemente, de Eduardo Campos. O estado, que possui pouco mais de 3% dos municípios do país, concentrou mais da metade das prefeituras conquistadas pelo PSB em 1996, um quarto em 2000, e cerca de 15% nas disputas de 2008 e 2012. Apenas em 2004 houve uma queda significativa no desempenho do partido no estado, fruto da crise nas fileiras de Arraes e da força do grupo de Jarbas Vasconcelos, então governador. A tabela 7 mostra que essa concentração regional vem diminuindo, com o PSB se transformando lentamente em uma agremiação nacional — de modo similar ao que se passou com o PT, que pouco a pouco deixou de ser um partido do Sul e Sudeste do Brasil. No entanto, o PSB ainda tem seus melhores desempenhos no Nordeste: elegeu ali 60% de seus prefeitos em 2012, e a região concentra um terço dos municípios do país.[7]

---

[7] A força do PSB no Nordeste também se manifesta na dimensão organizacional. Em julho de 2012, o partido possuía diretórios ou comissões provisórias em 77,3% das cidades brasileiras: eram 53% das cidades da região Sul, cerca de 80% dos municípios do Norte, Sudeste e Centro-Oeste, e 91% das localidades do Nordeste (Fonte: dados do TSE, organizados no Centro de Estudos de Partidos Políticos (Cepp) da UFSCar).

Tabela 7
PREFEITURAS CONQUISTADAS PELO PSB POR REGIÃO (%)

Região	Total de prefeituras no Brasil[1]	Distribuição das prefeituras do PSB				
		1996	2000	2004	2008	2012
Nordeste	32	75	53	61	67	60
Norte	8	6	9	5	5	6
Centro-Oeste	8	0	1	3	3	5
Sudeste	30	17	30	22	18	21
Sul	21	2	7	9	8	8
Só Pernambuco	3	52	24	7	15	13

[1] A distribuição percentual das cidades entre as regiões brasileiras variou pouco entre 1996 e 2012.
Fonte: TSE.

Depois de Pernambuco (conquistou quase um terço do total de prefeituras do estado), os melhores desempenhos do partido se deram no Espírito Santo, no Piauí e no Ceará (obtendo, respectivamente, 28%, 25% e 22% das prefeituras de cada estado). Ao concentrar sua força nas regiões de menor desenvolvimento, com um desempenho eleitoral abaixo da média no Sul e Sudeste do país (com a exceção do Espírito Santo), o PSB se firmou em 2012 como um partido dos extremos: apresenta bons resultados nas capitais e, ao mesmo tempo, nos menores (com até 50 mil habitantes) e mais pobres municípios do país.

4.2 PSD: a força do executivo e dos grotões

O PSD, criado em 2011, surge no cenário partidário brasileiro como a quarta força de representação na Câmara dos Deputados Federais sem ter passado por um processo eleitoral. Seu peso no legislativo advém de deputados eleitos por outros partidos instituídos. A Resolução nº 22.610/2007 do TSE possibilitou a mudança de legenda sem perda de mandato em caso de criação de um novo partido, dando abertura para que lideranças políticas tivessem a alternativa de buscar novos caminhos no quadro partidário brasileiro instituído.

Se, por um lado, a conjuntura de criação do PSD é reflexo do momento de hegemonia do PT no cenário nacional, por outro, é também reação de lideranças sem perspectiva de posicionamento nos partidos de oposição. O discurso fundador da legenda deixa isso explícito com as falas do então prefeito de São Paulo, Gilberto Kassab. Do ponto de vista de seu alinhamento ideológico a legenda não se posiciona como "de esquerda ou de direita", procurando assim se definir com um perfil amplo e gelatinoso, capaz de dar um maior espaço de atuação política. Elemento central na construção do partido é o discurso fundador associado a um posicionamento flexível em relação ao executivo nacional, capaz de aproximações e alianças.

Apesar de representar uma alternativa para lideranças políticas dos principais partidos de oposição (PFL/DEM e PSDB), é preciso ter cuidado com a interpretação de que a legenda seria apenas uma estratégia de "nova roupagem" para sobrevivência de oposicionistas em declínio. Os dados analisados por Krause e Gerardi (2012) apontaram para a complexidade e diversidade da formatação originária da organização e demonstraram que o PSD é muito mais que uma composição de lideranças advindas do PFL/DEM e PSDB. Ou seja, parlamentares de outras legendas, especialmente de pequenas, alimentaram de forma muito significativa a representação do novo partido.

O primeiro pleito em que a legenda se apresenta confirma a expressão da força da organização. Interessante destacar algumas características do perfil dos municípios em que o partido obteve o Poder Executivo local, que expressam seu *modus operandi* e suas bases de sustentação.

Em primeiro lugar, o impacto dos governadores e vices nos resultados. O maior percentual de prefeituras conquistadas foi no estado do Amazonas (38,71%), seguido de Mato Grosso (27,66%) onde respectivamente o PSD tem o governador e o vice-governador. Seguem Tocantins (22,3%) com o vice-governador, Santa Catarina (18,31%) com o governador e Bahia (16,79%) com o vice-governador. No Rio Grande do Norte o vice-governador da legenda fica com 12,57%. Destaca-se o efeito do apoio dos governadores nordestinos socialistas (PSB) do Ceará e Pernambuco nas campanhas municipais, onde o PSD conquista respectivamente 14,67% e 11,35% das prefeituras. Os dados reforçam a tese da importância da máquina do executivo, pois são esses estados que obtiveram os melhores resultados.[8]

A segunda característica é a base de sustentação do partido. Dois aspectos devem ser destacados. Um diz respeito à concentração regional. Salta aos olhos a força do Nordeste. No entanto é preciso observar que é o Nordeste que tem o maior número absoluto de municípios. Se analisarmos a capacidade de o partido penetrar nas prefeituras de cada região (número de prefeituras × conquistas), é possível perceber que a região Norte apresenta a maior capacidade da legenda de conquistar prefeituras ofertadas na eleição. Impressiona o baixo aproveitamento do Sudeste e Sul.

Tabela 8
RESULTADO ELEITORAL DO PSD EM 2012

Região	Total de prefeituras no Brasil	Distribuição de prefeituras do PSD	Cobertura das prefeituras
Nordeste	32%	206 (41,4%)	11,5%
Norte	8%	68 (13,6%)	15,1%
Centro-Oeste	8%	61 (18,7%)	13,6%
Sudeste	30%	69 (13,8%)	4,1%
Sul	21%	93 (18,7%)	7,8%

Fonte: TSE.

Outro aspecto que deve ser salientado é o perfil predominantemente situado nos pequenos municípios. Em números de habitantes que a legenda governa, o posicionamento cai para a sexta colocação.[9] O partido se estabelece fundamentalmente nos pequenos municípios e essa é uma característica que se apresenta em todas as regiões do país, sem exceção. A tabela 9 ilustra o fenômeno.

---

[8] Exceções foram Sergipe, onde o PSD fez 16% sem estar à frente do executivo estadual, e o caso de São Paulo, onde o fundador da legenda, Kassab, obteve apenas 5,27% das prefeituras paulistas. Nas outras unidades federadas o percentual de prefeituras ganhas ficou abaixo dos 10%. Disponível em: <http://eleicoes.uol.com.br/2012/raio-x/partidos-e-prefeitos/eleitos-x-candidatos/?p=psd>.

[9] Disponível em: <http://eleicoes.uol.com.br/2012/raio-x/partidos-e-prefeitos/numero-de-habitantes-que-governara/?p=psd>.

Tabela 9
PERFIL DOS GANHOS ELEITORAIS DO PSD

Perfil dos municípios governados	Nordeste	Norte	Centro-Oeste	Sudeste	Sul
Até 20.000 hab.	79,7%	85%	90,2%	71%	82,8%
+ de 20.000 até 100.000 hab.	20,4%	13,2%	6,6%	21,2%	12,8%
+ de 100.000 hab.	0%	0%	3,3%	7,2%	4,3%

Fonte: TSE e IBGE.

A investigação de um emergente no sistema partidário brasileiro, sem ser comparável a muitos "nanicos" que seguidamente se apresentam no cenário político brasileiro, certamente contribuirá com o debate da ciência política que trata de análises e diagnósticos do processo de consolidação do sistema partidário brasileiro.

Considerações finais

Quais dos modelos teóricos nos ajudam a compreender os fenômenos verificados nas eleições locais brasileiras, de uma grande oferta eleitoral e um aumento da fragmentação? Verificamos que a chegada de uma nova força eleitoral representada pelo PSD e o crescimento do PSB ampliaram a fragmentação e dispersão das forças políticas no plano local. Especificamente, por que os partidos grandes vêm perdendo seu espaço e quais as motivações das elites políticas ao criar uma nova legenda?

Em comum entre os casos do PSB e do PSD, se nota a força dos executivos estaduais para o desempenho dos partidos nas eleições locais. Ambos tiveram seus melhores resultados nas regiões em que desfrutavam de participação central no governo estadual (com governador ou vice) ou, ao menos, em que contavam com uma forte liderança regional capitalizando o processo. Se os partidos contemporâneos se entrincheiram nos aparelhos de Estado para sobreviver, contar com uma forte inserção nas poderosas máquinas estaduais ainda constitui um trunfo eleitoral bastante relevante.

No entanto, as semelhanças acabam por aí. O PSB se consolidou como opção eleitoral entre DEM, PT, PSDB e PMDB de modo paulatino nas últimas décadas, *pari passu* a uma estratégia de descolamento ante seus aliados mais tradicionais, os petistas. Assim, se no plano nacional o partido seguiu ao lado do PT até 2013, em muitos estados importantes (como São Paulo) os socialistas já se firmaram como parceiros estratégicos e de longo prazo do PSDB. Esse processo de "peemedebização" da estratégia eleitoral do partido, adaptando-se à heterogeneidade de cenários de nosso tradicional presidencialismo de coalizão, parece que está rendendo frutos cada vez maiores.

Aberto a todos os tipos de alianças, o PSD já surge adaptado à multifacetada democracia brasileira. O estrondoso sucesso eleitoral em sua primeira empreitada, realizada apenas um ano após sua fundação, deixou claro, no entanto, que dificilmente se pode falar no surgimento de novas clivagens sociais no eleitorado, ou de uma nova forma de fazer política, adaptada a anseios de ordem diversa. A reacomodação de uma parte da elite política brasileira, localizada nos partidos de centro e, principalmente, de direita, parece estar por trás do fenômeno. A persistente tendência adesista da política nacional é, entretanto, apenas parte da explicação, já que os políticos possuíam amplo espaço para migrar dos oposicionistas DEM e PSDB para outros partidos de centro e direita há muito alojados nos governos petistas, como PP, PTB e PMDB. O declínio constante do DEM, acentuado com o fracassado processo de "refundação" da legenda em 2007, também fornece parte da explicação. No entanto, conveniências eleitorais locais e regionais talvez tenham sido as principais motivações para a criação de um partido que já nasceu grande. Nesse sentido, a criação do PSD em 2011 pode ter funcionado como válvula de escape para desavenças, rupturas e rearranjos represados ao longo de 23 anos de relativo congelamento dos atores mais relevantes do sistema partidário (o PSDB havia sido o último grande a ser fundando, em 1988). Qualquer afirmação peremptória sobre o fenômeno, no entanto, seria precipitada neste momento.

Ao lado do PSB e do PSD, o avanço dos pequenos partidos também concorreu para o aumento da fragmentação do quadro partidário local na disputa de 2012. Não é o caso, aqui, de traçarmos um detalhamento desse processo por estado, nem de diferenciarmos legendas de conteúdo tão diverso como PSOL e PTN. No campo das especulações, pode-se aventar a possibilidade de que as menores forças aprenderam progressivamente a lidar com as instituições do jogo político e com as oportunidades abertas nas disputas entre os "tubarões" — que procuram o apoio dos pequenos na forma de alianças eleitorais e de governo. Por outro lado, o processo de aproximação e indiferenciação ideológica entre as grandes forças, impulsionado pela guinada ao centro do PT e por uma dinâmica nacional que, a partir de 2003, embaralhou os blocos ideológicos e de governo/oposição (com as coalizões de Lula e Dilma contemplando do PCdoB ao PP), contribuiu para aumentar ainda mais a ininteligibilidade do sistema. Se não há grandes diferenças, e se todos os partidos podem se aliar, por que o eleitor restringiria sua opção de voto às grandes forças?

Esses fatores políticos somam-se a aspectos institucionais (como as brechas na legislação partidária), conformando um terreno fértil para estratégias de fundação, fusão e cisão de partidos no país. Conforme afirmam Barnea e Rahat (2010:314),

> a entrada de novos partidos em cena, especialmente aqueles que conseguem obter uma parcela significativa de votos, é considerada um indicador da baixa institucionalização dos partidos nas novas democracias e de instabilidade naquelas consideradas estabelecidas. Essa avaliação está, porém, contingenciada à definição de "novos" partidos. [tradução livre dos autores]

Sob esse prisma, volta à baila a questão da institucionalização do nosso sistema partidário — um debate que já produziu inúmeras análises, mas poucas conclusões.

Referências

BARNEA, S.; RAHAT, G. Out with the old, in with the "new": what constitutes a new party? *Party Politics*, v. 17, n. 3, p. 303-320, 2010.

BOLIN, N. How new parties shape their own fate: an actor-centered framework for analysis. In: ECPR GRADUATE CONFERENCE, 3., 2010, Dublin.

BOLLEYER, Nicole. New party organization in Western Europe: of party hierarchies, stratarchies and federations. *Party Politics*, v. 18, n. 3, p. 315-336, 2011.

DUVERGER, M. *Os partidos políticos*. Brasília: Ed. UnB, 1980.

HARMEL, R.; ROBERTSON, J. D. Formation and success of new parties: a cross-national analysis. *International Political Science Review*, v. 6, n. 4, p. 501-523, 1985.

HUG, Simon. Studying the electoral success of new political parties: a methodological note. *Party Politics*, v. 6, n. 2, p. 187-197, 2000.

JANDA, K. *Political parties*: a cross-national survey. Londres: Free Press, 1980.

KIRCHHEIMER, O. The transformation of the Western European party systems. In: LAPALOMBARA, J.; WEINER, M. *Political parties and political development*. Princeton: Princeton University Press, 1966.

KRAUSE, S.; PAIVA, D. Perdas e ganhos. Lideranças políticas brasileiras e instabilidade na representação dos partidos: lógica nacional × lógica estadual (1982-2001). In: PINTO, C. R.; SANTOS, A. M. (Org.). *Partidos no Cone Sul*: novos ângulos de pesquisa. Rio de Janeiro: Fundação Konrad-Adenauer, 2002.

KRAUSE, S.; GERARDI, A. A formação do PSD: quando o executivo é o motor organizativo. In: ENCONTRO DA ABCP, 8., 2012.

LAAKSO, M.; TAAGEPERA, R. "Effective" number of parties: a measure with application to West Europe. *Comparative Political Studies*, v. 12, n. 1, p. 3-27, abr. 1979.

LAPALOMBARA, J.; WEINER, M. *Political parties and political development*. Princeton: Princeton University Press, 1966.

LIPSET, S. M.; ROKKAN, S. Party systems and voter alignments: cross national perspectives. In: _____; _____. *Party systems and voter alignments*: cross national perspectives. Nova York: The Free Press, 1967.

MAIR, Peter. Party organizations: from civil society to the State. In: MAIR, Peter. *How parties organize*. Change and adaptation in party organizations in Western democracies. Londres: Sage Publications, 1994. p. 1-21.

MIRAGLIOTTA, Narelle. From local to national: explaining the formation of the Australian Green Party. *Party Politics*, v. 18, n. 3, p. 409-425, 2012.

NICOLAU, J. M. *Multipartidarismo e democracia*: um estudo sobre o sistema partidário. Rio de Janeiro: Editora FGV, 1996.

____. *Dados eleitorais no Brasil*. Rio de Janeiro: Revan; Iuperj, 1998.

PAIVA, D.; BATISTA, C. M.; STABILE, M. A evolução do sistema partidário brasileiro: número de partidos e votação no plano subnacional 1982-2006. *Opinião Pública*, v. 14, p. 432-453, 2008.

PANEBIANCO, A. *Modelos de partido*: organização e poder nos partidos políticos. São Paulo: Martins Fontes, 2005.

RIBEIRO, P. F. *Dos sindicatos ao governo*: a organização nacional do PT de 1980 a 2005. São Carlos: EdUFSCar; Fapesp, 2010.

____. El modelo de partido cartel y el sistema de partidos de Brasil. *Revista de Ciencia Política*, Santiago, v. 33, n. 3, p. 607-629, 2013.

SIKK, Allan. Newness as a winning formula for new political parties. *Party Politics*, v. 18, n. 4, p. 465-486, 2012.

TAVITS, Margit. Party system in the making: the emergence and success of new parties in new democracies. *British Journal of Political Science*, v. 38, p. 113-133, 2008.

TRIBUNAL SUPERIOR ELEITORAL. Disponível em: <www.tse.jus.br/>. Acesso em: 12 nov. 2013.

WILLEY, Joseph. Institutional arrangements and de success of new parties in old democracies. *Political Studies*, v. XLVI, p. 651-668, 1998.

4
O papel das Câmaras Municipais na arena eleitoral: as eleições de 2012

Maria Teresa Miceli Kerbauy

Embora a Constituição de 1988 tenha promovido uma significativa descentralização dos recursos tributários e do poder político, resgatando o papel dos municípios no cenário político brasileiro, as eleições municipais de 2008 colocaram definitivamente a competição eleitoral local no cenário partidário nacional, ao alinhar a dinâmica municipal à nacional e estadual, consolidando votos expressivos do PMDB, PT e PSDB em todo o território nacional. Em 2012, o alinhamento entre as arenas eleitorais se consolida, quando os três partidos com maior votação para o executivo local incluem em suas estratégias eleitorais a eleição para as Câmaras Municipais.

Apesar da discussão sobre o papel que as eleições municipais desempenham no cenário político nacional, seja na sustentação de governos estaduais e federais, ou influindo nas eleições para governadores e presidente da República, quer apenas servindo exclusivamente para a discussão de interesses locais, o fato é que, a partir das eleições municipais de 2008, partidos, candidatos, lideranças políticas e eleitores foram mobilizados de forma a dar caráter nacional à competição local, exigindo dos partidos maior coordenação eleitoral, uma vez que "decisões tomadas em um pleito podem influenciar as subsequentes" (Mello, 2010).

Grande parte da literatura (Lopez, 2004; Ávila Filho, 2004; Ávila Filho et al., 2011) sobre a disputa eleitoral nos municípios considera que o efeito desarticulador da Federação, em combinação com as regras eleitorais e a organização partidária, aponta para o desprestígio da função coordenadora exercida pelos partidos políticos, elevando o grau de personalismo político especialmente na esfera municipal, fazendo ressaltar a atuação do prefeito como o maior detentor do poder local, responsável por individualizar a negociação política e desconsiderar totalmente o papel da organização partidária. Nessa perspectiva, as disputas locais se moveriam por temas de interesse local, não levando em conta os partidos políticos e nem o que acontece na esfera nacional.

Existem vários argumentos disponíveis na literatura sobre o papel dos partidos políticos na arena eleitoral, especialmente, sobre o comportamento eleitoral nas eleições municipais, levando a um consenso sobre a falta de articulação entre os diversos níveis da disputa eleitoral.

A alta fragmentação do nosso sistema partidário (Ames, 2003; Mainwaring, 2001; Lima Junior, 1983), em combinação com o elevado índice de indisciplina partidária e o alto grau de personalismo político, contribuiria para o enfraquecimento dos partidos, prevalecendo "partidos do tipo *catch-all*, descentralizados, comparativamente indisciplinados e comparativamente individualistas" (Mainwaring, 1999:5). A vitória dos candidatos dar-se-ia muito mais em função da força ou da fraqueza dos candidatos do que da influência dos partidos. Os municípios seriam os exemplos mais extremados dessa situação, ao exagerarem a orientação individualista e fisiológica desempenhada pelos prefeitos e vereadores, em detrimento da força dos partidos políticos na arena de governo.

Para Abrucio (1997:147), o executivo estadual desempenha papel relevante nos alinhamentos feitos visando à disputa eleitoral municipal, na qual os grupos se dividem em oposição e situação em relação ao governo local. O aumento do poderio dos estados e de seus governadores estaria relacionado com a vigência de um sistema ultrapresidencialista nos estados e "aos padrões hegemônicos da carreira política brasileira cuja reprodução dá-se pela lealdade às bases locais e pela obtenção de cargos executivos no plano subnacional ou então daqueles no nível nacional que possam trazer recursos aos 'distritos' dos políticos".

Alguns autores já trabalharam as evidências da articulação do sistema de partidos no Brasil. Lima Junior (1983) e Lavareda (1991) procuraram discutir esse processo para o período de 1945 a 1965, mas só recentemente o tema da estruturação da disputa eleitoral passou a fazer parte do debate sobre o sistema partidário e eleitoral brasileiro.

Uma contribuição importante para a análise da articulação das disputas eleitorais nos diversos níveis está em Carneiro e Almeida (2008). Apesar de concordarem com a literatura especializada que aponta o "caráter descentralizado do sistema de partidos, a importância da disputa política no nível subnacional e, especialmente, a contenda eleitoral nos estados para a definição de suas feições", essas características não levariam necessariamente à "desconexão entre os diferentes níveis do sistema" e nem permitiriam que as disputas locais aconteçam sempre de forma autônoma (Carneiro e Almeida, 2008:405).

Apesar da importância que as eleições municipais, para o executivo, passaram a ter a partir de 2008, para o alinhamento das arenas eleitorais, o papel desempenhado pelo sistema eleitoral e partidário na constituição e atuação dos legislativos locais não tem sido alvo de estudos sistemáticos. Em geral, repete-se o argumento sobre a fragilidade dos partidos políticos e do papel das legendas para atender projetos pessoais sem atentar para outros processos tais como coligações, migrações partidárias, volatilidade eleitoral, ou mesmo para o modo como se estrutura o jogo e as negociações eleitorais.

Nossa hipótese é que as eleições para as Câmaras Municipais têm cada vez mais um papel importante no padrão de votação e no desempenho eleitoral partidário nas eleições municipais, passando a fazer parte das estratégias eleitorais dos partidos para as eleições subsequentes, de forma a definir alinhamentos entre as arenas eleitorais, influindo na coordenação eleitoral.

O texto está estruturado em três partes. A primeira analisa a importância do aumento das cadeiras do legislativo municipal para a competição eleitoral local. A segunda analisa o desempenho dos partidos políticos nas eleições municipais proporcionais comparando os resultados das eleições de 1996, 2000, 2004, 2008 e 2012 e procurando mostrar as diferenças regionais da votação para as Câmaras Municipais ao longo desse período. Na terceira parte procuramos analisar o resultado das eleições de 2012 e suas especificidades.

A dimensão numérica da representação das Câmaras Municipais no Brasil, a fragmentação partidária da competição partidária eleitoral e as diferenças regionais interferem no escopo de uma análise mais ampla sobre as eleições para o legislativo local.

1. O aumento de cadeiras para o Legislativo Municipal em 2012

As definições dos critérios que estabelecem as quantidades de cadeiras para os legislativos municipais passaram nos últimos oito anos por várias discussões envolvendo competências jurídicas e escopo legislativo. Com as Resoluções do TSE[1] nº 21.702 e nº 21.803, ambas de 2004, ficaram definidas para as eleições municipais de 2004 uma determinada relação entre faixas populacionais (obtidas a partir de estimativas populacionais do IBGE[2] em 2003) e a quantidade de cadeiras que cada Câmara Municipal poderia ter, de acordo com os critérios de razoabilidade e proporcionalidade entre os municípios, decididos previamente pelo STF.[3] No geral, vigoraria a fórmula de um vereador para cada grupo de 47.619 habitantes, eliminando 8.528 vagas ao regulamentar as eleições municipais daquele ano.

Não tardou para que parte dos parlamentares da Câmara Federal e de vários legislativos municipais entrasse com recursos argumentando no sentido de uma judicialização dessa matéria que é eminentemente legislativa, qual seja, a de definir a quantidade de vereadores que cada Câmara pode ter em uma legislatura. Na Constituição Federal já estava expresso que esse tema faz parte do conjunto da autonomia municipal e que, portanto, deve ser definido por meio da Lei Orgânica de cada município.

---

[1] Tribunal Superior Eleitoral.
[2] Instituto Brasileiro de Geografia e Estatística.
[3] Supremo Tribunal Federal.

A Câmara dos Deputados, em maio de 2008, aprovou em primeiro turno, por ampla maioria, a PEC nº 333/2004, fixando o número mínimo de nove cadeiras para municípios com até 15 mil habitantes e o número máximo de 55 cadeiras para municípios com mais de 8 milhões de habitantes. Aplicado o teto máximo estabelecido na relação número de cadeiras/números de habitantes, o número total de vereadores passaria a ser 59.611, representando um aumento de 7.616 cadeiras em relação ao total de representantes em 2008.

A apresentação da PEC nº 333/2004 teve como justificava a correção da determinação fixada pela Constituição de 1988, que deu à Lei Orgânica de cada município a prerrogativa de definir o número de vereadores, proporcional à sua população, entre duas faixas limites (mínimas e máximas) de vereadores sem levar em conta o princípio da proporcionalidade da população (Kerbauy, 2009:20).

Para as eleições de 2008, as Resoluções do TSE continuaram valendo, mas houve uma pressão muito grande de partidos e políticos no sentido de rever essa relação entre faixas populacionais e quantidade fixa de vereadores, sendo proposto, em substituição a essa regra, apenas o estabelecimento de uma quantidade máxima de vereadores que cada Câmara poderia fixar, ficando mais flexível a quantidade de cadeiras por faixa populacional. Com a aprovação da Emenda Constitucional nº 58/2009, o artigo 29, IV, da Constituição Federal ficou redigido da seguintes forma:

Art. 29. O Município reger-se-á por lei orgânica, votada em dois turnos, com o interstício mínimo de dez dias, e aprovada por dois terços dos membros da Câmara Municipal, que a promulgará, atendidos os princípios estabelecidos nesta Constituição, na Constituição do respectivo Estado e os seguintes preceitos:
[...]
IV — para a composição das Câmaras Municipais, será observado o limite máximo de:
a) 9 (nove) Vereadores, nos Municípios de até 15.000 (quinze mil) habitantes;
b) 11 (onze) Vereadores, nos Municípios de mais de 15.000 (quinze mil) habitantes e de até 30.000 (trinta mil) habitantes;

c) 13 (treze) Vereadores, nos Municípios com mais de 30.000 (trinta mil) habitantes e de até 50.000 (cinquenta mil) habitantes;

d) 15 (quinze) Vereadores, nos Municípios de mais de 50.000 (cinquenta mil) habitantes e de até 80.000 (oitenta mil) habitantes;

e) 17 (dezessete) Vereadores, nos Municípios de mais de 80.000 (oitenta mil) habitantes e de até 120.000 (cento e vinte mil) habitantes;

f) 19 (dezenove) Vereadores, nos Municípios de mais de 120.000 (cento e vinte mil) habitantes e de até 160.000 (cento sessenta mil) habitantes;

g) 21 (vinte e um) Vereadores, nos Municípios de mais de 160.000 (cento e sessenta mil) habitantes e de até 300.000 (trezentos mil) habitantes;

h) 23 (vinte e três) Vereadores, nos Municípios de mais de 300.000 (trezentos mil) habitantes e de até 450.000 (quatrocentos e cinquenta mil) habitantes;

i) 25 (vinte e cinco) Vereadores, nos Municípios de mais de 450.000 (quatrocentos e cinquenta mil) habitantes e de até 600.000 (seiscentos mil) habitantes;

j) 27 (vinte e sete) Vereadores, nos Municípios de mais de 600.000 (seiscentos mil) habitantes e de até 750.000 (setecentos cinquenta mil) habitantes;

k) 29 (vinte e nove) Vereadores, nos Municípios de mais de 750.000 (setecentos e cinquenta mil) habitantes e de até 900.000 (novecentos mil) habitantes;

l) 31 (trinta e um) Vereadores, nos Municípios de mais de 900.000 (novecentos mil) habitantes e de até 1.050.000 (um milhão e cinquenta mil) habitantes;

m) 33 (trinta e três) Vereadores, nos Municípios de mais de 1.050.000 (um milhão e cinquenta mil) habitantes e de até 1.200.000 (um milhão e duzentos mil) habitantes;

n) 35 (trinta e cinco) Vereadores, nos Municípios de mais de 1.200.000 (um milhão e duzentos mil) habitantes e de até 1.350.000 (um milhão e trezentos e cinquenta mil) habitantes;

o) 37 (trinta e sete) Vereadores, nos Municípios de 1.350.000 (um milhão e trezentos e cinquenta mil) habitantes e de até 1.500.000 (um milhão e quinhentos mil) habitantes;

p) 39 (trinta e nove) Vereadores, nos Municípios de mais de 1.500.000 (um milhão e quinhentos mil) habitantes e de até 1.800.000 (um milhão e oitocentos mil) habitantes;

q) 41 (quarenta e um) Vereadores, nos Municípios de mais de 1.800.000 (um milhão e oitocentos mil) habitantes e de até 2.400.000 (dois milhões e quatrocentos mil) habitantes;

r) 43 (quarenta e três) Vereadores, nos Municípios de mais de 2.400.000 (dois milhões e quatrocentos mil) habitantes e de até 3.000.000 (três milhões) de habitantes;

s) 45 (quarenta e cinco) Vereadores, nos Municípios de mais de 3.000.000 (três milhões) de habitantes e de até 4.000.000 (quatro milhões) de habitantes;

t) 47 (quarenta e sete) Vereadores, nos Municípios de mais de 4.000.000 (quatro milhões) de habitantes e de até 5.000.000 (cinco milhões) de habitantes;

u) 49 (quarenta e nove) Vereadores, nos Municípios de mais de 5.000.000 (cinco milhões) de habitantes e de até 6.000.000 (seis milhões) de habitantes;

v) 51 (cinquenta e um) Vereadores, nos Municípios de mais de 6.000.000 (seis milhões) de habitantes e de até 7.000.000 (sete milhões) de habitantes;

w) 53 (cinquenta e três) Vereadores, nos Municípios de mais de 7.000.000 (sete milhões) de habitantes e de até 8.000.000 (oito milhões) de habitantes; e

x) 55 (cinquenta e cinco) Vereadores, nos Municípios de mais de 8.000.000 (oito milhões) de habitantes.

A aprovação da chamada PEC dos Vereadores, que se transformou na Emenda Constitucional nº 58, entrou em vigor em 23 de setembro de 2009 e estabeleceu uma nova ordem constitucional para a composição das Câmaras Municipais em todo o país. Esse aumento teve efeitos na competição política para as vagas legislativas de 2012. Ao compararmos as eleições de 2008 e 2012, é possível observar as diferenças numéricas na competição eleitoral para os legislativos municipais a partir das suas implicações regionais.

Alguns dados são elucidativos para se entender as condições em que se deram as disputas eleitorais. Ao compararmos a quantidade de vagas para os legislativos municipais em 2012 em relação a 2008, verifica-se um aumento de 5.435 cadeiras. Nas eleições de 2008 estavam em disputa 51.999

vagas para as Câmaras Municipais, enquanto em 2012 foram 57.434 vagas distribuídas por todas as regiões do país. Por sua vez, a lógica da competição política indica também um pequeno aumento na quantidade geral das candidaturas e também na relação candidato/vaga, tornando a eleição de 2012 um pouco mais competitiva que a de 2008, tanto para os cargos proporcionais quanto para os majoritários, conforme mostra a tabela 1.

Tabela 1
QUANTIDADE GERAL DE CANDIDATURAS PARA PREFEITOS E VEREADORES ENTRE 2008-12 E RELAÇÃO CANDIDATO/VAGA

Cargo	Eleição	Quantidade Candidatos	Quantidade Vagas	Candidatos/Vaga (em %)
Prefeito	2008	15.142	5.563	2,72
	2012	15.607	5.568	2,80
Vereador	2008	330.630	51.999	6,36
	2012	449.767	57.434	7,83

Fonte: TSE — DivulgaCand 2008/2012 e Repositório de Dados Eleitorais.

A partir da análise da competição nos municípios pode-se apontar que, junto ao aumento de cadeiras nas Câmaras Municipais e ao aumento na quantidade de candidaturas, há uma ampliação nos custos das eleições para partidos e políticos profissionais, assim como aumento nos gastos do orçamento do legislativo municipal com obras de infraestrutura para acomodar os novos vereadores nas Câmaras que tiveram sua quantidade de cadeiras aumentada.

Uma variável fundamental para o entendimento da competição eleitoral municipal é a região. Especialmente na eleição de 2012, a variação na quantidade de cadeiras nos legislativos, por região, pode ter contribuído para o desempenho diferenciado dos partidos nessas eleições.

A distribuição regional e estadual do aumento das cadeiras nos municípios pode ser observada na tabela a seguir. Do total de 5.568 municípios, 1.697 aprovaram o aumento do número de cadeiras nas Câmaras Municipais.

Tabela 2
DISTRIBUIÇÃO REGIONAL E ESTADUAL DAS CADEIRAS NAS CÂMARAS MUNICIPAIS E AUMENTO DAS CADEIRAS EM RELAÇÃO AO PLEITO DE 2008

Regiões	Estados	Cadeiras (2008)	Cadeiras (2012)	Aumento (em N)	Aumento (em %)
CO	GO	2.278	2.491	213	9,4
	MT	1.293	1.394	101	7,8
	MS	730	833	103	14,1
NE	AL	945	1.047	102	10,8
	BA	3.899	4.546	647	16,6
	CE	1.737	2.147	410	23,6
	MA	1.995	2.371	376	18,8
	PB	2.035	2.185	150	7,4
	PE	1.752	2.064	312	17,8
	PI	2.033	2.136	103	5,1
	RN	1.527	1.618	91	6,0
	SE	692	788	96	13,9
N	AC	204	225	21	10,3
	AP	152	166	14	9,2
	AM	593	708	115	19,4
	PA	1.377	1.701	324	23,5
	RO	482	533	51	10,6
	RR	140	151	11	7,9
	TO	1.257	1.291	34	2,7
SE	ES	745	838	93	12,5
	MG	7.861	8.438	577	7,3
	RJ	1.007	1.188	181	18,0
	SP	6.287	6.943	656	10,4
S	PR	3.698	3.864	166	4,5
	RS	4.583	4.904	321	7,0
	SC	2.697	2.864	167	6,2

Fonte: TSE — Repositório de Dados Eleitorais.

De acordo com os dados analisados, quase todos os estados apresentaram aumento, em 2012, de pelo menos 5% na quantidade geral de cadeiras nas Câmaras Municipais. Merece destaque o estado de Tocantins como o estado que menor aumento teve na quantidade de cadeiras, apenas 2,7% ou 34 cadeiras a mais que no pleito de 2008.

Por sua vez, o Ceará é o estado que mais teve aumento na quantidade de cadeiras, chegando à cifra de 23,6%, seguido do Pará com 23,5%. No geral, considerando-se os dados por regiões, os estados das regiões Norte e Nordeste foram os que mais tiveram aumento na quantidade de vagas para os legislativos municipais, enquanto os estados da região Sul foram os que registraram os menores percentuais. Talvez uma das hipóteses que possa explicar esse fato esteja relacionada com a própria configuração da sociedade civil em cada uma dessas localidades, tendo em vista que diversos noticiários divulgaram manifestações contrárias ao aumento de cadeiras em distintas cidades da região Sul e Sudeste.

Os dados da tabela 3 nos permitem averiguar se os percentuais de aumento na quantidade de cadeiras foram concentrados em poucos municípios ou se foram distribuídos entre mais municípios em cada um dos estados.

Tabela 3
DISTRIBUIÇÃO REGIONAL E ESTADUAL DO AUMENTO DAS CADEIRAS NAS CÂMARAS MUNICIPAIS PELA QUANTIDADE DE MUNICÍPIOS

Regiões	Estados	Municípios 2012 (em N)	Quantidade de municípios com aumento de cadeiras	Percentual de municípios em relação ao total do estado
CO	GO	246	62	25,2
	MT	141	33	23,4
	MS	79	33	41,8

(continua)

Regiões	Estados	Municípios 2012 (em N)	Quantidade de municípios com aumento de cadeiras	Percentual de municípios em relação ao total do estado
NE	AL	102	39	38,2
	BA	417	219	52,8
	CE	184	125	67,9
	MA	217	122	56,2
	PB	223	51	23,3
	PE	184	111	60,9
	PI	224	34	15,2
	RN	167	26	15,6
	SE	75	33	44,0
N	AC	22	7	31,8
	AP	16	4	25,0
	AM	62	39	62,9
	PA	144	98	68,1
	RO	52	19	36,5
	RR	15	3	20,0
	TO	139	10	7,2
SE	ES	78	32	41,6
	MG	853	181	21,2
	RJ	92	49	53,3
	SP	645	188	29,1
S	PR	399	49	12,3
	RS	497	82	16,5
	SC	295	48	16,3

Fonte: TSE — Repositório de Dados Eleitorais.

Novamente, os estados da região Sul apresentaram, se comparados ao conjunto de estados das outras regiões, os menores percentuais de municípios onde ocorreu aumento nas cadeiras legislativas municipais. Em contrapartida, a região Nordeste é a que mais possui aumento disperso em seu conjunto de municípios. No total, entre os 26 estados da federação brasileira, sete deles tiveram o aumento nas vagas legislativas em mais de 50% dos seus municípios, sendo, na região Nordeste, os estados da Bahia,

Ceará, Maranhão e Pernambuco; na região Norte, os estados do Amazonas e do Pará; e, por fim, na região Sudeste, o estado do Rio de Janeiro. Para analisar com maior clareza a distribuição desse aumento de cadeiras, foi realizado cruzamento entre a quantidade de cadeiras que aumentou por região e por faixas populacionais de acordo com as seguintes categorias: 1) municípios de 0 até 50 mil habitantes; 2) de 50.001 até 100 mil habitantes; 3) 100.001 até 200 mil habitantes; 4) 200.001 até 500 mil habitantes; 5) 500.001 habitantes até 1 milhão; 6) 1.000.001 ou mais habitantes. O objetivo é averiguar em quais faixas populacionais os aumentos das cadeiras ocorreram com maior frequência e se esse aumento possui variação entre as regiões. Para se analisarem esses dados, inicialmente foram cruzadas as variáveis região e faixas populacionais para se identificar a distribuição dos municípios brasileiros nessas faixas.

Tabela 4
REGIÃO E FAIXAS POPULACIONAIS (PERCENTUAIS NAS LINHAS). ELEIÇÃO DE 2012

Região	0 a 50 mil habitantes	50.001 até 100 mil habitantes	100.001 até 200 mil habitantes	200.001 até 500 mil habitantes	500.001 até 1 milhão de habitantes	1.000.001 ou mais habitantes	Total
Centro-Oeste	432	17	11	3	2	1	466
	92,7%	3,6%	2,4%	,6%	,4%	,2%	100,0%
Nordeste	1.623	114	31	15	6	4	1.793
	90,5%	6,4%	1,7%	,8%	,3%	,2%	100,0%
Norte	388	41	11	8	0	2	450
	86,2%	9,1%	2,4%	1,8%	,0%	,4%	100,0%
Sudeste	1.435	96	69	51	11	6	1.668
	86,0%	5,8%	4,1%	3,1%	,7%	,4%	100,0%
Sul	1.091	52	27	17	2	2	1.191
	91,6%	4,4%	2,3%	1,4%	,2%	,2%	100,0%
Total	4.969	320	149	94	21	15	5.568
	89,2%	5,7%	2,7%	1,7%	,4%	,3%	100,0%

Fonte: IBGE — Censo 2010; banco de dados do autor.

De acordo com esse cruzamento de dados, verifica-se que todas as regiões possuem mais de 85% de seus municípios situados na primeira faixa populacional, que vai de 0 a 50 mil habitantes. Isso revela que 4.969 municípios brasileiros ou 89,2% do total de cidades do país, são de pequeno porte. Já as cidades de médio e grande porte do país somando seus percentuais chegaram a uma cifra de 10,8%, apontando para uma realidade nacional de pequenos municípios, o que sem dúvidas gera maiores despesas ao Estado tendo em vista o potencial de arrecadação menor de cada um desses municípios considerando-se os gastos com a estrutura de governo municipal.

Nessa tabela os dados expõem os percentuais nas linhas para identificarmos a situação de cada uma das regiões. A relação estabelecida é a de quanto do total de municípios de cada uma das regiões diz respeito a cada uma das cinco faixas populacionais estabelecidas. A região Centro--Oeste é a que possui o maior percentual de municípios na primeira faixa. Na segunda faixa aparece a região Norte. A partir de 100 mil habitantes o Sudeste apresenta os maiores percentuais.

Esse cenário indica duas condições importantes da dinâmica da competição política no país: 1) os partidos precisam levar em conta essas configurações regionais para a distribuição da organização dos seus diretórios ou comissões, cientes de que em cidades menores a figura partidária em si é menos importante do que a figura pessoal; 2) derivadas dessa condição, eles precisam traçar suas estratégias, levando em conta o que é mais vantajoso: controlar pequenos municípios dispersos pelo país ou concentrar suas energias em cidades médias e grandes com eleitorados maiores, nas quais, em tese, as siglas partidárias são vistas localmente por esse eleitorado de maneira diferente das pequenas cidades, tendo em vista que as disputas eleitorais são mais polarizadas e com graus diferenciados de interesse tensionados na arena eleitoral.

A tabela 5 mostra o aumento das cadeiras entre as eleições de 2008 e 2012 por região, permitindo a identificação das regiões onde o aumento foi maior.

Tabela 5
AUMENTO DAS CADEIRAS LEGISLATIVAS, POR REGIÃO ENTRE 2008-12

Aumento das cadeiras	Região					
	Centro-Oeste	Nordeste	Norte	Sudeste	Sul	Total
-2	0	1	0	1	0	2
	,0%	,1%	,0%	,1%	,0%	,0%
0	338	1029	270	1217	1012	3866
	72,5%	57,4%	60%	73%	85%	69,4%
1	3	6	2	12	4	27
	,6%	,3%	,4%	,7%	,3%	,5%
2	69	469	90	213	79	920
	14,8%	26,2%	20%	12,8%	6,6%	16,5%
3	4	23	17	28	14	86
	,9%	1,3%	3,8%	1,7%	1,2%	1,5%
4	31	150	42	98	29	350
	6,7%	8,4%	9,3%	5,9%	2,4%	6,3%
5	5	63	14	41	22	145
	1,1%	3,5%	3,1%	2,5%	1,8%	2,6%
6	4	21	9	27	11	72
	,9%	1,2%	2%	1,6%	,9%	1,3%
7	7	17	4	21	9	58
	1,5%	,9%	,9%	1,3%	,8%	1%
8	3	11	1	9	4	28
	,6%	,6%	,2%	,5%	,3%	,5%
9	2	2	1	1	7	13
	,4%	,1%	,2%	,1%	,6%	,2%
10	0	1	0	0	0	1
	,0%	,1%	,0%	,0%	,0%	,0%
Total	466	1793	450	1668	1191	5568
	100%	100%	100%	100%	100%	100%

Fonte: TSE — Repositório de Dados Eleitorais; banco de dados do autor.

No geral, verifica-se que o principal aumento na quantidade de cadeiras legislativas foi de duas cadeiras (em 920 municípios ou 16,5% do total) e de quatro cadeiras (em 350 municípios ou 6,5% do total). Ao considerarmos os dados por região, é possível apontar que a região Sul é a que teve o menor aumento de cadeiras legislativas. É preciso levar em conta que em 85% dos municípios dessa região não houve acréscimo na quantidade de vagas legislativas. Em seguida, encontra-se a região Sudeste (73%), Centro-Oeste (72,5%), Norte (60%) e, por último, a região Nordeste (57,4%), que teve o maior aumento nas cadeiras legislativas.

Considerando o aumento das cadeiras, em cada uma das linhas que vão de 0 a 10, verifica-se que o aumento de 2, 5 e 10 cadeiras ocorreu mais na região Nordeste; já o aumento de três, quatro e seis cadeiras, na região Norte; de sete e oito cadeiras, na região Centro-Oeste; e de nove cadeiras na região Sul. Ou seja, no geral, a região Nordeste registrou os maiores percentuais de aumento de cadeiras em seus municípios quando comparada às demais regiões.

Na tabela 6 o objetivo é identificar os percentuais de aumento das cadeiras pelo filtro de faixa populacional estabelecido anteriormente.

Tabela 6
AUMENTO DAS CADEIRAS LEGISLATIVAS POR
FAIXA POPULACIONAL ENTRE 2008-12

Aumento das cadeiras	0 a 50 mil habitantes	50.001 até 100 mil habitantes	100.001 até 200 mil habitantes	200.001 até 500 mil habitantes	500.001 até 1 milhão de habitantes	1.000.001 ou mais habitantes	Total
-2	2	0	0	0	0	0	2
	,0%	,0%	,0%	,0%	,0%	,0%	,0%
0	3743	50	33	21	10	9	3866
	75,3%	15,6%	22,1%	22,3%	47,6%	60%	69,4%
1	6	17	1	3	0	0	27
	,1%	5,3%	,7%	3,2%	,0%	,0%	,5%

(continua)

Aumento das cadeiras	Faixas populacionais						
	0 a 50 mil habitantes	50.001 até 100 mil habitantes	100.001 até 200 mil habitantes	200.001 até 500 mil habitantes	500.001 até 1 milhão de habitantes	1.000.001 ou mais habitantes	Total
2	886	14	12	4	1	3	920
	17,8%	4,4%	8,1%	4,3%	4,8%	20%	16,5%
3	18	53	7	7	0	1	86
	,4%	16,6%	4,7%	7,4%	,0%	6,7%	1,5%
4	309	17	17	7	0	0	350
	6,2%	5,3%	11,4%	7,4%	,0%	,0%	6,3%
5	1	128	10	5	1	0	145
	,0%	40%	6,7%	5,3%	4,8%	,0%	2,6%
6	0	17	37	14	3	1	72
	,0%	5,3%	24,8%	14,9%	14,3%	6,7%	1,3%
7	1	24	12	20	1	0	58
	,0%	7,5%	8,1%	21,3%	4,8%	,0%	1%
8	0	0	10	13	5	0	28
	,0%	,0%	6,7%	13,8%	23,8%	,0%	,5%
9	3	0	10	0	0	0	13
	,1%	,0%	6,7%	,0%	,0%	,0%	,2%
10	0	0	0	0	0	1	1
	,0%	,0%	,0%	,0%	,0%	6,7%	,0%
Total	4969	320	149	94	21	15	5568
	100%	100%	100%	100%	100%	100%	100%

Fonte: TSE — Repositório de Dados Eleitorais; banco de dados do autor.

Nessa tabela, é possível identificar a relação entre a faixa populacional e a linha de aumento de cadeiras em cada uma dessas faixas. Considerando novamente a linha de aumento de duas e quatro cadeiras, e desconsiderando a linha zero, vemos que nessa faixa essas linhas são responsáveis, respectivamente, por 17,8% e 6,2%, dos municípios. Já na segunda faixa populacional, os principais percentuais de aumento estão na linha de cinco e três cadeiras, com percentuais de 40% e 16,6%. Na terceira faixa populacional, os maiores percentuais estão na linha de seis e quatro cadeiras (24,8% e 11,4%, respectivamente). Na quarta faixa populacional, nas linhas seis e sete (21,3% e 14,9%). Na quinta faixa populacional, está alocado na linha de aumento oito e seis (com 23,8% e 14,3%). E, por último, na última faixa, o principal percentual está na linha de aumento de duas cadeiras (20%).

Estes dados ajudam a mapear a distribuição nacional do aumento das cadeiras de vereador no país. Ao analisar esses dados por faixas populacionais, foi possível verificar que as Câmaras Municipais que votaram o aumento das cadeiras procuraram aprovar o máximo possível do total de cadeiras que cada legislativo pode ter de acordo com a definição do artigo 29, IV, da Constituição Federal baseado na Emenda Constitucional nº 58/2009. Esse dado se confirma ao observarmos nesse cruzamento entre quantidade de aumento de cadeiras e faixas populacionais que os principais percentuais de cada uma das faixas populacionais estão nas maiores linhas possíveis de aumento de cada faixa.

O aumento das cadeiras para o legislativo nas capitais também merece destaque. No pleito de 2008, estavam em disputa 715 cadeiras para vereador entre todas as capitais dos estados brasileiros. Em 2012, esse número subiu para 811, o que representa um aumento de 96 cadeiras, ou 13,4%. Em alguns casos, como na cidade de São Paulo, não havia a possibilidade de acréscimo porque a quantidade existente já estava no limite fixado em lei.

As capitais que mais aumentaram o número de cadeiras estão na região Norte, Palmas-TO (58,3%), seguida de Boa Vista-RR (50%) e de Macapá-AP (43,8%). Na região Nordeste está a cidade de São Luís-MA (47,6) e, na região Sul, a cidade de Florianópolis-SC (43,8%). Curiosamente, de acordo com os dados apresentados anteriormente, o estado de Tocantins e o de Santa Catarina foram os que registraram os menores percentuais de aumento nas cadeiras legislativas.

O mapeamento das condições da competição política para as Câmaras Municipais nas eleições de 2012 foi fundamental para analisarmos comparativamente os resultados eleitorais com as eleições passadas, permitindo identificar quais partidos mais se beneficiaram com o aumento na quantidade de cadeiras e, ainda, como esse elemento é importante até mesmo para a sobrevivência local das siglas partidárias. Mais especificamente para as pequenas siglas, que servem estrategicamente para as maiores siglas no momento de constituição das alianças políticas e coligações eleitorais locais, propiciando novas formas de arranjos políticos e de alinhamentos eleitorais, de forma a responder aos acordos políticos nacionais e regionais.

Na próxima subseção será abordado o desempenho dos partidos políticos nas eleições de 1996, 2000, 2004, 2008 e 2012, tendo novamente como principal variável a região.

2. O desempenho dos partidos políticos nas eleições municipais proporcionais

A partir do período pós-redemocratização, podemos observar mudanças importantes na disputa eleitoral local devido, principalmente, à emergência de novos partidos que possibilitou a reacomodação das elites locais e regionais. A sucessão de oito pleitos eleitorais após a redemocratização (1985, 1988, 1996, 2000, 2004, 2008 e 2012) permitiu análises mais aprofundadas sobre os diversos aspectos do funcionamento do sistema partidário brasileiro, a estabilidade da competição eleitoral apesar do multipartidarismo e da fragmentação partidária, o grau de penetração dos partidos pelas diversas regiões do país e sobre os ganhos e perdas eleitorais ao longo de uma série histórica.

Apesar das críticas à utilização de dados agregados, a construção de uma série histórica das eleições para as Câmaras Municipais a partir de 1996 permite entender e analisar pontos importantes da relação entre a eleição para vereadores com o sistema eleitoral e partidário nacional e sua diferenciação territorial.

A escolha pelo recorte regional permite um olhar diferenciado sobre a competição eleitoral no nível local e sua correlação com as diferenças regionais que marcam a organização territorial do país.

Um primeiro dado a ser ressaltado refere-se às magnitudes eleitorais regionais. Os estados do Norte e do Centro-Oeste são aqueles com o menor número de municípios e, consequentemente, com o menor número de vereadores. A tabela 7 mostra a dimensão dessa diferença e as mudanças ocorridas no período.

Tabela 7
VOTOS PARA VEREADOR DISTRIBUÍDOS POR REGIÃO
(1996/2000/2004/2008/2012)

Região	1996		2000		2004		2008		2012	
	N	%	N	%	N	%	N	%	N	%
CO	4.392.527	6,2	5.329.433	6,2	5.209.640	5,91	6.030.654	5,9	6.415.556	5,9
NO	17.836.749	25,1	22.737.176	26,3	24.265.682	27,5	28.311.516	27,8	31.456.985	28,7
N	3.881.584	5,5	5.512.649	6,4	6.153.128	7	7.503.023	7,4	10.443.199	9,5
SE	32.196.381	45,4	38.885.744	45	38.058.194	43,2	44.074.676	43,2	44.644.798	40,7
S	12.670.980	17,8	13.948.644	16,1	14.435.036	16,4	16.057.165	15,7	16.622.925	15,2
Total	70.978.221	100	86.413.643	100	88.121.680	100	101.977.034	100	109.583.463	100

Fonte: TSE.

A quantidade de partidos concorrendo para as eleições municipais nesse período variou entre 27 e 31. A forte fragmentação do sistema partidário brasileiro está presente nas competições municipais a partir de 2004. A votação para a representação nas Câmaras Municipais também aponta para a fragmentação partidária e seus efeitos marcantes para o processo eleitoral municipal e, posteriormente, na atuação dos vereadores e na constituição dos seus interesses, que em geral se organizam em torno do executivo local e garantem a sustentação do governo durante o mandato.

A análise da votação dos vereadores eleitos pelos nove partidos ao longo do período de 1996 a 2012, por região, aponta para um padrão de votação consistente, a partir de 2004, apesar de uma queda significativa de votos em todas as regiões em 2012.

Tabela 8
VEREADORES ELEITOS PELOS NOVE MAIORES PARTIDOS
NAS ELEIÇÕES DE 1996, 2000, 2004, 2008 E 2012 POR REGIÃO

Região	Eleição				
	1996	2000	2004	2008	2012
CO	47,1	40,1	84,1	93,7	83,5
NE	87,4	82,7	78,1	72,9	73,2
N	91,9	85,7	82,1	81	75,2
SE	89,3	82,2	83,9	83	76,7
S	98,5	94,5	79,2	94,3	90,6

Fonte: TSE.

Esses dados sugerem uma maior competição local, que deve contribuir para a diminuição do controle de um único cacique local, abrindo espaço para uma coordenação eleitoral onde os partidos passam a ter um papel mais importante. Neste novo cenário a eleição para as Câmaras Municipais é um elemento importante na composição das alianças partidárias municipais.

A tabela 9 apresenta dados que contribuem com os argumentos levantados pela literatura que apontam para um sistema partidário marcado por eleições majoritárias altamente concentradas e eleições proporcionais com elevado grau de fragmentação, sendo a competição para as Câmaras Municipais o exemplo mais extremado dessa característica.

Tabela 9
VEREADORES ELEITOS POR PARTIDO EM 1996, 2000, 2004, 2012

Partidos	1996		2000		2004		2008		2012		Variação 2008-2012 em %
	N	%	N	%	N	%	N	%	N	%	
PMDB	11.389	24,0	10.647	19,2	7.399	14,3	8.478	16,3	7.943	13,9	- 2,4
PSDB	6.754	14,2	7.690	13,9	6.566	12,7	5.893	11,3	5.250	9,2	-2,1
PT	1.546	3,3	2.234	4	3.679	7,1	4.165	8	5.183	9,1	+ 1,1
PP	6.238	13,1	6.805	12,3	5.457	10,5	5.124	9,9	4.921	8,6	- 1,3

(continua)

O PAPEL DAS CÂMARAS MUNICIPAIS NA ARENA ELEITORAL

Partidos	1996		2000		2004		2008		2012		Variação 2008-2012 em %
	N	%	N	%	N	%	N	%	N	%	
DEM	8.164	17,2	9.050	16,3	6.067	11,7	4.810	9,3	3.270	5,7	- 3,6
PTB	3.029	6,4	4.450	8	4.176	8,1	3.935	7,6	3.568	6,2	- 1,4
PR	2.350	4,9	2.490	4,5	3.806	7,3	3.536	6,8	3.174	5,5	- 1,3
PDT	3.311	7	3.332	6	3.252	6,3	3.524	6,8	3.652	6,4	- 0,4
PSB	956	2	1.553	2,8	1.805	3,5	2.951	5,7	3.548	6,2	+ 0,5
Subtotal	43.737	92,1	48.251	87,0	42.207	81,5	42.416	81,6	40.509	70,8	- 10,8
OUTROS	3.745	7,9	7.232	13,0	9.612	18,5	9.581	18,4	16.746	29,2	+10,8
TOTAL	47.482	100	55.483	100	51.819	100	51.997	100	57.255	100	0

Fonte: TSE.

Interessante observar que em 2008 os três maiores partidos elegeram 18.534 vereadores e os outros partidos 23.880. Já em 2012, verifica-se que os três maiores partidos mantiveram praticamente a mesma votação e os outros diminuíram para 22.133, provocando impacto no total de votos dos nove maiores partidos. Em compensação, os partidos menores aumentaram a sua votação para 16.746 vereadores eleitos, apontando para uma maior fragmentação partidária na eleição de 2012 para o legislativo municipal.

Embora os nove maiores partidos tenham mantido suas posições eleitorais, as variações em relação às suas votações sugerem uma fragmentação maior na competição eleitoral, para a Câmara Municipal, no ano de 2012. Apesar de não nos determos, neste texto, na análise das coligações partidárias cada vez mais presentes nas eleições municipais, elas se constituem em fator importante na competição eleitoral municipal, pois oferecem aos parceiros muitos votos, apoio logístico, apoio organizacional e alguns minutos a mais no horário eleitoral gratuito.

A tese da fragmentação partidária no Brasil sempre colocada nas análises sobre o sistema eleitoral e partidário brasileiro apresenta-se de forma mais nítida nas eleições municipais. Os grandes partidos concentram as maiores vitórias eleitorais nas distintas regiões do país, ao longo do período estudado, sobrando para os partidos menores uma pequena parcela do total de vereadores. Em larga medida, as vitórias desses pequenos partidos podem ser lidas também como a incapacidade de os grandes partidos em, de fato, conseguirem se organizar nacionalmente por todas as regiões, exceto o caso do PMDB, o qual parece ser o único partido com maior capacidade de vitórias nas diferentes regiões e com maior capilaridade nacional.

3. As eleições de 2012 e as Câmaras Municipais

A análise dos dados das eleições de 2012 para as Câmaras Municipais permite entender melhor a competição partidária municipal no Brasil.

Apesar de sofrer uma queda na sua votação, o PMDB continua sendo o partido que mais elege prefeitos, seguido pelo PSDB, que também oscilou para baixo, e o PT, que teve um aumento na sua representação. Se em 2008 os três maiores partidos elegeram mais prefeitos (2.551) que os outros partidos (2.508) considerados nessa análise, em 2012 inverte-se essa relação, com as maiores legendas elegendo 2.370 prefeitos e os outros partidos 2.564.

A eleição de 2012 marca a presença de um novo partido, o PSD, criado pelo ex-prefeito de São Paulo, Gilberto Kassab, e que apesar do pouco tempo de existência conseguiu conquistar 495 prefeituras, colocando-se como o quarto maior partido.

A participação do PSD teve reflexos no desempenho do PP, DEM, PTB, PR e PDT. Foram esses partidos que mais perderam representantes para o PSD. Independentemente do fator PSD, essas agremiações já vinham apresentando uma diminuição no número de candidatos eleitos nas eleições de 2004 e 2008. Em 2012 a concorrência do PSD foi fundamental para um maior declínio eleitoral desses partidos. Apenas o PSB, presidido pelo governador de Pernambuco, que tem uma forte liderança regional, no Nordeste, conseguiu aumentar o número de candidatos eleitos.

Importante observar que a porcentagem dos pequenos partidos eleitos em 2012, acrescentando neste grupo o PSD, aumentou sua votação (+11,3%) em relação a 2008, e sua variação foi maior que a do PT (+1,3%) e do PSB (+ 2,3%).

Na votação para as Câmaras Municipais, conforme tabela 8, os três maiores partidos, PMDB, PSDB e PT, obtêm as maiores votações, mas apenas o PT (+1,1%) e o PSB (+0,5%) conseguem melhorar seu desempenho eleitoral tomando como referências as eleições de 2008. O DEM é o partido que mais perde vereadores (-3,6%). Nota-se que os pequenos partidos, com o PSD acrescentado nesse grupo, conseguem uma variação positiva (+10,8%) na sua votação.

Interessante observar que em 2008 os três maiores partidos, PMDB, PSDB e PT, elegeram 18.536 vereadores e em 2012 foram eleitos 18.376. O PP, DEM, PTB, PR, PDT e PSB, em 2008, elegeram 23.880 vereadores e em 2012 elegeram 22.133, apontando para uma queda mais acentuada de eleitos entre esses partidos.

O desempenho dos 10 maiores partidos, acrescentando-se o PSD, por região para as Câmaras Municipais brasileiras pode ser observado na tabela 10.

Tabela 10
VEREADORES ELEITOS PELOS 10 MAIORES PARTIDOS POR REGIÃO EM 2012

Partidos	Região					
	CO	NE	N	SE	S	Total
PMDB	714	579	2.132	2.592	1.947	7.964
	9%	7,3%	26,8%	32,5%	24,4%	100%
PSDB	525	426	1.120	1.023	2.165	5.259
	10%	8,1%	21,3%	19,5%	41,2%	100%
PT	355	441	1.433	1.310	1.649	5.188
	6,8%	8,5%	27,6%	25,3%	31,8%	100%
PP	345	272	1.243	1.951	1.120	4.931
	7%	5,5%	25,2%	39,6%	22,7%	100%
DEM	329	245	941	446	1.324	3.285
	10%	7,5%	28,6%	13,6%	40,3%	100%
PTB	232	269	1.169	680	1.224	3.574
	6,5%	7,5%	32,7%	19%	34,2%	100%
PR	354	341	1.106	257	1.123	3.181
	11,1%	10,7%	34,8%	8,1%	35,3%	100%
PDT	253	275	1.048	1.065	1.026	3.667
	6,9%	7,5%	28,6%	29%	28%	100%

(continua)

Partidos	Região					
	CO	NE	N	SE	S	Total
PSB	222	285	1.748	386	920	3.561
	6,2%	8%	49,1%	10,8%	25,8%	100%
PSD	594	428	1.927	821	891	4.661
	12,7%	9,2%	41,3%	17,6%	19,1%	100%
Partidos Menores	771	1.173	5.053	1.090	4.057	12.144
	6,3%	9,7%	41,6%	9%	33,4%	100%
TOTAL	4.694	4.734	18.920	11.621	17.446	57.415
	8,2%	8,2%	33%	20,2%	30,4%	100%

Fonte: TSE.

O PSDB (41,6%) e o PT (31,8%) têm suas maiores votações concentradas no Sudeste, enquanto a votação do PMDB (23,5%) concentra-se no Sul. Os outros sete partidos têm sua votação concentrada no Nordeste ou no Sudeste. Os menores partidos, PRB, PSTU, PSL, PTN, PSC, PCB, PPS, PSDC, PRTB, PHS, PMN, PTC, PV, PRP, PSOL, PPL, PCdoB e PTdoB, têm suas maiores votações também concentradas no Nordeste (41,6%) e no Sudeste (33,4%). A análise desses dados sugere que a quantidade de partidos que concorreram nas eleições de 2012 teve maior impacto nas regiões Nordeste e Sudeste. Pode-se argumentar que a diversidade dos municípios decorrente da diferenciação do tamanho de sua população, do número do eleitorado e da quantidade de vagas para o legislativo local é fator importante para a competição eleitoral local. Também se devem levar em conta as diferenças socioeconômicas e culturais apontadas por Soares e Terron (2008) e Nicolau e Peixoto (2007).

Para além destes dados, algumas questões podem ser levantadas para um melhor entendimento desse padrão de votação. A força eleitoral dos partidos é uma variável significativa, especialmente nas eleições municipais? Constitui um recurso estratégico para o jogo político? A forma como se estruturam e como estão organizados os partidos políticos para as eleições municipais é fator importante para o entendimento do comportamento eleitoral nesse nível?

Os dados consolidados da votação obtida pelos 10 partidos na eleição para vereadores em 2012 (78,9%) sugerem que é maior a competição entre esses partidos, mas que também há um bom espaço para as pequenas legendas que, ao se coligarem com os grandes partidos, como afirmado anteriormente, oferecem aos parceiros muitos votos, apoio logístico, apoio organizacional e alguns minutos a mais no horário eleitoral gratuito, produzindo uma dinâmica política eleitoral diferenciada.

Nesse sentido, as pequenas legendas, mantidas no sistema partidário brasileiro, garantiriam um suporte a mais para as grandes legendas e lhes permitiriam dar conta das diferenças regionais e locais e de suas dificuldades organizacionais.

O número de candidatos apresentados pelos 10 partidos considerados nesta análise também abre espaço para algumas especulações a respeito da forma como se organizam localmente.

Tabela 11

CANDIDATOS LANÇADOS (CL) E CANDIDATOS ELEITOS (CE)
POR PARTIDO E POR REGIÃO NAS ELEIÇÕES DE 2012

Partido	Centro-Oeste CL	Centro-Oeste CE	Nordeste CL	Nordeste CE	Norte CL	Norte CE	Sudeste CL	Sudeste CE	Sul CL	Sul CE	Geral CL	Geral CE
PMDB	4.563	852	11.507	2.348	4.773	662	26.359	3.837	13.261	2.815	60.463	10.514
PSDB	3.620	624	8.349	1.319	4.423	530	25.910	3.252	8.012	1.188	50.314	6.913
PT	3.889	458	12.935	1.800	4.840	552	31.236	3.337	10.324	1.581	63.224	7.728
PP	2.343	372	8.841	1.399	2.581	347	19.255	1.653	10.085	2.123	43.105	5.894
DEM	2.550	353	7.430	1.111	2.591	278	18.518	1.912	4.203	513	35.292	4.167
PTB	2.389	282	6.975	1.309	2.463	330	22.744	1.827	6.212	813	40.783	4.561
PR	2.171	376	7.733	1.213	2.849	362	19.652	1.746	3.172	304	35.577	4.000
PDT	2.390	294	8.488	1.198	3.266	330	22.900	1.581	7.871	1.255	44.915	4.658
PSB	2.427	278	11.519	2.021	3.710	361	19.365	1.645	4.679	515	41.700	4.820
PSD	3.063	667	7.645	2.033	2.388	501	15.573	1.570	4.677	953	33.346	5.724

Fonte: TSE.

De acordo com os dados da tabela 10, PMDB, PSDB e PT são os partidos que mais apresentaram candidatos e mais elegeram vereadores no país. No entanto, existem algumas diferenciações regionais. O PMDB foi o partido que mais elegeu candidatos em todas as regiões do país e obteve a maior taxa de sucesso de todos os partidos considerados nesta análise. Apresentou um maior número de candidatos nas regiões Centro-Oeste e Sul, região onde obteve a maior taxa de sucesso. O PT apresentou um maior número de candidatos nas regiões Norte, Nordeste e Sudeste, mas é no Sul que tem a sua maior taxa de sucesso. O PSDB apresentou o maior número de candidatos no Sudeste e teve sua maior taxa de sucesso no Centro-Oeste. Interessante observar que a taxa de sucesso do PP foi igual à do PT, apesar de ter apresentado um número menor de candidatos que este partido. O PSD obteve o maior número de candidatos eleitos na região Nordeste, mas sua maior taxa de sucesso também foi nessa região.

Tabela 12
TAXA DE SUCESSO ELEITORAL PARA OS LEGISLATIVOS
MUNICIPAIS POR PARTIDO (EM %) 2012

Partido	Centro-Oeste	Nordeste	Norte	Sudeste	Sul	Geral
PMDB	18,7	20,4	13,9	14,6	21,2	17,4
PSDB	17,2	15,8	12,0	12,6	14,8	13,7
PT	11,8	13,9	11,4	10,7	15,3	12,2
PP	15,9	15,8	13,4	8,6	21,1	13,7
DEM	13,8	15	10,7	10,3	12,2	11,8
PTB	11,8	18,8	13,4	8	13,1	11,2
PR	17,3	15,7	12,7	8,9	9,6	11,2
PDT	12,3	14,1	10,1	6,9	15,9	10,4
PSB	11,5	17,5	9,7	8,5	11,0	11,6
PSD	21,8	26,6	21	10,1	20,4	17,2

Fonte: TSE.

Nacionalmente, os partidos que têm as mais altas taxas de sucesso são PMDB, PSD, PSDB, PP e PT. O PT apresentou o maior número de candidatos a vereadores, mas sua taxa de sucesso foi inferior à do PMDB, PSD, PSDB e PP. Apesar de o DEM e de o PR serem os partidos que mais perderam vereadores nas eleições de 2012, é o PDT que tem a menor taxa de sucesso nessa eleição.

Analisando o desempenho dos partidos por região, as diferenças são significativas. A maior taxa de sucesso do PMDB é na região Sul. Também é nessa região que o PP, o PT e o PDT obtêm seus melhores resultados.

O PSDB e o PR apresentam seu melhor desempenho na região Centro-Oeste. Enquanto DEM, PSB, PSD e PTB têm a melhor taxa de sucesso na região Nordeste.

Considerações finais

Os dados analisados apontam para uma maior competição local, que deve contribuir para a diminuição do controle de um único cacique eleitoral local, abrindo espaço para uma coordenação eleitoral onde os partidos passam a ter um papel significativo. Nesse novo cenário, a eleição para as Câmaras Municipais se constitui num elemento importante nas alianças das lideranças partidárias municipais e passa a ter um papel significativo nas eleições municipais, passando a fazer parte das estratégias eleitorais dos partidos para as eleições subsequentes.

Apesar do multipartidarismo e da fragmentação partidária, a competição eleitoral nos municípios e em especial para as Câmaras Municipais passou a ter um padrão de votação, que pode estar relacionado com novas formas de arranjos políticos, de modo que procuram dar conta dos acordos regionais e nacionais. De acordo com os dados apresentados, as diferenças regionais interferem fortemente no desempenho dos partidos. Os três maiores partidos, PMDB, PSDB e PT, são fortemente competitivos nas regiões Nordeste e Sudeste, onde se concentra o maior número de eleitores. Os outros partidos se distribuem de forma diferenciada entre as regiões.

Não cabe neste texto discutir se essas estratégias estão relacionadas com o alinhamento da competição local a um processo de nacionalização das estruturas políticas locais, devido à perda de influência do poder local e ao enfraquecimento de suas bases tradicionais em função do controle exercido sobre políticas, cargos e verbas pelo governo federal, ou a um processo de alinhamento das dinâmicas partidárias nacionais, estaduais e municipais.

O tamanho da população dos municípios e suas diferenças socioeconômicas e culturais são também fortes fatores intervenientes no desempenho eleitoral dos partidos, especialmente nas eleições para as Câmaras Municipais.

O aumento das cadeiras no legislativo local, nas eleições de 2012, teve impacto sobre a dinâmica da competição eleitoral local, beneficiando aparentemente os pequenos partidos, que tiveram uma maior quantidade de votos e maiores chances de coligações, permitindo-lhes permanecer competitivos, apesar de aumentar a fragmentação partidária na competição municipal.

Referências

ABRUCIO, Fernando Luiz. Os barões da federação. *Lua Nova*, n. 33, p. 165-184, 1998.

_____; SAMUELS, David. A nova política dos governadores. *Lua Nova*, São Paulo, n. 40-41, p. 137-166, ago. 1997.

AMES, Barry. *Os entraves da democracia no Brasil*. Rio de Janeiro: FGV, 2003.

ÁVILA FILHO, P. et al. Legislativo municipal e intermediação de interesses: notas de pesquisa. In: ENCONTRO DA ABCP, 4., 2004. CD-ROM.

_____. Produção legislativa e intermediação de interesses: uma análise das indicações na Câmara Municipal do Rio de Janeiro. In: ENCONTRO ANUAL DA ANPOCS, 35. GT 10. Estudos legislativos.

BARDI, L.; MAIR, P. Os parâmetros dos sistemas partidários. *Revista Brasileira de Ciência Política*, Brasília, n. 4, p. 227-253, 2010.

BRAGA, Maria do Socorro Sousa. Dinâmica de coordenação eleitoral em regime presidencialista e federativo: determinantes e consequências das coligações partidárias no Brasil. In: SOARES, Glaucio Ary Dilon; RENNÓ, Lúcio Remuzat (Org.). *Reforma política*. Lições da história recente. Rio de Janeiro: FGV, 2006.

BRASIL. Constituição da República Federativa do Brasil. Atualizada pelo EC 40. 14. ed. Rio de Janeiro: DP & A, 2003.

CAREY, J. M.; SHUGART, M. S. Incentives to cultivate a personal vote: a rank ordering of electoral formulas. *Electoral Studies*, v. 14, p. 417-439, 1995.

CARNEIRO, Leandro Piquet; ALMEIDA, Maria Hermínia Tavares de. Definindo arena política local: sistemas partidários municipais na federação brasileira. *Dados*, Rio de Janeiro, v. 51, n. 2, p. 403-432, 2008.

FIGUEIREDO, Argelina; LIMONGI, Fernando. *Executivo e Legislativo na nova ordem constitucional*. Rio de Janeiro: FGV, 1999.

GUARNIERI, Fernando. A força dos partidos "fracos". *Dados*, Rio de Janeiro, v. 54, n. 1, p. 235-258, 2011.

HABERSIMKE. Decentralization and the development of nationalized party systems in new democracies. *Comparatives Political Studies*, v. 43, n. 5, p. 139-166, 2010.

KINZO, Maria D'alva Gil; BRAGA, Maria do Socorro Sousa. Sistema eleitoral, competição partidária e representação parlamentar nos legislativos estaduais. In: KINZO, Maria D'alva Gil; BRAGA, Maria do Socorro Sousa (Org.). *Eleitores e representação partidária no Brasil*. São Paulo: Humanitas; Fapesp, 2007.

KERBAUY, Maria Teresa Miceli. *A morte dos coronéis*: política interiorana e poder local. Araraquara: Laboratório Editorial; Unesp, 2000.

_____. As Câmaras Municipais brasileiras: perfil de carreira e percepção sobre o processo decisório local. *Opinião Pública*, Campinas, v. 2, p. 337-365, 2005.

_____. As eleições municipais de 2008: federações partidárias ou partidos nacionais. *Perspectivas*: Revista de Ciências Sociais, São Paulo, v. 35, p. 15-34, 2009.

_____. Legislativo municipal, partidos e negociações políticas. In: ENCONTRO DA ABCP, 6., 2008, Campinas.

LAVAREDA, José Antônio. *A democracia nas urnas*: o processo partidário eleitoral brasileiro. Rio de Janeiro: Rio Fundo, 1991.

LIMA JUNIOR, Olavo Brasil de. *Os partidos políticos brasileiros*: a experiência federal e regional (1945-1964). Rio de Janeiro: Graal, 1983.

LIMONGI, Fernando; CORTEZ, Rafael. As eleições de 2010 e o quadro partidário. *Novos Estudos Cebrap*, n. 88, p. 21-38, 2010.

LOPEZ, F. G. A política cotidiana dos vereadores e as relações entre executivo e legislativo em âmbito municipal: o caso do município de Araruama. *Revista Sociologia e Política*, Curitiba, n. 22, p. 153-177, 2004.

MAINWARING, Scott. *Rethinking party sistems in the third wave of democratization*. The case of Brazil. Stanford: Stanford University Press, 1999.

____. *Sistemas partidários em novas democracias*. O caso do Brasil. Rio de Janeiro: FGV; Mercado Aberto, 2001.

MELLO, Carlos R. Eleições municipais, jogos alinhados e sistema partidário no Brasil. *Revista Brasileira de Ciência Política*, Brasília, n. 4, p. 13-42, 2010.

MENEGUELLO, Rachel. Las eleciones de 2010 y los rumbos del sistema de partidos brasileño. Política nacional, fragmentación y lógica de coaliciones. In: SÁEZ, Manuel Alcántara; TAGINA, Maria Laura (Org.). *América Latina*: política y elecciones del bicentenário (2009-2010). Madri: Centro de Estudios Políticos y Constitucionales, 2011. v. 209, p. 449-488.

____. *Partidos e governo no Brasil contemporâneo (1985-1997)*. São Paulo: Paz e Terra, 1998.

____; BIZARRO NETO, Fernando. Contexto e competição na política paulista. *Dados*, Rio de Janeiro, v. 55, n. 1, p. 119-171, 2012.

NICOLAU, Jairo; PEIXOTO, Vitor. Uma disputa em três tempos: uma análise das Bases Municipais das Eleições Presidenciais de 2006. In: ENCONTRO ANUAL DA ANPOCS, 31., 2007, Caxambu.

PANEBIANCO, Angelo. *Modelos de partidos*. Madri: Alianza Editorial, 1990.

PEREIRA, Carlos; RENNO, Lucio Remuzat. O que é que o reeleito tem? Dinâmicas político-institucionais locais e nacionais nas eleições de 1998 para a Câmara dos Deputados. *Dados*, Rio de Janeiro, v. 44, n. 2, p. 323-362, 2001.

SANTOS, Fabiano (Org.). *O Poder Legislativo nos estados*: diversidade e convergência. Rio de Janeiro: FGV, 2010.

SOARES, Glaucio Ary Dillon; TERRON, Sônia. Dois Lulas: a geografia da reeleição (explorando conceitos, métodos e técnicas de análise geoespacial). *Opinião Pública*, Campinas, v. 14, n. 2, p. 269-301, 2008.

SOUZA, Celina. Intermediação de interesses regionais no Brasil: o impacto do federalismo e da descentalização. *Dados*, Rio de Janeiro, v. 41, n. 3, p. 569-592, 1998.

5
Previsão eleitoral das eleições municipais brasileiras*

Marcelo Simas
Mathieu Turgeon
Marcos Tavares Pedro

Introdução

Na penúltima Copa do Mundo, em 2010 na África do Sul, o polvo Paul fez prognósticos sobre os sete jogos da seleção alemã e sobre a final entre a Espanha e a Holanda. Paul acertou todos os seus prognósticos.[1] Certamente, vivemos num mundo onde os prognósticos são numerosos e tratam de temas bem variados, além do esporte. Frequentemente, por exemplo, a mídia relata prognósticos sobre a economia e a bolsa de valores. A previsão do tempo também é outro prognóstico presente no dia a dia. Porém, esses prognósticos, diferentemente daqueles feitos pelo polvo Paul, são geralmente produzidos a partir de modelos estatísticos, baseados em teorias sobre a economia e a meteorologia, respectivamente. Neste

---
* O banco de dados e os códigos utilizados neste artigo podem ser diretamente solicitados do autor Mathieu Turgeon no e-mail: turgeon@unb.br.
[1] Durante a Copa da Europa, Paul também fez outros seis prognósticos, mas dessa vez acertou apenas quatro jogos.

capítulo, tratamos de outro tipo de prognóstico: o prognóstico eleitoral. Mais especificamente, perguntamos o seguinte: é possível estabelecer modelos estatísticos para prever resultados eleitorais municipais?

Reconhecemos a dificuldade de estabelecer previsões eleitorais. Os dados sobre eleições são poucos, porque eleições não acontecem com muita frequência. "Poucos" em comparação com outras informações, como econômicas, que são anuais, trimestrais e mensais. A eleição no Brasil, por exemplo, ocorre a cada quatro anos, a duração da maioria dos cargos eleitos no país. Essa característica é ainda mais problemática em democracias recentes, como a nossa, em que o número de eleições é pequeno e as pesquisas eleitorais pouco desenvolvidas. Os fatores que impactam os resultados eleitorais também são menos conhecidos do que aqueles que impactam o clima, por exemplo.

Há uma grande tradição na área de prognósticos eleitorais, especialmente nos casos das eleições presidenciais americanas e francesas (Lewis-Beck, 2005). Sem dúvida, prognósticos eleitorais são poucos frequentes em outras partes do mundo. No caso específico das eleições municipais, fazer prognósticos sobre os resultados eleitorais é uma tarefa ainda mais difícil por causa da frequente indisponibilidade de dados necessários para informar os modelos estatísticos.

Neste capítulo, propomos um primeiro modelo de prognóstico de eleições municipais no Brasil. Devido à escassez dos dados, nosso modelo trata apenas das grandes capitais do país e oferece um prognóstico somente para o candidato do partido no poder, o prefeito em busca da reeleição, ou seu candidato. Nesse sentido, nosso modelo oferece um prognóstico sobre o desempenho esperado do mandatário, conhecido no jargão em inglês como *incumbent*. Para as necessidades deste capítulo, usamos dados de 10 capitais brasileiras nas eleições de 2004, 2008 e 2012. As capitais utilizadas no estudo foram: Belo Horizonte, Recife, Rio de Janeiro, Porto Alegre, Salvador, São Paulo, Fortaleza, Curitiba, Natal e Cuiabá. A escolha dessas capitais se justifica apenas pela disponibilidade de dados necessários para fazer previsões eleitorais.

A seguir, oferecemos uma breve apresentação do modelo básico de qualquer modelo de prognóstico eleitoral. Em segundo lugar, apresentamos uma discussão dos critérios frequentemente usados para avaliar modelos de prognóstico eleitoral. Depois, apresentamos os dados que iremos usar para avaliar um primeiro modelo de prognóstico eleitoral municipal. O capítulo termina com uma discussão sobre o modelo e seu possível uso para prognosticar futuras eleições municipais no país.

O modelo básico de prognóstico eleitoral

A tradição de prognóstico eleitoral já acumula mais de 30 anos de debate. As primeiras tentativas de prognóstico ocorreram de forma isolada e com objetivos complementares. Sigelman (1979) e Lewis-Beck e Rice (1982) realizam as primeiras tentativas de previsão do voto por meio da taxa de aprovação do presidente. Fair (1978), um economista, estima o voto mediante a performance econômica. E Rosenstone (1983) procura estimar o voto do presidente por estado, um importante progresso, dadas as características do colégio eleitoral norte-americano. Os debates sobre prognóstico são tão acalorados que chegaram ao público leigo, principalmente, pelo pioneiro trabalho de divulgação científica de Nate Silver (2012). As diversas abordagens foram posteriormente combinadas de diversas maneiras, como veremos, em busca de maior capacidade preditiva.

A motivação teórica dos modelos de previsão eleitoral é a perspectiva do voto retrospectivo (Fiorina, 1981), que vê a eleição basicamente como um referendo do mandatário. Se o eleitor está satisfeito com o estado geral do país no momento da eleição, ele reelege o presidente ou elege o sucessor que ele indica. Se não, vota na oposição. No voto prospectivo, ao contrário, os eleitores escolhem seus candidatos de acordo com a distância entre suas preferências e as políticas propostas por candidato, uma escolha por meio do que os candidatos prometem sobre o futuro.

Em um amplo estudo, mediante um detalhado painel eleitoral, Markus (1982) demonstra que os eleitores não apresentam níveis suficientes de conhecimento sobre suas próprias preferências, afinal, a política lida com muitos temas distantes do cotidiano do cidadão, e, menos ainda, sobre as políticas propostas pelos candidatos, nem mesmo de seu próprio candidato. O resultado desse estudo é iluminador da força da perspectiva retrospectiva. Apesar de um efeito marginal das avaliações das posições políticas dos candidatos, os eleitores escolheram seu voto principalmente pela avaliação retrospectiva do desempenho geral do mandatário.

Todos os modelos de prognóstico eleitoral têm essencialmente essa forma:

Voto = f (economia, política)

Onde voto (geralmente mensurado como o voto do partido ou candidato que busca a reeleição) é uma função de fatores econômicos e políticos. Os fatores econômicos podem ser bem variados, mas, normalmente, são representados por fatores objetivos da economia como taxas de crescimento econômico ou de renda, inflação, desemprego ou outro índice que mensura a atividade econômica. Alguns modelos usam também medidas subjetivas da economia como a confiança dos consumidores e/ou dos investidores, as avaliações retrospectivas ou prospectivas da economia ou percepções sobre o noticiário econômico. A expectativa é que bons resultados econômicos e avaliações positivas da atividade econômica devem beneficiar o candidato (ou o candidato do partido) buscando a reeleição.

Os fatores políticos, por sua parte, são representados essencialmente por medidas de opinião pública como a avaliação do candidato mandatário, a distribuição da identificação partidária no eleitorado e pesquisas de intenção de voto. Os modelos também podem incluir o voto na eleição anterior e controlar pelo número de mandatos do partido no poder (independentemente que seja do mesmo candidato), conforme o modelo "tempo de mudança", *time for a change*, de Abramowitz (2008). A expectativa é que candidatos bem avaliados por seu trabalho tenham maior sucesso na eleição. Similarmente, candidatos com forte identificação partidária e boa performance nas pesquisas de intenção de voto também teriam maior chances de sucesso no pleito. De outro lado, é esperado que candidatos (ou candidatos de partidos) no poder há muito tempo tenham probabilidade menor de se reeleger novamente.

A grande maioria dos modelos de prognóstico eleitoral inclui entre dois a três fatores explicativos apenas. São bastante parcimoniosos. Muitos desses modelos incluem uma combinação de fatores econômicos objetivos e medidas subjetivas de opinião pública (*e.g.*, Abramowitz, 2008; Campbell, 2008; Lewis-Beck e Tien, 2008). Outros modelos incluem apenas fatores objetivos da economia e política (*e.g.*, Cuzán e Bundrick, 2008), e outros, ainda, incluem apenas fatores subjetivos (*e.g.*, Holbrook, 2004). Muito poucos modelos, porém, incluem apenas variáveis da economia ou da política. O modelo de Norpoth (2008), por exemplo, é um bom exemplo de modelo que apenas inclui fatores políticos. O quadro 1 apresenta os detalhes dos modelos aqui citados.

Quadro 1
EXEMPLOS DE MODELOS DE PROGNÓSTICO ELEITORAL

Autores	Fatores econômicos		Fatores políticos	
	Objetivos	Subjetivos	Objetivos	Subjetivos
1. Abramowitz (2008)	Variação no PIB		Reeleição	Aprovação do presidente
2. Campbell (2008)	Variação no PIB			Intenção de voto no *incumbent*
3. Lewis-Beck e Tien (2008)	1. Variação no PNB 2. Criação de empregos		Reeleição	Aprovação do presidente
4. Cazán e Bundrick (2008)	1. Variação no PIB 2. Política fiscal 3. Inflação		Partido no poder	
5. Holbrook (2004)		Percepções sobre a economia		Aprovação do presidente
6. Norpoth (2008)			1. Resultados eleitorais anteriores 2. Recorte temporal (pré e pós-New Deal)	

A elaboração de um modelo de prognóstico eleitoral depende em grande parte da disponibilidade de dados acerca dos fatores econômicos e políticos de interesse. No caso dos países mais desenvolvidos economicamente e com tradição antiga de eleições livres, o problema da disponibilidade dos dados é menos importante. Nesse caso, a escolha dos fatores é mais importante e, por isso, existem vários modelos de prognóstico eleitoral nesses países para uma mesma eleição. Porém, outros países apresentam outras realidades. Países recentemente democratizados, por exemplo, têm poucas eleições que se podem explorar para identificar quais determinantes contribuem para sua explicação. Esses mesmos países, frequentemente, não possuem muitas informações sobre esses mesmos determinantes (econômicos e políticos). A disponibilidade dos dados é importante porque a escassez de dados afeta a variedade de modelos de prognóstico eleitoral que se pode propor e avaliar. Na próxima seção, apresentamos justamente quais são os critérios identificados na literatura para avaliar modelos de prognóstico eleitoral.

Avaliação de modelos de prognóstico eleitoral

Lewis-Beck (2005) identifica quatro critérios que podem ser utilizados na avaliação de modelos de prognóstico eleitoral. A saber: 1) a precisão, 2) a precedência, 3) a parcimônia e 4) a capacidade de reprodução.

O primeiro critério, a *precisão*, é sem dúvida o mais importante quando se trata de prognóstico eleitoral. A precisão de um modelo de prognóstico eleitoral não apenas permite prever quem irá ganhar a eleição, mas, também, oferecer um prognóstico sobre o resultado eleitoral expresso em porcentagem de voto alcançado pelo candidato ou partido. Esse critério pode ser avaliado comparando o prognóstico com o resultado oficial da eleição, tendo em vista que ambas as medidas são realizadas na mesma unidade de medida. A precisão do modelo também pode ser avaliada econometricamente analisando o R^2 e o erro-padrão da estimativa da análise de regressão. Ambas as estimativas representam a qualidade de ajuste do modelo.

O R^2 é uma medida que identifica o quão bem a reta de regressão linear se adequa aos dados (Wooldridge, 2012). O R^2 pode assumir valores entre 0-1, onde 1 indica uma adequação perfeita da reta aos dados.

O erro-padrão da estimativa, por sua parte, mede a precisão dos prognósticos, em unidades da variável explicada, e valores menores do erro-padrão da estimativa indicam maior precisão. Enquanto ambas as medidas têm papel similar, elas apresentam comportamento distinto e geralmente o erro-padrão da estimativa é preferido ao R^2, porque ele expressa de forma mais direta a precisão dos prognósticos eleitorais.

O segundo critério, a *precedência*, também é muito relevante a se considerar quando avaliamos modelos de prognóstico eleitoral. O critério de precedência nos informa sobre o prazo entre o prognóstico e a eleição em questão. Modelos de prognóstico têm que apresentar algum nível de precedência. Por exemplo, um modelo que consegue fazer um prognóstico muito preciso, mas com apenas alguns dias de precedência, é essencialmente inútil. Todo prognóstico tem que oferecer alguma precedência. Por outro lado, modelos de prognóstico com precedência exagerada, de um ano ou mais antes da eleição, também não fazem sentido. Não existem limites absolutos de precedência, algo como uma "precedência mínima desejável". A precedência de qualquer modelo de prognóstico eleitoral depende, então, das características das eleições consideradas, como a duração da campanha eleitoral, por exemplo. A precedência é avaliada de maneira comparativa. Dentro do contexto das características de uma determinada eleição, o modelo com maior precedência é considerado melhor.

O terceiro critério é o da *parcimônia*. Um modelo é dito parcimonioso quando uma grande parte da variação no voto observado é explicada por poucos fatores. Nesse sentido, a parcimônia consiste em explicar muito com pouco. Mais do que em outros contextos de pesquisa, a parcimônia é uma necessidade nos modelos de prognóstico eleitoral, dada a escassez das informações disponíveis acerca dos fatores econômicos e políticos utilizados para prognosticar o voto. Não por acaso, a grande maioria dos modelos de prognóstico eleitoral é parcimoniosa.

O quarto, e último, critério trata da *capacidade de reprodução* do modelo de prognóstico eleitoral para outras eleições. No caso, um modelo possui grande capacidade de reprodução quando os dados utilizados para fazer um prognóstico eleitoral são facilmente acessíveis e o modelo também facilmente estimado. Cabe, então, aos autores de modelos de prognóstico eleitoral deixar claro onde os dados foram recolhidos, como eles foram tratados e, em última instância, como os prognósticos foram gerados, para maximizar a capacidade de reprodução dos seus modelos.

Dados e modelos

A principal restrição para a construção de modelos de prognóstico eleitoral para eleições municipais, como adiantado, é a disponibilidade de informações. Apesar de o Brasil apresentar dados nacionais relativamente abrangentes e sofisticados, ainda encontramos importantes lacunas de informação no nível municipal.

A primeira restrição na elaboração de modelos de prognóstico eleitoral é a falta de informação sobre as eleições municipais, de modo geral. Por isso, nos concentraremos apenas em capitais nas últimas três eleições municipais, capitais para as quais as informações necessárias estão disponíveis. As 10 capitais consideradas são Belo Horizonte, Cuiabá, Curitiba, Fortaleza, Natal, Porto Alegre, Recife, Rio de Janeiro, Salvador e São Paulo. A principal limitação de nossa análise estatística é a impossibilidade de extrapolar nossos achados para outros municípios, frequentemente menores e de economia e cultura menos diversificadas.

A solução para a restrição de informação nas principais capitais foi expandir nosso número de casos através do tempo, incluindo as eleições de 2004, 2008 e 2012. Nesse sentido, nossa análise perde abrangência mas ganha profundidade temporal. Essa solução apresenta uma dupla vantagem: incrementa o número de casos do modelo e torna nossos resultados menos dependentes do contexto político de uma eleição específica. Dessa forma, esse desenho de pesquisa nos confere maior segurança no diagnóstico do impacto de diferentes determinantes sobre a proporção de voto do candidato do prefeito mandatário, a nossa variável dependente.

É importante esclarecer que nossa variável dependente registra os votos do candidato da coalizão de poder, ou seja, o prefeito que tenta a reeleição ou o seu candidato. Como nosso modelo acompanha três eleições, o indivíduo muda ao longo do tempo. Nosso argumento se refere à capacidade de a coalizão no poder fazer seu sucessor, independentemente do indivíduo específico a cada eleição.

Apresentamos resultados para seis modelos de prognóstico eleitoral. O primeiro é um modelo que busca prever o voto no prefeito mandatário apenas com variáveis econômicas. Das variáveis econômicas disponíveis ao nível dessas 10 capitais, contamos com a taxa de desemprego e de inflação, ambas mensuradas a partir das informações oficiais do IBGE, conforme anexo I.[2] Acreditamos que, quanto maior a taxa de desemprego ou a taxa de inflação, menores as chances de o candidato da situação se reeleger. Chamamos esse modelo de "econômico puro". O valor específico utilizado no modelo é a média aritmética tanto da inflação quanto do desemprego mensais no período de janeiro a junho dos respectivos anos eleitorais, 2004, 2008 e 2012.[3]

O segundo modelo, por sua parte, apresenta apenas variáveis políticas. Esse modelo "político puro" é composto por três variáveis independentes. As duas primeiras variáveis binárias pretendem qualificar a situação do candidato mandatário: prefeito de primeiro mandato que busca a reeleição, sucessor vice, sucessor não vice. A primeira é uma variável dicotômica que indica se o próprio mandatário busca a reeleição. Ela assume valor 1 no caso do prefeito de primeiro mandato que busca a reeleição e 0 quando o prefeito, normalmente de segundo mandato, procura fazer seu sucessor no mesmo partido, seu vice ou não.

Mandatários buscando reeleição, de um lado, se beneficiam de uma vantagem sobre os outros candidatos, pelo fato de ocuparem o cargo e receberem maior visibilidade. Além dessa vantagem institucional, o mandatário pode aproveitar seu cargo para exaltar suas realizações junto aos eleitores, ou ainda conferir vantagens a certos grupos de eleitores, o chamado "uso da máquina". Apesar de o sucessor também se beneficiar dessa vantagem institucional, podemos esperar que seja menor sua atribuição pelo eleitorado das realizações do prefeito mandatário. Prefeitos mandatários, por outro lado, são frequentemente prejudicados por se encontrarem constantemente expostos a ataques da oposição e da mídia.

A segunda variável independente também é uma variável dicotômica que indica os casos em que o sucessor ao mandatário não é seu vice (valor de 1 e 0 em caso contrário). Essa segunda variável deveria afetar negativamente os votos no sucessor do prefeito mandatário porque ela indica uma ruptura na gestão municipal. Pela lógica da codificação de variáveis dico-

---

[2] Avaliamos também a evolução do emprego formal no município no lugar da taxa de desemprego. Porém, a variável não apresentou melhoria no modelo.
[3] As capitais de Natal e Cuiabá não contavam com estatísticas próprias e foram utilizados os valores nacionais para desemprego (2004 = 12,25; 2008 = 8,25; 2012 = 5,85) e inflação (2004 = 6,13; 2008 = 6,48; 2012 = 6,20).

tômicas em equações de regressão, a situação intermediária, o sucessor vice, fica "omitida", não é explicitamente especificada no modelo.

A terceira variável dicotômica, por último, indica quando o prefeito em exercício pertence à coalizão do governo federal. Os modelos de prognóstico eleitoral normalmente operacionalizam variáveis no mesmo nível de análise. Por exemplo, o nível de emprego nacional e a taxa de inflação influenciam a proporção de votos do presidente. Nosso modelo, em alguma medida, transgride essa similaridade em nível de análise. O nível de emprego na capital e a taxa de inflação não são geralmente reconhecidos como de responsabilização atribuída ao prefeito. Essa responsabilização opera no nível político e simbólico e acreditamos que ela terá efeito sobre as chances de reeleição do prefeito mandatário quando existir um relacionamento prático e simbólico do prefeito com o presidente. Dessa forma, essa variável procura operacionalizar esse relacionamento, ou seja, até que ponto o relacionamento do prefeito com o governo federal o torna corresponsável aos olhos do eleitor pelo desempenho macroeconômico em geral.

O terceiro e o quarto modelos são iguais aos modelos econômico e político puros, respectivamente, porém com o acréscimo da intenção de voto no candidato da situação calculada no mês de agosto, ou seja, quase dois meses antes da eleição (anexo I). Acreditamos, como outros modelos de prognóstico eleitoral, que a intenção de voto é um forte preditor do resultado da eleição.

O quinto modelo, por sua parte, é a combinação dos modelos econômico e político puros. E, por último, o sexto modelo é um modelo total, que combina os modelos econômico e político puros, com o acréscimo da intenção de voto. Sua grande desvantagem é a pouca parcimônia.

O anexo I apresenta uma lista de todas as fontes de internet utilizadas para a elaboração da nossa base de dados, no sentido de incrementar a capacidade de reprodução de nossos prognósticos.

Resultados

A tabela 1 apresenta os resultados da estimação dos modelos propostos. Dada a estrutura de painel dos dados (10 eleições municipais em três pontos no tempo), estimamos os modelos de prognóstico eleitoral com os mínimos quadrados generalizados com efeitos aleatórios e erros padrões corrigidos pelos *clusters*.[4]

Tabela 1
MODELOS DE PROGNÓSTICO ELEITORAL PARA CAPITAIS BRASILEIRAS: 2004-12

	1. Econômico puro (E)	2. Político puro (P)	3. Econômico com intenção de voto (E+IV)	4. Político com intenção de voto (P+IV)	5. Econômico e político (E+P)	6. Total (E+P+IV)
Desemprego	-0,36 (1)	-	0,76 (0,65)	-	-0,77 (1,27)	0,43 (0,67)
Inflação	-0,53 (2,94)	-	1,09 (1,57)	-	-0,79 (1,57)	0,22 (0,65)
Mandatário busca reeleição	-	-6,04 (4,57)	–	-1,99 (4,82)	-6,11* (3,11)	-1,87 (5,65)
Sucessor não é vice	-	-33,02* (2,73)	–	-15,75* (5,41)	-33,60* (2,99)	-14,84* (6,46)
Prefeito pertence à coalizão de governo federal	-	12,61* (3,49)	–	9,14* (2,8)	12,06* (3,80)	9,45* (3,38)
Intenção de voto	-	-	1,11* (0,1)	0,79* (0,11)	-	0,82* (0,1)
Constante	43,17 (22,56)	50,23* (1,34)	-8,64 (11,25)	18,34* (5,54)	62,47* (20,33)	11,83 (11,34)
R² (total)	0,003	0,587	0,732	0,84	0,598	0,843
Erro-padrão da estimativa	20,74	13,6	10,93	8,63	13,97	8,92
N	30					

Valores representam betas com os seus erros padrões robustos entre parênteses.
* p < 0,05 (monocaudal)

---

[4] Todos os modelos foram estimados com efeitos fixos e aleatórios. Porém, todos os resultados dos testes de Hausman indicaram a superioridade dos modelos com efeitos aleatórios.

Os resultados da tabela 1 são interessantes em muitos aspectos. Primeiro, o modelo econômico puro não apresenta bons resultados. Nem o desemprego e nem a inflação exibem efeitos estaticamente significativos sobre o voto no prefeito mandatário. Na verdade, as duas variáveis econômicas nunca apresentam efeitos estaticamente significativos (modelos 3, 5 e 6). O modelo político puro, por sua parte, apresenta dois efeitos estaticamente significativos. No caso, os resultados do modelo 2 indicam, como hipotetizado, que o voto no prefeito mandatário é negativamente afetado quando o candidato da continuidade não é seu vice. Esse efeito indica que rupturas na gestão geralmente não são proveitosas para o partido que busca a reeleição. Também como esperado, prefeitos mandatários aliados com o governo federal geralmente são beneficiados pelo pertencimento à coalizão. Vale ressaltar que esses dois achados se mantêm nos modelos 4, 5 e 6, e indicam, portanto, robustez na explicação do voto no prefeito mandatário. Os prefeitos mandatários que buscam reeleição, de outro lado, não se encontram beneficiados nem prejudicados por essa condição. Apenas no modelo 5, onde são combinados os fatores econômicos e políticos, a variável indica um efeito estaticamente significativo sobre o voto no prefeito mandatário, porém, o resultado não parece mostrar consistência entre os modelos.

Por último, notamos o efeito estaticamente significativo da variável de intenção de voto, com meses de antecedência, na explicação do voto do candidato. Como esperado, a variável tem efeito positivo e apresenta consistência nos três modelos nos quais ela foi incluída (modelos 3, 4 e 6). É importante um esclarecimento a respeito do pequeno valor do coeficiente estimado para a intenção de voto. Como a intenção de voto é expressa em pontos percentuais (p.p.), o coeficiente representa o número de pontos percentuais em voto na urna que um candidato ganha para cada ponto percentual de intenção de voto na pesquisa. O efeito observado é bastante significativo. Uma visualização: dois candidatos com 10 p.p. de diferença em intenção de voto apresentariam 7,9 p.p. (= 10 × 0,79) de diferença em voto na urna, de acordo com o modelo 4 (P+IV).

A análise dos coeficientes estimados é interessante, mas o que importa mesmo para avaliar modelos de prognóstico eleitoral são os quatro critérios como apresentados: a precisão, em especial; a precedência; a parcimônia; e a capacidade de reprodução. A avaliação da precisão dos modelos se dedica primeiro à análise de duas estatísticas de grau de ajuste: o R^2 e o erro-padrão da estimativa. Os R^2 e erros-padrões das estimativas dos seis modelos apresentam muita variação. O R^2 do modelo 1 confirma o baixíssimo poder explicativo das variáveis econômicas desemprego e inflação ($R^2=0,003$). Em poucas palavras, as variáveis econômicas explicam essencialmente nada da variação amostral na variável dependente. O erro-padrão da estimativa do percentual de votos do modelo 1 é relativamente grande, cerca de 20,74 pontos percentuais, o que indica pouca precisão do modelo.

O modelo 2 apresenta estatísticas mais promissoras. O R^2 do modelo 2 indica que as três variáveis políticas explicam 58,7% da variação amostral na variável dependente. O erro-padrão da estimativa, porém, é igual a 13,60 p.p., o que indica ainda pouca precisão.

O modelo 5, que combina as variáveis políticas e econômicas, apresenta resultados muito parecidos ao modelo 2, o que confirma o efeito quase inexistente das variáveis econômicas no voto do candidato da situação. O R^2 do modelo 5 é igual a 59,8% e seu erro-padrão de estimativa é relativamente grande: 13,97 p.p.

Finalmente, os modelos 3, 4 e 6 apresentam ganhos significativos com respeito aos modelos 1, 2 e 5, isso por causa do acréscimo da variável de intenção de voto no mandatário. Quando acrescentada ao modelo econômico puro (modelo 3), por exemplo, o R^2 que era de quase zero salta para 0,732 e o erro-padrão da estimativa é cortado pela metade (de 20,74 para 10,93). Quando acrescentado ao modelo político puro (modelo 4), o R^2 também aumenta significativamente (de 0,587 para 0,840) e o erro-padrão da estimativa é substantivamente reduzido de 13,6 para 8,63. Por último, o modelo 6 apresenta resultados muito parecidos ao modelo 4, o que, novamente, evidencia a inexistência de efeito para as variáveis econômicas nos prognósticos eleitorais. O R^2 do modelo 6 é igual a 0,843 (um acréscimo de 0,003 com relação ao modelo 4) e seu erro-padrão da estimativa é igual a 8,92 (0,29 acima, menos preciso do que o modelo 4). Baseado nessa primeira análise, podemos dizer que os modelos 4 e 6 são aqueles que apresentam maior precisão, com o modelo 4 sendo preferível por sua maior parcimônia e ligeiro ganho em precisão.

Outra maneira de analisar a precisão dos modelos é calculando o erro médio de prognóstico eleitoral, isto é, o quanto a previsão do modelo está afastada do resultado eleitoral. A tabela 2 apresenta esse erro calculado para os seis modelos em cada capital, cada ano eleitoral e a média global. O erro médio de prognóstico eleitoral é mensurado como o módulo da diferença entre o voto no prefeito mandatário e seu voto previsto pelo modelo. Os resultados apresentados por capital são a média desses erros para cada capital para os três anos eleitorais. Aqueles valores por ano são a média desses erros para as 10 capitais calculada para cada ano. E, por último, a tabela 2 apresenta a média de todos esses erros, capitais e anos confundidos.

Tabela 2
ERROS DE PROGNÓSTICO ELEITORAL DOS MODELOS, POR CAPITAIS BRASILEIRAS E ANOS

	1. Econômico puro (E)	2. Político puro (P)	3. Econômico com intenção de voto (E+IV)	4. Político com intenção de voto (P+IV)	5. Econômico e político (E+P)	6. Total (E+P+IV)
Belo Horizonte	17,58	9,66	11,96	11,8	10,89	11,21
Cuiabá	15,01	11,77	4,14	7,36	13,19	6,46
Curitiba	26,80	15,59	5,72	2,04	13,24	2,78
Fortaleza	17,9	7,11	7,68	3,16	4,97	2,57
Natal	6,17	6,03	9,69	6,62	4,59	6,85
Porto Alegre	15	6	8,99	5,7	6,57	5,57
Recife	18,31	11,42	12,52	11,15	12,46	10,26
Rio de Janeiro	24,87	9,31	5,15	1,93	8,92	1,64
Salvador	15,89	13,1	9,28	4,87	13,37	5,31
São Paulo	3,93	15,24	1	7,60	13,48	8,24
Ano 2004	14,39	9,88	7,03	5,76	10,06	5,59
Ano 2008	15,78	12,57	6,56	5,32	12,04	5,05
Ano 2012	18,27	9,12	9,24	7,59	8,41	7,63
Todas as capitais e todos os anos	16,15	10,52	7,61	6,22	10,17	6,09

Valores indicam o erro médio de prognóstico eleitoral mensurado como o módulo da diferença entre o resultado eleitoral do candidato e seu voto previsto pelo modelo.

Os resultados da tabela 2 são consistentes com os achados das análises do R^2 e do erro-padrão da estimativa. Analisando primeiro o erro global médio dos seis modelos, encontramos novamente que os melhores modelos, aqueles que produzem o menor erro global médio, são os modelos 4 e 6, que são 6,22 e 6,09, respectivamente. Esses erros ainda são grandes quando comparados com outros modelos de previsão do voto nas eleições presidenciais americanas ou francesas. Porém, tendo em vista a maior dificuldade de prever resultados eleitorais municipais e a escassez de dados para esse tipo de eleições, consideramos esses resultados satisfatórios. Vale notar que a análise dos erros de prognóstico confirma a baixa capacidade de previsão do modelo econômico puro, com um erro global médio de 16,15. O modelo político puro produz melhores resultados, mas seu erro global médio é alto (10,52). O que podemos notar novamente é a contribuição significativa da inclusão da variável de intenção de voto na capacidade de previsão do modelo de prognóstico. Os modelos 3, 4 e 6, que incluem tal variável, são significativamente superiores aos outros modelos que não incluem essa variável na sua especificação.

A tabela 2 também apresenta os erros médios para cada capital e cada ano eleitoral. Os achados apontam para uma grande variação na capacidade dos modelos em prever o voto no prefeito mandatário. Em alguns casos, o erro médio do modelo é muito baixo, como é o caso do modelo 3 para São Paulo, mas muito alto em outras ocasiões, como no caso do modelo 1 para Curitiba com um erro de 26,80! Olhando a média dos modelos, Natal é a capital que os modelos melhor predizem com um erro médio dos modelos igual a 6,66. Recife, por sua parte, é a capital que os modelos conseguem menos predizer, com um erro médio dos modelos igual a 12,69. Finalmente, dos três anos eleitorais considerados, o ano de 2004 é o ano mais facilmente previsto pelos modelos num conjunto, enquanto o ano 2012 é o menos bem previsto. Concluindo a análise de precisão dos modelos, podemos dizer que os modelos 4 e 6 são os dois melhores modelos de prognóstico eleitoral para as capitais consideradas.

O segundo critério de avaliação dos modelos é a precedência, isto é, o prazo entre o prognóstico e a eleição em questão. Os modelos com menos precedência são aqueles que incluem a variável de intenção de voto (modelos 3, 4 e 6). Esses modelos conseguem prever o voto no prefeito mandatário com mais ou menos dois meses de antecedência, isto é, em agosto, quando são publicadas as pesquisas de intenção de voto. O modelo econômico puro apresenta um pouco mais de precedência, pois as variáveis econômicas de inflação e desemprego são calculadas como média dos valores mensais do primeiro semestre. O modelo com mais precedência é o modelo político puro (modelo 2). Sua precedência é definida quando o candidato do prefeito mandatário e as coligações eleitorais são definidos. Isso tipicamente ocorre no primeiro ou segundo semestre do ano anterior à eleição.

O terceiro critério é o critério da parcimônia. Todos os modelos apresentados aqui, menos os modelos 5 e 6, são bastante parcimoniosos. O mais parcimonioso de todos é o modelo econômico puro (modelo 1), com apenas duas variáveis independentes (desemprego e inflação). Se consideramos os dois modelos mais precisos (modelos 4 e 6), podemos concluir pela superioridade do modelo 4 em termos de parcimônia, com duas variáveis independentes a menos.

O quarto e último critério é a capacidade de reprodução. Aqui podemos dizer que todos os seis modelos são fáceis de serem reproduzidos. Todas as informações necessárias para estimar as equações de regressão são publicamente disponíveis na internet, conforme referências apresentadas no anexo I.

Conclusão

Os modelos de prognóstico, como os exemplificados neste capítulo, levam a perspectiva de estimação um passo adiante: a tentativa de prever o futuro. Apresentamos nesta contribuição modelos e critérios para predizer e avaliar resultados eleitorais em pleitos municipais brasileiros. Devemos ressaltar a pouca tradição do prognóstico eleitoral no Brasil e que mesmo na literatura internacional de prognóstico as eleições municipais são pouco estudadas.

Nossas análises apresentam alguns achados interessantes para os estudos sobre previsão eleitoral. Primeiro, os fatores econômicos ajudam pouco a prever os resultados eleitorais municipais. Esse achado é muito relevante porque em contradição ao que encontramos na literatura de eleições nacionais. A já mencionada abordagem retrospectiva do voto se baseia em grande medida em fatores econômicos e muitos dos modelos de prognóstico eleitoral nacional incluem variáveis econômicas, em combinação com outras variáveis ou isoladamente, com impacto significativo sobre os resultados. No nosso recorte do nível municipal, ao contrário, as variáveis econômicas são irrelevantes, o que importa mais para prever resultados eleitorais são os fatores políticos.

Segundo, dos modelos aqui apresentados, o modelo 4, que combina variáveis políticas com a intenção de voto, se destaca claramente dos outros. Para além da tentativa de predição em si, esse modelo apresenta alguns resultados substancialmente interessantes: 1) o elemento mais importante de nosso modelo é a intenção de voto, o que indica que o cenário eleitoral se estabelece com relativa antecedência, apesar da campanha eleitoral que se desenvolve posteriormente; 2) a segunda variável com maior impacto é o pertencimento à coalizão federal, o que é compreensível em nosso contexto institucional; e 3) o prefeito em busca de reeleição não apresenta nenhuma vantagem ou desvantagem apreciável. Aparentemente, o desgaste anula a vantagem institucional do cargo. Ao contrário da hipótese de "uso da máquina pública", que estipula haver sempre uma vantagem eleitoral para o mandatário ou seu candidato. E 4) rupturas de gestão, quando o candidato a sucessor do prefeito não é seu vice, reduzem muito suas chances eleitorais.

O achado mais importante deste capítulo, no entanto, é a ilustração da dificuldade de prever eleições municipais. A análise dos erros de prognóstico eleitoral deixa clara a baixa precisão dos modelos apresentados, quando comparados com outros modelos de prognóstico de eleições nacionais. Esse resultado indica que eleições municipais têm dinâmicas próprias onde, por exemplo, o papel da economia não é, aparentemente, tão importante como em eleições nacionais e o "uso da máquina" é relativizado. A tradição da literatura de prognóstico eleitoral é a de aperfeiçoar esse esforço por meio das eleições. Em oportunidades futuras será possível compreender melhor a dinâmica eleitoral municipal, com o intuito de coletar novas informações e melhorar a especificação das relações entre elas.

Anexo I

Fontes

Voto dos candidatos

<http://eventos.noticias.uol.com.br/eleicoes/>. Eleições 2004. Acesso em: jun. 2013.
<http://eleicoes.uol.com.br/2008/pesquisas/>. Acesso em: jun. 2013.
<http://eleicoes.uol.com.br/2012/pesquisas-eleitorais/>. Acesso em: jun. 2013.
<http://noticias.uol.com.br/fernandorodrigues/arquivos/pesquisas/cidades/index-2004.jhtm>. Acesso em: maio 2013.

Intenções de votos, realizadas pelo Ibope e Datafolha

<http://eventos.noticias.uol.com.br/eleicoes/>. Eleições 2004. Acesso em: jun. 2013.
<http://eleicoes.uol.com.br/2008/pesquisas/>. Acesso em: jun. 2013.
<http://eleicoes.uol.com.br/2012/pesquisas-eleitorais/>. Acesso em: jun. 2013.
<http://g1.globo.com/Eleicoes2008/0,,MUL708166-15693,00-CONFIRA+OS+RESULTADOS+DE+PESQUISAS+ELEITORAIS+NAS+CAPITAIS.html>. Acesso em: maio 2013.

Inflação

<www.ibge.gov.br/home/estatistica/indicadores/precos/inpc_ipca/ipca-inpc_201306_3.shtm>. Acesso em: maio 2013.
<http://seriesestatisticas.ibge.gov.br/series.aspx?vcodigo=FDT0981>. Acesso em: maio 2013.
<http://portaldefinancas.com/inpc_ibge.htm>. Acesso em: jun. 2013.

<www.oim.tmunicipal.org.br/?pagina=documento&tipo_documento_id=5>. Acesso em: jun. 2013.

Emprego formal

<http://bi.mte.gov.br/bgcaged/caged_perfil_municipio/index.php>. Acesso em: maio 2013.
<http://seriesestatisticas.ibge.gov.br/series.aspx?vcodigo=FDT0981>. Acesso em: maio 2013.
<http://portal.mte.gov.br/portal-mte/>. Caged. jul. 2012. Acesso em: maio 2013.
<http://portal.mte.gov.br/portal-mte/>. Caged. dez. 2011. Acesso em: maio 2013.
<http://portal.mte.gov.br/caged/>. Acesso em: jun. 2013.
<ftp://ftp.ibge.gov.br/Trabalho_e_Rendimento/Pesquisa_Mensal_de_Emprego/fasciculo_indicadores_ibge/2013/pme_201301pubCompleta.pdf>. Acesso em: jun. 2013.
<www.ibge.gov.br/estadosat/perfil.php?sigla=ac#>. Acesso em: jun. 2013.
<www.ibge.gov.br/home/estatistica/indicadores/trabalhoerendimento/pme_nova/defaulttab_hist.shtm>. Acesso em: jun. 2013.

Referências

ABRAMOWITZ, A. I. Forecasting the 2008 presidential election with the time-for-change model. *PS: Political Science and Politics*, v. 41, p. 691-695, 2008.

_____. The time for change model and the 2000 election. *American Politics Quarterly*, v. 29, p. 279-282, 2001.

ARMSTRONG, J. Scott. *Principles of forecasting*: a handbook for researchers and practitioners. Dordrecht: Kluwer Academic Publishers, 2002.

CAMPBELL, James E. Evaluating U.S. presidential election forecasts and forecasting equations. *International Journal of Forecasting*, v. 24, p. 259-271, 2008b.

_____. The trial-heat forecast of the 2008 presidential vote: performance and value considerations in an open-seat election. *PS: Political Science and Politics*, v. 41, p. 697-701, 2008.

CUZÁN, A. G.; BUNDRICK, C. M. Forecasting the 2008 presidential election: a challenge for the fiscal model. *PS: Political Science and Politics*, v. 41, p. 717-722, 2008.

FAIR, R. C. The effect of economic events on votes for president. *Review of Economics and Statistics*, v. 60, p. 159-172, 1978.

FIORINA, M. P. *Retrospective voting in American national elections*. New Haven, Conn.: Yale University Press, 1981.

HOLBROOK, T. M. Forecasting with mixed economic signals: a cautionary tale. *PS: Political Science and Politics*, v. 34, p. 39-44, 2001.

_____. Good news for Bush? economic news, personal finances, and the 2004 presidential election. *PS: Political Science and Politics*, v. 37, p. 759-761, 2004.

HO, Daniel E. et al. Matching as nonparametric preprocessing for reducing model dependence in parametric causal inference. *Political Analysis*, v. 15, p. 199-236, 2007.

LEWIS-BECK, M. S. Election forecasting: principles and practice. *British Journal of Politics and International Relations*, v. 7, p. 145-164, 2005.

_____; RICE, T. W. Presidential popularity and presidential vote. *Public Opinion Quarterly*, v. 46, p. 534-537, 1982.

_____; TIEN, C. The job of president and the jobs model Forecast: Obama for '08? *PS: Political Science and Politics*, v. 41, p. 687-690, 2008.

MAIMON, Oded; ROKACH, Lior (Ed.). *Data mining and knowledge discovery handbook*. 2. ed. Nova York: Springer, 2010.

MARKUS, Gregory B. Political attitudes during an election year: a Report on the 1980 NES panel study. *The American Political Science Review*, v. 76, n. 3, p. 538-560, set. 1982.

NORPOTH, H. On the razor's edge: the forecast of the primary model. *PS: Political Science and Politics*, v. 41, p. 683-686, 2008.

ROSENSTONE, S. J. *Forecasting presidential elections*. New Haven, CT: Yale University Press, 1983.

SILVER, Nate. *The signal and the noise*: why so many predictions fail, but some don't. Nova York: Penguin Press, 2012.

SIGELMAN, L. Presidential popularity and presidential elections. *Public Opinion Quarterly*, v. 43, p. 532-534, 1979.

TURGEON, M.; RENNÓ, L. Forecasting Brazilian presidential elections: solving the *n* problem. *International Journal of Forecasting*, v. 28, p. 804-812, 2012.

WOOLDRIDGE, J. M. *Introdução à econometria*: uma abordagem moderna. 4. ed. Thomson, 2012.

6
O peso do dinheiro e do tempo de rádio e TV na disputa do voto para prefeito

Bruno Wilhelm Speck
Emerson Urizzi Cervi

1. Introdução

O tema central deste capítulo é a importância dos recursos mobilizados nas campanhas eleitorais para o sucesso eleitoral. Incluímos em nossa definição de recursos o dinheiro gasto em campanha e o tempo de horário eleitoral no rádio e na TV. O objeto de análise são as disputas pelo cargo de prefeito nas eleições municipais em 2012. A partir dos achados deste trabalho esperamos respostas às seguintes duas perguntas: qual é o peso do dinheiro e do tempo de rádio e TV para o sucesso eleitoral na eleição municipal? A importância do dinheiro e do tempo na rádio e na TV depende do tamanho dos municípios?

A pesquisa sobre a importância do dinheiro para o sucesso eleitoral tem curta, mas marcante, tradição no Brasil. Vários trabalhos publicados na última década se propõem a medir e aferir a importância do dinheiro para o sucesso eleitoral (Samuels, 2001a, 2002; Figueiredo Filho, 2009;

Peixoto, 2010; Cervi, 2010; Santos, 2011; Speck e Mancuso, 2011; Heiler, 2011; Peixoto e Rennó, 2011; Speck e Mancuso, 2013).

Os trabalhos sobre o tempo de propaganda em rádio e TV são mais escassos (Jardim, 2004; Schmitt, Carneiro e Kuschnir, 1999). Sabemos que os próprios operadores políticos valorizam esse tempo e os comentaristas enfatizam a importância do espaço publicitário para a formação das coalizões. Mas há poucos esforços para medir esse peso do horário para o sucesso eleitoral (Cervi, 2011; Bolognesi e Cervi, 2011; Silveira e Mello, 2011; Dantas, 2012).

O objetivo deste capítulo é quantificar a importância dos recursos nas duas modalidades, dinheiro e tempo, no rádio e na TV (variáveis independentes) para o voto dos candidatos (variável dependente). Como as três variáveis são medidas como porcentagem, usamos regressão linear multivariada para aferir o grau de correlação e as possíveis relações causais entre elas. Como variáveis explicativas complementares, mobilizamos o sucesso eleitoral do partido no passado e a eventual disputa de reeleição pelo ocupante do cargo. Queremos saber se esse histórico, anterior à alocação de tempo e recursos, é responsável pelo desempenho dos candidatos nas urnas. Ambas as questões foram exploradas em trabalhos sobre eleições no Brasil.

A questão da memória eleitoral está presente nas pesquisas eleitorais que tratam da volatilidade eleitoral. A literatura sobre volatilidade interpreta as altas taxas de volatilidade no Brasil em comparação com outros países como um indicador da baixa fidelização do eleitor brasileiro com determinadas siglas partidárias (Mainwaring, 1998). Porém, para fins de previsão do resultado eleitoral de determinada eleição, os resultados do pleito anterior ainda são um dos preditores mais fortes (Carneiro e Almeida, 2008).

Outro fator tratado com frequência nas pesquisas eleitorais brasileiras é a questão da reeleição de candidatos para o mesmo cargo. Os trabalhos que comparam o desempenho dos candidatos à reeleição com outros candidatos concluem que os primeiros têm uma chance maior de se eleger (Araújo e Alves, 2007; Speck e Mancuso, 2013). Um trabalho recente mostrou que os candidatos à reeleição, quando comparados a candidatos que perderam a disputa por uma margem pequena, não têm vantagem sistemática sobre os concorrentes. A ocupação do cargo por si só não explica a vitória (Brambor e Ceneviva, 2012). Outros trabalhos exploraram a questão da influência do desempenho dos candidatos durante o exercício do mandato sobre seu sucesso nas urnas. Aqui o enfoque é a comparação entre vários candidatos à reeleição (Pereira e Rennó, 2001, 2007). A reeleição, sob diferentes ângulos, é um tema que permeia as análises eleitorais no Brasil.

Adicionalmente queremos saber se o peso dos fatores enumerados sobre os resultados eleitorais depende do tamanho do município. Suspeitamos que as disputas políticas em municípios pequenos, médios e grandes, que ocorrem em contextos socioeconômicos e políticos diferentes, sigam dinâmicas diferentes. Vários trabalhos apontaram para os padrões persistentes de personalismo e mandonismo na política local (Kerbauy, 2000; Barreto, 2009). A maioria dos estudos sobre partidos políticos como organizações que estruturam a oferta de candidatos e orientam a escolha eleitoral se ocupou do âmbito nacional e estadual da política, mas o número de contribuições sobre a política local está crescendo (Avelar e Lima, 2000; Fleischer, 2002; Almeida e Carneiro, 2003; Carneiro e Almeida, 2008; Avelar e Walter, 2008; Kerbauy, 2008; Lavareda e Telles, 2011). Recentemente, vários trabalhos em Speck e Brasiliense (2013) sobre as eleições municipais de 2012 mostraram que a dinâmica da disputa eleitoral varia dependendo do tamanho dos municípios.

2. A influência de rádio e TV sobre a política

Esperamos que em municípios pequenos o contato direto entre candidato e eleitor seja mais importante, em detrimento de formas intermediadas de comunicação como rádio e TV. Também é razoável esperar que esse contato direto entre cidadãos e candidatos diminua o papel dos partidos como sinalizadores da qualidade dos candidatos. No ambiente da política paroquial, as relações pessoais e o contato direto entre políticos e cidadãos se sobrepõem à influência da mídia e a identificação partidária.

O efeito dessa cultura da política local é transformado pelo acesso aos meios de comunicação, mais especificamente a presença de transmissão de programação de rádio e TV. Porém, apesar da presença praticamente universal do acesso a rádio e TV no Brasil (com cobertura de 83,4% e 96,9% dos domicílios, respectivamente),[1] a influência da mídia sobre a política local depende da possibilidade de dedicar parte da programação à cobertura do noticiário local. Nos municípios sem emissora de rádio e/ou TV própria, os cidadãos têm acesso ao noticiário nacional e à programação de outros municípios, mas a política local dificilmente será tema do noticiário político. Levando em conta esse critério, o quadro da cobertura de rádio e TV muda. Somente 67% dos municípios brasileiros dispõem de estações próprias de rádio, e 4% dos municípios têm uma estação de TV com produção própria.[2] Veremos a seguir que esses dados são relevantes também para a influência da mídia sobre a disputa eleitoral municipal.

Uma das características perenes do processo eleitoral brasileiro é a garantia de acesso gratuito a rádio e TV pelos competidores, em combinação com a proibição de propaganda paga nesses mesmos meios (Jorge, 1997; Speck, 2005). Esse modelo de "propaganda eleitoral pública exclusiva" obriga as emissoras de rádio e TV a reservar uma hora diária durante as seis semanas antes das eleições à veiculação da propaganda eleitoral, um espaço generoso em relação a outros países com modelos similares. Em todos os municípios com estações próprias de rádio ou TV as emissoras devem veicular gratuitamente a propaganda eleitoral dos partidos e candidatos.[3] Nos municípios acima de 200 mil habitantes (com eleições em dois turnos) a justiça eleitoral tenta viabilizar a transmissão do horário eleitoral gratuito nas estações de TV, mesmo que o local não disponha de emissoras próprias.[4]

Uma vez que a infraestrutura de rádio e TV está separada, o quadro de presença dos canais de mídia se torna complexo, como mostra o gráfico

---

[1] Dados do Pnad 2011.
[2] Utilizamos os dados do Censo Municipal IBGE de 2006 para os dados sobre a cobertura de TV e os dados da Anatel 2013 para a cobertura de rádio.
[3] São regulados o período (45 dias antes das eleições), os horários de veiculação (vários blocos por dia) e a dedicação dos horários a diferentes cargos (vereador e prefeito, no caso das eleições municipais).
[4] A redação da lei em vigor em 2012 definiu que seria usada (dentro as possibilidades técnicas) a presença de canais de TV aberta para alcançar os municípios acima de 200 mil habitantes sem estações próprias.

1, que indica nove situações diferentes. Para os propósitos deste trabalho, não levaremos em conta a diferença entre as primeiras duas situações (sem acesso e transmissão de outros municípios), reduzindo as combinações a três categorias: municípios sem acesso à propaganda dos candidatos locais (grupo A), municípios com acesso dos candidatos locais somente via rádio (grupo B) e municípios com acesso pelos dois canais rádio e TV (grupo C). Embora exista a possibilidade de municípios disporem de retransmissão de TV, sem estação própria de rádio (grupo D), ela está presente em um número bastante reduzido de municípios.

Quadro 1
ACESSO DOS CIDADÃOS À PROPAGANDA ELEITORAL GRATUITA

		TELEVISÃO		
		Sem acesso ao HGPE	Transmissão do HGPE de outros municípios	Transmissão do HGPE do próprio município
RÁDIO	Sem acesso ao HGPE	1 (A)	2	3 (D)
	Transmissão do HGPE de outros municípios	4	5	6
	Transmissão do HGPE do próprio município	7 (B)	8	9 (C)

Nossa análise se concentra nos grupos A, B e C de municípios: locais sem propaganda própria, locais com propaganda própria somente em rádio e locais com propaganda política local via rádio e TV.

3. Base de dados, recursos financeiros e tempo de rádio e TV entre competidores

Esperamos que tanto os gastos de campanha como o horário eleitoral tenham influência sobre o sucesso nas urnas. A alocação de mais dinheiro e mais tempo de rádio e TV deveria resultar em mais votos, uma vez que esses dois recursos são considerados importantes para o sucesso eleitoral. Como dinheiro e tempo de mídia são distribuídos entre os candidatos?

A distribuição dos recursos financeiros de campanha privados segue uma lógica de mercado, cuja dinâmica não foi decifrada ainda. Sabemos que diferentes cargos mobilizam volumes diferentes de financiamento, que o custo das eleições está relacionado com o tamanho e o poder econômico das circunscrições, que as eleições mais disputadas mobilizam mais recursos (Peixoto, 2010), que candidatos com cargos mais importantes no legislativo atraem mais recursos (Santos, 2011). Mas não dispomos de modelos econométricos que consigam explicar de forma satisfatória a dinâmica de mobilização de recursos financeiros na disputa eleitoral.

No caso dos recursos públicos o quadro muda porque a distribuição do tempo de rádio e TV é regulada pela legislação eleitoral.[5] Um terço do horário eleitoral gratuito é alocado de forma igualitária entre os partidos ou coalizões para eleger um prefeito. A maior parte dos recursos (dois terços) é distribuída conforme o peso eleitoral dos partidos no âmbito nacional, mais especificamente o número de representantes do partido na Câmara dos Deputados imediatamente após a última eleição.[6] A soma destas duas regras de alocação dos recursos resultará em uma distribuição específica do tempo de propaganda em cada município.[7]

Construímos uma base única de dados com variáveis a respeito dos gastos de campanha, do tempo de rádio e TV e dos votos no primeiro turno para os mais de 13,6 mil candidatos que chegaram ao final da disputa de prefeito nas eleições municipais em 2012 e prestaram contas das finanças de campanha dentro do prazo estipulado pelo Tribunal Superior Eleitoral (TSE). Essa base de dados foi construída a partir dos dados dis-

---

[5] Lei Eleitoral nº 9.504, de 30 de setembro de 1997, arts. 44 a 58.
[6] Ou pelos partidos que integram a coligação eleitoral para eleger o prefeito em 2012.
[7] Se todos os partidos apresentassem candidatos em todos os municípios, a distribuição de recursos seria exatamente igual em todas as disputas eleitorais. Porém, há variações em função da ausência de alguns partidos na disputa eleitoral e da formação de coligações para eleição do prefeito. A ausência de um partido da disputa para prefeito resultará na redução do divisor (número de partidos/coligações) para definir a distribuição equitativa de recursos, bem como do divisor (número de deputados na Câmara de Deputados) para definir a distribuição proporcional. A formação de coligações resultará somente na redução do divisor do número de partidos/coligações para a divisão equitativa dos recursos. O cálculo da divisão proporcional continua inalterado.

poníveis no repositório dos dados eleitorais do TSE.[8] Incluímos no banco de dados todas as candidaturas a prefeito que foram deferidas (sem ressalvas) pela justiça eleitoral. Adicionamos a essa base as informações a respeito do desempenho eleitoral nas últimas eleições municipais em 2008 e uma classificação dos municípios por tamanho. A construção das variáveis será apresentada a seguir. A votação dos candidatos a prefeito no primeiro turno das eleições de 2012 está disponível em percentual de votos para cada candidato sobre o total de votos válidos.

Em relação aos gastos dos candidatos, duas importantes transformações foram aplicadas aos dados disponibilizados pelo TSE. A primeira transformação aplicada se refere à soma das prestações de "candidatos a prefeito" com as contas dos "comitês dos candidatos a prefeito".[9] Essa soma retrata a totalidade de recursos gastos pelos candidatos a prefeito. A segunda transformação corrige um problema de inflação dos gastos eleitorais em função de transferências de recursos entre várias contas. Trabalhamos com os gastos efetivos, descontando eventuais transferências dos candidatos a outros correligionários ou ao partido político.[10] Baseado nesse cálculo sobre os gastos efetivos, calculamos a porcentagem de gastos de cada candidato sobre o total de recursos mobilizados por todos os candidatos no mesmo município.

O horário gratuito de propaganda eleitoral é distribuído segundo as regras anteriormente explicitadas, que foram reproduzidas no cálculo da variável. Em relação à identificação dos municípios que dispõem de transmissão de propaganda política, foi necessário reconstruir o dado a partir de várias fontes, uma vez que a justiça eleitoral não dispõe de um

---

[8] Dados do TSE referentes às eleições municipais de 2008 e 2012 em: <www.tse.jus.br/eleicoes/repositorio-de-dados-eleitorais>.
[9] O sistema de prestação de contas sobre os gastos eleitorais prevê três modalidades de prestação de contas: cada candidato pode prestar contas individualmente, candidatos podem criar comitês eleitorais, prestando contas individualmente ou em bloco, e partidos políticos prestam contas sobre suas despesas. Enquanto a maioria dos estudos se contenta com as despesas informadas por candidato, desconsiderando os gastos declarados pelos comitês e pelos partidos, apresentamos aqui uma solução que chega mais próxima dos gastos reais dos candidatos.
[10] Somente os recursos declarados nas contas dos "comitês únicos" e pelos "diretórios dos partidos" não entraram na conta porque nestas não é possível separar recursos de vereadores e prefeitos.

registro central a respeito da transmissão de fato do horário eleitoral nos municípios. Para a transmissão do horário eleitoral próprio via rádio, nos baseamos em um levantamento realizado em 2006 pelo IBGE a respeito da presença de emissoras de rádio.[11] Para a questão da presença de emissoras de TV, recorremos aos dados da Anatel de 2013 sobre a localização das emissoras e retransmissoras das empresas de rádio e TV no Brasil.[12] As variáveis do horário eleitoral incluem informações sobre o tempo de rádio e TV disponível para cada uma das 13.690 candidaturas inseridas em nosso modelo analítico. O tempo de rádio disponível para cada candidato foi novamente calculado como percentagem sobre o total de tempo disponível para todos os candidatos no mesmo município.[13]

O histórico da votação dos candidatos foi calculado baseado na porcentagem de votos válidos depositados nos partidos dos candidatos a prefeito na eleição municipal anterior (2008). Para comparação com os resultados da eleição de 2012, foram somados os resultados de todos os partidos que integraram a coalizão para prefeito em 2012. Novamente, a variável está disponível como percentagem de votos dos partidos em 2008, redistribuídos sobre as coligações eleitorais em 2012. Os candidatos à reeleição foram identificados por meio de uma variável binária.

A classificação dos municípios por tamanho se deu em dois passos. Primeiro separamos os 83 municípios acima de 200 mil habitantes, devido às suas características específicas quanto à realização da disputa em dois turnos e à presença garantida do HGPE. Os outros municípios, dividimos em quartis, com número igual de municípios em cada grupo. Os primeiros três grupos apresentam um perfil bastante homogêneo quanto ao tamanho.[14] O quarto e o quinto grupos são mais heterogêneos.[15] Nosso

---

[11] Dados da pesquisa Perfil dos Municípios Brasileiros. Cultura 2006, disponíveis em: <www.ibge.gov.br/home/estatistica/economia/perfilmunic/2006/default.shtm>.

[12] Dados da Anatel a respeito das empresas de telecomunicação nos municípios: <www.anatel.gov.br/Portal/exibirPortalInternet.do>.

[13] A variável a respeito da presença do horário eleitoral próprio na TV foi codificada como binária, identificando a presença ou a ausência de transmissão da propaganda dos candidatos locais na TV, uma vez que o tempo disponível é exatamente o mesmo do rádio.

[14] O corte entre o primeiro e o segundo grupos se dá com 4,4 mil eleitores, entre o segundo e o terceiro grupos, com 8,8 mil eleitores, e entre o terceiro e o quarto grupos, com 16,8 mil eleitores.

[15] O quarto grupo vai de 16,8 até 200 mil eleitores e o quinto grupo (com apenas 83 municípios) inclui todos os municípios acima de 200 mil eleitores.

objetivo aqui é analisar os efeitos das variáveis explicativas para a determinação do voto/sucesso eleitoral em cada um dos grupos de municípios e não comparar os efeitos entre os grupos. Dado esse objetivo, não faremos análises estatísticas com variáveis que cruzem todos os municípios.

4. Análise descritiva dos dados

Consideraremos apenas os candidatos a prefeito com valores válidos para todas as variáveis usadas no modelo explicativo. Com isso haverá uma redução no número total de concorrentes, assim como no número de municípios por grupo de tamanho.[16] No quadro 2 combinamos essa classificação por presença de propaganda política gratuita em rádio e/ou TV (grupo 1 a 3) com outra a partir do tamanho dos municípios (quartis + 1). Essa combinação revela quantos municípios se enquadram em cada situação, respectivamente. No primeiro quartil (até 4,4 mil eleitores), cerca de dois terços dos municípios não têm nem rádio, nem TV, ficando, portanto, sem propaganda política gratuita. No segundo e terceiro quartis (com corte superior em 8,4 mil e 16,8 mil eleitores, respectivamente) essa situação se inverte, agora com somente 37,97% sem horário eleitoral, e no terceiro grupo esse percentual cai para 21,58% sem horário eleitoral. Nesses primeiros três quartis há somente alguns casos isolados de municípios com acesso a TV. No quinto, com somente 83 municípios acima de 200 mil eleitores, todos pertencem ao grupo 3, com transmissão da propaganda política por rádio e TV.

---

[16] A redução do número de candidatos e municípios se dá em função de três filtros. Primeiro, como já mencionamos, apenas as candidaturas deferidas sem ressalvas entraram no banco de dados. Segundo, também excluímos os candidatos para os quais não dispomos de prestações de contas individuais. Há duas possíveis razões para isso: os candidatos podem prestar contas junto com os candidatos do mesmo partido à Câmara de Vereadores, por meio de um comitê único, o que não permite a identificação dos recursos gastos por eles. A segunda possibilidade é que os candidatos podem não ter cumprido a obrigação legal de prestar contas. Por último, não entraram no banco de dados municípios criados entre 2008 e 2012, porque nesses casos não foi possível reproduzir os resultados das eleições anteriores.

Quadro 2
TAMANHO E PRESENÇA DE PROPAGANDA POLÍTICA (% DE MUNICÍPIOS)

	TOTAL (N)	Grupo 1 SEM HGPE	Grupo 2 COM HGPE RÁDIO	Grupo 3 COM HGPE RÁDIO E TV
1º Quartil	1355	65,8%	34,17%	0%
2º Quartil	1343	37,97%	62,02%	0,07%
3º Quartil	1330	21,58%	78,42%	0,22%
4º Quartil	1336	7,26%	92,74%	10,62%
Acima de 200 mil eleitores	83	0%	100%	100%
Todos os municípios	5447*	31,60%	64,77%	3,63%

*O número total é inferior ao número de municípios existentes em 2012 em função de falta de dados para algumas variáveis.

Considerando a distribuição dos municípios nos grupos de tamanhos, a tabela 1 apresenta as estatísticas descritivas para as principais variáveis analisadas aqui, separadas por tipo de município e situação do candidato (se eleito ou derrotado). O objetivo é identificar diferenças nas relações entre votos obtidos em 2008, ser ou não candidato à reeleição, tempo de rádio e televisão, gastos efetivos em reais e total de votos obtidos no primeiro turno de 2012. Todas as medianas[17] são dos percentuais dos valores originais para reduzir as diferenças da grande variação de valores entre os municípios brasileiros. A tabela também inclui uma linha que indica as diferenças de valores entre os eleitos e derrotados em cada uma das categorias de municípios. O objetivo é verificar se existem diferenças entre as duas categorias de candidatos em cada grupo de municípios e diferenças entre os grupos.

---

[17] Preferimos usar mediana ao invés de média dada a grande variabilidade de percentuais dentro de cada grupo de municípios.

Tabela 1
ESTATÍSTICAS DESCRITIVAS (N) E MEDIANAS DE % POR TIPO DE MUNICÍPIO

Tipo de município / Resultado em 2008	Candidato à reeleição Não (N)	Candidato à reeleição Não (%)	Candidato à reeleição Sim (N)	Candidato à reeleição Sim (%)	Votação prefeito 2008 (%)	HEG Rádio (%)*	HEG TV (%)*	Despesa efetiva (%)	Votos 1º turno 2008 (%)
1 Derrotado	1.352	57,7	187	36,3	17,98	0,00	0,00	33,64	41,48
1 Eleito	992	42,3	328	63,7	24,67	0,00	0,00	60,93	55,28
1 Diff.	360	15,2	-141	-27,4	-6,69	0,00	0,00	-27,29	-13,8
2 Derrotado	1.581	62,7	214	39,4	13,16	19,98	0,00	28,92	38,4
2 Eleito	939	37,3	329	60,6	23,02	35,7	0,00	58,87	54,38
2 Diff.	642	25,4	-115	-21,2	-9,86	-15,72	0,00	-29,95	-15,98
3 Derrotado	1.871	66,2	227	45	6,46	24,1	0,00	21,87	31,97
3 Eleito	956	33,8	278	55	20,39	40,31	0,00	58,2	54,37
3 Diff.	915	32,4	-51	-10	-13,93	-16,21	0,00	-36,33	-22,4
4 Derrotado	2562	73,2	215	46,6	0,41	21,34	0,00	13,89	20,46
4 Eleito	940	26,8	246	53,4	15,46	39,77	0,00	54,40	53,67
4 Diff.	1622	46,4	-31	-6,8	-15,05	-18,43	0,00	-40,51	-33,21
5 Derrotado	385	86,7	10	34,5	0,09	8,46	8,46	1,72	4,32
5 Eleito	59	13,3	19	65,5	6,98	30,12	30,12	32,26	48,91
5 Diff.	326	73,4	-9	-31,0	-6,89	-21,66	-21,66	-30,54	-44,59
Total Derrotado	7751	90	853	10	7,62	14,78	1,69	20,01	27,33
Total Eleito	3886	76,4	1200	23,6	18,10	29,18	6,02	52,93	53,32
Total Diff.	3865	13,7	-347	-13,7	-10,48	-14,4	-4,33	-32,92	-26

*Na mediana, em todos os grupos onde há mais de 50% de casos com tempo igual a 0%, a mediana assume o valor 0%.

No primeiro grupo, 328 candidatos à reeleição tiveram sucesso, contra 187 que foram derrotados. Uma diferença de 27,4 pontos percentuais em favor dos candidatos à reeleição. Ou seja, prefeitos eleitos em 2008 e que concorreram em 2012 tenderam a ter maior sucesso eleitoral. Essa diferença se mantém em todos os demais grupos de municípios. No entanto, a diferença percentual diminui nos municípios maiores. Os do grupo 4 apresentam 6,8 pontos percentuais de diferença, com 246 reeleitos para 215 derrotados. No grupo 5, municípios com segundo turno, a diferença é a maior de todas, em 31 pontos percentuais. Dos 29 candidatos à reeleição nos municípios desse grupo, 19 foram reeleitos e apenas 10 derrotados. Isso indica inicialmente que estar no cargo apresenta um efeito positivo sobre o resultado eleitoral.

Ainda em relação às variáveis de "memória" eleitoral, o número de votos obtidos em 2008 tem impacto positivo para a eleição dos prefeitos. Em todas as categorias de municípios as diferenças são negativas para os derrotados, ou seja, os partidos que fizeram parte das coligações que venceram em 2012 já em 2008 somaram mais votos que as coligações dos candidatos derrotados. No entanto, as diferenças crescem conforme aumenta o tamanho do município até o grupo 4. Já no grupo 5 as diferenças entre os percentuais de votos em 2008 para eleitos e não eleitos em 2012 apresentam uma queda. Ou seja, conforme aumenta o tamanho do município, cresce a importância da votação no passado para o modelo explicativo do sucesso eleitoral no presente. O mesmo acontece com o horário eleitoral no rádio, que apresenta diferenças favoráveis aos eleitos em todas as categorias. Candidatos eleitos tendem a dispor de mais tempo em rádio. Aqui também as diferenças são crescentes e acompanham os tamanhos dos municípios. Quanto maior o município, maior a diferença de tempo em rádio a favor dos candidatos eleitos, passando de 15,72 pontos percentuais nos municípios do grupo 1 para 21,66 pontos percentuais no grupo 5.

Quanto ao horário eleitoral na televisão, dos grupos 1 a 4 as medianas foram zero para candidatos eleitos e derrotados. Só nos municípios com segundo turno essa variável mostrou diferenças entre eleitos e não eleitos, com 21,66 pontos percentuais em favor dos eleitos. As medianas de recursos financeiros das campanhas apresentaram grandes diferenças entre derrotados e eleitos em todos os grupos de municípios. Essas diferenças são crescentes entre os grupos 1 e 4, passando de 27,29 pontos percentuais no primeiro até 40,51 pontos percentuais no último. Porém, quando chegamos ao grupo 5, o dos maiores municípios, as diferenças de medianas caem para 30,54 pontos percentuais entre derrotados e eleitos. Isso significa que em municípios com segundo turno os recursos financeiros são distribuídos de maneira mais equitativa entre eleitos e não eleitos. Outra variável da tabela 1 mostra que o comportamento das diferenças do número de votos obtidos entre eleitos e derrotados segue o mesmo padrão. Como esperado, os eleitos têm mais votos que os derrotados e essas diferenças aumentam conforme cresce o tamanho do município, chegando a 44,59 pontos percentuais para os derrotados em relação aos eleitos, na mediana no grupo 5.

As descrições feitas até aqui indicam uma possível relação causal conjunta entre votação no passado, recursos financeiros e horário eleitoral (principalmente no rádio) para explicar o sucesso eleitoral de candidatos às prefeituras brasileiras em 2012. A questão é se essa relação causal é ou não homogênea em municípios de diferentes tamanhos. Elas também indicam comportamentos distintos das variáveis explicativas entre os grupos de municípios. A princípio, podemos afirmar que parece existir uma forte relação entre ser candidato à reeleição e o sucesso eleitoral em 2012. Além disso, recursos financeiros nos municípios pequenos e horário gratuito de propaganda eleitoral parecem apresentar relações inversas. Conforme cresce o tamanho do município, diminui a importância dos recursos financeiros e aumenta a dos recursos partidários para a obtenção de votos.

Em função desses achados, no próximo tópico apresentamos um modelo multivariado de análise do efeito conjunto das três principais variáveis analisadas aqui: i) recurso de memória eleitoral (candidato à reeleição em 2012 e votos obtidos pelo partido/coligação do candidato na disputa de 2008); ii) recursos financeiros para as campanhas (gastos efetivos pelos candidatos a prefeito); e iii) recursos de mídia (tempo de horário eleitoral no rádio e televisão). O objetivo é verificar como se dá o efeito conjunto dessas variáveis no desempenho eleitoral dos candidatos em diferentes tipos de municípios e analisar qual tem mais peso para a obtenção de votos.

5. Análise da relação entre tempo, dinheiro e voto

A opção de análise neste capítulo foi a de usar a regressão linear múltipla para testar o desempenho dos candidatos em relação às variáveis independentes "tempo de propaganda eleitoral", "dinheiro" e "capital político anterior à disputa de 2012". Assim, o modelo analítico fica da seguinte forma.

Quadro 3
DESCRIÇÃO RESUMIDA DO MODELO ANALÍTICO

Variável Dependente (Y)	% de votos obtidos pelo candidato a prefeito em 2012
Variável Independente 1 (X_1)	% de votos obtidos pela coligação em 2008 de que fez parte o partido do candidato a prefeito em 2012
Variável Independente 2 (X_2)	Ser prefeito e candidato à reeleição em 2012 (variável binária)
Variável Independente 3 (X_3)	% por município do tempo de horário eleitoral no rádio para o candidato
Variável Independente 4 (X_4)	% de despesas declaradas no município por candidato à prefeitura em 2012

Como a variável dependente é contínua, usaremos a regressão linear múltipla para testar os efeitos conjuntos e isolados das variáveis explicativas. No entanto, dada a heterogeneidade de condições nas disputas municipais, produziremos um modelo analítico para cada um dos cinco grupos de municípios apresentados no início do capítulo. Com isso, resolvemos dois problemas: o da heteroquedasticidade e o da inexistência da variável X_3 para os municípios dos dois primeiros grupos analisados.

Outra questão que se coloca é a evidente correlação entre as variáveis independentes, o que é uma quebra de pressuposto para validação da regressão linear. O voto no passado (X_1) está correlacionado ao sucesso eleitoral no passado (X_2). Uma vez que a força dos partidos no âmbito nacional está relacionada ao voto nos municípios, também há uma correlação entre votação em 2008 (X_1) e horário eleitoral gratuito (X_3). O sucesso eleitoral no passado (X_1 e X_2) e a presença no horário eleitoral influenciam a arrecadação de recursos (X_1), da mesma forma que a disponibilidade de mais tempo em rádio e TV (X_3) pode gerar uma demanda maior de recursos pelos candidatos (X_4).

Para tratar adequadamente essa questão, usaremos a análise dos coeficientes de correlação parcial entre as variáveis independentes. Esse tipo de análise é indicado em testes de correlação múltipla em que há um efeito conjunto parcial das variáveis independentes sobre a variável dependente. Ele indica quanto cada variável explicativa está "sobrepondo" de explicação nas demais. Além disso, a soma dos coeficientes parciais indica também quanto o modelo como um todo explica o fenômeno, desconsiderando os efeitos de correlação parcial (Gujarati, 2006).

A partir daqui a análise está dividida em três partes: i) verificação dos coeficientes gerais dos modelos; ii) verificação dos efeitos individuais sobre a variável dependente; iii) verificação dos coeficientes de correlação parcial das variáveis explicativas em cada um dos modelos. Os coeficientes de correlação (r) e de determinação (r2) mostram-se consistentes com o crescimento do número de eleitores nos municípios (tabela 2). Usamos o r2 para medir as diferenças das forças explicativas dos modelos, apenas. Esse coeficiente é limitado quando analisado sozinho, pois indica apenas quanto da variação total o modelo está explicando. No entanto, como estamos comparando grupos independentes de municípios, o r2 nos permite discutir para que tipo de município o modelo é mais adequado. Em municípios menores a determinação é de 52,4% (0,524), contra 67,5% (0,675) nos municípios do grupo 5. Isso indica que as variáveis independentes conseguem explicar mais as diferenças nos percentuais de votos dos candidatos a prefeito nos municípios maiores do que nos menores. No entanto, a interação entre os efeitos das variáveis explicativas pode alterar significativamente os resultados, distorcendo as proporções das explicações. Para excluir os efeitos conjuntos das variáveis independentes, inserimos na tabela 2 o coeficiente de determinação parcial (r2 parcial), que já desconsidera as sobreposições das variáveis independentes sobre a explicação para os percentuais de votos obtidos pelos candidatos. Como se pode perceber na tabela 2, sem os efeitos conjuntos, a força da determinação das variáveis explicativas sobre a dependente sofre dois efeitos principais: a) os coeficientes ficam mais fracos, variando de 32,8% de determinação para o grupo 5 a 44,4% para municípios do grupo 1; e b) mais importante, os efeitos se invertem. O modelo mostra-se mais consistente para pequenos municípios do que para grandes municípios quando excluímos os efeitos conjuntos com os coeficientes de determinação parcial.

As diferenças entre o coeficiente de determinação e o coeficiente de determinação parcial tornam visíveis os efeitos sobrepostos das variáveis por grupo de município. Nos menores, grupos 1 e 2, a sobreposição varia de 8% a 7,6%. No grupo 3 ela sobe para 11,3%, passando para 18,4% no grupo 4 e chegando a 34,7% de explicação sobreposta nos municípios do grupo 5. Dada a evidente sobreposição de efeitos de algumas variáveis explicativas, sugerimos que os valores dos coeficientes parciais são mais adequados para o objeto em análise. Isso significa que em municípios com até 50 mil eleitores, aproximadamente, as variáveis explicativas do modelo mantêm uma relativa independência entre si, ou seja, não estão correlacionadas. Conforme cresce o número de eleitores do município, há um significativo aumento das sobreposições dos efeitos de voto em 2008, tempo de horário eleitoral e recursos financeiros para explicar o desempenho dos candidatos.

Tabela 2
COEFICIENTES DE CORRELAÇÃO, DETERMINAÇÃO
E VARIAÇÃO DA REGRESSÃO

Grupo município	R	r^2	r^2 parcial	Diff. r^2 e r^2 parcial
1	0,724	0,524	0,444	8,00%
2	0,716	0,513	0,437	7,60%
3	0,750	0,562	0,449	11,3%
4	0,778	0,606	0,422	18,4%
5	0,822	0,675	0,328	34,7%

Concluídas as descrições para os modelos gerais, passaremos ao tratamento dos efeitos individuais de cada variável independente sobre o desempenho eleitoral dos candidatos a prefeito em 2012. O objetivo aqui é verificar qual das explicações é mais forte para explicar os percentuais de votos obtidos pelos candidatos, além de comparar entre municípios de diferentes tamanhos os efeitos de cada variável independente. A tabela 3 sumariza os coeficientes parciais das quatro variáveis explicativas inseridas no modelo descrito na tabela 2. A leitura dos resultados pode ser feita tanto a partir das linhas, quando se comparamos efeitos de cada variável independente (já desconsideradas as sobreposições) sobre o percentual de votos em 2012 por tipo de município, ou pode ser feita nas colunas, para se comparar os efeitos individuais de cada variável para candidatos em um mesmo grupo de municípios.

A variável com maior poder explicativo para o desempenho eleitoral dos candidatos em municípios dos grupos 1 a 4 é o percentual de despesas efetivas, explicando cerca de ¼ das variações de voto. Ela vai de 22,9% de explicação em municípios do grupo 1, passando para 25,8% no grupo 2, subindo para 28,3% no grupo 3 e se estabilizando em 27,8% no grupo 4. Já nos municípios do grupo 5 (com mais de 200 mil eleitores) o percentual de despesas apresenta uma capacidade explicativa mais baixa, em 9% do total. Nesses municípios, a variável que mais explica os percentuais de voto é o tempo no horário eleitoral de rádio, com 22,3%.

A "memória eleitoral", medida pelo percentual de votos obtido pela coligação em 2008 de que fez parte o partido do candidato a prefeito em 2012, tem maior importância nos municípios pequenos, com 20,7% de coeficiente nos municípios do grupo 1, e apresenta queda constante conforme aumenta o tamanho do município, chegando a 0,9% em municípios do grupo 5. Já a variável que indica se o então prefeito era candidato à reeleição no município surpreendentemente mostra-se com baixa capacidade explicativa para o percentual de votos. Ela varia de 0,2% no grupo 1, chegando a 0,7% no grupo 5. Essa também foi a única variável que apresentou dois coeficientes acima do limite crítico (p>0,050) para intervalo de confiança de 95%. Isso nos permite especular que a capacidade de reeleição está mais diretamente relacionada com as características extrínsecas, tais como memória eleitoral, estrutura de campanha, partidos coligados, tempo de horário eleitoral e capacidade de obter recursos financeiros para a campanha, do que simplesmente ocupar o cargo de prefeito.

Tabela 3
COEFICIENTES DE DETERMINAÇÃO PARCIAL
DAS VARIÁVEIS INDEPENDENTES POR GRUPO DE MUNICÍPIO

Variáveis Explicativas	Coef. de det. parcial por grupo de município					
	1	2	3	4	5
% votos colig. Partido prefeito 2008	0,207	0,162	0,134	0,077	0,009
Prefeito eleito em 2008	0,002	0,000[a]	0,003	0,001	0,007[b]
% horário eleitoral rádio 2012	0,006	0,017	0,03	0,066	0,223
% despesas efetivas R$ em 2012	0,229	0,258	0,283	0,278	0,09

Variável dependente: % votos no candidato a prefeito em 2012.
[a] Coeficiente apresenta nível de significância acima do limite crítico (p=0,382).
[b] Coeficiente apresenta nível de significância acima do limite crítico (p= 0,066).
Obs.: Todos os demais coeficientes apresentam p < 0,050.

Por fim, a variável tempo de horário eleitoral mostrou um comportamento distinto das anteriores. Sua importância cresce conforme aumenta o tamanho do município. É de se esperar que no grupo 1 o horário eleitoral tenha menor impacto, pois apenas 1/3 dos municípios desse grupo possuem emissora local de rádio. Já a partir do grupo 2, onde mais de 2/3 dos municípios têm emissoras locais, o impacto aumenta. Passa de 1,7% de explicação no grupo 2, subindo até 6,6% no grupo 4. Já nos municípios com mais de 200 mil eleitores (grupo 5) o coeficiente salta para 22,3% de determinação parcial.

Analisando os dados por grupo de município, percebe-se que os menores, com menos de 5 mil eleitores, apresentam um efeito mais próximo entre despesas efetivas, com 22,9%, e votos em 2008, com 20,7%. Essas são as variáveis explicativas mais fortes para esse grupo. O mesmo acontece nos municípios entre 5 e 10 mil eleitores, do grupo 2, embora aqui os recursos de campanha tenham um peso relativamente maior que os votos obtidos em 2008, com 25,8% e 16,2%, respectivamente. Nos grupos 3 e 4, de 10 mil a 200 mil eleitores, a importância dos recursos financeiros cresce, enquanto diminui o impacto da "memória eleitoral" sobre os resultados de 2012. No grupo 4, acima de 50 mil eleitores, a votação de 2008 tem peso de 7,7%, muito próximo da explicação do horário eleitoral, em 6,6%. Já no grupo 5, com municípios que têm segundo turno, a variável explicativa mais forte passa a ser o tempo de horário eleitoral, com 22,3% de explicação, contra 9% dos recursos de campanha.

6. Notas conclusivas

Uma primeira conclusão que podemos chegar diz respeito à impossibilidade de analisar eleições em municípios brasileiros considerando-os parte de um universo único. As condições de disputa em municípios pequenos são distintas das de municípios grandes, e quando se pretende explicar o desempenho eleitoral dos candidatos isso deve ser levado em consideração. Neste trabalho fica claro que em municípios menores a "memória eleitoral" (votos obtidos pelo partido do candidato na eleição anterior) e os recursos financeiros de campanha têm maior importância do que em municípios maiores. Já nos municípios médios e grandes a "memória eleitoral" perde importância na explicação do voto em 2012 e passa a ser relevante o recurso financeiro, na forma de volume de doações de campanha, e o recurso partidário, na forma de tempo de horário gratuito de propaganda eleitoral. Nos maiores municípios a diferença é ainda maior, com quase nenhuma importância da "memória eleitoral". O que importa nessas disputas são as condições mais imediatas dos candidatos: estarem em partidos ou coligações com força/tempo de horário eleitoral e conseguirem maior participação no montante de recursos destinados às finanças de campanha.

Em relação ao modelo analítico apresentado neste capítulo, o mesmo mostrou-se razoavelmente forte para explicar as variações nos percentuais de votos dos candidatos a prefeito em 2012. O coeficiente de determinação girou em torno de 40% após extrair a sobreposição dos efeitos das variáveis explicativas. Antes disso, o modelo apresentava um r^2 médio de 55% para os municípios analisados (tabela 2). Essa diferença indica duas coisas. A primeira é que as variáveis explicativas (votos obtidos na eleição anterior, ser candidato à reeleição, tempo de horário eleitoral no rádio e recursos financeiros de campanha atual) são suficientes para explicar quase metade das variações de desempenho eleitoral dos candidatos nos municípios. A outra metade, o coeficiente de alienação, deve ser explicada por outras características que não as utilizadas aqui. A segunda é que as variáveis explicativas se mostraram com efeitos sobrepostos — não necessariamente colineares. Isso faz com que os coeficientes iniciais sejam superdimensionados, demandando a utilização da técnica de análise de correlações parciais para extrair os resultados. Por fim, o modelo ainda se mostrou consistente, girando em torno de 40% de explicação.

No entanto, ao analisar as correlações parciais, foi possível perceber que as variáveis explicativas interagem de maneira distinta em cada um dos grupos de municípios. Nos municípios menores, com até 16,8 mil eleitores, o efeito de sobreposição é muito baixo, girando em torno de 10%. Enquanto nos municípios maiores a sobreposição aumenta, chegando a quase 35% naqueles com mais de 200 mil eleitores. Isso significa que em municípios grandes há maior interação entre as variáveis explicativas, recursos partidários e recursos financeiros do que em municípios pequenos. Em outras palavras, candidatos que disputam eleições em municípios menores nem sempre conseguem concentrar todos os recursos — financeiros e partidários —, enquanto em municípios maiores, quando o candidato possui um tipo de recurso, ele tende a apresentar o outro também.

A utilização do método de correlações parciais permitiu redimensionar o peso da candidatura à reeleição nas explicações sobre o desempenho eleitoral. No início do capítulo (tabela 1), ao apresentarmos as estatísticas descritivas, apontamos uma tendência de maior sucesso eleitoral dos candidatos à reeleição do que dos desafiantes em todas as categorias de municípios. Essa tendência é maior nos municípios pequenos e vai caindo conforme aumenta o número de eleitores. No entanto, ao considerarmos os efeitos das correlações parciais (tabela 3), percebemos que na verdade os candidatos à reeleição tendiam a concentrar os dois tipos de capitais — partidário e financeiro — que mais importavam para as campanhas. Assim, ser candidato à reeleição é uma condição indireta ao sucesso eleitoral. O prefeito-candidato dependerá ainda de outras condições — financeiras e partidárias — para ser bem-sucedido.

Por fim, na análise das variáveis individuais, o "achado" mais interessante foi a inversão do peso do capital partidário, tempo de horário eleitoral, e capital financeiro, despesas de campanha, na explicação do voto entre municípios de tamanhos distintos. Os recursos financeiros são importantes para explicar o voto tanto em municípios pequenos quanto em grandes. Porém, em municípios com mais de 200 mil eleitores, a importância deles para explicar o voto cai (tabela 3). Nesses, cresce a capacidade explicativa do tempo de horário eleitoral para o desempenho dos candidatos. Ou seja, nos grandes municípios, ter capital partidário é mais importante do que ter recursos financeiros, enquanto nos pequenos municípios o dinheiro ainda tem maior relevância para o resultado eleitoral em disputas majoritárias locais.

Referências

ARAÚJO, Clara; ALVES, José Eustaquio Diniz. Impactos de indicadores sociais e do sistema eleitoral sobre as chances das mulheres nas eleições e suas interações com as cotas. *Dados*: Revista de Ciências Sociais, Rio de Janeiro, v. 50, n. 3, p. 535-577, 2007.

ALMEIDA, Maria Hermínia Tavares de; CARNEIRO, Leandro Piquet. Liderança local, democracia e políticas públicas no Brasil. *Opinião Pública*, Campinas, v. IX, n. 1, p. 124-147, 2003.

AMORIM, Maria Salete Souza de. Cultura política e estudos do poder local. *Revista Debates*, Porto Alegre, v. 1, n. 1, p. 99-120, jul./dez. 2007.

AVELAR, Lúcia; LIMA, Fernão Dias. Lentas mudanças. O voto e a política tradicional. *Lua Nova*, v. 49, p. 195-255, 2000.

AVELAR, Lúcia; WALTER, Maria Inez Machado Telles. Lentas mudanças: o voto e a política tradicional. *Opinião Pública*, Campinas, v. 14, n. 1, p. 96-122, 2008.

BARRETO, Alvaro A. de B. Reeleição de prefeitos no Brasil do período de 1996 a 2008. *Revista Debates*, v. 3, n. 2, p. 97-115, 2009.

BOLOGNESI, Bruno; CERVI, Emerson U. Distribuição de recursos e sucesso eleitoral nas eleições de 2006. In: CONGRESSO ANUAL DA ANPOCS, 35., 2011, Caxambu.

BRAMBOR, Thomas; CENEVIVA, Ricardo. Reeleição e continuísmo nos municípios brasileiros. *Novos Estudos Cebrap*, n. 93, p. 9-21, 2012.

CARNEIRO, Leandro Piquet; ALMEIDA, Maria Hermínia Tavares de. Definindo a arena política local: sistemas partidários municipais na federação brasileira. *Dados*: Revista de Ciências Sociais, Rio de Janeiro, v. 51, n. 2, p. 403-432, 2008.

CERVI, Emerson U. Financiamento de campanha e desempenho eleitoral no Brasil: análise das contribuições de pessoas jurídicas, físicas e partidos políticos às eleições de 2008 nas capitais de estado. *Revista Brasileira de Ciência Política*, n. 4, p. 135-167, jul./dez. 2010.

_____. O uso do HGPE como recurso partidário em eleições proporcionais no Brasil. *Opinião Pública*, Campinas, v. 17, n. 1, p. 106-136, 2011.

DANTAS, Humberto. O horário eleitoral gratuito na televisão e o padrão das coligações em eleições majoritárias municipais. *Leviathan*: Cadernos de Pesquisa Política, n. 5, p. 1-14, 2012.

FIGUEIREDO FILHO, Dalson Britto. *O elo corporativo?* Grupos de interesse, financiamento de campanha e regulação eleitoral. Dissertação (mestrado) — Universidade Federal de Pernambuco, Recife, 2009.

FLEISCHER, David. As eleições municipais no Brasil: uma análise comparativa (1982-2000). *Opinião Pública*, Campinas, v. 8, n. 1, p. 80-115, 2002.

GUJARATI, Damodar. *Econometria básica*. Rio de Janeiro: Elsevier, 2006.

HEILER, Jeison Giovanni. *Democracia: jogo das incertezas × financiamento de campanhas*. Uma análise das prestações de contas das campanhas de vereadores de SC. Dissertação (mestrado) — Universidade Federal de Santa Catarina, Florianópolis, 2011.

JARDIM, Márcia. Palanque eletrônico em eleições locais: aspectos do acesso dos municípios ao HGPE na televisão. *Revista de Sociologia e Política*, Curitiba, v. 22, p. 45-58, 2004.

JORGE, Vladimyr Lombardo. Os meios de comunicação de massa nas campanhas eleitorais. *Comunicação & Política*, v. 4, n. 1, p. 126-133, 1997.

KERBAUY, Maria Teresa Micely. *A morte dos coronéis*: política interiorana e poder local. São Paulo: Cultura Acadêmica, 2000.

____. Legislativo municipal, organização partidária e coligações partidárias. In: ENCONTRO ANUAL DA ANPOCS, 32., 2008, Caxambu.

LAVAREDA, Antônio; TELLES, Helcimara de S. (Org.). *Como o eleitor escolhe seu prefeito*: campanha e voto nas eleições municipais. São Paulo: Editora FGV, 2011.

MAINWARING, Scott. Electoral volatility in Brazil. *Party Politics*, v. 4, n. 4, p. 523-545, 1998.

PEIXOTO, Vitor de Moraes. *Eleições e financiamento de campanhas no Brasil*. Tese (doutorado) — Instituto Universitário de Pesquisas do Rio de Janeiro, Rio de Janeiro, 2010.

PEREIRA, Carlos; RENNO, Lucio. O que é que o reeleito tem? Dinâmicas político-institucionais locais e nacionais nas eleições de 1998 para a Câmara dos Deputados. *Dados*, v. 44, n. 2, p. 133-172, 2001.

____; ____. O que é que o reeleito tem? O retorno: o esboço de uma teoria da reeleição no Brasil. *Revista de Economia Política*, v. 27, n. 4 (108), p. 664-683, 2007.

PEIXOTO, V.; RENNÓ, L. Mobilidade social ascendente e voto: as eleições presidenciais de 2010 no Brasil. *Opinião Pública*, v. 17, p. 304-332, 2011.

SAMUELS, David. Does money matter? Credible commitments and campaign finance in new democracies: theory and evidence from Brazil. *Comparative Politics*, v. 34, n. 1, p. 23-42, 2001b.

____. Incumbents and challengers on a level playing field. *The Journal of Politics*, v. 63, n. 2, p. 569-584, maio 2001d.

____. Money, elections, and democracy in Brazil. *Latin American Politics and Society*, v. 43, n. 2, p. 27-48, 2001a.

____. Pork barreling is not credit claiming or advertising: campaign finance and the source of the personal vote in Brazil. *The Journal of Politics*, v. 64, n. 3, p. 845-863, 2002.

____. When does every penny count? Intra-party competition and campaign finance in Brazil. *Party Politics*, v. 7, n. 1, p. 89-102, 2001c.

SANTOS, Rodrigo D. Grandes empresários e sucesso eleitoral nas eleições de 2002, 2006 e 2010. In: ENCONTRO ANUAL DA ANPOCS, 35., 2011, Caxambu.

SCHMITT, Rogério; CARNEIRO, Leandro Piquet; KUSCHNIR, Karina. Estratégias de campanha no horário gratuito de propaganda eleitoral em eleições proporcionais. *Dados*: Revista de Ciências Sociais, Rio de Janeiro, n. 2, 1999.

SILVEIRA, Bernardo S. da; MELLO, João Manoel Pinho de. Campaign advertising and election outcomes: quasi-natural experiment evidence from gubernatorial elections in Brazil. *Textos para Discussão*, n. 550, Departamento de Economia, PUC Rio de Janeiro, 2011.

SPECK, Bruno W. Reagir a escândalos ou perseguir ideais? A regulação do financiamento político no Brasil. *Cadernos Adenauer*, a. 6, n. 2, p. 123-159, 2005.

____; MANCUSO, Wagner P. O financiamento político nas eleições brasileiras de 2010: um panorama geral. In: ENCONTRO ANUAL DA ANPOCS, 35., 2011, Caxambu.

____; ____. O que faz a diferença? Gastos de campanha, capital político, sexo e contexto municipal nas eleições para prefeito em 2012. *Cadernos Adenauer*, n. 2, p. 109-126, 2013.

____; BRASILIENSE, José Mario (Org.). O desempenho de candidatos, partidos e coalizões nas eleições municipais de 2012. *Cadernos Adenauer*, n. 2, 2013.

7

Televisão, imprensa e voto em Belo Horizonte e Goiânia

Pedro Santos Mundim
Heloísa Dias Bezerra

Em termos eleitorais e de estudos sobre a *decisão do voto*, televisão e imprensa evocam possibilidades de análises que passam pelo Horário Gratuito de Propaganda Eleitoral (HGPE), os programas de jornalismo de entretenimento (*soft news*), os debates entre os candidatos e a cobertura da imprensa durante as eleições em seus diversos suportes midiáticos: jornais, revistas, televisão, rádio e internet. Geralmente, o interesse é avaliar e estimar, em alguma medida, o impacto que variáveis midiáticas tiveram nas atitudes e no comportamento político dos eleitores, e o seu peso no resultado final da eleição.

Mas o trabalho de avaliar o papel, ou estimar o impacto, das variáveis midiáticas apresenta percursos analíticos de natureza e objetivos diferentes, e que evocam tradições de pesquisa distintas. No primeiro caso, encontramos, por exemplo, estudos que analisaram a maneira como os eleitores interagiram com as informações políticas disponíveis; no segundo, estudos que buscaram estimar o tamanho do efeito dessas informações junto ao público. Embora ambas as perspectivas possam existir em um mesmo trabalho, geralmente os pesquisadores optam por implementar apenas uma das duas abordagens.

Este capítulo discute a relação entre decisão do voto, televisão e imprensa em duas capitais brasileiras nas eleições de 2012: Belo Horizonte e Goiânia. Seu principal eixo teórico são as discussões sobre efeitos da mídia, desde seus estudos clássicos até os trabalhos mais recentes. Por isso, é importante distinguir entre estudos de "efeitos da mídia" e "estudos de recepção". Segundo Porto (2007a:99), estudos de efeitos da mídia enfatizam a informação, as abordagens quantitativas, a análise de conteúdo das mensagens midiáticas e o uso de experimentos e pesquisas de *survey*; os estudos de recepção enfatizam a interpretação, as abordagens qualitativas, as análises textuais e o uso de grupos focais, entrevistas focalizadas e técnicas etnográficas.

Por trás dessas diferenças estão duas maneiras de abordar questões de causalidade. Enquanto nos estudos de efeitos da mídia existe a preocupação de estimar os "efeitos das causas", nos estudos de recepção o foco são as análises sobre as "causas dos efeitos" (Goertz e Mahoney, 2010). Contudo, pesquisas sobre as causas dos efeitos não são uma exclusividade dos estudos de recepção.

Por motivos que serão expostos adiante, as análises empíricas dos nossos dois casos se baseiam em duas estratégias de pesquisa diferentes, ainda que ambas tenham o mesmo propósito e utilizem dados numéricos: tentar estabelecer as relações de causalidade entre a variável dependente *voto* e as variáveis explicativas *televisão* ou *imprensa*. As duas estratégias são, respectivamente, uma abordagem mais "clássica" de efeitos da mídia, próxima dos estudos quantitativos, e uma análise contrafactual, próxima dos estudos qualitativos. O objetivo é, nos dois casos, fazer inferências.

O capítulo está estruturado da seguinte forma. Na primeira parte, discutimos a relação entre efeitos da mídia e voto. O intuito não é fazer uma ampla e pormenorizada revisão da literatura sobre o assunto, mas indicar a evolução dos debates teóricos e metodológicos mais importantes desse campo de pesquisa. Na segunda parte do texto, abordaremos essa mesma questão, mas com ênfase nas discussões feitas por pesquisadores brasileiros. Por fim, na terceira parte, apresentamos as discussões empíricas sobre os dois casos analisados.

1. Efeitos da mídia e decisão do voto: trabalhos seminais

Não são novas as preocupações sobre como os meios de comunicação afetam atitudes e comportamentos dos eleitores. Tanto que as primeiras pesquisas de caráter empírico sobre efeitos midiáticos remontam aos anos 1930 (Czitrom, 1982). Em termos eleitorais, o estudo mais significativo da primeira metade do século XX foi o clássico *The people's choice* (Lazarsfeld, Berelson e Gaudet, 1948 [1944]). Esse livro lançou tanto uma teoria sociológica do voto (Figueiredo, 1991; Bartels, 2008) quanto a premissa de que havia uma preocupação exagerada com relação aos efeitos da mídia, que eram apenas "limitados" ou "mínimos", ao contrário de massivos.

Os autores do estudo aplicaram um painel com habitantes do condado de Eire (Ohio), durante os meses de campanha da eleição presidencial norte-americana de 1942. E, de fato, esperavam encontrar efeitos midiáticos e de campanha substantivos. Contudo, o que os dados mostraram foram, principalmente, a ativação e o reforço, e muito pouca conversão das predisposições dos eleitores. As identidades políticas e as preferências partidárias funcionaram como mecanismos de recepção seletiva e como escudo às mensagens contrárias a essas predisposições.

A teoria dos efeitos limitados tornou-se hegemônica entre os anos de 1940 e 1960, tendo impacto significativo nos estudos sobre mídia, eleições e opinião pública.[1] Apenas em 1972, com a publicação do artigo seminal de McCombs e Shaw sobre *agenda-setting*, esse predomínio começou a perder força. Os autores encontraram uma alta correlação entre o conteúdo da imprensa e a opinião de 100 eleitores indecisos na cidade de Chapel Hill (Carolina do Norte) sobre quais eram os principais problemas do país.

Inspirados em Lippman (1997 [1922]) — para quem os meios de comunicação eram a principal fonte das imagens do mundo presentes nas nossas cabeças — e em Cohen — para quem "na maior parte do tempo a imprensa pode não ser muito bem-sucedida em dizer às pessoas o que

---

[1] Por exemplo, na pesquisa que originou *The American voter* (Campbell et al., 1967), livro seminal da teoria psicológica do voto, elaborada por pesquisadores da Universidade de Michigan (EUA), a mídia não é vista como fonte de influência política e praticamente não é citada (Chaffee e Hochheimer, 1985).

pensar, mas é extremamente bem-sucedida em dizer aos seus leitores sobre o que pensar" (apud McCombs e Shaw, 1972:177) —, eles argumentaram que as questões mais salientes na mídia tornavam-se, também, as mais salientes na cabeça das pessoas. Ou seja, a agenda da mídia moldava a agenda do público.

Desde então, as discussões sobre *agenda-setting* tornaram-se referências importantes para os estudos sobre mídia e eleições. Mas, ao contrário das pesquisas anteriores, que buscavam identificar efeitos diretos e de curto prazo na decisão do voto, essa nova abordagem se voltou para efeitos cognitivos de longo prazo nas atitudes e opiniões políticas dos eleitores. Entre 1972 e 1995, mais de 300 pesquisas atestaram as premissas básicas da *agenda-setting* (Rogers, Hart e Dearing, 1997). Entre os trabalhos significativos se encontram estudos de experimentos controlados em laboratório, a partir dos quais foram identificados, por exemplo, efeitos complementares ao da *agenda-setting*, como o *"priming effect"* (Iyengar e Kinder, 1987).[2]

Posteriormente, descobriu-se que a formação da agenda não é o único efeito midiático importante. A maneira como os temas são apresentados também afeta a opinião das pessoas de diferentes formas. Foi no conceito de enquadramento que os pesquisadores de comunicação política encontraram um instrumento eficiente para lidar com essas questões (Porto, 2004). Os efeitos dos enquadramentos midiáticos estão justamente no fato de que, ao refletirem sobre os problemas nacionais, os eleitores utilizam as pistas interpretativas que lhes são fornecidas pelos meios de comunicação, especialmente a imprensa, para formarem suas opiniões. E estas, por sua vez, podem ser integradas às avaliações que fazem de candidatos ou partidos políticos, interferindo em suas decisões (Iyengar 1987, 1991).

---

[2] O conceito de *priming* se refere ao modo como as questões e os problemas nacionais, tornados salientes pelas notícias, ganham importância e passam a ter maior, senão o maior, peso nas avaliações que os eleitores fazem dos líderes políticos. Os efeitos do *priming* podem ser negativos ou positivos. Isso depende das questões que estão em jogo e do tom das considerações feitas pela mídia. Por exemplo, se a imprensa destaca a violência como problema nacional, o presidente e seu governo serão julgados, primeiramente, por seu sucesso ou fracasso em controlá-la; se é a economia, serão julgados por seu sucesso ou fracasso em manter a prosperidade (Iyengar e Kinder, 1987; Iyengar, 1997).

2. A redescoberta dos (grandes) efeitos midiáticos

Diversos estudos sobre efeitos da mídia que começaram a ser publicados a partir dos anos 1980 trouxeram avanços que permitiram contestar os efeitos limitados (Page e Shapiro, 1992; Shapiro et al., 1994). Contudo, e apesar desses avanços consideráveis, no início dos anos 1990 os cientistas sociais ainda encontravam dificuldades para demonstrar a existência de efeitos da mídia (Bartels, 1993; Wyatt, 1998).

Essas dificuldades vinham de pelo menos duas fontes: uma teórica e outra empírica. A fonte teórica remonta, em certa medida, a estudos como os de Lazarsfeld, Berelson e Gaudet (1948). Os eleitores seriam capazes de identificar os posicionamentos ideológicos dos veículos, optando por selecionar as fontes de informação mais condizentes com seus valores e preferências (Iyengar e Hahn, 2009). Ativação e reforço seriam mais prováveis do que a conversão dos votos, pois, por meio da recepção seletiva, os eleitores teriam a capacidade de "descontar" o viés das informações, contrárias a seus valores e preferências, a que fossem expostos (Groseclose, 2011).

Por sua vez, os obstáculos empíricos viriam das dificuldades de se encontrar estudos que demonstrassem, realmente, a existência de efeitos da mídia consistentes e, de certo modo, grandes; das dificuldades inerentes à validade dos indicadores de exposição à mídia (Prior, 2009a, 2009b) no qual esses estudos se baseavam; e dos problemas de endogeneidade inerentes aos estudos sobre efeitos da mídia — por exemplo, o fato de haver uma correlação entre consumo de mídia e um tipo de voto não representar uma relação de causalidade (Groseclose, 2011).

Mas, a partir dos anos 1990 e, principalmente, dos anos 2000, foram publicados diversos estudos sobre efeitos da mídia capazes de convencer os mais céticos. Uma parte importante deles foi feita por cientistas políticos e por economistas interessados em discutir os efeitos do viés midiático no comportamento dos eleitores. As contribuições que eles trouxeram não foram apenas teóricas, mas também empíricas, especialmente nas metodologias utilizadas, com destaque especial para os experimentos naturais.

Na ciência política, duas teorias merecem destaque no campo dos estudos sobre efeitos da mídia: a teoria da dinâmica da mudança da opinião pública de Zaller (1992, 1996); e o trabalho de Baum (2003) sobre as *soft news*.[3] Em suas próprias palavras, Zaller tentou "quebrar" a "velha" tradição dos efeitos limitados: "ao menos nos domínios da comunicação política, a verdadeira magnitude dos efeitos persuasivos dos meios de comunicação é mais próxima de 'massivo' do que de 'pequenos e negligenciáveis' e que a frequência com que tais efeitos ocorrem é 'sempre'" (Zaller, 1996:8).

Para Zaller, estudos sobre efeitos da mídia têm de levar em conta a intensidade e a direção dos fluxos informacionais oriundos das elites políticas e midiáticas, a intensidade com que os eleitores se expõem a esses fluxos e, principalmente, a maneira como as mensagens recebidas se relacionam com seus valores e interesses prévios. É a interação entre esses três fatores que poderá levar a efeitos midiáticos massivos ou insignificantes, como o próprio autor demonstrou em seus trabalhos.

Embora tenha trazido contribuições substantivas e inovadoras para os estudos dos efeitos da mídia, o modelo ou a teoria de Zaller é dependente de um fluxo comunicacional relativamente homogêneo, ou de uma baixa heterogeneidade das fontes informacionais, um cenário cada vez menos provável com a expansão da TV a cabo e da internet. Zaller também foi econômico ao demonstrar a existência de grandes influências dos meios noticiosos sobre eleitores com baixa exposição às notícias sobre questões políticas.

Foram os trabalhos de Baum sobre as *soft news* que mostraram como essas informações chegam "ao andar baixo". Para ele, os programas de *soft news* permitem que as pessoas obtenham informação política como um subproduto do entretenimento que elas buscam: as *soft news* "mudaram a natureza e a extensão das informações políticas para aqueles indivíduos que são os mais facilmente persuadidos: a parcela do público que menos presta atenção na política" (Baum, 2003:143).[4]

---

[3] Para mais detalhes de ambas as perspectivas, ver Mundim (2009, 2010a).
[4] Popkin (2006, 2007) compartilha dessa posição: as *soft news* podem trazer os eleitores para os "fóruns políticos"; aqueles que nunca iriam se informar por meio das tradicionais *hard news* agora adquirem informação via *soft news*. Embora não aproximem os politicamente desinteressados das questões públicas, esclarecendo-as de maneira rigorosa, como exigiriam os manuais de cultura cívica, elas conectam o mundo desses indivíduos "aos interesses humanos e dramas da política". Uma comparação pode ser feita com o texto em

Além de cientistas políticos como Zaller e Baum, a partir dos anos 2000, economistas interessados nos impactos do viés midiático desenvolveram trabalhos inovadores sobre efeitos da mídia. Essa inovação vem, principalmente, de "experimentos naturais", induzidos ou não. Embora as pesquisas de Iyengar e seus colaboradores (Iyengar e Kinder, 1987; Iyengar, 1991; Iyengar e Ansolabehere, 1995), por exemplo, tenham feito uso de experimentos em laboratório e chegado a resultados convincentes sobre efeitos da mídia, esse tipo de pesquisa sempre sofre de problemas de validade externa. O mesmo não ocorre, por exemplo, com trabalhos como os de Gerber e colaboradores (2009), Gentzkow (2006a) e DellaVigna e Kaplan (2007).

DellaVigna e Kaplan analisaram o impacto da entrada da Fox News em determinados municípios norte-americanos entre os anos de 1996 e 2000. Com base em dados agregados de municípios, suas análises mostraram uma alta taxa de persuasão entre os eleitores a favor dos republicanos — a Fox News faz uma cobertura abertamente enviesada a favor desse partido —, que poderia variar de 3% a 28%, dependendo da maneira como se medisse a audiência. Tais resultados mostraram-se robustos, inclusive para problemas de endogeneidade dos dados (ou seja, a Fox News teria entrado primeiro nos municípios onde haveria uma maior proporção de eleitores republicanos e a correlação entre a decisão do voto e a audiência da emissora não implicaria uma relação de causalidade).

Gerber e colaboradores designaram, de maneira aleatória, assinaturas gratuitas do *Washignton Post* (viés Democrata) e do *Washington Times* (viés Republicano) para eleitores do estado da Virgínia meses antes da eleição para governador do estado em 2005. Em seguida, realizaram um *survey* pós-eleitoral em um grupo de controle — não receberam assinaturas — e dois grupos de tratamento. Os dados mostraram que a exposição a ambos os jornais aumentava a probabilidade de voto no candidato Democrata — condições conjunturais como ambiente político desfavorável aos Republicanos e um candidato Democrata mais conservador ajudam a explicar esse fato — e de os eleitores comparecerem às urnas no dia da elei-

---

que Hallin (2000:201) analisa a emergência do "jornalismo popular" no México: "o jornalismo popular tem [...] promovido interesse popular em política, em parte ao permitir que questões políticas sejam expressas em termos acessíveis para um público de massa".

ção. Mas essa correlação positiva entre o consumo de jornais impressos e a participação eleitoral não foi encontrada em relação à televisão, como mostraram outros estudos (Gentzkow, 2006a; Althaus e Trautman, 2008).

Ao analisar um *survey* com mais de 10 mil respondentes em nove países de predominância muçulmana, Gentzkow e Shapiro (2004) mostraram que uma maior exposição à CNN tinha um impacto positivo na avaliação feita sobre os EUA. Contudo, efeito contrário era encontrado entre aqueles que assistiam à Al Jazeera, que também tinham uma menor probabilidade de acreditar que árabes tinham sido os responsáveis pelos ataques de 11 de setembro, e que estes seriam "injustificáveis".

3. Estudos sobre efeitos da mídia no (sobre o) Brasil

Até recentemente, ao contrário dos EUA, os estudos sobre efeito da mídia ainda eram pouco explorados no Brasil. A melhor evidência desse fato encontra-se na tese de Colling (2006). Após ter analisado cerca de 300 pesquisas (entre teses, dissertações, artigos e ensaios) a respeito de mídia e eleições presidenciais brasileiras entre 1989 e 2002, ele não encontrou sequer uma pesquisa "dedicada à recepção das mensagens jornalísticas para verificar seu efeito na definição do voto dos eleitores" (Colling, 2007).

Embora existam exceções, como textos publicados em revistas e livros editados em inglês, mesmo que alguns dos autores sejam brasileiros (Straubhaar, Olsen e Nunes, 1993; Boas, 2005; Boas e Hidalgo, 2011; Baker, Ames e Rennó, 2006; Porto, 2007b), é justamente a partir da eleição de 2002 — quando a análise de Colling se encerrou — que surgem trabalhos, muitos deles de pesquisadores oriundos do Doxa-Iesp, dedicados a analisar, e estimar, a extensão dos efeitos dos meios de comunicação no comportamento político dos eleitores brasileiros.

Em grande medida, os trabalhos de Figueiredo (2007), Figueiredo e Aldé (2010), Borba (2005) e Mundim (2010b, 2012, 2013) partem da mesma matriz empírica. Todos utilizaram dados agregados de intenção de voto e realizaram testes com modelos de séries temporais para estimar os efeitos do HGPE, das campanhas eleitorais e da cobertura da imprensa no voto nas eleições presidenciais brasileiras de 2002 e 2006. Embora esses modelos tenham algumas diferenças, por exemplo, em número de variáveis de controle, todos chegaram a resultados positivos sobre o impacto das variáveis midiáticas no voto dos eleitores nos dois pleitos analisados.

Lourenço (2009) analisou a propaganda negativa nas eleições presidenciais de 2002, tendo em vista as estratégias retóricas dos candidatos e sua "repercussão" junto ao "eleitor comum". Seus dados foram coletados a partir de entrevistas em profundidade e grupos focais com 20 eleitores que até o início do HGPE daquele ano estavam indecisos. Embora não tenha realizado um estudo sobre efeitos da mídia no sentido clássico, seu trabalho levantou questões que foram posteriormente confirmadas nos estudos de Borba e de Mundim, especialmente o efeito dos ataques do candidato José Serra (PSDB) a Ciro Gomes (PPS) junto ao eleitorado.

Telles, Lourenço e Storni (2011), Bezerra e Mundim (2011), Telles, Lopes e Mundim (2013) e Mundim (2014) utilizaram dados de *surveys* pré e pós-eleitorais para avaliar os efeitos de variáveis midiáticas no voto dos eleitores. Essas pesquisas foram, respectivamente, sobre a eleição de 2008 para a prefeitura de Belo Horizonte e sobre as eleições presidenciais brasileiras de 2006 e 2010. Mesmo que nem todos os trabalhos estivessem interessados, principalmente, em estimar os efeitos da mídia, e tenham utilizado diferentes formas de medir exposição e recepção das informações políticas, cada um deles chegou a resultados positivos sobre a influência das variáveis midiáticas no voto dos eleitores.

Em linhas gerais, os trabalhos estrangeiros e brasileiros mostram que, longe de terem alcançado um beco sem saída, ou de terem estagnado, como se imaginava no início dos anos 1990, as pesquisas sobre efeito da mídia chegam ao presente momento com inúmeras novas possibilidades de análise sobre o papel político dos meios de comunicação, especialmente durante as eleições.

4. As eleições de 2012 em Belo Horizonte e Goiânia

Se as capitais dos estados de Minas Gerais e Goiás tiveram algumas semelhanças nas eleições municipais de 2012, elas seriam: ambos os pleitos foram decididos no primeiro turno e os prefeitos foram reeleitos. Em Belo Horizonte, Márcio Lacerda (PSB) venceu com 52,69% dos votos válidos, contra 40,8% do seu principal concorrente, Patrus Ananias (PT). Em Goiânia, o prefeito Paulo Garcia (PT) venceu com 57,68% dos votos válidos, contra 14,25% do seu principal concorrente, Jovair Arantes (PTB).

Mas havia diferenças. Lacerda elegeu-se em 2008 com o apoio de Fernando Pimentel (PT) e Aécio Neves (PSDB). Ainda que informal, essa foi uma união bastante controvertida, uma vez que petistas e tucanos não formavam uma aliança no plano nacional (Telles, Lourenço e Storni, 2011). Já Garcia herdou o cargo de prefeito após Iris Resende (PMDB) deixar o cargo para disputar o governo de Goiás em 2010. Embora ambos almejassem um segundo mandato, apenas o mineiro havia participado de uma eleição majoritária. Isso fazia do goianiense um candidato menos conhecido do eleitorado, mesmo há quase dois anos ocupando o Paço Municipal. Em agosto de 2012, Lacerda e Garcia chegavam ao fim de seus mandatos, respectivamente, com 55% e 41% de avaliações positivas (ótimo + boa), segundo pesquisas do Ibope.[5]

Também houve diferenças do ponto de vista midiático, especialmente em relação à cobertura da imprensa. Em 2012 a política goiana ficou marcada por escândalos de corrupção envolvendo importantes figuras do estado, amplamente divulgados nos veículos de comunicação locais e nacionais. O mesmo não aconteceu em Minas. Isso fica claro com uma busca na página "Deu no Jornal", um banco de dados mantido pela ONG Transparência Brasil que disponibiliza o noticiário sobre corrupção e seu combate publicado pelos principais veículos da imprensa escrita do país, entre janeiro de 2004 e outubro de 2012 (Abramo, 2007).[6] Realizamos

---

[5] Dados da pesquisa de Belo Horizonte: realizada entre os dias 2 e 4 de set. 2012, com amostra de 805 eleitores, com margem de erro de ± 3%. Dados da pesquisa de Goiânia: realizada entre os dias 27 e 29 de ago. 2012, com amostra de 602 eleitores, com margem de erro de ± 4%. Disponível em: <www.ibope.com.br/pt-br/noticias/Paginas/Pesquisas-do-IBOPE-Inteligencia-mostram-as-avaliacoes-dos-eleitores-sobre-os-26-prefeitos-das-capitais-brasileiras.aspx>. Acesso em: 6 jul. 2013.

[6] O conteúdo de 71 jornais impressos e de quatro revistas de circulação nacional pode ser acessado na página do "Deu no Jornal". Disponível em: <www.deunojornal.org.br/>. Acesso em: 14 jul. 2013.

uma busca tendo, como palavras-chave, os nomes dos principais políticos "envolvidos" nas eleições em Belo Horizonte e Goiânia, como pode ser visto na tabela 1.

Tabela 1
NÚMERO TOTAL DE "REPORTAGENS" SOBRE CORRUPÇÃO E SEU COMBATE PUBLICADAS NOS PRINCIPAIS JORNAIS IMPRESSOS BRASILEIROS E REVISTAS DE CIRCULAÇÃO NACIONAL ENTRE 10 JAN. 2012 E 10 OUT. 2012

Figura "política"	Número de "reportagens"	Estado
Carlos "Cachoeira"*	2.762	Goiás
Demóstenes Torres (DEM)	1.106	Goiás
Marconi Perillo (PSDB)	734	Goiás
Márcio Lacerda (PSB)	149	Minas Gerais
Aécio Neves (PSDB)	91	Minas Gerais
Fernando Pimentel (PT)	79	Minas Gerais
Jovair Arantes (PTB)	70	Goiás
Paulo Garcia (PT)	61	Goiás
Patrus Ananias (PT)	34	Minas Gerais
Íris Resende (PMDB)	5	Goiás

Fonte: Deu no Jornal, ONG Transparência Brasil.
*Empresário goiano acusado de fazer parte de esquemas de corrupção.

Embora não seja possível dizer que todas as notícias disponíveis na página do "Deu no Jornal" tenham valência negativa, a diferença no volume de conteúdo veiculado nos principais jornais impressos brasileiros é substantiva e indica, a nosso ver, a dimensão pública alcançada pelos escândalos políticos envolvendo figuras importantes do estado de Goiás em 2012. Nesse sentido, em uma análise sobre efeitos da mídia, é de se esperar que eles tenham sido mais substantivos nas eleições municipais de Goiânia do que na de Belo Horizonte.

Televisão, imprensa e voto em Belo Horizonte 2012

Os gráficos da figura 1 trazem a evolução das intenções de voto na eleição de 2012 em Belo Horizonte. Eles mostram que a disputa transcorreu de maneira relativamente tranquila para Lacerda, candidato à reeleição. Nem mesmo o início o HGPE alterou o cenário de vitória para o incumbente no primeiro turno.

Figura 1
EVOLUÇÃO DAS INTENÇÕES DE VOTO (%) NO PRIMEIRO TURNO
DA ELEIÇÃO MUNICIPAL DE BELO HORIZONTE EM 2012

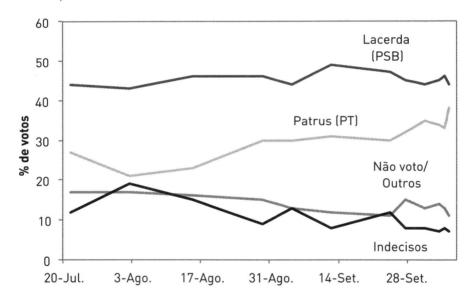

Fonte: Pesquisas Datafolha e Ibope – 2012

Utilizamos os microdados de um *survey* eleitoral para avaliar o impacto das variáveis midiáticas no comportamento político dos eleitores belo-horizontinos em 2012. O *survey* foi realizado pelo Instituto de Pesquisas Sociais, Políticas e Econômicas (Ipespe), em parceria com o grupo de pesquisa em Marketing Político, Comportamento Eleitoral e Opinião Pública da UFMG, entre os dias de 29 de setembro e 1º de outubro de

2012, na cidade de Belo Horizonte (MG).[7] Foram estimados dois modelos logísticos multinomiais para avaliar o impacto das variáveis midiáticas no voto do eleitor:

$$\Pr(y_i = j) = \alpha + b \text{ (variáveis midiáticas)} + X\gamma + \varepsilon \quad (1)$$

As variáveis dependentes, construídas a partir da pergunta estimulada de intenção de voto, foram configuradas da seguinte forma. No primeiro turno: voto em Márcio Lacerda (PSB), voto em Patrus Ananias (PT) e voto em outros candidatos[8] e não voto (branco, nulos e nenhum).[9] No segundo turno: voto em Lacerda, voto em Patrus e não voto. Embora a eleição em Belo Horizonte tenha se decidido no primeiro turno, optamos por incluir também a prospecção do voto no segundo turno feita pela pesquisa, por entender que ela agregaria informações analíticas importantes.

Trabalhamos com cinco tipos de variáveis midiáticas. Embora todas sejam derivadas de perguntas sobre exposição autodeclarada, elas podem ser classificadas em dois tipos: as que buscam captar a frequência com que os eleitores se informavam sobre a eleição nos jornais, na televisão, no rádio e na internet; e a pergunta que busca captar a frequência com que os eleitores acompanhavam o HGPE na TV ou no rádio. Embora haja uma correlação moderada entre a busca por informações sobre a eleição na televisão e a exposição ao HGPE ($\gamma = 0.64$, $\rho < .03$), as duas variáveis medem comportamentos diferentes. Por esse motivo, ambas foram incluídas na análise.

Também foI incluído nos modelos estimados um conjunto de variáveis de controle (χ) sociodemográficas, políticas e econômicas. A tabela 2 apresenta todas as variáveis utilizadas nas análises que se seguem.

---

[7] Dados da pesquisa Ipespe/Grupo de Pesquisa Opinião Pública, Marketing Político e Comportamento Eleitoral (UFMG). Amostra probabilística de 803 eleitores da cidade de Belo Horizonte com 18 anos ou mais, estratificada por cotas. A margem de erro estimada foi de ± 3.5, com nível de confiança de 95%.
[8] Eram eles: Alfredo Flister (PHS, 0,25%), Maria da Consolação (PSOL, 1,37%), Pepê (PCO, 0,25%), Tadeu Martins (PPL, 0,25%) e Vanessa Portugal (PSTU, 2,74%).
[9] Na pergunta estimulada não havia a opção "não irei votar". Foi necessário agregar o voto em "outros candidatos" com o não voto pelo pequeno percentual de eleitores (5,7%) que declaram, na pesquisa, que votariam em outros candidatos que não Lacerda e Patrus.

Tabela 2
DESCRIÇÃO DAS VARIÁVEIS INCLUÍDAS
NA ANÁLISE DO VOTO EM BELO HORIZONTE

Variável	Dados da pesquisa
Intenção de voto: 1º turno (estimulada)	Márcio Lacerda (PSB): 47,43%; Patrus Ananias (PT): 36,62%; Outros/Não voto: 15,95%
Intenção de voto: 2º turno (estimulada)	Márcio Lacerda (PSB): 50,79%; Patrus Ananias (PT): 39,61%; Não voto: 9,61%
Frequência com que acompanha/se informa sobre eleição	
no HGPE na TV e no rádio	Raramente ou nunca: 58,05%; Todo dia ou às vezes: 41,95%
nos jornais e revistas	Nunca ou raramente: 52,99%; De vez em quando ou frequentemente: 47,01%
na televisão	Nunca ou raramente: 36,25%; De vez em quando ou frequentemente: 63,75%
no rádio	Nunca ou raramente: 64,26%; De vez em quando ou frequentemente: 35,74%
na internet	Nunca ou raramente: 73,01%; De vez em quando ou frequentemente: 26,99%
Sexo	Homem: 48,44%; Mulher: 51,56%
Escolaridade	Até 8ª série: 29,13%; 2º grau: 48,63%; Ensino superior: 22,25%
Idade	18 a 24 anos: 21,42%; 25 a 40: 35,37%; 41 a 60: 28,89%; 61 ou mais: 14,32%.
Renda familiar mensal	Até 5 SM: 69,71%; 5 a 10 SM: 19,26%; Acima de 10 SM: 11,03%
Católico	Outras/Nenhuma: 48,14%; Católico: 51,86%
Evangélico	Outras/Nenhuma: 72,34; Evangélico e Pentecostal: 27,66%
Interesse por política	Pouco ou nada: 58,73%; Mais ou menos ou muito: 41,27%
PT: partido preferido	Outros/Nenhum: 68,16%; PT: 31,84%
Avaliação do(a)	
Presidente Dilma Roussef (PT)	Negativa: 15,16%; Regular: 30,70%; Positiva: 54,14%
Governador Antonio Anastasia (PSDB)	Negativa: 21,68%; Regular: 35,97%; Positiva: 42,35%
Prefeito Márcio Lacerda (PSB)	Negativa: 21,03%; Regular: 29,85%; Positiva: 49,12%
Da economia do país	Negativa: 28,94%; Regular: 48,78%; Positiva: 22,28%

Fonte: Pesquisa Ipespe/UFMG, BH 2012.

A tabela 2 traz os resultados dos dois modelos logísticos multinomiais. Limitamo-nos a apresentar apenas os resultados dos coeficientes estimados das variáveis midiáticas, uma vez que o foco do artigo são seus efeitos no comportamento político e não as explicações sobre o resultado da eleição.

Tabela 3
ESTIMAÇÃO DOS EFEITOS DAS VARIÁVEIS MIDIÁTICAS
NO VOTO DOS ELEITORES BELO-HORIZONTINOS, 2012

	1º Turno		2º Turno	
	Patrus (PT)	Outros/Não voto	Patrus (PT)	Não voto
HGPE	0,23	0,4	0,486	-0,273
	(0,253)	(0,338)	(0,242)**	(0,448)
Jornais	0,115	0,313	0,154	0,493
	(0,24)	(0,313)	(0,23)	(0,38)
Televisão	-0,203	-0,752	-0,157	-1,053
	(0,283)	(0,351)**	(0,267)	(0,437)**
Rádio	-0,111	-0,308	-0,06	0,486
	(0,256)	(0,337)	(0,245)	(0,42)
Internet	0,649	0,344	0,304	0,043
	(0,28)**	(0,374)	(0,269)	(0,456)
Variáveis de controle				
Sociodemográficas	Sim	Sim	Sim	Sim
Políticas	Sim	Sim	Sim	Sim
Econômicas	Sim	Sim	Sim	Sim
N	592		611	
		266,23**		274,61**
Pseudo R^2	0,23		0,25	

Fonte: Pesquisa Ipespe/UFMG, BH 2012.
** $p < 0.5$. Erros-padrão entre parênteses.
Nota: Márcio Lacerda (PSB) é a categoria de referência.

No geral, os efeitos foram pequenos. Os resultados sugerem que apenas a exposição ao HGPE e o uso da internet e da televisão para buscar notícias sobre a eleição tiveram impacto no comportamento dos eleitores, e nos dois primeiros casos sem uma consistência entre os dois turnos.

Estudos brasileiros que estimaram o impacto do HGPE no voto nas eleições presidenciais concluíram que a propaganda política no período da campanha traz resultados efetivos para os candidatos, em ambos os turnos (Figueiredo, 2007; Figueiredo e Aldé, 2010). Com uma metodologia semelhante, Mundim (2013) argumentou que o maior impacto seria principalmente no segundo turno. Mais do que proporcionar conquistas substantivas de votos a partir do início do HGPE, o que nem sempre ocorre, uma boa propaganda no primeiro turno teria a função estratégica de conquistar eleitores dos candidatos que não passaram para o segundo turno. É possível que os resultados da tabela 2 mostrem justamente esse movimento em favor de Patrus e contra Lacerda, caso a disputa em Belo Horizonte tivesse chegado a esse ponto.

A internet e seus diversos recursos comunicacionais como Facebook, Twitter, blogs etc. podem ter contribuído para o crescimento de Patrus nas intenções de voto no mês de agosto. Mas, ao que tudo indica, este efeito teria sido de curto prazo e não ocorreria em um eventual segundo turno.

A baixa variação nas intenções de voto observada nos gráficos da figura 1 é um indicativo de que a disputa de 2012 pela prefeitura da capital mineira foi pouco vibrante. O fato de a campanha ter sido polarizada praticamente desde o início entre a candidatura de Lacerda e Patrus, cujas legendas partidárias eram aliadas no plano nacional, pode ter contribuído para esse cenário, levando a uma campanha menos agressiva e pouco efusiva do ponto de vista noticioso. Se há pouca variação na cobertura da imprensa, seja ela televisiva ou impressa, é bastante provável que os efeitos midiáticos sejam pequenos.

O único efeito consistente observado foi na variável que mede a frequência com que os eleitores buscavam informações políticas sobre a eleição na televisão, provavelmente em programas jornalísticos como telejornais locais. Maior exposição significava um aumento da probabilidade de voto em Lacerda, contra a opção de outros candidatos e o não voto, em ambos os turnos.[10] Infelizmente, por conta de limitações da amostra das pesquisas, não é possível distinguir em quais categorias do "não voto" esse efeito midiático impacta positivamente. É possível que seja nas categorias voto em branco ou nulo, já que estudos como os de Gentzkow (2006b) e Althaus e Trautman (2008) mostraram que a exposição à televisão tem, na verdade, uma correlação positiva com a abstenção, ao menos no cenário norte-americano.

Televisão, imprensa e voto em Goiânia 2012[11]

No final de outubro de 2011, uma pesquisa de opinião apresentou o ex--senador Demóstenes Torres (ex-DEM) como um forte concorrente à Prefeitura de Goiânia.[12] Embora no voto espontâneo ele não alcançasse 1% das preferências, na estimulada obteve 33,5%. Garcia, seu principal concorrente, aparecia em segundo lugar nas intenções de voto, com 13,2% na pergunta estimulada.

Contudo, em março de 2012 veio à tona, a partir de uma investigação da Polícia Federal, a relação entre Carlos "Cachoeira", um conhecido e influente empresário da capital de Goiás, acusado de envolvimento com o crime organizado e de corrupção, e Demóstenes. Esse fato abalou fortemente a imagem do ex-senador, até então visto por grande parte dos goianienses como um baluarte da luta contra a corrupção.[13]

Embora Demóstenes tivesse aberto mão de disputar a prefeitura de Goiânia em fevereiro de 2012, a associação do nome de Cachoeira com a corrupção na classe política permaneceria em evidência durante todo

---

[10] Nós estimamos os modelos multinomiais tendo Patrus e Outros/Não voto como categorias de referência e, de fato, o efeito da variável televisão apenas se mostrou estatisticamente diferente de zero em relação ao voto em Lacerda.

[11] Parte das discussões deste tópico foi apresentada em Mundim, Bezerra e Nogueira (2013).

[12] Pesquisa do Instituto Serpes entre os dias 24 e 26 out. 2011, sob encomenda do jornal *O Popular*. Amostra por cotas de 501 eleitores, com nível de confiança de 95% e margem de erro de ±4.38%.

[13] Em outubro de 2010, Demóstenes foi reeleito senador com cerca de 2,15 milhões de votos. Esse resultado lhe gabaritava a disputar quaisquer cargos executivos do estado de Goiás.

o resto do ano, e o ápice da cobertura negativa ocorreu entre os meses de abril e maio, como mostram os gráficos da figura 2. Outros políticos importantes, especialmente o governador do estado, Marconi Perillo (PSDB), também foram acusados de ter ligações com Cachoeira. Consequentemente, sofreram com a cobertura negativa da imprensa.

Figura 2
EVOLUÇÃO DO NÚMERO DE REPORTAGENS SOBRE CORRUPÇÃO E SEU COMBATE, QUE ENVOLVIAM OS NOMES DE CACHOEIRA, DEMÓSTENES E PERILLO, PUBLICADOS NO JORNAL *O POPULAR* (GO) DURANTE O ANO DE 2012

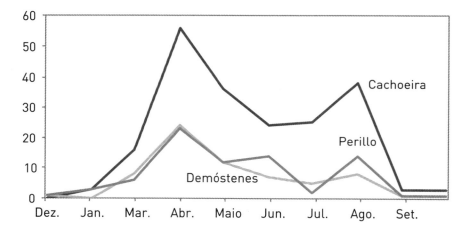

Fonte: Deu no Jornal/Jornal *O Popular* (GO).
Nota: nem todas as reportagens contém valência negativa, embora todas elas tratem de questões ligadas à corrupção.

Os escândalos envolvendo o nome de Cachoeira tiveram consequências eleitorais. Uma delas foi a queda na avaliação de Perillo, principalmente na capital. Segundo dados do Instituto Serpes, no final de outubro de 2011 ele tinha 39,1% de avaliação positiva (ótimo + bom) contra 25,6% de avaliação negativa (ruim + péssimo).[14] No início de maio de 2012, 19,2% de avaliação positiva contra 48,9% de avaliação negativa. Como nenhum outro fato político ou econômico ocorreu nesse período, a melhor explicação para essa queda abrupta de popularidade está justamente

---

14 Disponível em: <www.serpes.com.br/pesquisa.aspx?ID=311>. Acesso em: 6 jul. 2013.

na cobertura midiática sobre os escândalos. Consequentemente, houve o enfraquecimento das candidaturas de oposição na capital, especialmente aquelas que contavam com o apoio político de Perillo.[15]

Outras consequências foram, por um lado, a campanha apática e sem empolgação que ficou refletida nas propagandas eleitorais dos candidatos; e, por outro, o reforço da desconfiança dos eleitores em relação aos políticos e o aumento do chamado não voto (brancos e nulos). Em um cenário em que as principais forças políticas de oposição da capital tiveram suas imagens abaladas, a vitória ficou mais próxima da situação. O prefeito Garcia teve uma campanha relativamente tranquila, como mostram os gráficos da figura 3.

Figura 3
EVOLUÇÃO DAS INTENÇÕES DE VOTO (%) NO 1º TURNO DA ELEIÇÃO MUNICIPAL DE GOIÂNIA EM 2012

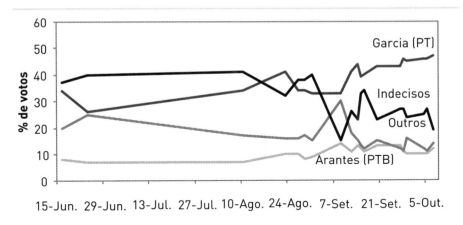

Fonte: Institutos Serpes, Groupom, Ipem, Ibope, Veritá e Fortiori – 2012.

---

[15] Antes de ter seu nome ligado ao contraventor, Perillo chegou a apoiar o lançamento da candidatura do deputado federal Leonardo Vilela (PSDB) ao cargo de prefeito. Vilela, contudo, retirou-se da disputa após terem surgido indícios de que ele, também, tinha relações com Cachoeira — o tucano havia pedido emprego para a filha em uma das empresas do contraventor.

O voto nulo em Goiânia em 2012

As denúncias de corrupção envolvendo os nomes de Cachoeira, Demóstenes e Perillo abalaram as forças de oposição em Goiânia, reforçaram a avaliação negativa dos eleitores em relação à classe política e aumentaram o número de adeptos do voto nulo entre os goianienses.

Como mostram os dados da figura 3, Goiânia não apenas apresentou maior percentual de votos nulos em 2012, 12,92%, uma diferença de 7,7% em relação a 2008. Isso é mais que o dobro da média nacional em 2012 – 5,58% – e que a média histórica da própria cidade – 5,92% –, contando as eleições municipais desde 1996, incluindo o primeiro e o segundo turnos (quando este ocorreu). Goiânia também foi a capital com maior percentual de votos em branco, 5,8%, uma diferença de 4,1% em relação a 2008. Isso é quase duas vezes mais que a média nacional em 2012 — 3,39% — e o dobro da média histórica da cidade: 2,68%.

Ao votarem nulo e em branco, os goianienses estavam deixando claro sua insatisfação com a classe política e expressando sua desilusão com Demóstenes, que um ano antes era visto por boa parte da população como um exemplo de luta contra a corrupção. Às vésperas do primeiro turno da eleição, o jornal *O Popular* realizou um grupo focal com eleitores que votariam nulo no dia 7 de outubro.[16] Quando perguntados sobre as razões desse comportamento, foi enfatizada pelos participantes a decepção causada pela descoberta das relações entre o ex-senador do DEM e Cachoeira.[17]

---

[16] O grupo focal foi realizado pelo Instituto Observatório, no dia 5 de outubro, na sede de *O Popular*. Participaram 10 pessoas (cinco homens e cinco mulheres) com idade entre 25 e 45 anos, das classes B e C. Um dos autores deste texto acompanhou a execução dos grupos *in loco*.

[17] Duas falas disponíveis na matéria ilustram essa decepção: "'O Demóstenes era o nosso herói. Foi um baque e esse desânimo grudou em todos os outros', disse Cláudio, que não sabe em quem votar e cujo nome completo não é divulgado para preservar a opinião individual dos pesquisados. Com a intenção de votar nulo, Fernando também não esconde a desilusão. 'Demóstenes era um dos líderes mais conceituados. Era a pessoa mais bem-vista na política e é hoje a decepção maior que Goiás já teve', opinou o eleitor". Salgado (2012).

Outro ponto importante em relação aos votos nulo e branco é que eles estiveram mais presentes junto aos eleitores de maior escolaridade. Para analisar esse fato, lançamos mão de dois tipos de evidências: uma visual e outra estatística.

Figura 4
% DE VOTOS NULOS E BRANCOS EM TODAS AS CAPITAIS
BRASILEIRAS NO 1º TURNO DAS ELEIÇÕES MUNICIPAIS DE 2012

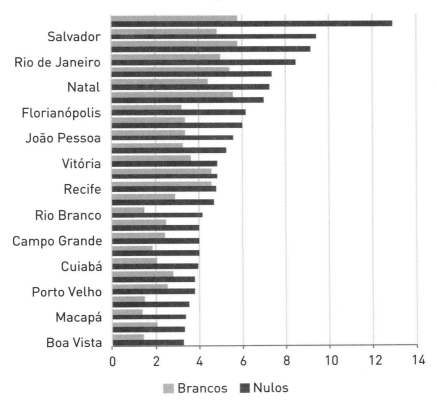

Fonte: TSE.

Como mostram os dados da figura 4, de março a julho de 2012, o voto nulo cresceu entre pessoas dos três grupos de escolaridade, período de maior exposição na mídia dos escândalos envolvendo Cachoeira. Mas, se entre os eleitores com escolaridade fundamental e média, a diferença entre os números de outubro de 2011 e 2012 em relação ao voto nulo não ultrapassava as margens de erro das pesquisas (ou seja, a diferença voltou aos patamares anteriores aos escândalos), entre os eleitores com ensino superior a diferença foi de 10,2%.

Figura 5
% DE VOTO NULO POR GRUPO DE ESCOLARIDADE DOS ELEITORES DE GOIÂNIA NO 1º TURNO DA ELEIÇÃO MUNICIPAL DE 2012

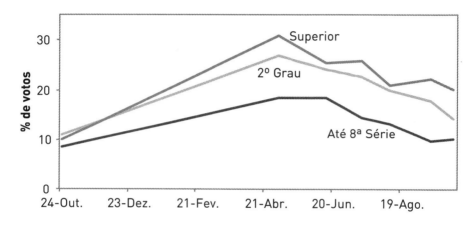

Fonte: Instituto Serpes.

A análise dos microdados da pesquisa do Ibope dos dias 27 e 29 de agosto de 2012 permite-nos uma ideia mais precisa sobre a relação entre a escolaridade e os votos nulos e brancos. Como a pesquisa não trouxe nenhuma pergunta de caráter midiático, utilizamos a escolaridade como um indicador (*proxy*) para exposição à cobertura da imprensa, já que estudos anteriores mostraram que existe uma correlação positiva entre essas duas variáveis (Zaller, 1992, 1997; Mundim, 2012, 2013).

Obviamente, entendemos que essa é uma medida imprecisa. Daí não podermos considerar esta análise sobre o voto em Goiânia uma abordagem sobre efeitos da mídia no estilo "clássico", embora seja possível utilizá-la para embasar nossa análise contrafactual. No caso, tomamos as opções de voto branco ou nulo como nossa variável dependente (1 = branco ou nulo, 0 = outros) e seguimos a mesma configuração das variáveis de controle dos modelos estimados para o voto em Belo Horizonte, desde que estivessem disponíveis no banco de dados da pesquisa. A tabela 4 apresenta os indicadores utilizados.

Tabela 4
DESCRIÇÃO DAS VARIÁVEIS INCLUÍDAS NA ANÁLISE DO VOTO EM GOIÂNIA

Variável	Dados da pesquisa
Intenção de voto: 1º turno (espontânea)	Brancos ou nulos: 20,6%; Outros: 79,4%
Sexo	Homem: 46,84%; Mulher: 53,16%
Escolaridade	Até 8ª série: 35,88%; 2º grau: 35,55%; Ensino superior: 28,57%
Idade	18 a 24 anos: 19,93%; 25 a 40: 39,04%; 41 a 60: 29,07%; 61 a mais: 11,96%
Renda familiar mensal	Até 5 SM: 86,33%; 5 a 10 SM: 10,61%; Acima de 10 SM: 3,06%
Interesse por política	Pouco ou nada: 71,38%; Mais ou menos ou muito: 28,62%
Avaliação da presidente Dilma Roussef (PT)	Negativa: 14,58%; Regular: 32,54%; Positiva: 52,88%
Avaliação do governador Marconi Perillo (PSDB)	Negativa: 37,82%; Regular: 32,99%; Positiva: 29,19%
Avaliação do prefeito Paulo Garcia (PT)	Negativa: 20,99%; Regular: 35,45%; Positiva: 43,56%

Fonte: Ibope, ago. 2012.

A tabela 5 traz os resultados dos dois modelos logísticos binários estimados para avaliar os efeitos da escolaridade no voto dos goianienses. Mais uma vez, nos limitamos a apresentar apenas os resultados dos coeficientes estimados dessa variável — nosso indicador de exposição à cobertura da imprensa.

Tabela 5
ESTIMAÇÃO DA ESCOLARIDADE NO VOTO DOS ELEITORES GOIANIENSES, 2012

	Modelo (1)	Modelo (2)
	Branco ou Nulo	Branco ou Nulo
Escolaridade	0.388	0.377
	(0,199)	(0,165)**
Sociodemográficas	Sim	Sim[a]
Políticas	Sim	Sim
Econômicas	Não	Não
N	438	539
X^2	129.46**	90,52**
Pseudo R^2	0,24	0,22

[a] A variável renda familiar mensal foi excluída do modelo.
** $p < 0.5$. Erros-padrão entre parênteses.
Fonte: Ibope, ago. 2012.

Os dados da tabela 5 confirmam, de forma mais consistente, a análise visual implementada com os gráficos da figura 4.[18] À medida que passamos de um grupo de escolaridade para outro, aumentavam as chances de os eleitores optarem por votar branco ou nulo. Para termos uma ideia mais direta desses efeitos, calculamos a probabilidade de votar branco ou nulo a partir da mudança dos valores da variável escolaridade, mantendo os valores dos demais indicadores em suas médias. A tabela 6 apresenta essas probabilidades, calculadas a partir do software Clarify (King, Tomz e Wittenberg, 2003).

---

[18] Também estimamos os modelos com a variável dependente construída a partir da pergunta de intenção de voto estimulada. Nesse caso, a associação entre o voto branco ou nulo e a escolaridade dos eleitores não alcançou significância estatística. Não sabemos explicar por que isso ocorreu. Talvez tenha sido em função de algum estímulo de resposta gerado pelo formato das perguntas. Não houve diferença significativa no % total de eleitores propensos a votar branco ou nulo nas duas formatações da variável dependente — 20,6% versus 20,27% — e o número de observações dos modelos estimados foi exatamente o mesmo. Mas 82,3% dos eleitores que disseram votar branco ou nulo na pergunta espontânea responderam o mesmo na estimulada.

Tabela 6
PROBABILIDADE DE VOTAR BRANCO OU NULO
EM FUNÇÃO DA ESCOLARIDADE

	Até 8ª Série	2º Grau	Ens. Superior
Pr(Branco ou Nulo)	0,1	0,14	0,19
IC 95%	(0,06; 0,15)	(0,10; 0,17)	(0,13; 0,26)

Fonte: Elaboração dos autores a partir dos dados do Ibope, ago. 2012.

Por que os goianienses com escolaridade superior tinham quase duas vezes mais chances de votar branco ou nulo? Não acreditamos que os eleitores mais escolarizados sejam menos tolerantes à corrupção do que os demais. No momento mais crítico dos escândalos, entre abril e maio de 2012, pessoas dos três grupos de escolaridade movimentaram-se em direção ao voto nulo.[19] Contudo, os eleitores de maior escolaridade geralmente estão mais expostos à cobertura da imprensa. Além disso, e ao que tudo indica, por estarem mais inclinados a votar em Demóstenes ou na oposição no início do ano, sua decepção foi mais aguda.[20]

Por fim, os eleitores de menor escolaridade tinham maior inclinação ao voto em Garcia. Em meados de junho de 2012, o petista tinha cerca de 9,8% de intenções de voto a mais entre os eleitores de escolaridade superior do que os com ensino fundamental. Esse era um resultado esperado, já que os eleitores mais instruídos geralmente decidem seu voto com maior antecedência por estarem mais expostos às informações sobre as campanhas e os candidatos. Contudo, às vésperas do primeiro turno, após mais de um mês de HGPE, a diferença se inverteu: agora, Garcia tinha 10,8% a mais de intenção de voto entre os eleitores com escolaridade fundamental do que os com ensino superior. Como o prefeito e seus

---

[19] A correlação média (r de Pearson) entre as três séries é de .899.
[20] Na pesquisa de outubro de 2011, em que Demóstenes apareceu com 33% das intenções de voto estimuladas. Ao se controlar as intenções de voto pelo nível de instrução, o ex-senador do DEM tinha 46%, 36,6% e 25,7% da preferência dos eleitores, respectivamente, de escolaridade superior, médio e fundamental. Na mesma pesquisa, Garcia tinha 13,2% das intenções de voto estimuladas, sendo 15% entre os eleitores com ensino superior, 12,6% entre os com ensino médio e 12,8% entre os com ensino fundamental.

apoiadores não tiveram quaisquer ligações com Cachoeira expostas na mídia, os escândalos podem ter funcionado como um reforço às suas predisposições eleitorais.

Assim como em 2008 (Paiva, Ribeiro e Bezerra, 2011), a disputa pela prefeitura de Goiânia em 2012 transcorreu sem emoções. Mas se quatro anos antes isso aconteceu por conta de um candidato amplamente favorito, Íris Resende, em 2012 o motivo foi uma oposição sem força política para competir de igual para igual com a situação, por conta dos escândalos de corrupção que envolveram figuras políticas da cidade e do estado de Goiás, amplamente divulgados na imprensa nacional e local. Embora não tenha sido possível analisar os efeitos da mídia de maneira mais clássica, como a partir do uso de variáveis midiáticas e não apenas indicadores como a escolaridade, tudo leva a crer que eles foram substantivos. É bastante provável que, na ausência dos escândalos, a dinâmica da disputa eleitoral tivesse sido mais competitiva.

5. Conclusão

Variáveis midiáticas como a cobertura da imprensa e o HGPE importam, a ponto de podermos afirmar que análises eleitorais que ignoram seu papel apresentam limitações (Porto, 2007b, 2008). Essa importância está ligada à impossibilidade de se fazer campanhas, especialmente para os cargos majoritários, fora dos meios de comunicação e ao seu poder de influência nas decisões de voto, já demonstrado por diversos trabalhos.

Outro ponto importante a ser enfatizado é que uma das melhores maneiras de se captar a influência das variáveis midiáticas no comportamento nas atitudes políticas dos eleitores é com o uso de desenhos de pesquisa e base de dados longitudinais, como nos ensinaram Lazarsfeld, Berelson e Gaudet (1948). Tanto decisão do voto quanto sua influência pelos meios de comunicação são processos dinâmicos e deveriam ser analisados como tal. Recentemente, como tentamos mostrar na discussão teórica do capítulo, os experimentos naturais estão se mostrando uma estratégia de pesquisa promissora.

Contudo, há bastante tempo os pesquisadores da área de efeitos da mídia reconhecem a complexidade por trás de suas análises. Tais dificuldades são de ordem teórica e principalmente empírica. No primeiro caso, é preciso ter em vista que qualquer processo de recepção é mediado, por exemplo, por valores e interesses que interagem com as informações recebidas, seus enquadramentos e valência. A dinâmica das disputas e a quantidade de informações disponíveis também importam. Algumas eleições têm um contexto mais susceptível para a ocorrência de efeitos midiáticos do que outras. Modelar esses processos não é uma tarefa simples, embora pesquisadores como Zaller (1992, 1996) tenham sido bem-sucedidos nessa tentativa.

Do ponto de vista empírico, as dificuldades se encontram na validade das variáveis midiáticas, pois elas nem sempre captam de maneira adequada o que procuram medir (Prior, 2009a, 2009b); na possibilidade de realizar uma boa análise de conteúdo sobre o que foi veiculado nos principais meios de comunicação durante as disputas eleitorais; na existência de bancos de dados capazes de proporcionar uma ligação entre essas duas dimensões — mensagens e recepção —, levando-se em conta, obviamente, toda a complexidade desse processo.

Os dois casos analisados neste capítulo mostram, cada um à sua maneira, essas dificuldades. Em Belo Horizonte, apesar de termos uma base de dados, encontramos um cenário eleitoral pouco propício à ocorrência de efeitos midiáticos. Em Goiânia, tivemos um cenário eleitoral em que a cobertura da imprensa sobre escândalos de corrupção provavelmente influenciou o comportamento de uma parcela relativamente grande do eleitorado. Contudo, não dispúnhamos de uma base de dados com variáveis midiáticas *stricto sensu* para testarmos nossas avaliações. Por essa razão, tivemos que formalizar nosso argumento em uma narrativa contrafactual.

Apesar desses problemas, entendemos que as análises implementadas neste capítulo vão ao encontro das principais teorias sobre efeitos da mídia existentes, e não o contrário. A força dessas teorias está justamente na capacidade preditiva e explicativa tanto para cenários em que os efeitos são substantivos, quanto para aqueles em que são "mínimos".

Referências

ABRAMO, Claudio Weber. Brazil: a portrait of disparities. *Brazilian Journalism Research*, v. 3, n. 1, p. 93-107, 2007.

ALTHAUS, Scott L.; TRAUTMAN, Todd C. The impact of television market size on voter turnout in America elections. *American Politics Research*, v. 36, n. 6, p. 824-856, 2008.

BAKER, Andy; AMES, Barry; RENNÓ, Lúcio. Social context and campaign volatility in new democracies: networks and neighborhoods in Brazil's 2002 election. *American Journal of Political Science*, v. 50, n. 2, p. 382-399, 2006.

BARTELS, Larry M. Messages received: the political impact of media exposure. *American Political Science Review*, v. 87, n. 2, p. 267-285, 1993.

____. *The study of electoral politics*. 2008. Mimeografado. Disponível em: <www.princeton.edu/ Bartels/papers.htm>.

BAUM, Matthew A. *Soft news goes to war*: public opinion and American foreign policy in the new media age. Princeton University Press, 2003.

BEZERRA, Heloísa Dias; MUNDIM, Pedro Santos. Qual foi o papel das variáveis midiáticas na eleição presidencial de 2010? *Opinião Pública*, Campinas, v. 17, p. 452-476, 2011.

BOAS, Taylor C. Television and neopopulism in Latin America: media effects in Brazil and Peru. *Latin American Research Review*, v. 40, n. 2, p. 27-49, jun. 2005.

____; HIDALGO, F. Daniel. Controlling the airwaves: incumbency advantage and community radio in Brazil. *American Journal of Political Science*, v. 55, n. 4, p. 869-885, 2011.

BORBA, Felipe M. *Razões para a escolha eleitoral*: a influência da campanha política na decisão do voto em Lula durante as eleições presidenciais de 2002. Dissertação (mestrado em ciência política) — Instituto Universitário de Pesquisas do Rio de Janeiro, Rio de Janeiro, 2005.

CAMPBELL, Angus et al. *The American voter*: an abridgment. John Wiley & Sons, 1967.

CHAFFEE, Steven H.; HOCHHEIMER, John L. The beginnings of political communication research in the United States: origins of the "limited effects" model. In: GUREVITCH, Michael; LEUY, Mark (Ed.). *Communication Review Yearbook*, v. 5, p. 75-104, 1985.

COLLING, Leandro. *Estudos sobre mídia e eleições presidenciais no Brasil pós-ditadura*. Tese (doutorado) — Programa de Pós-graduação em Comunicação e Cultura Contemporâneas, Universidade Federal da Bahia, Salvador, 2006.

____. Teorias da conspiração: os objetos de análise mudam, os analistas ficam no mesmo. *Observatório da Imprensa*, a. 12, n. 393, 4 jul. 2007. Disponível em: <http://observatorio.ultimosegundo.ig.com.br/artigos.asp?cod=399JDB009>.

CZITROM, Daniel J. *Media and the American mind*: from Morse to McLuhan. Chapel Hill: University of North Carolina Press, 1982.

DELLAVIGNA, Stefano; KAPLAN, Ethan. The Fox News effect: media bias and voting. *The Quarterly Journal of Economics*, v. 122, n. 3, p. 1187-1234, 2007.

FIGUEIREDO, Marcus Faria. *A decisão do voto*: democracia e racionalidade. São Paulo: Sumaré, 1991.

____. Intenção de voto e propaganda política: efeitos da propaganda eleitoral. *Logos*, v. 27, p. 9-20, 2007.

____; ALDÉ, Alessandra. Intenção de voto e propaganda política: efeitos gramaticais da propaganda eleitoral. In: MIGUEL, Luis Felipe; BIROLI, Flávia (Ed.). *Mídia, representação e democracia*. São Paulo: Hucitec, 2010. p. 25-45.

GENTZKOW, Matthew A. Television and voter turnout. *The Quarterly Journal of Economics*, v. 121, n. 3, p. 931-972, 2006a.

____; SHAPIRO, Jesse M. Media, education and anti-Americanism in the Muslim world. *Journal of Economic Perspectives*, v. 18, n. 3, p. 117-133, 2004.

GERBER, Alan S.; KARLAN, Dear; BERGAN, Daniel. Does the media matter? A field experiment measuring the effect of newspapers on voting behavior and political opinions. *American Economic Journal: Applied Economics*, v. 1, n. 2, p. 35-52, 2009.

GOERTZ, Gary; MAHONEY, James. *A tele of two cultures*: quantitative and qualitative research in the social sciences. Princeton: Princeton University Press, 2010.

GROSECLOSE, Tim. *Left turn*: how liberal media bias distorts the American mind. Nova Yotk: St. Martin's Press, 2011.

HALLIN, Daniel C. La nota roja: popular journalism and the transition to democracy in Mexico. In: SPARKS, Colin; TULLOCH, John (Ed.). *Tabloid tales*: global debates over media standards. Nova York: Roman and Littlefield Publishers, 2000. p. 267-284.

IYENGAR, Shanto. *Is anyone responsible?* How television frames political issues. Chicago: The University of Chicago Press, 1991.

____. Television news and citizens' explanation of national affairs. *American Political Science Review*, v. 81, n. 3, p. 815-831, 1987.

____. Overview. In: ____; REEVES, Richard (Ed.). *Do media govern? Politicians, voters, and reporters in America*. Thousand Oaks: Sage Publications, 1997. p. 211-216.

____; ANSOLABEHERE, Stephen. *Going negative*: how political advertisements shrink and polarize the electorate. Nova York: The Free Press, 1995.

____; HAHN, Kyu S. Red media, blue media: evidence of ideology selectivity in media use. *Journal of Communication*, v. 59, p. 19-39, 2009.

____; KINDER, Donald. *News that matter*: television and American opinion. Chicago: The University of Chicago Press, 1987.

KING, Gary; TOMZ, Michael; WITTENBERG, Jason. Making the most of statistical analyses: improving interpretation and presentation. *American Journal of Political Science*, v. 44, n. 2, p. 341-355, 2000.

LAZARSFELD, Paul F.; BERELSON, Bernard; GAUDET, Hazel. *The people's choice*: how the voter makes up his mind in a presidential election. 6. ed. Nova York: Columbia University Press, 1948.

LIPPMANN, Walter. *Public opinion*. Nova York: Free Press Paperbacks, 1997.

LOURENÇO, Luiz Cláudio. Propaganda negativa: ataque *versus* votos nas eleições presidenciais de 2002. *Opinião Pública*, v. 15, n. 1, p. 133-158, 2009.

MUNDIM, Pedro Santos. A teoria da dinâmica da opinião pública de John R. Zaller: aplicações para o caso brasileiro. *Contemporânea*, v. 7, p. 1-29, 2009.

_____. As consequências políticas do jornalismo de entretenimento: a eleição municipal de São Paulo em 2008 e a cobertura do CQC. *Líbero*, v. 13, n. 25, p. 131-142, 2010a.

_____. Cobertura da imprensa e eleições presidenciais de 2006: efeitos realmente limitados? *Revista Brasileira de Ciências Sociais*, v. 29, p. 91-107, 2014.

_____. Imprensa e voto nas eleições presidenciais brasileiras de 2002 e 2006. *Revista de Sociologia & Política*, v. 20, n. 41, p. 123-147, 2012.

_____. *Imprensa e voto nas eleições presidenciais brasileiras de 2002 e 2006*. Editora UFG, 2013.

_____. Um modelo para medir os efeitos da cobertura da imprensa no voto: teste nas eleições de 2002 e 2006. *Opinião Pública*, Campinas, v. 16, n. 2, p. 394-425, 2010b.

_____; BEZERRA, Heloísa Dias; NOGUEIRA, Mariana G. De Cachoeira e Demóstenes ao voto nulo: a eleição de 2012 em Goiânia e as estratégias dos principais candidatos no HGPE. In: PANKE, Luciana; CERVI, Emerson Urizzi (Ed.). *Eleições nas capitais brasileiras em 2012*: estudos sobre o HGPE em disputas municipais. Curitiba: Independente, 2013. p. 139-152.

PAGE, Benjamin I.; SHAPIRO, Robert Y. *The rational public*: fifty years af trends in Americans policy preferences. Chicago: The University of Chicago Press, 1992.

PAIVA, Denise; RIBEIRO, Pedro Floriano; BEZERRA, Heloísa Dias. Crônica de uma vitória anunciada: a reeleição de Íris Resende em Goiânia. In: LAVAREDA, Antonio; TELLES, Helcimara de Souza (Ed.). *Como o eleitor escolhe o seu prefeito*: campanha e voto nas eleições municipais. Rio de Janeiro: Editora FGV, 2011. p. 319-338.

POPKIN, Samuel L. Changing media, changing politics. *Perspectives on Politics*, v. 4, n. 2, p. 327-341, jun. 2006.

_____. Changing media and changing political organization: delegation, representation and news. *Japanese Journal of Political Science*, v. 8, n. 1, p. 71-93, 2007.

PORTO, Mauro. Enquadramentos da mídia e política. In: RUBIM, Antônio Albino Canelas (Ed.). *Comunicação e política*: conceitos e abordagens. Salvador; São Paulo: Editora UFBA; Editora Unesp, 2004. p. 73-104.

____. Democratization and election news coverage in Brazil. In: STRÖMBÄCK, Jersper; KAID, Lynda Lee (Ed.). *The handbook of elections news coverage around the world*. Nova York: Routledge, 2008. p. 252-272.

____. Framing controversies: television and the 2002 presidential election in Brazil. *Political Communication*, v. 24, n. 1, p. 19-36, 2007b.

____. *Televisão e política no Brasil*: a Rede Globo e as interpretações da audiência. E-Papers, 2007a.

PRIOR, Markus. Improving media effects research through better measurement of news exposure. *The Journal of Politics*, v. 71, n. 3, p. 893-908, 2009b.

____. The immensebly inflated news audience: assessing bias in self-reported news exposure. *Public Opinion Quarterly*, v. 73, n. 1, p. 130-143, 2009a.

ROGERS, Everett M.; HART, William B.; DEARING, James W. A paradigmatic history of agenda-setting research. In: IYENGAR, Shanto; REEVES, Richard (Ed.). *Do media govern?* Politicians, voters, and reporters in America. Thousand Oaks: Sage Publications, 1997. p. 225-236.

SALGADO, Caio Henrique. Decepcionados, mas conscientes. *O Popular*, Goiânia, 7 out. 2012.

SHAPIRO, Robert Y. et al. Influência da mídia no apoio a candidatos à presidência em eleições primárias: teoria, método e evidência. *Opinião Pública*, Campinas, v. 2, n. 1, p. 3-18, 1994.

STRAUBHAAR, Joseph; OLSEN, Organ; NUNES, Mácia Cavalari. The Brazilian case: influencing the voter. In: SKIDMORE, Thomas E. (Ed.). *Television, politics, and the transition to democracy in Latin America*. Nova York: The John Hopkins University Press; The Woodrow Wilson Center Press, 1993. p. 118-136.

TELLES, Helcimara de Souza; LOPES, Nayla; MUNDIM, Pedro Santos. Internautas, verdes e pentecostais: novos padrões de comportamento político no Brasil? In: TELLES, Helcimara de Souza; MORENO, Alejandro (Ed.). *Comportamento eleitoral e comunicação política na América Latina*. Belo Horizonte: Editora UFMG, 2013. p. 100-148.

____; LOURENÇO, Luiz Cláudio; STORNI, Tiago Prata L. Eleições sem oposição, alianças sem partidos: o voto para prefeito em Belo Horizonte. In: LAVAREDA, Antonio; ____ (Ed.). *Como o eleitor escolhe o seu prefeito*: campanha e voto nas eleições municipais. Rio de Janeiro: Editora FGV, 2011. p. 81-120.

WYATT, Robert O. After 50 years, political communication scholars Still Argue with Lazarsfeld. *Journal of Communication*, v. 48, n. 2, p. 146-156, 1998.

Zaller, John R. A model of communication effects at the outbreak of the Gulf War. In: IYENGAR, Shanto; REEVES, Richard (Ed.). *Do media govern?* Politicians, voters, and reporters in America. Thousand Oaks: Sage Publications, 1997. p. 296-315.

____. The myth of massive media impact revived: new support for a discredited idea. In: MUTZ, Diana C.; SNIDERMAN, Paul M.; BRODY, Richard A. (Ed.). *Political persuasion and attitude change*. Ann Arbor: The University of Michigan Press, 1996. p. 17-78.

____. *The nature and origins of mass opinion*. Cambridge: Cambridge University Press, 1992.

8

Escândalos midiáticos de corrupção e pragmatismo: campanhas e voto para prefeito em Belo Horizonte*

Helcimara Telles
Pedro Soares Fraiha
Nayla Lopes

Introdução

O objetivo deste capítulo é o de identificar vetores que foram preditivos da decisão de voto nas eleições municipais de 2012, em Belo Horizonte, e em que medida a percepção da corrupção, visibilizada por meio das mídias, e os níveis de tolerância à corrupção por parte do eleitor foram relevantes para a decisão de voto. O estudo busca, ainda, clarificar a temática da

---

* Este texto apresenta os resultados parciais do projeto "Representação e Percepção da Corrupção nos médios: Brasil, Moçambique e Portugal", desenvolvido no marco do Termo de Cooperação Internacional entre a Universidade Federal de Minas Gerais e o Centro de Investigação Media e Jornalismo (Lisboa). Agradecemos ao Instituto de Pesquisas Sociais, Políticas e Econômicas (Ipespe) pela parceria no *survey* com os eleitores de Belo Horizonte.

corrupção na percepção dos eleitores e a maneira como foi abordada nas campanhas. A mediação da informação influencia o processo de escolha de candidatos e abordar o papel da mídia supõe que a visibilidade e a vinculação de conteúdos nela têm algum impacto na formação da opinião pública e, consequentemente, no voto. Os conteúdos veiculados na mídia podem construir imagens que agregam valor aos atores da representação política e às instituições, ainda que seja questionável a capacidade que os escândalos político-midiáticos possuem para afetar a opinião pública e a decisão do voto (Telles, Sampaio e Silva, 2015).

À luz das principais vertentes que tratam do comportamento eleitoral — sociologia política, perspectiva psicológica e escolha racional —, pretende-se verificar ainda os preditores da decisão de voto na capital mineira, sob os efeitos de variáveis que expressem a exposição dos eleitores às campanhas — temas que envolvam diretamente os atores políticos, neste caso, a corrupção —, controladas por atributos relacionados com o autoposicionamento ideológico, preferência partidária, aspectos sociodemográficos, percepção e tolerância à corrupção, exposição às mídias, avaliação retrospectiva da administração municipal e outras.

O artigo está dividido em cinco seções. A primeira abrange a importância da função mediadora dos meios de comunicação e seus possíveis efeitos, em último termo, sobre a formação da opinião pública e a decisão de voto. A segunda seção discorre a respeito dos efeitos da veiculação de conteúdos, sobretudo que abordem a questão da corrupção, sobre os atores e instituições políticas, destacando a percepção e a tolerância à corrupção por parte dos eleitores de Belo Horizonte. Já o tópico seguinte destina-se à análise das campanhas dos principais candidatos a prefeito, Marcio Lacerda (PSB) e Patrus Ananias (PT), evidenciadas de maneiras distintas nas abordagens online e offline, além de ressaltar os principais temas que estiveram em pauta no Horário Gratuito de Propaganda Eleitoral (HGPE). A quarta seção retoma a discussão do voto, sobretudo na perspectiva da escolha racional. Posteriormente, são apresentadas variáveis descritivas retiradas do *survey* e elaborado um modelo estatístico que fornece indícios de quais seriam os principais fatores que influenciaram a decisão de voto e da capacidade da percepção da corrupção para afetar o voto para prefeito. Finalmente, exploramos os resultados e avaliamos as hipóteses levantadas.

Os dados foram coletados através de *survey*, aplicado em Belo Horizonte, em setembro de 2012, durante o primeiro turno das eleições municipais de Belo Horizonte. Foram entrevistados 803 informantes. A margem de erro foi de 3 pp, com intervalo de confiança de 95%.

1. Mídia e visibilidade da política

A importância da função mediadora dos meios de comunicação torna a visibilidade dos acontecimentos na arena política das sociedades democráticas disputas sobre as fontes do poder simbólico (Thompson, 2002:139), uma vez que a diversidade de interesses, não captada pelas instituições representativas, é orientada por aspectos de confiabilidade e credibilidade nas instituições. Na interação com os agentes, é criada uma situação social na qual os indivíduos são conectados por meio de um processo de comunicação e de trocas simbólicas. A demanda por informações na esfera política é atendida em grande parte mediante a qualidade de elo que a mídia possui com os cidadãos, tendo em vista que a visibilidade dos fatos na esfera política (sobretudo dos acordos e negociações ocorridos nos bastidores) é atribuída, sobretudo, aos meios de comunicação.

A mídia é tratada por parte da literatura como um canal capaz de produzir efeitos controversos. Sua ação ora é tida como um incentivo à apatia e à desmobilização popular em relação à política (Torcal et al., 2003), ora é responsável por maiores níveis de interesse e participação política, principalmente quando há o acesso a variadas fontes de informação (Dalton, 1984). Na perspectiva da democracia centrada na mídia, na sociedade atual, os meios de comunicação se converteram em um dos principais atores da esfera política, na medida em que se apresentam como o ponto de encontro entre os partidos políticos e o cidadão eleitor.

O enfraquecimento dos partidos políticos como mediadores entre os eleitores e seus representantes — e, por conseguinte, sua menor expressão na obtenção de capital político — reforça a necessidade de estudos sobre a relação estabelecida entre os meios de comunicação e os agentes políticos. Os partidos têm perdido espaço e não são vistos pela maioria dos cidadãos como orientadores do voto. Na ausência de vínculos fortes entre cidadãos e ocupantes de cargos políticos, a mídia tem sua atuação ampliada, tanto para quem já conquistou e consolidou sua legitimidade política ao longo do tempo (capital delegado) quanto para aqueles que, após obterem reconhecimento e popularidade pelo trabalho exercido em outras áreas, decidem utilizar essa legitimidade para se arriscar na política (capital convertido). É fundamental ressaltar, no entanto, que a permeabilidade do campo da política à construção de carreiras por "celebridades" encontra limites. Os políticos que acumulam o capital delegado tendem a resistir ao ingresso de *outsiders* em seu meio, ou seja, impõem uma "taxa de conversão particularmente desfavorável a capitais simbólicos oriundos de outros campos" (Miguel, 2003:128), como o econômico ou o midiático, do qual nos ocupamos no momento.

A redução do controle de sua imagem pelos políticos resulta da evolução dos aparatos de comunicação. Além de haver muitos atores (inclusive oponentes) em disputa por uma visibilidade midiática favorável, há que se considerar o papel desempenhado pela internet nos últimos anos. Nesse meio, dada a multiplicidade de emissores, é consideravelmente mais difícil controlar os conteúdos em circulação. Ademais, a evolução tecnológica tornou portáteis os aparelhos de captação de imagens, o que aumenta as possibilidades de que figuras públicas sejam flagradas em momentos desfavoráveis à sua imagem — mesmo que tais momentos pertençam ao âmbito privado de sua existência. Logo, o controle da imagem tornou-se difícil com os meios de comunicação tradicionais (especialmente a televisão) e, com a expansão da internet, parece quase impossível.

Além das gafes e revelações de aspectos íntimos da vida dos representantes eleitos, os escândalos políticos compõem a faceta indesejada (ao menos por eles) da visibilidade midiática. O funcionamento das instituições representativas é pouco compreensível para os menos interessados em política, e os próprios atores políticos não fazem muito esforço para levar ao conhecimento geral os procedimentos e rituais que se desenvolvem nos bastidores de tais instituições. Graças ao trabalho de jornalistas investigativos e à atuação de entidades da sociedade civil (ou mesmo de cidadãos participativos), o "véu de segredo" (Thompson, 2008) no qual estão envoltos acordos políticos tem sido retirado em inúmeras ocasiões, com desdobramentos diversos. O interessante é que um escândalo não é assim definido pela mídia após sua ocorrência, mas a visibilidade através dos meios de comunicação se impõe como "parte constitutiva do evento como escândalo" (Thompson, 2008:29). Em outras palavras, um escândalo é assim classificado por adquirir espaço na mídia, levando à ocorrência de desdobramentos que, possivelmente, não seriam verificados se não fosse a visibilidade midiática.

A elevada incidência de escândalos políticos, desde meados do século XX, não decorre necessariamente da degradação moral das novas gerações de políticos. O que acontece é que, conforme abordado anteriormente, aumenta-se a observação de atitudes associadas ao caráter dos políticos, tanto no âmbito de sua vida pública quanto da privada. Quando se tem uma pessoa (e não seu trabalho, sua atuação, sua postura pública) em alta conta, espera-se dela a correção dos atos e a manutenção de uma reputação imaculada, não somente no que concerne aos interesses da sociedade.

A expectativa por políticos "virtuosos", aliada à exploração de comportamentos reprováveis dos políticos pela mídia, acarreta a desconfiança nos políticos, de modo que aquele que "rouba, mas faz" pode até mesmo ser legitimado pela parcela descrente de eleitores. À primeira vista, parece incoerente que o eleitor busque candidatos que pautem sua vida por valores socialmente aceitos e, ao mesmo tempo, que não acredite que esse perfil de político exista de fato (o que o levaria ao pragmatismo na escolha, ao optar pelo que lhe pareça o "menos pior"). Porém, o sucesso de *outsiders* pode ser um indicativo de que, embora creiam na "contaminação" do campo político, os eleitores buscam alternativas. É nesse contexto de desconfiança nos representantes tradicionais da política no que ela tem de mais escuso que se fortalecem os novatos e alternativos.

Assim como na desinformação sobre o funcionamento das instituições, os candidatos também desempenham um papel importante para que se apresente um cenário de descrença dos cidadãos. As campanhas eleitorais de muitos deles enfocam os episódios de desvios de conduta envolvendo oponentes, numa tentativa de desqualificá-los e, naturalmente, de se colocarem como opções mais próximas do que se espera de um representante. A confiança depositada num político adviria, ironicamente, do fato de ele não evidenciar (ou, em casos extremos, até mesmo negar) seu pertencimento ao campo da política — pelo menos no seu sentido pejorativo. Nesse contexto de centralidade das imagens públicas, é inevitável que a mídia se coloque como um ator político de peso — o que, vale reiterar, não quer dizer que a política se submeta completamente à sua lógica de funcionamento.[1]

2. Mídia, desconfiança na política e percepção da corrupção

Casos de corrupção são exibidos na mídia, tanto impressa quanto eletrônica. Imagens registradas com câmeras escondidas e gravações de conversas telefônicas colocam lideranças políticas em situações no mínimo embaraçosas e podem até mesmo inviabilizar a continuidade de suas carreiras. Nesta seção, refletiremos sobre causas e efeitos da divulgação midiática de episódios que se convertem, então, em escândalos de corrupção. A desconfiança na classe política — e, de modo mais amplo, os baixos níveis de confiança interpessoal — acaba sendo reforçada pelos escândalos midiáticos, nos quais mudam somente os personagens.

Os meios de comunicação são relevantes nas campanhas e nos momentos que as antecedem, já que eles fornecem aos eleitores uma variedade de informações políticas, muitas vezes a baixo custo e de maneira cômoda. Nesse contexto, fatores conjunturais — entre os quais se sobressai a campanha eleitoral — adquirem papel de destaque na escolha dos candidatos. Afinal, indivíduos abertos a novas informações são alvos potenciais dos instrumentos de persuasão inerentes às peças de campanha. Os efeitos da mídia estão, portanto, justamente no fato de que, ao refletirem sobre os problemas nacionais, os eleitores formam impressões dos candidatos, principalmente e de maneira mais regular, a partir dos "meios de comunicação de massa, especialmente a televisão e a imprensa escrita", que funcionam como um intermediário entre os candidatos, seus representantes e eventos de campanha, e o público (Mundim, 2010:358).

---

[1] O exemplo do Mensalão, escândalo midiático de grandes proporções que envolveu políticos brasileiros no ano de 2005, é bastante esclarecedor. Embora tenha sido reeleito em 2006, o ex-presidente Lula foi ao segundo turno e precisou escapar ao máximo de confrontações que o obrigassem a discorrer sobre o assunto.

Cabe destacar que, nas campanhas brasileiras atuais, principalmente para cargos majoritários, os partidos aparecem cada vez menos. A campanha geralmente se concentra nas figuras do candidato, quando ele tem capital político acumulado, e dos apoiadores, como pudemos observar ao longo de toda a campanha televisiva das eleições presidenciais de 2010. Manin (1995) observa que a tendência na democracia de público é, assim como no parlamentarismo, do voto em uma pessoa, não em um partido, embora as siglas continuem existindo. Os atributos dos candidatos são exibidos nos meios de comunicação, o que os "aproxima" novamente do eleitorado. Nesse contexto, tende a ganhar mais votos o postulante que souber trabalhar melhor sua imagem na mídia.

A midiatização das campanhas eleitorais é apenas um dos componentes da complexificação da vida social (Ribeiro, 2004). Não se pode esquecer o papel destacado dos noticiários e programas televisivos não relacionados ao HGPE. Para conquistarem visibilidade e legitimidade, os candidatos precisam aparecer não apenas em seus programas do horário eleitoral, mas em espaços já conhecidos (e cuja credibilidade já é reconhecida) pelo público.

A centralidade da televisão na campanha não se resume, assim, ao caráter referencial assumido pelos programas do horário eleitoral em relação aos demais formatos de comunicação política. O papel central desempenhado pelas mídias na sociedade acaba, ao fim e ao cabo, por fazer com que toda a campanha se estruture ao redor dessa arena midiática central, com a participação dos candidatos em debates, programas populares e de entrevistas, com a influência da agenda temática das mídias sobre a agenda de candidatos e partidos e com a necessidade de fabricação de fatos que sejam positivamente noticiáveis pela cobertura dos meios de massa (Ribeiro, 2004:38-39). Em outras palavras, os esforços de campanha não se limitam à confecção de boas peças para o HGPE, mas, também, à produção de eventos de campanha noticiáveis. Isso porque, "se os candidatos dispõem de mais tempo na televisão, maior o volume de informações que poderão apresentar para o eleitor e mais sofisticados podem ser os argumentos de persuasão" (Telles et al., 2009:98).

Alguns achados, como os apresentados por Rojas e Casas (2006), sugerem que, quanto maior a percepção de corrupção, dada sua exposição na mídia, menor é a confiança nas instituições, incluindo os partidos políticos. Canel e Sanders (2005) argumentam que uma das fontes de poder da imprensa é a habilidade para construir narrativas fortes, que enfocam incidentes de forma memorável e apontam para significados mais extensos. Esse poder constitui a chamada função de *agenda setting* dos meios de comunicação social (McCombseShaw, 1972), que reside precisamente na capacidade que possuem para conferir visibilidade a problemas sociais que, de outra forma, dificilmente chegariam ao conhecimento do público. Nesse sentido, a notícia é resultado da leitura efetuada pelo autor sobre a realidade que lhe é dada a observar e que pretende mostrar.

Os efeitos deletérios que a visibilidade midiática garante sobre os acontecimentos que envolvem práticas corruptas podem levar à deterioração da confiança, tanto nas instituições políticas quanto na própria mídia. A partir da exposição dos escândalos de corrupção, e considerando a expectativa dos cidadãos quanto a segurança jurídica, eficácia e aplicabilidade das leis, conforme estabelecidos no estado democrático de direito, os fundamentos do sistema político podem ser mal compreendidos segundo o "modo de produção" e difusão das mídias, possíveis protagonistas de uma ação voltada para a mescla entre verdades e mentiras e descontextualização de notícias e acontecimentos. Se o fato se torna recorrente, poderíamos questionar a percepção dos cidadãos quanto à legitimidade das ações institucionais e midiáticas.

Nesse sentido, a opinião pública pode aprofundar seu descrédito quanto ao sistema político, sem poupar a atuação da própria mídia do mesmo julgamento. O efeito da desconfiança institucional ocorre no momento em que reforça a cultura de personalização das relações políticas, sobrepondo lideranças individuais às instituições de representação, ou descaracterizando formas tradicionais de representação. De modo adicional e complementar, quando a opinião pública percebe que a mediação entre instituições e sociedade é corrompida, o descrédito quanto à legitimidade do sistema político, ou do regime democrático, pode se aprofundar (Seligson, 2002).

Power e Jamison (2005) evidenciam que a desconfiança dos cidadãos brasileiros — e, num contexto mais amplo, latino-americanos — não tem como alvo apenas os políticos, mas é generalizada. Ao apresentar dados que indicam que a confiança interpessoal é ainda menor que aquela depositada em instituições tão desacreditadas quanto os partidos e o Congresso Nacional, os autores demonstram que, para além do alarmismo quanto aos possíveis impactos da desconfiança em políticos e instituições sobre os regimes democráticos, é possível encarar essa situação como reflexo de um quadro mais amplo e não como indicativo de que as democracias — em que políticos e instituições não são vistos como confiáveis — estão fadadas ao fracasso. Ademais, o declínio da confiança em instituições e em políticos não é específico da América Latina, mas representa um fenômeno de dimensões globais.

Por outro lado, isso não quer dizer que esteja "tudo bem" (Power e Jamison, 2005:66) no Brasil. Por mais que o retorno a um regime autoritário não pareça uma ameaça real no contexto em que vivemos, é preciso considerar o seguinte: se, para as democracias consolidadas, o impacto da redução da confiança dos cidadãos em instituições democráticas não abala a manutenção dos regimes democráticos em virtude do estoque de legitimidade, qual o efeito desse declínio em sociedades que não contam com o mesmo reservatório de legitimidade em relação à democracia? Para onde os latino-americanos tendem a "correr" diante do descrédito que demonstram em referência a partidos e outras instituições de representação? Seria o desencanto um resultado inevitável desse cenário? Quais os desdobramentos práticos da desconfiança nas novas democracias?

Privilegiando o estudo do contexto em que se constituem as democracias da América Latina, Power e Jamison (2005) buscam apontar as principais causas e consequências dos baixos índices de confiança. Como causas, temos o fraco desempenho econômico (sobretudo na incapacidade de reduzir as desigualdades), corrupção e uso instrumental das instituições políticas. Dessas, destacamos a última, por ter o potencial de afetar de maneira que nos parece mais acentuada a credibilidade tanto dos políticos quanto das instituições. Casos de corrupção podem ter um impacto sobre a reputação dos políticos (não apenas dos envolvidos nos escândalos), mas, daí a gerarem desconfiança nas instituições, existe um caminho que passa pela sensação de impunidade diante dos episódios. A percepção de que os governantes tratam as leis e as instituições da democracia com descaso ou de modo a atender a interesses particulares põe em dúvida não apenas o caráter desses políticos, mas a confiabilidade nas instituições que eles modificam a seu serviço e, no limite, da classe política como um todo. "Constituições e leis são vistas como inconveniências, em vez de limites institucionais à política. O resultado final é que os políticos são percebidos como governando para eles mesmos, não para o povo" (Power e Jamison, 2005:81).

Quanto às consequências da desconfiança política, a principal delas, ainda de acordo com Power e Jamison (2005), é a dispensabilidade dos políticos. Ela, por sua vez, pode gerar um fenômeno bastante interessante e que se verifica em inúmeros processos eleitorais no Brasil: "na tentativa de escapar da identificação com a classe política, com os partidos tradicionais ou com rótulos ideológicos, muitos políticos escolhem atacar as instituições de representação" (Power e Jamison, 2005:85).

Nesse contexto de desconfiança em pessoas e em instituições, é fundamental refletirmos acerca da postura dos cidadãos diante das possibilidades cotidianas de praticarem atos de corrupção. Quando se trata dos políticos, a condenação a práticas de mau uso ou desvio de recursos públicos é corrente, bem como a crença de que a maioria dos ocupantes de cargos públicos teria a mesma atitude diante de oportunidades de obterem benefícios pessoais em detrimento do interesse público. Mas, quando se trata de "pequenas" atitudes do dia a dia, os brasileiros as entendem como corrupção? São igualmente intolerantes a esses desvios de menor porte e cometidos por cidadãos comuns ou, ao contrário, encontram justificativas para tais atos? De acordo com pesquisas realizadas por Cervelini (2006), a corrupção encontra-se ainda presente no cotidiano dos próprios brasileiros, que se, por um lado, criticam a existência dela na esfera pública, por outro, poderiam fazer uso dessas mesmas práticas se estivessem no lugar dos políticos.

Além das questões anteriormente colocadas, o cenário de desconfiança generalizada, encontrada atualmente no Brasil, decorre do senso comum de que "o brasileiro comum tem um caráter duvidoso e que, a princípio, não se nega a levar algum tipo de vantagem no âmbito das relações sociais ordinárias" (Filgueiras, 2009:387). Buscando rebater esse pressuposto, Filgueiras argumenta que atos de corrupção não se devem a desvios de caráter inerentes aos brasileiros, mas à existência de regras informais que distinguem as práticas de corrupção "toleráveis" daquelas inaceitáveis. Tal distinção reside no que ele classifica como uma "antinomia entre o mundo moral e o mundo da prática", ou seja, o paradoxo entre as leis morais — que não deixam espaço para a aceitação a atos corruptos — e o funcionamento prático das instituições e das interações sociais, nas quais a corrupção ocorre e, até certo ponto, é tolerada.

Isso leva à constatação de que não podem ser considerados somente elementos de ordem institucional para a análise da percepção e da tolerância à corrupção no país. A cultura política também precisa ser tida em conta para que se compreenda, entre outros exemplos possíveis, a antinomia presente no fato de um mesmo indivíduo condenar veementemente a desonestidade dos políticos e considerar aceitável vender seu voto, sonegar impostos ou tentar subornar um guarda de trânsito para evitar uma multa. O envolvimento de elementos da cultura política complexifica a discussão sobre corrupção e torna ainda mais difícil a implementação de soluções eficazes e de curto prazo para o cenário detectado no Brasil.[2]

A tolerância à corrupção não é um desvio de caráter do brasileiro, uma propensão e culto à imoralidade, nem mesmo uma situação de cordialidade, mas uma disposição prática nascida de uma cultura em que as preferências estão circunscritas a um contexto de necessidades, representando uma estratégia de sobrevivência que ocorre pela questão material.

[...]. Isso implica que a corrupção representa um desafio à democratização brasileira, não no plano formal, mas no plano da cultura política. Não se pode dizer, portanto, que o brasileiro típico represente um caso de ausência de virtudes. As democracias não podem confiar apenas nas virtudes dos cidadãos, uma vez que é fundamental pensar a efetividade das leis. [Filgueiras, 2009:417]

Considerando o contexto brasileiro, a corrupção cometida por agentes políticos chega aos cidadãos, em grande medida, pelas notícias veiculadas

---

[2] Moisés (2010a, 2010b) também realiza pesquisas que enfatizam as variáveis de cultura política e seus efeitos sobre a tolerância dos brasileiros à corrupção

nos meios de comunicação. Por isso mesmo, alguns governantes afirmam que não houve o crescimento da corrupção nas últimas décadas, mas o aumento da divulgação dos episódios e de sua exploração midiática. A esse respeito, é interessante observarmos, mesmo sem o embasamento de dados conclusivos, que casos em que pessoas comuns demonstram honestidade — ao devolverem grandes quantias em dinheiro encontradas na rua, por exemplo — ganham destaque em noticiários, como se o pressuposto fosse de que os indivíduos não têm a mesma obrigação de serem honestos no âmbito privado. Ao contrário, a expectativa de que figuras públicas pautem suas ações sobre valores como a sinceridade e a integridade é reforçada pela ampla disseminação de casos em que esses princípios são desconsiderados.

Como um dos critérios de noticiabilidade é a ocorrência do inesperado ou a ruptura da normalidade (Traquina, 2005), é possível inferir que se espera dos agentes públicos que se norteiem por rigorosos preceitos morais, embora se admita uma certa inclinação "natural" dos indivíduos à desonestidade — o que eles colocariam em vigor na vida privada. Esses limites entre público e privado se tornam ainda mais tênues e confusos se considerarmos a grande visibilidade dada pela mídia à vida pessoal de figuras públicas, conforme apontamos em outra seção deste mesmo artigo.

Abordamos, até o momento, as possíveis causas da percepção e da tolerância à corrupção, bem como a principal consequência da ocorrência desses dois fenômenos: a desconfiança interpessoal e nas instituições representativas. Porém, é oportuno colocarmos a seguinte questão: os brasileiros intolerantes à corrupção e aqueles que notam sua incidência são a maioria ou falamos aqui sobre um grupo de pequena expressão?

Em comparação com outros países, a percepção da corrupção pelo "brasileiro médio" está em um patamar parecido com o constatado entre cidadãos de países como Estados Unidos e Canadá, nos quais imaginamos que seja menor a incidência deste problema (Rennó et al., 2011:66). Isso nos leva a outra forma de mensuração, complementar à percepção, que indique uma "taxa de corrupção" mais aproximada da realidade: trata-se da vitimização por corrupção. Diferentemente da percepção, o índice de vitimização por corrupção — construído a partir de variáveis que envolvem o pagamento de propina para a obtenção ou agilização de serviços públicos ou o recebimento de ofertas de propina — aproxima o Brasil de países que passaram por crises democráticas recentemente, como Equador e Venezuela. O que assemelha as duas formas de investigação do problema da corrupção são os efeitos: Rennó e colaboradores (2011:89-90) constataram que tanto a vitimização quanto a percepção afetam negativamente a crença na aplicação universal das leis e na capacidade de punição do sistema judiciário.

Quando a sensação de impunidade está presente, abre-se caminho para a prática da corrupção — e a simples pressuposição de que os demais indivíduos pensarão da mesma forma torna evidente a tendência de reforço da desconfiança interpessoal. Voltamos, então, ao cenário inicialmente desenhado — se não um pouco pior.

2.1 Percepção e tolerância à corrupção

A sensação de que o problema está arraigado em diversas esferas da sociedade e que se reproduz de maneira recorrente e mais visível no âmbito político tem revelado que a confiança da população, tanto nas instituições políticas como nas relações interpessoais, está fragilizada. A exposição de práticas corruptas sinaliza aos agentes que, além de corromperem a ordem pública, os eleitos estão mais inclinados a representar o interesse privado que o público. Esta seção destina-se a apresentar a percepção da corrupção da população de Belo Horizonte, a partir da interpretação dos dados coletados na pesquisa já citada.

A primeira variável aproxima o grau de inserção do cidadão no debate político: a medida de "interesse por política". Um maior interesse conduz o indivíduo a se informar e inserir-se mais no debate sobre as eleições, pois, de acordo com Almond e Verba (1989), a medida de interesse por política pode representar um indicador importante da cultura cívica da população.

Gráfico 1
INTERESSE POR POLÍTICA EM BELO HORIZONTE (%)

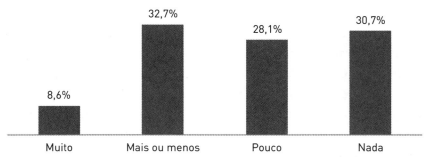

Fonte: Pesquisa Eleições Municipais 2012, Belo Horizonte — Grupo Opinião Pública (UFMG) e Ipespe. Base: 784

É baixo o percentual de entrevistados que declaram se interessar muito por política. O fato de mais de um terço da amostra não se interessar "nada" por política pode expressar apatia dos entrevistados, mas não podemos afirmar se ela provém apenas de uma desconfiança generalizada do sistema político; importa apresentá-la e relacioná-la a outras variáveis.

Tabela 1
PERCEPÇÃO DA CORRUPÇÃO EM BELO HORIZONTE (%)

Perguntas	Sim	Não
Conhece ou ouviu falar de algum caso de corrupção nos últimos meses	70,7	29,3
Percebe que a corrupção está presente em Belo Horizonte	83,3	16,7

Fonte: Pesquisa Eleições Municipais 2012, Belo Horizonte — Grupo "Opinião Pública" (UFMG) e Ipespe. Base: 625.

Para verificar a percepção da corrupção na cidade de Belo Horizonte, foram realizadas duas perguntas. A primeira questionou acerca do conhecimento, ainda que indireto, sobre casos de corrupção, nos meses que antecederam o dia do primeiro turno da eleição. Destaca-se que, para 83,3% dos respondentes, a corrupção está presente em Belo Horizonte. Nota-se que 70,7% dos cidadãos conheciam casos de corrupção. Entre os entrevistados, 75% dos homens e 67% das mulheres conhecem casos de corrupção, mesmo que apenas de ouvir falar. Quanto ao nível de instrução, nota-se que os grupos de menor escolaridade são os que menos conhecem casos de corrupção. Portanto, o aumento no número de anos de estudo é acompanhado pelo crescimento do conhecimento sobre tais episódios.[3]

Quadro 1
CASOS DE CORRUPÇÃO MAIS CITADOS PELO
ELEITORADO DE BELO HORIZONTE

Casos mais citados	Frequência	%
Mensalão	419	52%
Caso Cachoeira	45	6%
Marcos Valério	12	2%
Dinheiro na cueca	6	1%

Fonte: Pesquisa Eleições Municipais 2012. Belo Horizonte — Grupo Opinião Pública (UFMG) e Ipespe.

O quadro 1 mostra quais casos de corrupção foram mais citados de forma espontânea por aqueles entrevistados que declararam conhecer casos de corrupção: no topo da lista, o julgamento do caso do Mensalão foi o mais lembrado pelo eleitorado, provavelmente em virtude da cobertura obtida nos meios de comunicação durante as eleições, já que os envolvidos estavam sendo julgados naquele momento.

O gráfico 2 apresenta a distribuição dos meios de comunicação para aqueles que responderam ter ouvido falar de casos de corrupção nos meses que antecederam ao primeiro turno das eleições. O conhecimento dos episódios de corrupção associa-se ao "interesse pela política", pois, entre os eleitores que declararam ter muito interesse pela campanha, 90% conheciam ou ouviram falar de algum caso de corrupção nos últimos meses. Por outro lado, 40% dos entrevistados que não tinham nenhum interesse pela política desconheciam casos de corrupção nos últimos meses, contra apenas 10% dos que declaram "muito" interesse.

---

[3] Valores: "não frequentou a escola" (58,3%), "primário completo" (49%), "ginasial completo" (36%), "ensino médio incompleto" (32%) e "ensino médio completo" (30%). Os grupos "superior incompleto" e "de superior completo a pós-graduação" apresentaram 18% e 12% de entrevistados que não conhecem casos de corrupção.

A percepção da corrupção, além de outros condicionantes — participação direta em atividades políticas, socialização e vínculos de interação pessoal —, é diretamente influenciada pelo tipo de mídia utilizado para se informar.[4]

Gráfico 2
MEIO DE COMUNICAÇÃO PELO QUAL O ELEITOR SOUBE
DE NOTÍCIAS SOBRE CORRUPÇÃO

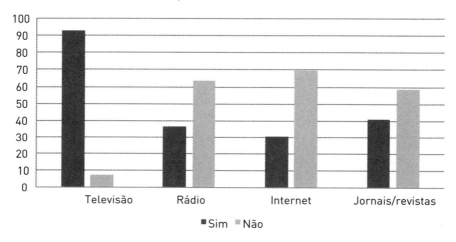

Fonte: Pesquisa Eleições Municipais 2012, Belo Horizonte — Grupo Opinião Pública (UFMG) e Ipespe.

A televisão é a principal fonte de informação sobre a corrupção: 93% do eleitorado souberam de casos de corrupção por informações veiculadas pela televisão. Apesar da popularidade do rádio, somente 37% declararam ter ouvido falar de corrupção nessa mídia.[5]

---

[4] A diferença percentual entre a percepção e o conhecimento de casos de corrupção pode parecer contraditória, mas dois motivos nos servem de esclarecimento. Primeiro, temos o distanciamento entre percepção de corrupção e conhecimento de casos, sendo a segunda situação mais condicionada à exposição de casos ou escândalos na mídia, ao passo que a percepção pode incluir a experiência efetiva do entrevistado com práticas corruptas. O segundo motivo seria conceitual e próprio da flexibilidade do termo *corrupção*, não concebido somente na esfera política, mas considerado recorrente também no cotidiano, no serviço público ou na justiça.

[5] Relativamente aos grupos de idade, os idosos são os que se informam mais por meio da televisão (98,4% dos idosos) e rádio (41% dos idosos), já "internet" e "jornais/revistas" o grupo entre 25 a 40 é o que mais acessa – 37% e 46%, respectivamente. Os meios "rádio"

A significativa presença do escândalo do Mensalão como caso mais citado pode ter sido contaminada pelo contexto em que a pesquisa foi realizada. O fato de o julgamento do caso acontecer muito próximo à data da eleição de 2012 pode, em certa medida, ter influenciado a percepção das pessoas quanto à corrupção. O volume de exposição nas mídias sobre o esquema de corrupção foi considerável, bem como o tom negativo que as notícias assumiam em relação ao Partido dos Trabalhadores. O julgamento do caso promoveu uma longa retrospectiva sobre questões centrais do escândalo, da ação criminosa dos envolvidos e, sobretudo, das evidências apontadas pela Procuradoria-Geral da República. Esse foi considerado o caso mais importante da história do Supremo Tribunal Federal (STF) desde a redemocratização. Para muitos analistas, o comportamento da imprensa naquele momento foi entendido como "incendiário".

Além da percepção da corrupção, foi verificada a tolerância da população. O Índice de Tolerância à Corrupção Política (ITCP) foi criado a partir de um bloco de questões em que se perguntava ao indivíduo qual seria sua atitude diante de determinada situação caso estivesse no lugar de um político. A opção de resposta é ordenada na escala de 1 a 4, sendo o valor inferior correspondente a "nunca faria" e o último a "sempre faria". As questões inicialmente escolhidas para compor o bloco estão no quadro 2.

Quadro 2
PERGUNTAS SOBRE CORRUPÇÃO PARA O ÍNDICE
DE TOLERÂNCIA À CORRUPÇÃO POLÍTICA

1. Escolher familiares e/ou pessoas conhecidas para cargos de confiança.
2. Mudar de partido em troca de dinheiro ou cargo/emprego para familiares/pessoas conhecidas.
3. Aceitar convites de festas/eventos de empresas particulares que seriam beneficiadas pela aprovação de leis a serem votadas.

(continua)

---

e "jornais/revistas" são mais acessados por homens do que por mulheres. A mídia online é mais acessada por aqueles que possuem escolaridade mais alta: 35% e 43% das pessoas que possuem "superior incompleto" e "superior completo ou pós-graduação", respectivamente, declararam receber informações pela internet. Os demais níveis de escolaridade apresentam média de 25% de acesso à rede.

4. Aproveitar viagens oficiais para lazer próprio e de familiares.
5. Receber dinheiro de empresas privadas para fazer e/ou aprovar leis que as beneficiem.
6. Usar caixa 2 em campanhas eleitorais.
7. Trocar o voto a favor do governo por um cargo para familiar ou amigo.

Fonte: Pesquisa Eleições Municipais 2012, Belo Horizonte — Grupo Opinião Pública (UFMG) e Ipespe.

Aplicamos às sete questões do bloco uma análise fatorial exploratória, a fim de investigar os padrões ou relações latentes para as sete variáveis escolhidas e determinar aquelas que apresentam características estatísticas desejáveis e comuns entre o bloco, ou seja, que medem aspectos da mesma dimensão subjacente – no caso, a tolerância à corrupção. A técnica exploratória consiste em observar a estrutura dos dados sem estabelecer restrições ou a estimação do número de componentes comum às variáveis. Esperamos encontrar um índice que não seja contaminado por variabilidade de erro. Feita a análise, dada a baixa comunialidade, optamos por retirar a primeira e a terceira questões do bloco. Portanto, as respostas sobre o posicionamento diante do tema nepotismo e sobre o aceite ou não de convites para festas e eventos de empresas particulares que seriam beneficiadas pela aprovação de leis a serem votadas foram excluídas do índice.

O índice consiste, basicamente, em somar as respostas que devem estar compreendidas entre 1 e 4. O máximo e o mínimo de pontos obtidos são 20 e 4, respectivamente. Pela análise de *cluster* (agrupamento), extraímos dois grupos cujos componentes apresentam características similares.

Tabela 2
ÍNDICE DE TOLERÂNCIA À CORRUPÇÃO POLÍTICA (ITCP)

Intolerantes	84%
Tolerantes	16%

Fonte: Pesquisa Eleições Municipais 2012, Belo Horizonte — Grupo Opinião Pública (UFMG) e Ipespe.

Nota-se que a tolerância à corrupção é relativamente baixa na cidade. Fica evidente que a maioria dos entrevistados esteve exposta ao tema da corrupção, e o alto índice de respostas positivas quanto à percepção de práticas corruptas em Belo Horizonte deixa claro que o eleitor considerava o fenômeno recorrente na capital mineira. Cabe, portanto, perguntar em que medida o assunto foi abordado nas campanhas e como se refletiu no momento das eleições.

3. A corrupção nas campanhas para prefeito

Se os escândalos de corrupção têm presença garantida nos noticiários e estão constantemente em pauta nos grandes veículos de comunicação no Brasil, não se pode dizer que esse tema tenha recebido a mesma atenção das campanhas eleitorais de 2012 em Belo Horizonte. A despeito do julgamento dos réus do Mensalão, ocorrido durante o processo eleitoral desse ano, nem esse nem outro episódio referente à corrupção foi tratado nas campanhas oficiais televisivas dos dois principais candidatos da capital mineira, Marcio Lacerda (PSB) e Patrus Ananias (PT).

Observando todos os programas do Horário Gratuito de Propaganda Eleitoral, Telles e Lopes (2013) notaram que o foco dos dois candidatos foi a apresentação das respectivas trajetórias políticas e realizações durante seus mandatos como prefeitos. Lacerda (PSB) era candidato à reeleição e Patrus Ananias já havia sido prefeito da cidade. Entre os temas mais tratados, sobretudo por Lacerda, estava a saúde, que era a principal preocupação dos belo-horizontinos à época do processo eleitoral.

Embora não tenha abandonado a apresentação de projetos para um eventual governo, Patrus Ananias concentrou-se em criticar duramente o adversário. Esta estratégia não parecia a mais adequada ao contexto, tendo em vista a boa avaliação do mandatário pelo eleitorado da capital mineira — Lacerda era o prefeito mais bem avaliado entre as maiores capitais do país. O que também parece ter contribuído para seu sucesso nas urnas foi a tática de responder aos ataques — embora não diretamente, mas de maneira rápida, objetiva e pragmática, no seu próprio espaço de campanha. Por ocupar a dianteira nas pesquisas de intenção de voto, Lacerda pôde se ocupar mais de propostas e realizações, apelando ao pragmatismo do eleitorado. Já Ananias, que não podia se colocar como o postulante da continuidade, investiu nos apoiadores Lula e Dilma Rousseff e no seu "caso de amor" com Belo Horizonte. Ele até buscou exaltar suas qualidades como gestor, mas essa imagem de "gerente eficiente" já estava muito mais associada a Lacerda. Em suma, quem forneceu mais informações que reduzissem o grau de incerteza dos eleitores, em virtude de sua posição privilegiada, foi Lacerda, o atual mandatário (Telles e Lopes, 2013).

Já no ambiente online, onde os emissores são muitos (nem todos identificados), os conteúdos das postagens costumam ser mais negativos e satíricos do que elogiosos e os controles da legislação são bem menos efetivos, o leque de assuntos tratados inclui, certamente, menções à corrupção e a assuntos convenientemente ignorados pelos postulantes em seus espaços oficiais de campanha. Obviamente, não podemos considerar para essa análise somente as páginas oficiais dos candidatos, visto que elas estão sujeitas a uma fiscalização mais fácil e às possíveis penalidades decorrentes da aplicação da legislação eleitoral. Um vídeo que circulou durante a campanha de 2008, no qual o candidato Lacerda era vinculado ao Mensalão, num suposto depoimento do publicitário Marcos Valério (um dos personagens centrais do escândalo), voltou a ser acessado e compartilhado na web.[6] Naquela campanha, o candidato precisou se defender das acusações em seu horário eleitoral, ao contrário do que ocorreu em 2012 — momento em que a discussão sobre a participação do candidato à reeleição nesse episódio tinha um volume consideravelmente menor que na disputa anterior.

Por ser o candidato do PT, legenda de onde veio a maior parte dos supostos envolvidos no Mensalão, Patrus Ananias foi associado por alguns usuários da internet a esse escândalo. O foco dos vídeos mais assistidos no site YouTube a esse respeito recai sobre a amizade e o vínculo político de Patrus Ananias com o ex-ministro José Dirceu, um dos petistas

---

[6] Vídeo disponível em: <www.youtube.com/watch?v=qXVy4RzI7wc>. Acesso em: 31 ago. 2013.

condenados no julgamento do Mensalão.[7] No entanto, a associação entre o candidato do PT e o Mensalão era fraca e indireta o suficiente para também não precisar ser respondida em sua campanha televisiva. Tudo o que Patrus Ananias se limitou a declarar a respeito de uso dos recursos públicos é que, durante o tempo em que foi ministro do Desenvolvimento Social e Combate à Fome (de 2004 a 2010), não houve nenhuma suspeita de corrupção que recaísse sobre ele.

Uma particularidade das campanhas nesta eleição municipal nos induziu a vincular variáveis sobre corrupção, especialmente aquelas que mensuram a percepção do problema, a variáveis de exposição à mídia. Pelo acompanhamento das campanhas no HGPE, constatamos que tanto Patrus Ananias quanto Lacerda utilizaram pouco do tempo disponível, na televisão ou no rádio, para atacar seus adversários a respeito do tema da corrupção. Já a internet, em cujas campanhas e suas repercussões foram acompanhadas por meio do Observatório das Eleições Municipais,[8] foi amplamente utilizada para fins de ataque político entre os candidatos. Na mídia online, foram expostos vídeos e notícias por parte de ambos os grupos na tentativa de desmoralizar seus adversários, enquanto, no HGPE, os candidatos mantiveram uma postura conservadora. Afinal, os ataques baseados na corrupção poderiam se voltar contra os próprios, uma vez que o vasto material disponível para acusações era suficiente para insinuar a participação de Patrus Ananias e Lacerda em escândalos.

Os aspirantes à prefeitura preferiam, então, atacar seus adversários com base nas administrações passadas. Essa constatação revela o conhecimento por parte dos formuladores de campanha sobre a influência da avaliação retrospectiva na escolha do voto por parte do eleitor.

---

[7] Vídeo disponível em: <www.youtube.com/watch?v=g9AILGGycYc>. Acesso em: 31 ago. 2013.
[8] Projeto do Inweb, DCC/UFMG, em parceria com o Centro de Convergência de Novas Mídias (CNNM) e com o grupo de pesquisa "Opinião Pública, Marketing Político e Comportamento Eleitoral", ambos da UFMG, acompanhou o debate sobre as eleições na web, em 14 cidades, através do monitoramento de notícias, comentários, vídeos e acompanhar a repercussão nas redes sociais dos principais debates e da apuração dos votos. Disponível em: <www.observatorio.inweb.org.br/eleicoes2012/destaques/>.

4. Corrupção *versus* pragmatismo: a decisão do voto para prefeito

Na perspectiva de racionalidade dos agentes, no sentido de escolherem conforme a possibilidade de ganhos futuros, a escolha do representante responsabiliza o político por aumentar a satisfação dos eleitores, expressa materialmente em rendas. Esse tipo de abordagem pressupõe que o eleitorado possui informação para processar dois procedimentos cognitivos, o primeiro de carga retrospectiva e o seguinte, prospectiva. Ambos compõem a equação dos ganhos esperados no próximo governo em relação aos benefícios que possui atualmente.

No procedimento retrospectivo, a tomada de decisão passa a ser amparada pela proposição de que, ao avaliar o desempenho gerencial e econômico, os eleitores estariam utilizando informação passada para aumentarem as chances de alcance de suas expectativas futuras, ou seja, quais benefícios a escolha da nova administração traria dado seu desempenho anterior. Pode-se tratar esse comportamento conforme é feito na abordagem sugerida por Fiorina (1981), baseada no modelo de Downs (1957), em que o voto retrospectivo representa uma etapa do prospectivo. Ao avaliar o aumento na satisfação que a administração passada proporcionou, o indivíduo estaria considerando apenas os resultados das políticas implementadas pelo governante, e não os meios políticos empregados. Ao contrário, no voto prospectivo, é necessário julgar as propostas dos candidatos para, então, decidir em qual deles votar.

Daremos atenção preponderante à carga retrospectiva, que demanda menos informação por parte do eleitor se comparada às análises prospectivas. Essa adequação deve-se ao fato de que o estudo se insere num contexto em que predomina o perfil de um público desatento, com pouca informação sobre os candidatos e baixo interesse político, marcadamente próximo ao eleitor mediano. É mais provável que o eleitor, ao definir sua escolha, se baseie nos fatos passados e atuais, em detrimento dos futuros.

Nossa base de dados fornece uma informação que corrobora o argumento anterior. Quando questionamos os entrevistados sobre as principais razões de voto para prefeito, constatamos que a experiência anterior do candidato se mostrou mais importante que suas propostas.

Gráfico 3
RAZÃO MAIS IMPORTANTE PARA DECISÃO DE VOTO
PARA PREFEITO EM BELO HORIZONTE

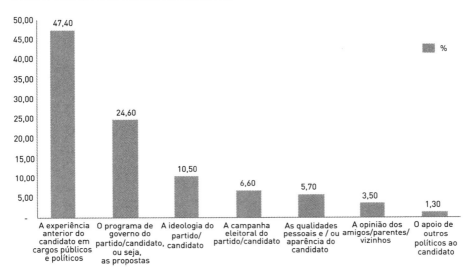

Fonte: Pesquisa Eleições Municipais 2012, Belo Horizonte — Grupo Opinião Pública (UFMG) e Ipespe. Base: 750.

Em resumo, a experiência anterior do candidato ou as propostas de governo, principalmente tratando-se da possibilidade de reeleição de Lacerda, podem estar mais vinculadas à decisão de voto, se comparadas à posição ideológica do político ou do partido que representa. Uma análise inicial do gráfico anterior faz-nos supor que o voto retrospectivo teve mais peso sobre o resultado das eleições que o voto calcado em fatores ideológicos ou partidários. Um dado que corrobora o argumento é o fato de que 21% dos entrevistados que declararam votar em Lacerda alegaram também preferência partidária pelo PT, sigla à qual se vinculava o seu adversário. O apoio político de outros partidos ao candidato teve expressão mínima (1,3%). "Qualidades pessoais e ou aparência do candidato", "A opinião dos amigos/parentes/vizinhos" e "Campanha eleitoral do candidato" apresentaram menos importância, de acordo com as declarações dos inquiridos.

As eleições e campanhas nas capitais e grandes cidades brasileiras são realizadas sob a mescla de práticas políticas tradicionais e técnicas sofisticadas de linguagem televisiva. No tocante às campanhas, o partido tem sido posicionado marginalmente às estratégias de persuasão, sem muita importância no material de campanha (Telles, Lourenço e Storni, 2009; Lavareda e Telles, 2011). É possível observar que o declínio do voto partidário e o crescimento do voto não ideológico são também uma realidade em diversos países.

Ao supormos a carga retrospectiva econômica que pôde ter influenciado no voto para prefeito, destacamos duas variáveis pertinentes à análise. A primeira diz respeito à avaliação passada da administração de Lacerda; a segunda expressa o grau de satisfação com a economia do país. A precisão em mensurar efeitos sobre o voto municipal é mais característica da avaliação gerencial. De acordo com trabalhos de Fiorina (1981) e Kinder e Kiewit (1981), consideramos a avaliação econômica importante fator na decisão do voto, a partir do pressuposto de que os eleitores percebem indicadores econômicos básicos, oferta de emprego e inflação, como sinais de estabilidade ou não da economia. Portanto, não podemos estender tal avaliação para o âmbito municipal de forma automática, tampouco prever seu efeito sobre a decisão de voto no mesmo âmbito sem considerar um viés regional. Tanto é assim que os diferenciais de resposta para as perguntas sobre avaliação da economia e da administração passada são significativos.

Gráfico 4
AVALIAÇÃO DA ADMINISTRAÇÃO DO PREFEITO MARCIO LACERDA (PSB)

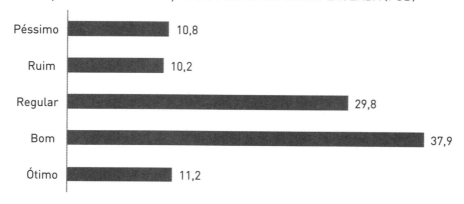

Fonte: Pesquisa Eleições Municipais 2012, Belo Horizonte — Grupo Opinião Pública (UFMG) e Ipespe. Base: 721.

A predileção pelo atalho cognitivo da retrospecção não exime a necessidade de considerar sua multidimensionalidade. Entre outros fatores, que não os tradicionalmente estudados — a avaliação da atuação passada dos políticos e o desempenho no gerenciamento da economia —, deve-se considerar também aspectos que emergem de outras esferas de atuação política, tais como percepção de honestidade e probidade administrativa, solidariedade social, entre outros elementos que não necessariamente representem valores materiais.

Tabela 3
AVALIAÇÃO GERENCIAL E DESEMPENHO DA ECONOMIA (ESCALA DE 1 A 5)

	Média	Desvio-padrão
Avaliação da administração do prefeito Marcio Lacerda	3,28	1,113
Avaliação da situação econômica do país	1,49	0,987

Fonte: Pesquisa Eleições Municipais 2012, Belo Horizonte — Grupo Opinião Pública (UFMG) e Ipespe.Base: 654.

Quanto às dimensões não convencionais do voto retrospectivo, destacamos a percepção da corrupção como fator que pode ser incluído no cálculo do eleitor. A análise dos efeitos da corrupção sobre a decisão de voto importa também para uma compreensão mais ampla de contabilidade democrática, sobre a necessidade ou capacidade dos eleitores de punirem seus representantes. Como expõe Holbrook (1994), se uma administração for associada à corrupção e a escândalos, esse fator passa a ser caracterizador de seu desempenho passado e critério para o voto retrospectivo. Portanto, mesmo que a avaliação do desempenho gerencial de determinado candidato seja positiva, há de se ponderar o peso de casos ou de escândalos de corrupção expostos pela mídia durante o seu governo.

A percepção da recorrência de práticas corruptas pode minar outras dimensões retrospectivas. O trabalho de Rennó (2007) aponta que, no contexto de eleição presidencial de 2006, os escândalos que envolviam o governo Lula não foram suficientes para impedir a reeleição do candidato, o que evidencia que outras dimensões retrospectivas de cunho econômico ou avaliações gerais do governo foram preponderantes na tomada de decisão dos eleitores.

Contudo, a despeito dos achados de Rennó para as eleições presidenciais, iremos analisar se a percepção da corrupção e sua tolerância são capazes de prejudicar o desempenho dos candidatos a prefeito de Belo Horizonte.

5. Modelo de decisão de voto para prefeito de Belo Horizonte

O objetivo desta seção é identificar os aspectos que constituíram a decisão de voto do eleitor em Belo Horizonte. Na disputa eleitoral em questão, venceu o então prefeito Lacerda, com 52,69% dos votos válidos, contra 40,80% para Patrus Ananias. Uma análise quantitativa do momento permite visualizar fatores que influenciaram a escolha dos eleitores. De maneira especial, queremos observar a "percepção da recorrência da corrupção".

Propomos um modelo de regressão logística para descrever o efeito simultâneo de diversas variáveis consideradas explicativas sobre a decisão de voto. Pelos resultados, as análises das razões de vantagem permitem esclarecer o peso das variáveis escolhidas sobre "corrupção" na escolha do candidato. Utilizamos o modelo para identificar características associadas às motivações do voto para prefeito, bem como examinar a influência relativa de cada variável independente.

Na regressão logística binomial, o resultado é a probabilidade de sucesso de um evento – no caso, o voto em Lacerda ou Patrus Ananias. A variável explicada nessa situação é a intenção de voto. Consideramos apenas as respostas que declararam intenção de voto nos candidatos Lacerda ou Patrus Ananias, dado que o percentual de votos nos demais candidatos não ultrapassou 8% da amostra. Foram construídos três modelos: o primeiro teve como valor de referência o voto em Lacerda, comparado ao voto do candidato do PT; o segundo trouxe como referência o voto em Patrus Ananias, comparado ao voto em Lacerda; e o último modelo compara as chances de risco para aqueles que declararam voto nulo ou em branco. Portanto, a variável resposta é categórica e dicotômica.

Enfatizamos, nesses modelos, variáveis que representem fatores determinantes e que componham o já mencionado voto retrospectivo. Consideramos também, na análise, as características sociodemográficas, o autoposicionamento ideológico e a preferência partidária do eleitor, bem como a exposição à mídia e ao HGPE, para definir qual o perfil de quem optou por um dos dois principais candidatos e daqueles que votaram em nulo ou branco. Portanto, como representação da carga retrospectiva no voto do eleitor, destacam-se as seguintes variáveis: Índice de Tolerância à Corrupção (alto), Percepção da Corrupção e variantes sobre corrupção, avaliação positiva da administração passada. O ITPC alto é referente ao Índice de Tolerância à Corrupção, elaborado a partir de um bloco de perguntas que questionavam a posição do eleitor diante de atos considerados corruptos. A Percepção da Corrupção em Belo Horizonte é uma medida de percepção direta sobre a recorrência de práticas corruptas na capital mineira. A avaliação positiva da administração passada de Lacerda é a principal carga da dimensão retrospectiva econômica do voto nesse modelo.

Estendemos a possibilidade de captar o efeito do fenômeno da corrupção na intenção de voto ao incluir variáveis que posicionam o eleitor a respeito desse tema. Para compreender características dos votantes, criamos um índice de tolerância à corrupção, tratado na seção anterior. Além disso, incluímos no modelo o "rouba mas faz", segundo o qual não importa que um político roube, desde que faça algo, ou se votariam em um candidato envolvido em um caso de corrupção.

As variáveis independentes usadas na construção do modelo permitirão dimensionar o efeito de cada fator explicativo, além de avaliar a razão de chances, ou razão de riscos relativos, expressos nos valores dos *odds ratio*, determinados pela função exponencial dos coeficientes estimados dos betas. As variáveis explicativas são aquelas que apresentam aspectos sociodemográficos dos entrevistados, preferência partidária e autoposicionamento ideológico, além de avaliação conjuntural, principais meios de informação sobre as eleições, razão de voto, posicionamento e exposição dos indivíduos ao tema da corrupção.

As variáveis independentes foram transformadas em *dummies*. Para aquelas que apresentam mais de duas categorias de resposta, foi necessário dividir em determinado número de variáveis equivalentes à quantidade de categorias.

a) Sociodemográficas: são utilizadas como meio de controle para gênero, idade, nível educacional e renda.

b) Preferência partidária: representada pelos três partidos mais citados na pergunta de identificação partidária, além da opção de não declarar preferência por nenhum partido. Foram formadas quatro variáveis, obtendo sempre valor 1 aquela categoria cujo nome é o mesmo da variável e valor 0 as demais.

c) Autolocalização ideológica: medida por uma variável com valores entre 0 e 10, indicando autoposiciconamento do eleitor em uma escala que vai da esquerda para a direita. As respostas de 0 a 4 foram consideradas de esquerda, 5 a 6, centro, e 7 a 10, direita. Três variáveis foram formadas, obtendo sempre valor 1 aquela categoria cujo nome é o mesmo da variável e valor 0 as demais.

d) Principal meio de informações sobre as eleições municipais: representada pelas opções "acompanhamento das eleições através de HGPE (televisão ou rádio)", "internet" e "jornais ou revistas". Três variáveis formadas.

e) Avaliação da administração de Lacerda: representa a aprovação ou não da administração passada do candidato Marcio Lacerda, representada em cinco categorias: ótimo, bom, regular, ruim e péssimo. A distribuição das frequências já foi apresentada em seções passadas. As categorias "ótimo" e "bom" foram agrupadas e receberam valor 1, as demais receberam valor 0.

f) Avaliação da situação econômica: medida em uma escala de 0 a 10, a percepção dos eleitores sobre o desempenho da economia. Essa variável é problemática por apresentar uma informação que diz respeito ao desempenho econômico do país, ou seja, uma medida nacional e não local.

g) Principal razão de voto: as duas opções mais utilizadas à pergunta de principal razão de voto foram "Experiência do candidato" e "Programa de governo". A distribuição das frequências relativas a essa pergunta foi utilizada para formar duas variáveis *dummies* no sentido de contrapor as duas opções de resposta. A primeira coloca como categoria de referência "Experiência do candidato" sobre "Programa de governo", ao passo que a segunda segue o raciocínio contrário.

h) Tolerância à corrupção: conforme resultado do Índice de Tolerância Política, determinamos "intolerantes" como categoria de referência sobre indivíduos "tolerantes".

i) Rouba, mas faz: variável que provém da pergunta direta ao entrevistado se concorda com a ideia de que "um candidato roube mas faça algo porque todos roubam". Seguindo a lógica da variável Tolerância à Corrupção, a categoria de referência é a resposta "não" para a pergunta sobre a resposta "sim".

j) Votar em candidato envolvido em escândalos de corrupção: proveniente da pergunta sobre se o indivíduo consideraria votar em um candidato com antecedentes de envolvimento em casos de corrupção. A categoria de referência é a resposta "não" em relação à resposta "sim".

k) Ouviu falar de casos de corrupção: a resposta "sim" foi determinada com valor 1 e a resposta "não" com valor 0.

l) Percebe a corrupção em Belo Horizonte: referente à pergunta sobre percepção da corrupção em Belo Horizonte. A resposta "sim" recebe valor 1, e a "não" tem valor 0.

Quadro 3
DESCRIÇÃO DAS VARIÁVEIS UTILIZADAS NO MODELO DE REGRESSÃO

	Variáveis independentes — *dummys*	
Variáveis	**Descrição**	**Categoria**
Mulher	Ser do sexo feminino	Masculino/Feminino
De 16 a 24 anos	Declarar ter entre 16 a 24 anos	24 a 60/16 a 24
De 24 a 40 anos	Declarar ter entre 24 a 40 anos	16 a 24, 41 a 60/24 a 40
De 41 a 60 anos	Declarar ter entre 41 a 60 anos	41 a 60/16 a 40
Ensino superior	Ter cursado ou estar cursando ensino superior ou pós-graduação	Médio/Superior
Ensino médio	Ter cursado até o ensino médio	Superior/Médio
Renda até 2 SM	Declarar renda até 2 salários mínimos	Renda de 2 a 10 SM/ Renda 2 SM
Renda entre 2 e 10 SM	Declarar renda entre 2 e 10 salários mínimos	Renda de 2 SM/Renda 2 a 10 SM
PT	Declarar preferência partidária pelo PT	PSDB, PMDB, nenhum partido/PT
PSDB	Declarar preferência partidária pelo PSDB	PT, PMDB, nenhum partido/PSDB
PMDB	Declarar preferência partidária pelo PMDB	PT, PSDB, nenhum partido/PMDB
Nenhum partido	Declarar não ter preferência partidária	PT, PSDB, PMDB/ Nenhum partido
Direita	Declarar autolocalização ideológica de direita	Centro, Esquerda/ Direita

(continua)

Variáveis independentes — *dummys*		
Variáveis	Descrição	Categoria
Centro	Declarar autolocalização ideológica de centro	Direita, Esquerda/Centro
Esquerda	Declarar autolocalização ideológica de esquerda	Centro, Direita/Esquerda
Principal meio — HGPE	HGPE como principal meio de informação para eleições	Internet, jornais ou revistas/HGPE
Principal meio — internet	Internet como principal meio de informações para eleições	HGPE, jornais ou revistas/internet
Principal meio — jornais ou revistas	Jornais ou revistas como principal meio para informação sobre eleições	HGPE, internet/jornais ou revistas
Situação econômica boa ou ótima	Declarar que a situação econômica do país está boa ou ótima	Péssima, Ruim, Regular/Boa, Ótima
Aprovação da administração de Marcio Lacerda	Avaliar a administração do ex-prefeito Marcio Lacerda "Boa" ou "Ótima"	Péssima, Ruim, Regular/Boa, Ótima
Experiência do candidato	Declara ser experiência do candidato a principal razão de voto	Programa de governo/Experiência do candidato
Programa de governo	Declarar ser o programa de governo a principal razão do voto	Experiência do Candidato/Programa de Governo
Tolerância à corrupção	Indivíduos classificados como tolerantes	Intolerantes/Tolerantes
Rouba mas faz	Concordar com que não importa que o candidato roube desde que faça algo	Não concorda/Concorda
Votar em candidato envolvido em caso de corrupção	Considerar votar em um candidato mesmo que ele estivesse envolvido em um caso de corrupção	Não votaria/Votaria
Ouviu falar de caso de corrupção	Ter ouvido falar de algum caso de corrupção nos últimos meses	Ouviu sobre/Não ouviu sobre casos
Percebe a Corrupção	Declarar perceber a corrupção em Belo Horizonte	Percebe/Não Percebe

O modelo de regressão logística é particular por utilizar apenas variáveis que apresentam duas categorias, ou, conforme mencionado, foram dicotomizadas assumindo valores 1 ou 0. Classificamos, portanto, como "sucesso" o valor 1 e "fracasso" o valor 0 caracterizado pela distribuição de Bernoulli. Considerando que o modelo escolhido segue as condições de regularidade, trabalhamos com resultados assintóticos, uma vez que normalmente não é possível encontrar distribuições exatas para os estimadores. O método utilizado para estimar os parâmetros na regressão logística é o da máxima verossimilhança. Nesse caso, encontra-se o valor de β que maximiza $l(\beta)$.

Os modelos foram rodados separadamente. A variável dependente "Lacerda", do primeiro modelo, é a representação dos eleitores que declararam votar nele sobre os que declararam votar em Patrus Ananias, tendo, portanto, a categoria de referência, ou valor 1, para o candidato do PSB. O segundo é apresentado de modo contrário, ou seja, a variável dependente determina valor 1 para Patrus Ananias e 0 para Lacerda.

A análise da estatística *odds ratio* permite visualizar as chances de risco, ou a probabilidade de sucesso para cada variável independente. Se essa for maior que 1, significa que a categoria de referência possui mais chances de voto que sua contrária.

Quadro 4

MODELO LOGÍSTICO PARA DECISÃO DE VOTO —
MARCIO LACERDA (PSB) E PATRUS ANANIAS (PT)

Variáveis	Categoria —*dummy*	Marcio Lacerda Coef.	Marcio Lacerda *Odds Ratio*	Patrus Ananias Coef.	Patrus Ananias *Odds Ratio*
Gênero	Mulher	-0,26	**0,16***	0,24	**6,12***
Idade	De 16 a 24 anos	0,3	**1,53***	-2,9	**0,13***
Idade	De 24 a 40 anos	0,36	**1,51****	-0,36	**0,28***
Idade	De 41 a 60 anos	0,3	**2,66***	-0,3	**0,17***
Escolaridade	Ensino superior	-0,03	1,13	0,35	0,88
Escolaridade	Ensino médio	0,03	2,11	-0,32	0,49
Renda	Renda até 2 SM	-0,06	0,98	0,06	0,61
Renda	Renda entre 2 e 10 SM	0,03	1,56	-0,03	0,34
Renda	Renda acima de 10 SM	0,08	2,66	-0,07	0,37

(continua)

Variáveis	Categoria —dummy	Marcio Lacerda Coef.	Marcio Lacerda Odds Ratio	Patrus Ananias Coef.	Patrus Ananias Odds Ratio
Interesse por política	Alto interesse por política	-0,06	0,68	0,08	1,45
Preferência partidária	PT	-0,25	0,21***	0,25	4,78**
	PSDB	-0,07	2,53	0,07	0,95
	PMDB	-0,31	0,15*	0,31	6,65*
	Nenhum partido	0	2,13	-0,03	0,46
Autolocalização ideológica	Direita	0,31	2,59	-0,07	0,56
	Centro	0,09	1,02	-0,1	0,31
	Esquerda	-0,072	0,61	0,072	10,5
Principal razão de voto	Experiência do candidato	0,07	2,21*	-0,78	0,45**
	Programa de governo	0,1	2,62	-0,1	0,3
Avaliação da economia e da administração de Marcio Lacerda	Situação econômica boa ou ótima	-0,05	0,59	0,05	1,62
	Aprovação da administração de Marcio Lacerda	0,52	3,31***	-0,5	0,02***
	Confiança na mídia (alta confiança)	0,09	1,35	-0,04	,73
Principal meio de informações para eleições	Principal meio — HGPE	-0,03	0,83	0,03	1,12
	Principal meio — internet	-0,32	0,11**	0,34	8,12*
	Principal meio — jornais ou revistas	0,44	1,15***	-0,44	0,01***
Variáveis de corrupção	Tolerância	-0,02	0,86	0,02	1,16
	Rouba mas faz	-0,15	0,29*	0,15	3,34*
	Votar em candidato envolvido em caso de corrupção	0,31	0,77	0,03	1,28
	Ouviu falar de caso de corrupção	-0,5	0,61	0,05	1,63
	Percebe a corrupção	-0,02	0,72*	0,03	1,06*
Intercepto		0,38		0,61	

* significativo a 10%
** significativo a 5%
*** significativo a 1%

Observações: 698 Chi²: 301,66 (sig. < 0,001) Pseudo R²: 0,263
Observações: 698 Chi²: 305,45 (sig. < 0,001) Pseudo R²: 0,278

Fonte: Grupo Opinião Pública e Ipespe.

Considerando que as mesmas variáveis influenciaram a intenção de voto nos principais candidatos, estendemos o modelo para verificar fatores que impactaram na escolha de votos em branco ou nulos. O terceiro modelo tem como categoria de referência a porcentagem de entrevistados que declararam votar em branco ou nulo, sobre os que declararam votar em algum dos candidatos.

Quadro 5
MODELO LOGÍSTICO PARA DECISÃO DE VOTO — BRANCO E NULOS

Variáveis	Categoria —*dummy*	Brancos e Nulos Coef.	Brancos e Nulos *Odds Ratio*
Gênero	Mulher	-0,26	0,73
Idade	De 16 a 24 anos	-0,13	2,43
Idade	De 24 a 40 anos	0,03	2,91
Idade	De 41 a 60 anos	0,19	1,18
Escolaridade	Ensino superior	-0,24	0,53
Escolaridade	Ensino médio	-0,52	0,74
Renda	Renda até 2 SM	0,19	0,16
Renda	Renda entre 2 e 10 SM	-0,24	0,06
Renda	Renda acima de 10 SM	0,02	0,29
Interesse por política	Alto interesse por política	0	
Preferência partidária	PT	-0,13	0,93
Preferência partidária	PSDB	0,01	0,48
Preferência partidária	PMDB	0,08	0,18
Preferência partidária	Nenhum partido	0,61	**7,35****
Autolocalização ideológica	Direita	0,01	0,56
Autolocalização ideológica	Centro	0,08	0,47
Autolocalização ideológica	Esquerda	0,4	0,62
Principal razão de voto	Experiência do candidato	0,31	1,97
Principal razão de voto	Programa de governo	-0,1	0,49

(continua)

Variáveis	Categoria —dummy	Brancos e Nulos	
		Coef.	Odds Ratio
Avaliação da economia e da administração de Marcio Lacerda	Situação econômica boa ou ótima	0,33	2,22*
	Aprovação da administração de Marcio Lacerda	-0,26	0,24*
Principal meio de informações para eleições	Confiança na mídia (alta confiança)	-0,21	
	Principal meio — HGPE	0,5	2,78
	Principal meio — internet	-0,04	0,11
	Principal meio — jornais ou revistas	0,14	0,92
Variáveis de corrupção	Tolerância	-0,06	1,03
	Rouba mas faz	-0,18	1,02
	Votar em candidato envolvido em caso de corrupção	-0,21	0,72
	Ouviu falar de caso de corrupção	0,08	3,06*
	Percebe a corrupção	-0,05	1,29
Intercepto			0,56

* significativo a 10%
** significativo a 5%
*** significativo a 1%

Observações: 772 Chi²: 352,33 (sig. < 0,001) Pseudo R²: 0,347

Fonte: Grupo Opinião Pública e Ipespe.

A "percepção da corrupção" favoreceu o candidato da oposição, o petista Patrus Ananias, mas não foi suficiente para se sobrepor ao peso do voto retrospectivo econômico, dado ao seu adversário. Pela análise da regressão, o voto em Lacerda foi marcadamente mais pragmático, ao considerar positiva sua gestão em curso. As análises das chances de risco revelam que o voto em Patrus Ananias foi favorecido por um indicativo de alto interesse por política dos eleitores e, principalmente, pelo acesso à internet como meio de informações sobre a eleição. Ao comparar os mesmos resultados para as chances de voto em Lacerda, notam-se diferenças. O acesso à mídia online garante sete vezes mais chances de voto para Patrus que outros veículos de comunicação. A situação é quase inversa no caso de Lacerda, quando o acesso à internet reduz ao mínimo as chances de voto. O atual prefeito de Belo Horizonte foi favorecido pela exposição dos eleitores ao HGPE durante a campanha.

Uma pesquisa realizada meses antes do início da campanha apontava para o valor da experiência de um candidato em administrações passadas, bem como sua preocupação com problemas relacionados com a saúde, como principais motivações dos eleitores na escolha de um candidato. Em consonância com as expectativas de tal parcela do eleitorado, a campanha do atual prefeito concedeu considerável peso à sua administração.

É interessante constatar que as variáveis que interferem na decisão do eleitor que declarou votar em branco ou nulo são relacionadas na literatura ao descontentamento do eleitorado e mesmo à desconfiança nas instituições democráticas. Nesse sentido, a ausência de preferência partidária evidencia grandes chances de o eleitor manter uma posição de "alheamento decisório eleitoral" ao votar em branco ou anular o voto. O mesmo acontece, porém com menos expressão, com a variável "percepção de corrupção".

Em Belo Horizonte, o percentual de abstenções das eleições de 2012 cresceu 12% em relação ao pleito de 2008. O percentual de eleitores que votaram em branco ou nulo chegou a quase 14% do total de votantes. A média estadual subiu de 14,2% em 2008 para 16,85% em 2012, e a nacional seguiu a mesma proporção, de 14,5% para 16,4%. Impressiona o número de eleitores que se abstiveram ou votaram em branco ou nulo para a escolha de um candidato que ocupasse uma das 41 cadeiras de vereadores na Câmara Municipal. No total, foram 741.384 pessoas, o que corresponde a 40% do eleitorado da capital mineira. Os dados demonstram sinais de distanciamento dos eleitores em relação ao Legislativo.

Considerações finais

A exposição do fenômeno da corrupção tem, sob determinado contexto, capacidade para mobilizar e gerar juízos de valor, além de despertar interesses e fomentar a luta por poder simbólico na arena política. A relevância dos estudos de decisão de voto é evidenciada na diversidade de teorias que fundamentam as principais pesquisas de comportamento eleitoral.

Na literatura, é evidente uma concentração de estudos sobre as eleições presidenciais, mas a compreensão de como o brasileiro vota para prefeito e a identificação de fatores que estão associados à sua escolha ainda suscitam divergências entre pesquisadores. Atualmente, a identificação com o candidato, sua representação política e a avaliação da administração passada assumem importância como preditoras do voto, em detrimento da estruturação ideológica e identidade dos partidos.

O que mais influenciou o voto para prefeito em Belo Horizonte, os escândalos midiáticos de corrupção ou o pragmatismo do eleitor? Conforme demonstramos, a decisão do voto nas eleições para prefeito de Belo Horizonte, em 2012, esteve mais relacionada com o voto retrospectivo, especialmente no tocante à avaliação positiva da administração do candidato Marcio Lacerda. Nesse contexto, a campanha de reeleição de Lacerda esteve associada à continuidade e o candidato esteve à vontade para enfatizar aspectos da sua capacidade de realização, bem como a aprovação recebida por ele à frente da prefeitura de Belo Horizonte. Da parte dos principais candidatos, tanto o HGPE quanto os *spots* e inserções em outras mídias exaltaram as realizações dos postulantes ou mitigaram a habilidade ou a experiência passada dos concorrentes (principalmente se mencionarmos Patrus Ananias, que, como vimos, investiu bastante em ataques ao oponente de maior relevo).

Os eleitores ficaram expostos a um conteúdo que contribuiu para a constituição do voto retrospectivo, baseado nas capacidades de administração de cada candidato, dadas suas experiências passadas à frente da prefeitura. O eleitorado foi influenciado, ainda, por uma carga prospectiva que favoreceu o candidato eleito do PSB, ao enaltecer o discurso de continuidade do projeto ou plano de governo já estabelecido em seu mandato anterior. Nessa perspectiva, cabe destacar, ainda, os esforços de Patrus Ananias em valorizar suas qualidades gerenciais, embora esse não tenha sido o foco de sua campanha e num contexto em que a imagem de bom gestor já era marca registrada de Lacerda.

Outro achado importante é a relevância das redes sociais, como campo de campanha negativa e benefício ao candidato Patrus Ananias. A mídia online foi utilizada para a promoção de ataques, que tentaram desmoralizar a atividade política dos principais oponentes. Pelo modelo logístico, é possível afirmar que o candidato petista obteve mais sucesso na campanha online, na medida em que é sua a maioria dos eleitores que declaram ter a internet como principal meio de informação para as eleições. De modo contrário, Lacerda conquistou mais votos daqueles que se informam por revistas ou jornais.

Apesar da exposição pelos meios de comunicação, a pauta da corrupção apresentou menos relevância na decisão do voto para prefeito, em comparação com aspectos econômicos e avaliações de administrações passadas. Apesar de o eleitorado da cidade estar exposto ao tema nacional da corrupção, representada midiaticamente por meio do julgamento do caso do Mensalão, esse tema não foi acionado no processo de decisão de voto. A cobertura e a veiculação massiva de conteúdos sobre corrupção na mídia podem não acarretar efeitos no momento das eleições — ou podem ser danosas aos processos eleitorais democráticos, por ressaltarem patologias institucionais, como o fenômeno da corrupção, em detrimento de virtudes.

Dado que a visibilidade dos casos e escândalos é garantida principalmente pela mídia, os efeitos sobre a percepção e o posicionamento do cidadão diante do tema podem recair principalmente sobre a confiança nas instituições políticas e sobre o prestígio dos atores. Ao mesmo tempo que partidos e políticos utilizam veículos de comunicação para construir um estoque de capital político diante do eleitorado, os escândalos políticos midiáticos podem contribuir para desgastar capitais políticos. A excessiva visibilidade dada aos escândalos, sem nenhuma contrapartida de controle judicial e público não estatal, evidencia de maneira nociva as falhas das instituições representativas, o que pode implicar a emergência de contextos de instabilidade política, uma cultura de baixa confiança institucional e a sensação de recorrência das práticas seguidas de impunidade.

Forma-se, então, um círculo vicioso, que, embora não seja o foco das campanhas eleitorais e não esteja no centro das preocupações do eleitor ao decidir seu voto, é difícil de ser rompido e causa transtornos ao funcionamento da democracia. Ao ser tratado frequentemente pela mídia, a corrupção passa a ser rotinizada, e, de escândalo, transforma-se, na percepção do eleitor, em "fato natural" e atributo de todos os políticos, o que reduz, assim, a possibilidade de o tema da corrupção produzir efeitos na decisão de voto.

Referências

ALMOND, G. A.; VERBA, S. *The civic culture revisited*: an analytical study. Thousand Oaks, CA; Londres: Sage Publications, 1989.

ARAÚJO, Rogério Bastos. Corrupção e instituições políticas: uma análise conceitual e empírica. In: ENCONTRO DA ASSOCIAÇÃO BRASILEIRA DE CIÊNCIA POLÍTICA, 7., 2010, Recife.

BAPTISTA, Erica Anita. Internet e escândalos políticos: a corrupção e as eleições municipais de 2012. In: CONGRESSO DA COMPOLÍTICA, V, 2013, Curitiba. *Anais...* 2013. v. V. Disponível em: <www.compolitica.org/home/wp-content/uploads/2013/05/GT04-Internet-e-politica--EricaAnitaBaptista.pdf>. Acesso em: 22 fev. 2016.

CANEL, Maria José; SANDERS, Karen. El poder de los medios en los escándalos políticos: la fuerza simbólica de la noticia icono. *Anàlisi*, n. 32, p. 163-178, 2005.

CERVELLINI, Silvia. *Corrupção na política*: eleitor, vítima ou cúmplice. 2006. Disponível em: <www4.ibope.com.br/congressoabep/publicacao2008/8_Corrupcao_na_Politica_Eleitor_Vitima_ou_Cumplice.pdf>. Acesso em: 22 fev. 2016.

DALTON, Russell. Cognitive mobilization and partisan dealignment in advanced industrial democracies. *The Journal of Politics*, v. 46, n. 1, p. 264-284, 1984.

DOWNS, Anthony. *An economic theory of democracy*. Nova York: Harper & Row, 1957.

FILGUEIRAS, Fernando. A tolerância à corrupção no Brasil: uma antinomia entre normas morais e prática social. *Opinião Pública*, Campinas, v. 15, n. 2, p. 386-421, nov. 2009.

____. Corrupção e cultura política: apercepção da corrupção no Brasil. In: TELLES, Helcimara; MORENO, Alejandro (Org.). *Comportamento eleitoral e comunicação política na América Latina*. Belo Horizonte: Editora UFMG, 2013. v. 1.

____. Sociedade civil e controle social da corrupção. *Em Debate*, Belo Horizonte, v. 3, n. 4, p. 14-28, dez. 2011.

____; AVRITZER, L. Corrupção e controles democráticos no Brasil. In: CARDOSO JR., José Celso; BERCOVICI, Gilberto (Org.). *República*, *democracia e desenvolvimento*: contribuições ao Estado brasileiro. Brasília: Ipea, 2013. v. 1, p. 209-242.

FIORINA, M. *Retrospective voting in American national elections*. New Haven: Yale University Press, 1981.

GOMES, Marcelos Barros. Controle externo. In: AVRITZER, Leonardo et al. (Org.). *Corrupção*: ensaios e crítica. Belo Horizonte: Editora UFMG, 2008.

GOMES, Wilson. Capital social, democracia e televisão em Robert Putnam. In: _____; MAIA, R. C. M. (Org.). *Comunicação e democracia*: problemas e perspectivas. São Paulo: Paulus, 2008.

_____. Esfera pública política e comunicação em *Direito e democracia* de Jürgen Habermas. In: GOMES, Wilson; MAIA, Rousiley. *Comunicação e democracia*: problemas e perspectivas. São Paulo: Paulus, 2008.

_____. Esfera pública política e comunicação em *Mudança estrutural da esfera pública* de Jürgen Habermas. In: _____; MAIA, R. C. M. (Org.). *Comunicação e democracia*: problemas e perspectivas. São Paulo: Paulus, 2008. p. 31-62.

HABERMAS, Jürgen. *Mudança estrutural da esfera pública*: investigações quanto a uma categoria da sociedade burguesa. Rio de Janeiro: Tempo Brasileiro, 1984.

HAIR, J. et al. *Multivariate data analysis*. Uppersaddle River, New Jersey: Pearson Prentice Hall, 2006. p. 45-49.

HOLBROOK, T. Campaigns, national conditions, and U.S. presidential elections. *American Journal of Political Science*, v. 38, p. 973-998, 1994.

HUNTINGTON, Samuel P. Modernização e corrupção. In: _____. A ordem política nas sociedades em mudanças. São Paulo: Edusp; Rio de Janeiro: Forense-Universitária, 1975. p. 52-71.

KINDER, R.; KIEWIT, D. Sociotropic politics: the American case. *British Journal of Political Science*, v. 11, p. 129-61, 1981.

KLINGEMANN, H. Mapping political support in the 1990s: a global analysis. In: NORRIS, P. (Ed.). *Critical citizens*: global support for democratic government. Oxford: Oxford University Press: 1999. p. 31-56.

LAVAREDA, Antonio; TELLES, Helcimara de Souza. *Como o eleitor escolhe seu prefeito*: campanha e voto nas eleições municipais. Rio de Janeiro: FGV, 2011.

MANIN, Bernard. As metamorfoses do governo representativo. *Revista Brasileira de Ciências Sociais (RBCS)*, São Paulo, ano 10, n. 29, out. 1995.

MCCOMBS, Maxwell; SHAW, Donald. The agenda setting function of mass media. *Public Opinion Quarterly*, v. 36, n. 2, 1972.

MENEGUELLO, R. O lugar da corrupção no mapa de referências dos brasileiros: aspectos da relação entre corrupção e democracia. In: *Corrupção e sistema político no Brasil*. Rio de Janeiro: 2007.

MIGUEL, Luís Felipe. Capital político e carreira eleitoral: algumas variáveis na eleição para o Congresso brasileiro. *Revista Sociologia Política*, Curitiba, n. 20, p. 115-134, jun. 2003.

MOISÉS, José Álvaro. A corrupção afeta a qualidade da democracia? *Em Debate*, Belo Horizonte, v. 2, p. 27-37, 2010a.

_____. Cultura política, instituições e democracia: lições da experiência brasileira. *Revista Brasileira de Ciências Sociais*, v. 23, p. 11-43, 2008.

_____. *Os brasileiros e a democracia*: bases sociopolíticas da legitimidade democrática. São Paulo: Ática, 1995.

MOISÉS, José Álvaro. Political corruption and democracy in contemporary Brazil. *Revista Latinoamericana de Opinión Pública*, v. 1, p. 103-123, 2010b.

MUNDIM, Pedro. Cientistas políticos, comunicólogos e o papel da mídia nas teorias da decisão do voto. *Política Hoje*, v. 19, p. 338-364, 2010.

MUTZ, Diana. *Hearing the other side*: deliberative versus participatory democracy. Cambridge: Cambridge University Press, 2006.

POWER, T. J.; JAMISON, G. D. Desconfiança política na América Latina. *Opinião Pública*, Campinas, v. XI, n. 1, p. 64-93, 2005.

RENNÓ, Lúcio R. Escândalos e voto: as eleições presidenciais brasileiras de 2006. *Opinião Pública*, Campinas, v. 13, n. 2, p. 260-282, nov. 2007.

_____ et al. *Legitimidade e qualidade da democracia no Brasil*: uma visão da cidadania. São Paulo: Intermeios; Nashville: Lapop, 2011.

RIBEIRO, Pedro Floriano. Campanhas eleitorais em sociedades midiáticas. *Revista Sociologia Política*, Curitiba, p. 25-43, jun. 2004.

ROJAS, Hernando; CASAS, Diana Paola Medida. *Comunicacíon y ciudadania*: percepciones de corrupción y confianza institucional. Bogotá: Universidad de Externado, 2006.

SELIGSON, M. A. The impact of corruption on regime legitimacy: a comparative study of four Latin American countries. *Journal of Politics*, v. 64, p. 408-433, 2002.

SHEA, Daniel M. All scandal politics is local: ethical lapses, the media, and congressional elections. *The Havard International Journal of Press/Politics*, v. 4, n. 2, p. 45-62, mar. 1999.

TABACHNICK, B. G.; FIDELL, L. S. *Using multivariate statistics*. Boston: Allyn and Bacon, 2007. p. 64-82.

TELLES, Helcimara de Souza; FRAIHA, Pedro; LOPES, Nayla. Meios de comunicação, corrupção e redes sociais nas eleições para prefeito no Brasil. In: CUNHA, Isabel Ferin; SERRANO, Estrela (Org.). *Cobertura jornalística da corrupção política*: sistemas políticos, sistemas mediáticos, enquadramentos legais. Lisboa: Aletheia, 2014. v. 1, p. 295-321.

____; LOPES, Nayla. *Passado ou futuro?* O duelo entre as realizações e propostas de Marcio Lacerda e Patrus Ananias na disputa pela prefeitura de Belo Horizonte em 2012. In: PANKE, Luciana; CERVI, Emerson. *Eleições nas capitais brasileiras em 2012*: um estudo sobre o HGPE em eleições municipais. Curitiba, UFPR, 2013 (e-book).

____; LOURENÇO, Luiz Cláudio; STORNI, Tiago Prata. *Partidos, campanhas e voto*: como o eleitor decide nas municipais. 2009. Disponível em: <www.revistas.ufg.br/index.php/fchf/article/view/6903/4958>. Acesso em: 10 ago. 2013.

____; MORENO, Alejandro (Org.). *Comportamento eleitoral e comunicação política na América Latina*: o eleitor latino-americano. Belo Horizonte: Editora da UFMG, 2013. v. 1.

____; MORENO, Alejandro (Org.). *Opinião pública e comportamento político na América Latina*. Belo Horizonte: Editora UFMG, 2012.

____; SAMPAIO, T.; SILVA, Érica Anita Baptista. Os limites da *agenda-setting* na popularidade do presidente: consumo de notícias e escolaridade na avaliação do governo Dilma Rousseff (2013). *Revista Debates*, v. 9, p. 119-142, 2015.

THOMPSON, John B. *O escândalo político*: poder e visibilidade na era da mídia. Petrópolis: Vozes, 2002.

TORCAL, Mariano; MONTERO, José Ramón; GUNTHER, Richard. Ciudadanos y partidos en el sur de Europa: los sentimientos antipartidistas. *REIS — Revista Española de Investigaciones Sociológicas*, p. 9-48, 2003.

TRANSPARENCY INTERNATIONAL. Politics and governments. Disponível em: <www.transparency.org/topic/detail/politics_and_government>. Acesso em: 31 ago. 2013.

TRAQUINA, Nelson. *Teorias do jornalismo*. Florianópolis: Insular, 2005.

Anexo metodológico

Testes estatísticos

Conforme as teorias, existem três estatísticas para testar hipóteses relacionadas com os parâmetros deduzidas de distribuições assintóticas: Razão de Verossimilhança, teste de Wald e Escore. A primeira é obtida por meio da comparação entre o modelo sob, Ho: $\beta=\beta_o$, e o irrestrito. A estatística do teste tem aproximadamente uma distribuição de qui-quadrado com número de graus de liberdade igual à diferença do número de parâmetros dos modelos que estão sendo comparados. O teste de razão de verossimilhança é considerado mais acurado que o de Wald. Em nosso trabalho, o teste foi utilizado para selecionar apenas as variáveis que contribuíam para o ajustamento do modelo. Optamos por reduzir o modelo por meio do teste descartando as variáveis não significantes. As seguintes variáveis foram retiradas do modelo: Escolaridade (todos os níveis), Renda (todos os níveis), HGPE como principal meio de informação para eleições, Votaria em algum candidato envolvido em escândalo de corrupção.

		Correlações				
		Mudar de partido em troca de dinheiro ou cargo/emprego para familiares/pessoas conhecidas.	Aproveitar viagens oficiais para lazer próprio e de familiares.	Receber dinheiro de empresas privadas para fazer e/ou aprovar leis que as beneficiem.	Usar caixa 2 em campanhas eleitorais.	Trocar o voto a favor do governo por um cargo para familiar ou amigo.
Mudar de partido em troca de dinheiro ou cargo/emprego para familiares/pessoas conhecidas.	Pearson Correlation	1	,493**	,375**	,416**	,523**
	Sig. (2-tailed)		0	0	0	0
	N		784	777	781	775	779

(continua)

Correlações						
Aproveitar viagens oficiais para lazer próprio e de familiares.	Pearson Correlation	,493**	1	,367**	,455**	,436**
	Sig. (2-tailed)	0		0	0	0
	N	777	787	782	780	782
Receber dinheiro de empresas privadas para fazer e/ou aprovar leis que as beneficiem.	Pearson Correlation	,375**	,367**	1	,603**	,528**
	Sig. (2-tailed)	0	0		0	0
	N	781	782	789	779	783
Usar caixa 2 em campanhas eleitorais.	Pearson Correlation	,416**	,455**	,603**	1	,584**
	Sig. (2-tailed)	0	0	0		0
	N	775	780	779	784	780
Trocar o voto a favor do governo por um cargo para familiar ou amigo.	Pearson Correlation	,523**	,436**	,528**	,584**	1
	Sig. (2-tailed)	0	0	0	0	
	N	779	782	783	780	788

** Correlation is significant at the 0.01 level (2-tailed).

Análise fatorial das variáveis sobre corrupção

A análise fatorial procura produzir combinações lineares de variáveis que capturem o máximo possível a variância das variáveis observadas. A técnica analisa apenas a variância compartilhada. Primeiramente, verifica-se a adequabilidade da base de dados; nesse caso, o caráter contínuo das variáveis favorece o procedimento, assim como a razão entre o número de casos e a quantidade de variáveis é de 795/5, ou seja, 159, bastante satisfatória para a recomendação da literatura – que determina uma razão de 5 para 1 (Hair et al., 2006). A matriz de correlação exibe todos os coeficientes com valor acima de 0,3.

Quanto ao padrão de correlação entre as variáveis, o teste de Kaiser-Meyer-Olkin (KMO) e a estatística Bartelett Test of Spherecity (BTS) apresentam valores satisfatórios. A literatura convenciona o valor do teste KMO entre 0,9 e 1 sendo excelente. Já a estatística (BTS) deve ser significante para (p<0,05) (Tabachnick e Fidell, 2007).

TESTE E KMO E BARTLETT

Kaiser-Meyer-Olkin Measure of Sampling Adequacy.		0,815
Bartlett's Test of Sphericity	Approx. Chi-Square	1311,084
	df	10
	Sig.	0

Clusters

A técnica é designada para procedimentos que podem ser capazes de classificar dados por meio das semelhanças e dissemelhanças entre eles, ou seja, agrupar informações relativamente homogêneas. Dado um conjunto p de observações, no caso 795 respondentes do bloco de perguntas sobre corrupção, para os quais existe informações sobre a forma de p variáveis, o método agrupa indivíduos de modo que cada grupo tenha indivíduos tão semelhantes entre si quanto dissemelhantes do outro grupo.

Escolhemos dois grupos a serem considerados. Procedemos a divisão de todos os casos pelos dois grupos preestabelecidos. Pelo método Partitativo Iterativo denominado *k-means* no qual foram calculadas distâncias entre cada indivíduo e os centroides dos dois grupos. Os centros definidos para os dois grupos foram:

CENTROS FINAIS *CLUSTERS*

	Cluster 1	Cluster 2
Mudar de partido em troca de dinheiro ou cargo/emprego para familiares/pessoas conhecidas.	3,19	1,18
Aproveitar viagens oficiais para lazer próprio e de familiares.	3,37	1,37
Receber dinheiro de empresas privadas para fazer e/ou aprovar leis que as beneficiem.	2,11	1,11
Usar caixa 2 em campanhas eleitorais.	2,2	1,07
Trocar o voto a favor do governo por um cargo para familiar ou amigo.	2,48	1,11

Portanto, o centroide do grupo 2 está mais próximo do valor que representa intolerância às possíveis práticas corruptas expressas na pergunta. Ademais, podemos perceber que há uma repulsa maior para as situações hipotéticas das três ultimas perguntas (*ITCP_48, ITCP_49, ITCP_50*). O número de casos em cada *cluster* ficou assim definido:

NÚMERO DE CASOS EM CADA *CLUSTER*

Cluster	1	126
	2	669
Valid		795
Missing		8

9

Tarifas e tarefas: determinantes locais e institucionais da aprovação do prefeito de São Paulo (1993-2012)*

Wladimir Gramacho
André Jácomo
Thiago Sampaio

Morar em São Paulo é compartilhar o dia a dia com 12 milhões de pessoas, na sexta cidade mais populosa do globo. É desfrutar de uma das mais variadas ofertas culturais e gastronômicas do mundo, mas também sofrer com a poluição, com um deficiente sistema de transporte público e com a violência urbana de uma típica megalópole de país em desenvolvimento. Também implica contribuir para o maior PIB municipal do Brasil e pagar tributos que ajudam a fazer do prefeito de São Paulo um dos governantes

---

* Os autores agradecem ao Centro de Estudos de Opinião Pública (Cesop) da Unicamp pela cessão de 57 bancos de dados de *surveys* realizados na cidade de São Paulo e que complementaram as séries históricas analisadas neste capítulo. Por seus comentários e sugestões a uma versão prévia deste trabalho, também são gratos aos editores, a Mathieu Turgeon e um parecerista anônimo dessa publicação.

mais poderosos do país, como gestor de um orçamento de aproximadamente R$ 50 bilhões anuais (G1, 2013).

Mas morar em São Paulo é também morar no Brasil, um país com sistema de governo federalista, em que a competência por diferentes serviços públicos e políticas de Estado é distribuída e às vezes compartilhada em três níveis de governo. Na vida do paulistano, portanto, intervêm não só a Prefeitura, mas também o governo do estado — legalmente responsável pela segurança pública e pelo metrô, por exemplo — e o governo federal — a quem compete, entre outras atribuições, conduzir uma política econômica nacional que mantenha a inflação sob controle e que gere empregos.

Ao habitar um país federalista, o paulistano (assim como outros brasileiros) experimenta diferentes partidos políticos em cada nível de poder. Nem sempre são da mesma legenda o prefeito e o governador, ou o prefeito e o presidente. Portanto, nem sempre é mais evidente o vínculo partidário que une governantes de diferentes níveis federativos em programas e políticas públicas concertadas.

Este capítulo toma como referência uma série histórica de 20 anos para investigar e discutir determinantes locais e institucionais sobre os juízos que os paulistanos fazem do ocupante do Palácio do Anhangabaú. Os determinantes locais contemplados neste capítulo são as condições de (i) inflação e (ii) desemprego na cidade (em termos absolutos e comparativos com o contexto nacional), (iii) a taxa de homicídios e (iv) a ocorrência de aumentos de tarifas de ônibus, que em junho de 2013 inauguraram uma onda inédita de protestos na cidade de São Paulo.[1] O principal atributo institucional cujos efeitos serão analisados neste capítulo diz respeito à organização federativa do país, que prescreve compartilhamento de responsabilidades em algumas áreas e exclusividade em outras. Ou seja, a avaliação do presidente da República ou do governador do estado tem influência sobre a avaliação do prefeito? Parte da satisfação com o gover-

---

[1] Protestos que determinaram um emergencial e inédito recuo da Prefeitura — sob a gestão de Fernando Haddad (PT) — na decisão de aumentar as tarifas em R$ 0,20. Cinco meses depois do início das manifestações, quando este capítulo estava sendo concluído, ainda frequentavam as ruas de São Paulo violentos protestos, agora monopolizados por grupos minoritários denominados *black blocs*.

nante municipal deve-se à satisfação com os governantes de outros níveis federativos? Além disso, quando prefeito e governador, ou prefeito e presidente, são do mesmo partido, ambos são devidamente castigados e recompensados por fracassos e êxitos em áreas de atuação compartilhada? Ou são indevidamente castigados e recompensados por resultados em áreas de competência exclusiva?

Este texto está articulado em seis seções. A primeira passa em revista a teoria sobre as Funções de Voto e Popularidade (Funções VP), dando especial ênfase para os efeitos institucionais sobre a avaliação dos governos. A segunda seção faz uma breve descrição do caso paulistano e resume sua história política no período de análise (1993-2012). Em seguida, a terceira seção apresenta os dados recolhidos e sistematizados para este estudo, numa análise descritiva e qualitativa. A quarta seção explicita as hipóteses de trabalho e discute os resultados de modelos de regressão OLS. Na quinta seção, apresentam-se dados de correlação entre aprovação de prefeitos no Brasil e voto em disputas municipais ocorridas entre 2000 e 2012. Finalmente, a sexta e última seção reúne as principais conclusões deste estudo, que até onde soubemos inaugura a pesquisa sobre funções de popularidade subnacionais no Brasil.

1. A teoria das Funções de Voto e Popularidade (VP) e o entorno institucional

A introdução das pesquisas de *survey* na vida cotidiana das democracias mais maduras, em meados do século passado, deu à ciência política dados de uma natureza que outras áreas de conhecimento dispunham havia mais tempo: séries históricas. Com frequência crescente, essas pesquisas de opinião pública introduziram perguntas sobre a avaliação que os cidadãos faziam sobre seus governos e mostravam variações — às vezes sutis, às vezes abruptas — ao longo do tempo.

A disponibilidade de dados permitiu que Mueller (1970) analisasse, em um estudo pioneiro, os altos e baixos na popularidade dos presidentes americanos, de Harry Truman (1945-53) a Lyndon Johnson (1963-69). Estudo contemporâneo aos de Goodhart e Bhansali (1970), ocupados com a popularidade dos partidos e líderes políticos no Reino Unido, e ao de Kramer (1971), interessado nas causas das variações temporais das porcentagens de votos obtidos pelos partidos americanos para a House of Representatives.

Ao longo de 40 anos, consolidou-se uma área de pesquisa interessada nas chamadas Funções de Voto e Popularidade (*VP Functions*), ou funções explicativas da variação temporal de porcentagens de votos e popularidade. A mais evidente descoberta dessa linha de pesquisa é que as Funções VP são extremamente instáveis, e seus modelos explicativos variam amplamente entre casos e num mesmo caso ao longo do tempo (Lewis-Beck e Paldam, 2000). Entretanto, como resumiram Nannestad e Paldam (1994), são mais frequentes achados que indicam que os governantes serão mais votados ou aprovados quando a inflação e o desemprego estão sob controle e quando eventos políticos favorecem o governante (antecipado por Mueller, 1970, ao mencionar o efeito das guerras). Já a simples passagem do tempo tende a acumular desgaste e insatisfação com os governos.

Uma contribuição importante para o estudo das Funções VP, potencialmente esclarecedora sobre a instabilidade dos modelos em estudos comparativos, foi sugerida por Powell e Whitten (1993), que encontraram evidências de um efeito institucional sobre a clareza de responsabilidades dos governos. Segundo eles, regras institucionais mais simples tendem a potencializar a capacidade dos cidadãos de aplicar castigos e recompensas aos seus governantes, enquanto regras obscuras ou complexas dificultarão essa imputação. Em sistemas semipresidencialistas como o francês, identificou-se que em momentos de coabitação — em que primeiro-ministro e presidente pertencem a partidos diferentes — os castigos e recompensas pelas condições econômicas tendem a ser menos fortes que em períodos nos quais ambos são do mesmo partido (Lewis-Beck e Nadeau, 2000). Rennó e Gramacho (2010), por outro lado, mostraram em estudo comparativo entre Brasil e Chile que a maior sofisticação política dos cidadãos se associa à maior clareza de responsabilidades.

Um evidente desequilíbrio da literatura sobre a variação temporal da aprovação dos governos e governantes nas urnas e em pesquisas de opinião pública está na quase exclusiva análise do âmbito nacional. Um número reduzido de estudos ocupou-se de governos regionais ou estaduais (*e.g.*, Riba e Díaz, 2002; Cohen e King, 2004) e outro ainda menor de prefeituras (Arnold e Carnes, 2012). O viés, naturalmente, vem da escassez de dados para outros níveis de governo. À medida que esses dados passam a existir e estão disponíveis, contudo, cabe ocupar-se deles. Não apenas pelo interesse na exaustividade, mas porque o estudo da avaliação de prefeitos permite formular e tentar responder um novo conjunto de questões relevantes à construção teórica sobre as Funções VP e sobre o funcionamento da democracia.

O que explica os altos e baixos na avaliação dos prefeitos? Num contexto federativo como o brasileiro, os prefeitos são recompensados/punidos por bons/maus resultados de políticas e serviços públicos que estão sob seu controle ou pela repercussão local de tarefas cujo responsável é o presidente da República ou o governador do estado? Em outras palavras, os prefeitos são julgados por aumentos nas tarifas de ônibus (de responsabilidade municipal), por indicadores de criminalidade (de responsabilidade do governo estadual), ou pelos índices de inflação de preços locais (de responsabilidade do governo federal)? Além disso, os prefeitos compartilham recompensas ou castigos quando políticas de governadores ou presidentes de seu partido são exitosas ou fracassadas?

Essas perguntas, mais que elucidar idiossincrasias municipais, podem aportar novas conclusões que ajudem a compor uma teoria mais abrangente sobre as dinâmicas da avaliação que os cidadãos fazem de seus governantes, sejam eles presidentes, governadores ou prefeitos. Implicam, portanto, um conhecimento mais profundo sobre o funcionamento do *accountability* vertical nas democracias contemporâneas (Manin, Przeworski e Stokes, 1999).

No caso brasileiro, este estudo soma-se a um infelizmente ainda escasso trabalho de pesquisa sobre os determinantes longitudinais da aprovação governamental no Brasil. A produção mais recente, contudo, revelou aspectos interessantes das Funções VP, tais como a existência de um efeito positivo das campanhas eleitorais sobre a aprovação dos presidentes Fernando Henrique Cardoso e Luiz Inácio Lula da Silva (Jácomo, 2013), a maior importância do desemprego em relação à inflação como determinantes da popularidade do presidente Lula (Ferreira et al., 2011) e a associação entre a relevância midiática dos indicadores de inflação e desemprego e seu impacto sobre a aprovação do presidente FHC (Gramacho, 2005). O presente capítulo busca dar alguns passos nesse ainda pouco explorado campo de estudo, inaugurando a discussão sobre as Funções VP municipais no Brasil.

2. São Paulo, sua prefeitura e seus prefeitos

A Constituição brasileira de 1988 moveu o pêndulo administrativo do país na direção da maior autonomia de estados e municípios. Desde a proclamação da República em 1889, o país tem alternado períodos com maior centralização de atribuições no governo nacional (1930-45 e 1964-85) ou maior descentralização (1889-1930 e 1946-64). Nos últimos 25 anos, contudo, o marco constitucional vigente estabelece no artigo 30 que compete aos municípios, entre outras atividades, a organização urbana, o transporte coletivo e a prestação de serviços de atendimento à saúde e à educação infantil (nestes dois últimos casos em cooperação com União e estado).

Se o marco legal dos municípios brasileiros é único, seu contexto econômico e produtivo específico, contudo, oferece aos prefeitos níveis de intervenção muito diferentes pelo país afora, uma vez que sua base de arrecadação de impostos está constituída essencialmente por dois tributos: Imposto Sobre Serviços (ISS) e Imposto Predial Territorial Urbano (IPTU). A arrecadação desses tributos está fortemente associada à riqueza e à atividade econômica do município. No caso paulistano, a Prefeitura previa para 2013 o recolhimento de aproximadamente R$ 18 bilhões com tributos locais, o que correspondeu a 43% de sua despesa naquele ano. As demais receitas eram compostas por transferências da União e do estado de São Paulo.

O orçamento anual da Prefeitura de São Paulo é o maior dos municípios brasileiros e, no âmbito subnacional, inferior apenas ao orçamento do governo de São Paulo, sendo similar aos de Minas Gerais e do Rio de Janeiro. A cidade de São Paulo, com PIB estimado de R$ 450 bilhões, é a 10ª mais rica do mundo.[2] Se fosse um país, a cidade de São Paulo estaria

---

[2] Global city GDP rankings, 2008-2025, elaborado por Pricewaterhouse Coopers.

entre as 50 maiores economias do planeta, próxima às posições de Chile e Portugal.

Aos recursos financeiros à disposição do prefeito de São Paulo somam-se recursos políticos também muito importantes. Segundo dados de setembro de 2013 do Tribunal Superior Eleitoral (TSE), tinham domicílio eleitoral na capital paulista 8,6 milhões de brasileiros, ou 6% dos eleitores do país. Além disso, a maior parte dos principais meios de comunicação tem sua sede, ou grandes sucursais, baseadas em São Paulo. É o caso das emissoras de TVs, das cadeias de rádio, de portais noticiosos da internet, de jornais e revistas. Tantos recursos econômicos, políticos e midiáticos fazem da cidade de São Paulo um distrito eleitoral prioritário para qualquer candidato ou partido político com aspirações nacionais.

Desde a retomada das eleições municipais no Brasil, após a ditadura militar (1964-85), oito candidatos foram eleitos prefeitos em São Paulo: Jânio Quadros (PTB, 1985), Luiza Erundina (PT, 1988), Paulo Maluf (PDS, 1992), Celso Pitta (PPB, 1996), Marta Suplicy (PT, 2000), José Serra (PSDB, 2004), Gilberto Kassab (DEM, 2008) e Fernando Haddad (PT, 2012). Dois prefeitos tentaram a reeleição. Marta Suplicy, em 2004, foi derrotada no segundo turno, e Gilberto Kassab, eleito vice-prefeito em 2004, saiu vitorioso em 2008, contra Marta Suplicy que tentara novamente voltar ao Palácio do Anhangabaú.

Pelo calendário eleitoral brasileiro, há um intervalo de dois anos entre as eleições municipais e as eleições federais e estaduais. As eleições municipais mais recentes ocorreram em 2012 e as últimas eleições federais e estaduais foram realizadas em 2010. Com isso, prefeitos podem coabitar no sistema federativo com diferentes governadores ou presidentes durante seus mandatos, de partidos mais ou menos próximos. O quadro 1 informa, de 1986 a 2012, os partidos do prefeito da cidade de São Paulo, do governador do estado de São Paulo e do presidente da República. Ainda que colegas de partidos possam ser adversários políticos, o dado indica maior ou menor potencial de solidariedade administrativa, assim como mais evidente vinculação — aos olhos dos cidadãos — entre dois governantes da mesma legenda. Como se vê, foram reduzidas e mais recentes as oportunidades em que o prefeito paulistano contou com um colega de partido no governo do estado ou na Presidência da República.

Quadro 1
PREFEITOS DE SÃO PAULO, GOVERNADORES DE SÃO PAULO, PRESIDENTES DO BRASIL E SEUS PARTIDOS POLÍTICOS DE 1986 A 2012

ANO	PARTIDO NA PREFEITURA DE SÃO PAULO	PARTIDO NO GOVERNO DE SÃO PAULO	PARTIDO NA PRESIDÊNCIA DA REPÚBLICA
1986	PTB (Jânio Quadros)	PMDB (Franco Montoro)	PMDB (José Sarney)
1987	PTB (Jânio Quadros)		PMDB (José Sarney)
1988		PMDB (Orestes Quércia)	
1989		PMDB (Orestes Quércia)	
1990	PT (Luiza Erundina)		PRN (Fernando Collor)
1991	PT (Luiza Erundina)		PRN (Fernando Collor)
1992		PMDB (Luiz A. Fleury)	PMDB[4] (Itamar Franco)
1993		PMDB (Luiz A. Fleury)	PMDB[4] (Itamar Franco)
1994	PDS[3] (Paulo Maluf)		
1995	PDS[3] (Paulo Maluf)		
1996		PSDB (Mário Covas)	PSDB (Fernando H. Cardoso)
1997		PSDB (Mário Covas)	PSDB (Fernando H. Cardoso)
1998	PPB[5] (Celso Pitta)		
1999	PPB[5] (Celso Pitta)		
2000		PSDB	PSDB (Fernando H. Cardoso)
2001		PSDB	PSDB (Fernando H. Cardoso)
2002	PT (Marta Suplicy)		
2003	PT (Marta Suplicy)		
2004		PSDB (Geraldo Alckmin)	PT (Luiz I. Lula da Silva)
2005	PSDB (José Serra)	PSDB (Geraldo Alckmin)	PT (Luiz I. Lula da Silva)
2006	PSDB (José Serra)		
2007	DEM (Gilberto Kassab)		
2008	DEM (Gilberto Kassab)	PSDB (José Serra)	PT (Luiz I. Lula da Silva)
2009	DEM/PSD (Gilberto Kassab)	PSDB (José Serra)	PT (Luiz I. Lula da Silva)
2010	DEM/PSD (Gilberto Kassab)		
2011	DEM/PSD (Gilberto Kassab)	PSDB (Geraldo Alckmin)	PT (Dilma Rousseff)
2012		PSDB (Geraldo Alckmin)	PT (Dilma Rousseff)

Fonte: Elaboração dos autores.

---

[3] O ex-presidente Itamar Franco deixou o PRN em 1992, antes de assumir a Presidência em substituição a Fernando Collor, e filiou-se novamente ao PMDB, do qual havia saído em 1986.
[4] Devido a fusões com outras legendas, o Partido Democrático Social (PDS) passaria a se chamar Partido Progressista Reformador (PPR) em 1993 e Partido Progressista Brasileiro (PPB) em 1995. Em 2003, optou pela atual denominação, Partido Progressista (PP).
[5] Veja nota anterior.

Consideramos que entre 2003 e 2006 os prefeitos paulistanos dispuseram de um aliado no Palácio dos Bandeirantes ou no Palácio do Planalto. Isso ocorreu com a prefeita Marta Suplicy e o presidente Luiz Inácio Lula da Silva (ambos do PT), em 2003 e 2004, e depois com o prefeito José Serra e o governador Geraldo Alckmin (ambos do PSDB), em 2005 e 2006.

Também notável no quadro 1 é a interrupção de mandato ocorrida em março de 2006, quando o prefeito José Serra deixou o cargo para se candidatar, com êxito, ao governo do estado de São Paulo. Se a vitória de Serra nas eleições daquele ano revelou apoio popular no estado à sua candidatura, os paulistanos parecem ter recebido com decepção o vice-prefeito logo após sua posse no Anhangabaú. Em março de 2006, 44% dos paulistanos consideravam a gestão de José Serra "ótima" ou "boa", segundo o Datafolha. No entanto, dois meses depois, em maio, apenas 10% diziam o mesmo da recém-inaugurada gestão do até então vice-prefeito Gilberto Kassab. A queda de 34 pontos correspondeu a uma deterioração drástica nas condições de vida da capital paulista? Ou se deveu a uma reação exagerada à notícia de que a Prefeitura e a cidade passariam aos cuidados do vice-prefeito, um político ainda pouco conhecido da população e sem marcas consolidadas como gestor público? As próximas seções pretendem responder a essas questões e às enunciadas anteriormente.

3. Dados e técnica de análise

Ainda que a etapa democrática atual da cidade de São Paulo conte com 27 anos, não existem dados sistemáticos sobre a aprovação das gestões de seus prefeitos durante todo esse período. Uma extensa pesquisa em bancos de dados disponíveis identificou 100 pesquisas de opinião pública realizadas entre 1993 e 2012 pelo instituto Datafolha. Devido à realização mais esparsa de *surveys* entre 1989 e 1992 e ao fato de a gestão do prefeito Fernando Haddad ainda estar em seu primeiro ano quando este capítulo foi elaborado, construímos uma série histórica trimestral de março de

1993 a dezembro de 2012. Contemplamos, portanto, seis mandatos: Paulo Maluf (1993-96), Celso Pitta (1997-2000), Marta Suplicy (2001-04), José Serra (2005-06) e Gilberto Kassab, único reeleito (2006-12). Tomamos os dados de pesquisas de opinião pública realizadas nos meses de março, junho, setembro e dezembro de cada ano. Quando não havia dados para o mês/ano da série, usamos a média ponderada dos pontos adjacentes dando mais peso aos dados mais próximos no tempo. Desse modo, a série trimestral para a popularidade do prefeito de São Paulo possui, ao todo, 80 pontos, formados a partir do conjunto de 100 *surveys*: 46 são pontos originais e 34 foram imputados.[6]

O gráfico 1 mostra a série histórica da aprovação do prefeito de São Paulo entre 1993 e 2012, somando-se as avaliações "ótimo" e "bom" à seguinte pergunta do Instituto Datafolha: "Na sua opinião, o(a) prefeito(a) ... está fazendo um governo ótimo, bom, regular, ruim ou péssimo?". Pode-se separar o comportamento da série em três grupos. Paulo Maluf, José Serra e Gilberto Kassab (este em seu primeiro mandato) tiveram uma gestão com aprovação crescente — comportamento contrário à expectativa tradicional de estudos de Funções VP que prescreve um inevitável desgaste na popularidade governamental com o passar do tempo. Já Celso Pitta e Gilberto Kassab (em seu segundo mandato) foram aprovados por um número cada vez menor de cidadãos à medida que seus mandatos chegavam ao fim — nesse caso, de acordo com a expectativa do *cost of ruling*. Já Marta Suplicy oscilou em torno de uma média levemente ascendente.

---

[6] Reconhecemos que o conjunto de dados não é o ideal, uma vez que temos valores originais para 58% dos pontos da série trimestral de aprovação do prefeito paulistano. Infelizmente, até onde foi possível pesquisar, não existem dados melhores para esse período. Esse é um problema não exclusivo de São Paulo. Em seu estudo sobre o caso de Nova York, Arnold e Carnes (2012) usam uma série temporal de aprovação com apenas 46% dos valores extraídos diretamente de *surveys*.

Gráfico 1
SÉRIE HISTÓRICA TRIMESTRAL DE APROVAÇÃO
DO PREFEITO DE SÃO PAULO (1993-2012)

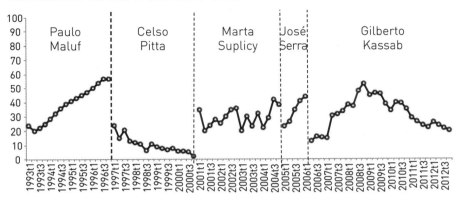

Fonte: Elaboração dos autores com base em dados do Datafolha. Cada ponto representa a soma de porcentagens das respostas "ótimo" e "bom" dadas à pergunta: "Na sua opinião, o(a) prefeito(a) ... está fazendo um governo ótimo, bom, regular, ruim ou péssimo?".

As maiores taxas de aprovação foram obtidas por Paulo Maluf (57%) e Gilberto Kassab (53%), neste caso ao final de seu primeiro mandato, em dezembro de 2008, e já reeleito. As menores taxas de aprovação corresponderam a Celso Pitta (2%) ao final de seu governo em dezembro de 2000 e novamente a Gilberto Kassab (13%) logo depois que José Serra deixou o cargo para candidatar-se ao governo do estado. A média e a mediana de toda a série são iguais: 28%.

Tabela 1
ANÁLISE DESCRITIVA DA APROVAÇÃO DOS
PREFEITOS DE SÃO PAULO (1993-2012)

Prefeito	Trimestres no cargo	% máximo avaliação "ótimo" + "bom"	% mínimo avaliação "ótimo" + "bom"	% médio de avaliação "ótimo" + "bom"
Paulo Maluf	16	57%	20%	39%
Celso Pitta	16*	24%	2%	10%

(continua)

Prefeito	Trimestres no cargo	% máximo avaliação "ótimo" + "bom"	% mínimo avaliação "ótimo" + "bom"	% médio de avaliação "ótimo" + "bom"
Marta Suplicy	16	42%	20%	29%
José Serra	5	44%	23%	34%
Gilberto Kassab	27	53%	13%	31%
TODOS	80	57%	2%	28%

Fonte: Elaboração dos autores com base em dados do Datafolha.
*O prefeito Celso Pitta esteve afastado do cargo por menos de um mês, entre 26 de maio e 13 de junho de 2000, por determinação da justiça devido a denúncias de corrupção em sua gestão.

Os dois principais indicadores que descrevem as condições econômicas de uma sociedade — inflação e desemprego — mostram que as gestões dos prefeitos paulistanos durante as duas décadas analisadas por este trabalho ocorreram em contextos bastante distintos. A inflação da cidade de São Paulo, neste caso medida pelo IPCA, acompanhou os índices nacionais, que caíram dramaticamente com o Plano Real em 1994, durante os mandatos de Itamar Franco em Brasília e Paulo Maluf em São Paulo, e tiveram uma oscilação mais importante apenas em 2002, quando Fernando Henrique Cardoso encerrava seu segundo período na Presidência e Marta Suplicy era a prefeita paulistana. Já o desemprego, em rota ascendente até 2003, recuou sistematicamente ao longo do governo Lula, criando um contexto mais favorável nesse aspecto aos mandatos de José Serra e Gilberto Kassab. Nesses âmbitos, pode-se esperar que altos e baixos na aprovação do prefeito estejam em geral completamente dissociados do comportamento da inflação, cujo controle está a cargo do Banco Central, autarquia do governo federal encarregada da política monetária. Entretanto, a taxa de desemprego pode obedecer a estímulos diferentes: o primeiro, da política macroeconômica do governo central, e o segundo, da política de estímulos regional ou local que procure otimizar a alocação de mão de obra local com certa independência do contexto econômico nacional. É possível, portanto, que a popularidade do prefeito paulistano responda, ainda que só parcialmente, ao comportamento do desemprego na cidade, mas não aos índices de inflação.

Gráfico 2
IPCA E TAXA DE DESEMPREGO ABERTO EM SÃO PAULO (1993-2012)

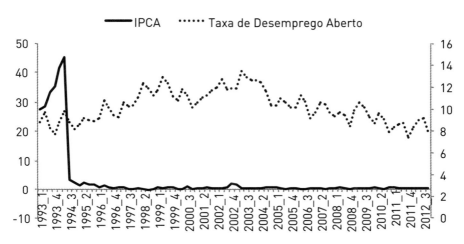

Fonte: Ipea Data. Disponível em: <www.ipeadata.gov.br>.

Também muito marcado foi o comportamento da taxa de homicídios no município de São Paulo, que caiu de aproximadamente 12 mortes por 100 mil habitantes durante o período 1996-2002 para cerca de 3 por 100 mil habitantes a partir de 2008 (gráfico 3).[7] Até 2002, São Paulo apresentava o que a Organização Mundial de Saúde (OMS) define como violência epidêmica, ou seja, taxa igual ou superior a 10 homicídios por grupo de 100 mil habitantes. Ainda que a segurança pública seja uma atribuição do governo estadual, cabe investigar em que medida os prefeitos paulistanos foram recompensados pela redução desse indicador de criminalidade. Afinal, a cidade de São Paulo tem uma Guarda Municipal com amplas atribuições, entre as quais a proteção de prédios públicos e a proteção escolar. Ainda assim, especificamente no período 2005-06, em que prefeito e governador pertenciam ao mesmo partido político (PSDB), os paulistanos podem ter recompensado mais o prefeito pela queda na taxa de homicídios, em comparação com períodos em que prefeito e governador eram de partidos diferentes.

---

[7] Não conseguimos obter dados sobre homicídios no município de São Paulo entre 1993 e 1995.

Gráfico 3
TAXA DE HOMICÍDIO DO MUNICÍPIO DE SÃO PAULO (1996-2012)

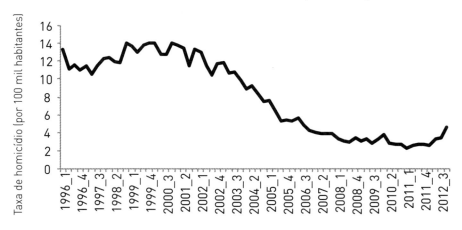

Fonte: Secretaria da Segurança Pública (SSP) do Estado de São Paulo.

Além do comportamento da inflação, do desemprego e da taxa de homicídios, contemplamos neste estudo os possíveis efeitos do aumento das tarifas de ônibus sobre a aprovação do prefeito em São Paulo.[8] As manifestações de junho de 2013 descortinaram de modo inesperado e avassalador os efeitos de um aumento nas tarifas de transporte público sobre a aprovação governamental. Em tempos recentes, a onda de mobilizações populares no país que se seguiu ao protesto contra o aumento — em 20 centavos — das passagens de ônibus em São Paulo só pode ser comparada em adesão social às marchas pelo *impeachment* do ex-presidente Fernando Collor, em 1992. Desde a introdução do real como moeda corrente no país até 2012, os prefeitos paulistanos aumentaram as tarifas de ônibus por 11 vezes. O prefeito Gilberto Kassab foi o que mais tempo manteve as passagens inalteradas, em R$ 2,30 e por pouco mais de três anos, entre novembro de 2006 e janeiro de 2010. Período que incluiu sua campanha pela reeleição em 2008. A decisão

---

[8] É verdade que vários outros aspectos incidem sobre as condições de vida de moradores de uma cidade como São Paulo, entre os quais a qualidade do ar e o fluxo do trânsito. Entretanto, a Companhia de Tecnologia de Saneamento Ambiental (Cetesb) e a Companhia de Engenharia de Tráfego (CET) não disponibilizam dados mensais ou trimestrais para o período analisado neste estudo. Futuramente, esse pode ser um campo relevante a ser explorado em novos estudos.

pode ter tido efeitos sobre sua aprovação e chances eleitorais? Em outras palavras, o aumento de tarifas de ônibus custa pontos de aprovação ao prefeito paulistano? A seção seguinte responde a questão.

Tabela 2
DATAS, VALORES E AUMENTOS DE TARIFAS DE ÔNIBUS EM SÃO PAULO[9]

Data do aumento	Valor da tarifa	Porcentagem do aumento
19/6/1995	R$ 0,65	30%
13/6/1996	R$ 0,80	23%
7/6/1997	R$ 0,90	13%
24/1/1998	R$ 1,00	11%
13/1/1999	R$ 1,25	25%
24/5/2001	R$ 1,40	12%
12/1/2003	R$ 1,70	21%
5/3/2005	R$ 2,00	18%
30/11/2006	R$ 2,30	15%
4/1/2010	R$ 2,70	17%
5/1/2011	R$ 3,00	11%

Fonte: SPTrans. Disponível em: <www.sptrans.com.br/a_sptrans/tarifas.aspx>.

4. Modelos e discussão dos resultados

Resumindo as expectativas descritas até aqui, nossas principais hipóteses estão divididas num grupo que descreve as condições de vida locais e noutro que trata dos fatores institucionais que podem incidir sobre a aprovação do desempenho do prefeito paulistano. As quatro hipóteses de caráter local são:

[H1] A inflação não tem impactos sobre a aprovação do prefeito, uma vez que a responsabilidade pelo controle de preços é do governo federal;

---

[9] O uso de uma versão diferente dessa variável, que descrevia o valor real das tarifas (descontada a inflação a cada trimestre), não produziu resultados substantivamente diferentes dos obtidos com o uso desse formato.

[H2] O desemprego tem impactos sobre a aprovação do prefeito, uma vez que o governo local pode produzir estímulos que potencializem a geração de vagas no mercado de trabalho, ainda que a política econômica seja de atribuição do governo federal;

[H3] Menores taxas de homicídios estão associadas à maior aprovação do prefeito, devido à sua atuação na área de segurança por meio da Guarda Municipal;

[H4] Aumentos de passagens de ônibus deterioram a aprovação do prefeito, pois seus efeitos tocam diretamente o bolso da maior parte da população local e são de responsabilidade exclusiva do governo municipal.

São duas nossas hipóteses institucionais:

[H5] Devido à organização federativa de governo no Brasil, a aprovação do prefeito está positivamente associada à aprovação do governador do estado e do presidente da República, reproduzindo uma "aprovação geral dos governantes";

[H6] A avaliação do prefeito será mais impactada por resultados de políticas de responsabilidade do governador do estado ou do presidente da República quando o prefeito for do mesmo partido que o governador ou que o presidente;

Consideramos também o efeito de eventos políticos e administrativos que podem alterar os contextos a partir dos quais os cidadãos julgam seus governantes, aqui formulados em três hipóteses:

[H7] As campanhas eleitorais, ao aumentarem a atenção dos cidadãos aos candidatos e permitirem maior exposição das realizações dos governantes, tendem a aumentar a aprovação oficial;

[H8] Testes preliminares sugeriram que os prefeitos Pitta e Kassab começaram seus mandatos com nível muito inferior de aprovação. Tinham capital eleitoral derivado de seus antecessores, e não próprio. Além disso, como novatos, era menor a parcela dos paulistanos que tinha razões para, de saída, avaliar ambas as gestões como "ótima" ou "boa". Ao longo de suas gestões, contudo, Pitta e Kassab descreveram dinâmicas de aprovação bastante distintas, como ilustrado pelo gráfico 1.

[H9] Finalmente, contemplamos o ato da prefeita Marta Suplicy de aumentar o IPTU e criar uma taxa de limpeza, ao final de 2002, evento usado por seus oposicionistas para apelidá-la de "Martaxa" em campanhas posteriores.

Tabela 3
RESULTADOS DOS ESTIMADORES CALCULADOS
PARA MODELOS DE REGRESSÃO OLS

Variável	Modelo 1	Modelo 2	Modelo 3	Modelo 4
Avaliação do prefeito$_{t-1}$	.607** (.110)	.739** (.080)	.780** (.072)	.652** (.098)
[H1] Inflação no município (Log)	.620 (1.337)	-	.893 (.688)	-
[H2] Desemprego no município	1.338 (.970)	-	-	-
[H3] Taxa de homicídios	-.571 (.451)	-.286 (.262)	-	-.296 (.245)
[H4] Aumento de passagens de ônibus	-5.164** (2.338)	-	-	-5.517** (2.128)
[H5] Avaliação do governador	.112** (.0758)	-	-	.127* (.072)
[H5] Avaliação do presidente	.0413 (.100)	-	-	-
[H6] Prefeito e governador do mesmo partido		46.035* (24.593)	-	-
[H6] *Taxa de homicídios × prefeito-governador*		-7.266* (4.029)	-	-
[H6] Prefeito e presidente do mesmo partido	-		-5.614 (4.681)	-
[H6] *Inflação (Log) × prefeito-presidente*		-	-10.115* (5.551)	-
[H7] Campanhas eleitorais	8.991** (3.507)	-	-	8.779** (3.442)
[H8] Posse-Pitta	-17.575** (8.190)	-	-	-21.022** (7.646)
[H8] Posse-Kassab	-24.740** (7.825)	-	-	-25.544** (6.623)
[H9] *Martaxa*	-9.123 (7.451)	-	-	-7.490 (6.953)

(continua)

Variável	Modelo 1	Modelo 2	Modelo 3	Modelo 4
Constante	-4.762 (11.376)	9.077** (3.816)	6.515** (2.347)	6.616 (4.336)
R^2	.75	.62	.61	.75
N	64	70	79	64
Durbin-Watson	1.964	2.047	2.100	2.022

* significa p←0,1
** significam p←0,05

Os testes dessas nove hipóteses estão descritos na tabela 3, que apresenta os coeficientes beta, seus respectivos desvios e níveis de significância para quatro modelos de regressão OLS.[10] Para resolver o problema de autocorrelação da variável dependente, introduzimos o dado de aprovação do trimestre anterior entre as variáveis independentes.[11] O modelo 1 mostra que nem a inflação nem a taxa de desemprego têm impacto direto na aprovação do prefeito de São Paulo. Adotamos uma transformação logarítmica na série do IPCA para obter maior normalidade nessa variável, dada sua quebra com a introdução do Plano Real. Os resultados sugerem que, em geral, as condições econômicas no município não têm impacto sobre a aprovação do prefeito. Seguindo a hipótese levantada por Cohen e King (2004), também avaliamos a possibilidade de que não fossem as condições de inflação e desemprego locais que influenciassem a avaliação do prefeito, mas a diferença entre esses indicadores nos níveis municipal e nacional. Nesse sentido, o prefeito só seria castigado/recompensado se a inflação e o desemprego locais fossem mais altos/baixos que no país. Entretanto, tampouco essa versão das variáveis produziu coeficientes estatisticamente significativos.

Mais importante como fator explicativo da dinâmica da aprovação do prefeito paulistano entre 1993 e 2012 foi o aumento das passagens de ônibus. Cada aumento das passagens de ônibus custou mais de cinco pontos à aprovação da gestão municipal. Por mais justificadas que sejam as razões para o aumento das tarifas de ônibus, os dados sugerem que seu efeito sobre a popularidade do prefeito é consistentemente negativo. Também

---

[10] Todos os testes foram feitos com o pacote estatístico Stata®.
[11] Com esse procedimento, o teste Durbin-Watson mostrou resultados satisfatórios para o conjunto dos modelos.

indicam que o prefeito Kassab evitou uma área de desgaste eleitoral ao manter inalterada a tarifa durante os anos adjacentes à sua reeleição, em 2008.

Já a variação da taxa de homicídios não demonstrou ter impacto direto sobre a avaliação do prefeito. A menor importância da Prefeitura na segurança municipal, em comparação com o maior papel desempenhado nessa área pelo governo estadual, pode ser a maior explicação para este resultado. Além disso, a Guarda Municipal ocupa-se da proteção de prédios públicos, tarefa mais distante do controle da variável introduzida no modelo — taxa de homicídios — cuja responsabilidade maior é realmente das Polícias Militar e Civil, organizadas pelo estado.

Nossa hipótese institucional, contudo, parece revelar aspectos importantes sobre o funcionamento do *accountability* vertical num país federativo. Os resultados mostram que parte da aprovação do prefeito de São Paulo está associada à aprovação do governador do estado, mas não à do presidente.[12] Segundo os resultados, a aprovação do governador está positivamente associada à popularidade do prefeito, ainda que seu efeito seja pequeno. Um hipotético aumento de 10 pontos na aprovação do governador produziria um aumento de pouco mais de um ponto na aprovação do prefeito. Em suma, o argumento aqui apresentado é que parte da avaliação do prefeito pode reproduzir o grau de satisfação com os governantes de outros níveis da federação cujo desempenho também tenha impacto sobre as condições de vida na cidade, como ilustram os dados de aprovação do prefeito, do governador e do presidente apresentados no gráfico 4.[13]

Os resultados deste estudo também sugerem que, quanto mais próximo o nível de governo, maior impacto terá na sua avaliação do prefeito. Nesse sentido, as decisões do Palácio dos Bandeirantes afetam com maior frequência as condições de vida dos paulistanos do que as do Palácio do

---

[12] Em outros modelos testados, a variável presidencial revelou ser estatisticamente significativa. Entretanto, seu efeito foi muito instável ao longo do estudo.
[13] Importante observar que a correlação só pode redundar em causalidade numa direção, do âmbito nacional ao local. Ainda que São Paulo seja a maior cidade do Brasil, não é esperável que oscilações na avaliação do prefeito paulistano produzam efeitos sobre a popularidade presidencial. As relações entre os âmbitos estadual e municipal, contudo, podem, com maior facilidade e razão, ter natureza bidirecional. Contudo, convém registrar que não temos dados, no âmbito deste estudo, para comprovar essa expectativa.

Planalto. Os resultados ilustram a importância que "parcerias", sobretudo com o governador do estado, podem ter para a popularidade dos prefeitos num país federativo como o Brasil.

Gráfico 4
SÉRIES HISTÓRICAS DE APROVAÇÃO DO PRESIDENTE (1993-2012),
DO GOVERNADOR DE SÃO PAULO (1997-2012) E DO PREFEITO
DE SÃO PAULO (1993-2012)

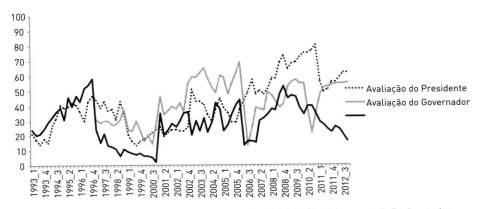

Fonte: Instituto Datafolha e Cesop. A aprovação soma menções "ótimo" e "bom" à pergunta indicada anteriormente neste capítulo.

A coincidência de políticos do mesmo partido na prefeitura e no governo estadual, ou na prefeitura e no governo federal, parece transferir para o nível municipal parte maior dos êxitos e fracassos de políticas que não são formalmente da competência local. O modelo 2 revela que o impacto da variação da taxa de homicídios sobre a aprovação municipal, se foi irrelevante para os 64 trimestres analisados no modelo 1, existiu nos cinco trimestres em que o PSDB teve Geraldo Alckmin no governo do estado e José Serra na Prefeitura (2005 e 2006). Uma simulação dos efeitos desse modelo interativo mostra que o fato de pertencer ao mesmo partido do governador com a taxa de homicídios em seu nível mais baixo no período estudado (2,26 por 100 mil habitantes) aumentaria a aprovação do prefeito em 30 pontos. De modo semelhante, o modelo 3 mostra que, se a variável do IPCA não produziu efeito direto sobre a aprovação dos prefeitos paulistanos durante os 20 anos analisados, parece sim tê-lo feito nos oito trimestres em que o PT teve Luiz Inácio Lula da Silva na Presidência da República e Marta Suplicy na Prefeitura de São Paulo (2003 e 2004).

Apesar dos curtos períodos em que um mesmo partido teve a prefeitura e o governo estadual — ou a Prefeitura e a Presidência —, os testes realizados neste estudo apresentam evidência empírica favorável à hipótese de municipalização da função castigo-recompensa de governadores e presidentes quando eles são do mesmo partido do prefeito.

Finalmente, o conjunto de eventos políticos testados mostrou influência sobre a aprovação dos prefeitos paulistanos. Os períodos de campanhas eleitorais produziram aumento de entre nove e 10 pontos percentuais para os prefeitos, provavelmente por permitir-lhes aumentar a exposição das realizações de suas gestões. Por outro lado, as posses dos sucessores de Maluf e Serra provocaram uma importante quebra na série de popularidade dos prefeitos, com quedas superiores a 20 pontos, acreditamos que fruto do baixo conhecimento público sobre a capacidade de gestão de Pitta e de Kassab.

Quanto à decisão da ex-prefeita Marta Suplicy de aumentar alíquotas de IPTU e criar uma taxa de limpeza em 2002, os modelos mostram que seu impacto não foi estatisticamente significativo, apesar de os coeficientes apontarem na direção esperada.

5. Um panorama sobre as relações entre aprovação e voto nas eleições municipais

Esta penúltima seção afasta-se da linha central do estudo com o objetivo de oferecer um panorama nacional sobre as relações entre a aprovação do prefeito em importantes capitais brasileiras e o desempenho de candidatos oficiais nas urnas. Os dados revelam uma relação importante entre a avaliação do governo e os votos dados a ele ou ao candidato apoiado por ele. De modo simplificado, o governo eleito que atende às preferências e às expectativas dos eleitores geralmente é mais bem avaliado e tende a ser beneficiado nas urnas, ao passo que o governo que não concretiza essas preferências e expectativas tende a ser derrotado pela oposição (Downs, 1999; Key Jr., 1966; Fiorina, 1981).

Para o caso de eleições municipais brasileiras, Pimentel e Penteado (2011) e Cervi e Turgeon (2011), ambos em estudos de caso, já encontraram resultados que comprovam a conexão existente entre voto e opinião. Diante disso, este trabalho procurou sistematizar um conjunto de dados mais amplo, explorando outros casos de eleições municipais brasileiras.

O gráfico 5 busca esclarecer em termos quantitativos a relação entre aprovação e voto com dados das eleições de 2000, 2004, 2008 e 2012. O eixo horizontal indica a soma de avaliações "ótimo" e "bom" em pesquisas do Instituto Datafolha — com formulação idêntica à apresentada anteriormente neste capítulo — e o eixo vertical mostra o percentual de votos válidos obtidos pelos candidatos oficiais no primeiro turno, com base em informações do Tribunal Superior Eleitoral (TSE).

Gráfico 5
GRÁFICO DE DISPERSÃO ENTRE AS VARIÁVEIS VOTOS VÁLIDOS NO 1º TURNO E AVALIAÇÃO (ÓTIMO + BOM)

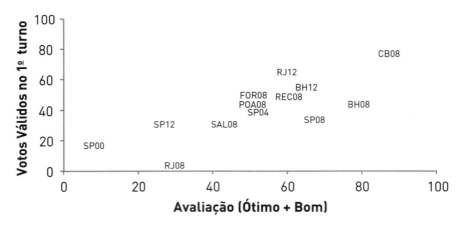

Fonte: Tribunal Superior Eleitoral (TSE) e Instituto Datafolha.

No alto, à direita, a eleição de Curitiba em 2008 revela o caso extremo de maior aprovação com maior votação. Naquele ano, Beto Richa (PSDB), candidato à reeleição, era aprovado por mais de 85% dos curitibanos. A alta aprovação que foi marca de praticamente todo o seu mandato provocou, durante o período eleitoral, certo esvaziamento do debate político aliado ao enfraquecimento da oposição. Isso possibilitou que Beto Richa estabelecesse uma coligação com 10 partidos (PSDB, PP, PSL, PDT, DEM, PSB, PPS, PR, PSDC, PRP, PTN). Seus principais concorrentes foram: Gleisi Hoffman (PTC, PHS, PMN, PRB, PT, PSC), Carlos Moreira (PMDB) e Fábio Camargo (PDT). A disputa acabou polarizada entre Richa e Hoffman, com resultado final de 77% dos votos a apenas 18% no primeiro turno.

Se enfrentar um prefeito muito popular é difícil, opor-se a um popular e apoiado pelo governador ou pelo presidente é muito pior. Esse foi o desafio dos oposicionistas em Belo Horizonte no ano de 2008, por exemplo, onde a polêmica "aliança" entre PT e PSDB possibilitou a eleição do praticamente desconhecido Marcio Lacerda. Por outro lado, para gestões reprovadas, o teste das urnas passa a ser tarefa inglória. No Rio de Janeiro, também em 2008, o prefeito César Maia (DEM) era aprovado por apenas 26% dos cariocas. Reeleito em 2004, Maia não pôde ser candidato nas eleições seguintes e seu partido lançou a então deputada federal Solange Amaral, que chegou em sexto lugar com 4% dos votos válidos.

Em geral, contudo, os dados sobre aprovação e voto de prefeitos e seus candidatos em eleições municipais brasileiras mostram uma forte correlação (r=,72). Sob o ponto de vista dos eleitores, revelam um esperado funcionamento do *accountability* vertical e de rigorosa aplicação da função castigo-recompensa. Sob o ponto de vista dos prefeitos, o panorama brasileiro recomenda um atento acompanhamento dos dados de aprovação governamental, uma vez que podem ter não só impacto sobre suas condições de governabilidade — na relação com a Câmara Municipal, por exemplo — como determinar sua sorte ou de seu partido nas eleições seguintes, caso o viés disseminado na opinião pública seja de mudança e não de continuidade.

6. Conclusões

Este estudo procurou avançar sobre uma área subexplorada das Funções VP: as dinâmicas de aprovação de governados subnacionais, sejam eles regionais ou municipais. Particularmente no Brasil, desconhecemos pesquisas anteriores sobre a variação temporal da popularidade de governadores ou prefeitos. Por originais, os resultados aqui apresentados devem ser tomados como preliminares e merecem ser submetidos a novos testes com a ampliação do modelo explicativo e a aplicação a outros casos, além do paulistano. Ainda assim, são consistentes com as expectativas aqui formuladas.

As conclusões mais importantes deste estudo revelam um aspecto ignorado pela literatura até aqui: a influência do sistema federativo sobre a avaliação dos prefeitos. Os testes mostraram que o(a) prefeito(a) paulistano(a) foi recompensado(a) por resultados de tarefas que não são de sua responsabilidade quando o governador ou o presidente pertenciam ao mesmo partido que ele(a). Controlar a taxa de inflação e de homicídios na cidade de São Paulo não são atribuições da Prefeitura. Entretanto, as avaliações dos prefeitos Marta Suplicy e José Serra responderam a variações naqueles indicadores quando suas gestões coabitaram com as do petista Lula e do tucano Geraldo Alckmin.

Se esses resultados estão corretos, este estudo reforça a hipótese de Powell e Whitten (1993), que argumentam que os contextos institucionais mais complexos dificultam a precisa imputação de responsabilidades. No Brasil, além do sistema federativo, os cidadãos experimentam um dos sistemas de partidos mais fragmentados do mundo. A presença de um prefeito que seja do mesmo partido do governador ou do presidente pode, portanto, servir de atalho para que ambos sejam castigados ou recompensados pelo resultado de políticas tão importantes e complexas como as destinadas a controlar a inflação e os homicídios, dois problemas graves na história recente do país. Afinal, a organização federativa do país e o compartilhamento de responsabilidades apresentam ao cidadão discursos, políticas e serviços concorrentes. Sem surpresa, portanto, a dinâmica da popularidade do prefeito em São Paulo acompanhou alguns dos altos e baixos da aprovação do governador estadual.

Mas o prefeito não está sujeito apenas a políticas compartilhadas na federação. Há uma área de competências exclusivas que podem afetar diretamente sua aprovação popular. Não pudemos testar a influência da qualidade do ar ou o congestionamento no trânsito em São Paulo, devido à ausência de dados. Mas o aumento de tarifas de ônibus mostrou ter um impacto estável e relevante. De algum modo, revelando a importância dessa decisão administrativa muito antes da onda de manifestações inaugurada em junho de 2013 após o aumento frustrado de 20 centavos.

A reputação e o carisma pessoal de cada prefeito também jogam um papel importante, uma vez que a questão formulada nos *surveys* associa a gestão ao nome do prefeito. Gestores menos conhecidos, como Celso Pitta e Gilberto Kassab, tiveram em seu início de mandato níveis de aprovação mais baixos que outros nomes mais tarimbados como Paulo Maluf, Marta Suplicy e José Serra, políticos que chegaram à Prefeitura depois de disputar a Presidência e o governo do estado.

Portanto, se é verdade que os juízos dos cidadãos sobre o trabalho do prefeito estão relacionados com atribuições diretamente sob seu controle, como os aumentos das tarifas de ônibus ou a decisão de renunciar ao cargo, também é certo que são influenciados por aspectos de natureza institucional. Essa conclusão revela também a complexidade dos desafios de representação dos prefeitos no Brasil. Se na maior e mais rica cidade do país a aprovação do prefeito é sensível ao desempenho de outros níveis de governo, é possível imaginar que essa relação seja mais forte quanto menor for a autonomia orçamentária e administrativa do município. Em cidades de médio e pequeno porte, portanto, a adesão a parcerias com o governo estadual e federal pode ser determinante para o êxito ou fracasso da gestão local e do humor dos cidadãos. Essa, contudo, é uma hipótese a ser testada em estudos posteriores.[14]

Para a agenda futura de pesquisas na área, convém esclarecer também que outros determinantes locais — além dos explorados neste trabalho — podem explicar a popularidade dos prefeitos. E a aprovação dos governadores, a que fatores responde? À taxa de homicídios? Ao grau de concentração ou dispersão dos investimentos no estado? À ênfase em alocação de recursos na área social (*i.e.*, saúde e educação) ou na infraestrutura

---

[14] Também relevantes, sob esse aspecto, podem ser as alianças com deputados estaduais e, sobretudo, federais para carrear recursos orçamentários para o município. A literatura no Brasil tradicionalmente deu maior ênfase à análise dessa aliança entre prefeitos e deputados federais sob a perspectiva das estratégias de reeleição dos parlamentares (Ames, 2001; Pereira e Rennó, 2007). Os resultados deste capítulo permitem especular sobre a importância dessas alianças também da perspectiva dos prefeitos. E não parece ser pequena.

(*i.e.*, estradas e saneamento)? É ampla a lista de questões que permitirá esclarecer o funcionamento das Funções VP no Brasil dos governadores e prefeitos. O maestro Tom Jobim não pensava nisso quando disse que "o Brasil não é para principiantes". Mas tinha razão.

Referências

AMES, Barry. *Os entraves da democracia no Brasil*. Rio de Janeiro: Editora FGV, 2001.

ARNOLD, R. Douglas; CARNES, Nicholas. Holding mayors accountable: New York's executives from Koch to Bloomberg. *American Journal of Political Science*, v. 56, n. 4, p. 949-963, 2012.

CERVI, Emerson; TURGEON, Mathieu. Quando a popularidade reelege: o processo de decisão do voto para prefeito de Curitiba em 2008. In: TELLES, Helcimara; LAVAREDA, Antonio (Org.). *Como o eleitor escolhe o seu prefeito*: voto e campanha em eleições municipais. Rio de Janeiro: Editora FGV, 2011. p. 175-204.

COHEN, Jeffrey E.; KING, James D. Relative unemployment and gubernatorial popularity. *Journal of Politics*, v. 66, n. 4, p. 1267-1282, 2004.

DOWNS, Anthony. *Uma teoria econômica da democracia*. São Paulo: Edusp, 1999.

FERREIRA, Alex Luiz et al. Oito anos construindo popularidade. *Economia & Tecnologia*, volume especial, p. 5-15, 2011.

FIORINA, Morris. *Retrospective voting in American national elections*. New Haven: Yale University Press, 1981.

G1. *Haddad envia projeto de Orçamento 2014 que prevê aumento do IPTU*. Disponível em: <http://g1.globo.com/sao-paulo/noticia/2013/09/haddad-envia-projeto-de-orcamento-2014-que-preve-aumento-do-iptu.html>. Acesso em: 30 nov. 2013.

GOODHART, C. A. E.; BHANSALI, R. J. Political economy. *Political Studies*, v. 18, n. 1, p. 43-106, 1970.

GRAMACHO, Wladimir. Ciclos de información y funciones de popularidad: el periodo Cardoso en Brasil (1995-2002). *Desarrollo Económico*, v. 45, n. 177, p. 99-121, 2005.

JÁCOMO, André. *Os enigmas da popularidade presidencial no Brasil*: economia ou política? Dissertação (mestrado) — Universidade de Brasília, Brasília, 2013.

KEY JR., V. O. *The responsible electorate*. Nova York: Vintage Books, 1966.

KRAMER, Gerald H. Short-term fluctuations in US voting behavior, 1896–1964. *American Political Science Review*, v. 65, n. 1, p. 131-143, 1971.

LEWIS-BECK, Michael S.; NADEAU, Richard. French electoral institutions and the economic vote. *Electoral Studies*, v. 19, n. 2, p. 171-182, 2000.

LEWIS-BECK, Michael S.; PALDAM, Martin. Economic Voting: an introduction. *Electoral Studies*, v. 19, n. 2, p. 114, 2000.

MUELLER, John E. Presidential popularity from Truman to Johnson. *The American Political Science Review*, v. 64, n. 1, p. 18-34, 1970.

NANNESTAD, Peter; PALDAM Martin. The VP-Function: a survey of the literature on vote and popularity functions after 25 years. *Public Choice*, v. 79, p. 213-245, 1994.

PEREIRA, C.; RENNÓ, L. R. O que é que o reeleito tem? O retorno: o esboço de uma teoria da reeleição no Brasil. *Revista de Economia Política* (Impresso), v. 27, p. 664-683, 2007.

PIMENTEL, J.; PENTEADO, C. Predisposições, avaliação de governo e campanha eleitoral: a vitória de Kassab em São Paulo. In: TELLES, Helcimara; LAVAREDA, Antonio (Org.). *Como o eleitor escolhe o seu prefeito*: voto e campanha em eleições municipais. Rio de Janeiro: Editora FGV, 2011. p. 25-54.

POWELL, G. Bingham; WHITTEN, Guy D. A cross-national analysis of economic voting: taking account of the political context. *American Journal of Political Science*, v. 37, p. 391-414, 1993.

PRZEWORSKI, Adam; STOKES, Susan C.; MANIN, Bernard (Ed.). *Democracy, accountability, and representation*. Cambridge: Cambridge University Press, 1999.

RENNÓ, Lucio; GRAMACHO, Wladimir. Let's blame everyone: executive and legislative evaluations of economic performance in Brazil and Chile. *Journal of Politics in Latin America*, v. 2, n. 1, p. 53-78, 2010.

RIBA, Clara; DÍAZ, Aida. Economic voting in subnational government catalonian evidence. In: DORUSSEN, H.; TAYLOR, M. (Ed.). *Economic voting*. Nova York: Routledge, 2002. p. 173-199.

Anexo

Descrição das variáveis utilizadas

Variável	Descrição	Valor mínimo	Valor máximo	Fonte
Avaliação do prefeito	Série trimestral da avaliação positiva (soma das respostas "ótimo" e "bom") do prefeito de São Paulo.	2	58	Datafolha
Inflação	Log do Índice Nacional de Preços ao Consumidor Amplo (IPCA) para o município de São Paulo. A série disponível. Para a construção da série trimestral, foi feita a média entre os valores mensais que compõem o trimestre.	-3,506	3,812	Ipeadata
Desemprego	Taxa de desemprego aberto na Região Metropolitana de São Paulo. Para a construção da série trimestral, foi feita a média entre os valores mensais que compõem o trimestre.	7,43	13,4	Ipeadata
Taxa de homicídios	Número de homicídios culposos e dolosos registrados no município de São Paulo, divididos por 100 mil habitantes.	2,26	14,05	Secretaria de Segurança Pública de São Paulo
Aumento das passagens de ônibus	Variável correspondente à proporção do aumento do valor das passagens de ônibus no município de São Paulo.	0	1.3	SPTrans
Avaliação do governador	Série trimestral da avaliação positiva (soma das respostas "ótimo" e "bom") do governador de São Paulo.	13	69	Ibope e Datafolha
Avaliação do presidente	Série trimestral da avaliação positiva (soma das respostas "ótimo" e "bom") do presidente da República.	13	80	Ibope

(continua)

Variável	Descrição	Valor mínimo	Valor máximo	Fonte
Prefeito e governador do mesmo partido	Variável *dummy* para os trimestres de 2005 e para o primeiro trimestre de 2006, períodos nos quais houve compartilhamento da legenda partidária entre prefeito de São Paulo e governador de São Paulo.	0	1	Elaboração dos autores
Prefeito e presidente do mesmo partido	Variável *dummy* para os trimestres de 2003 e 2004, períodos nos quais houve compartilhamento da legenda partidária entre prefeito de São Paulo e presidente da República.	0	1	Elaboração dos autores
Campanhas eleitorais	Variável *dummy* para o terceiro e quartos trimestres de 2004 e 2008. Refere-se ao período de exposição do prefeito de São Paulo às campanhas eleitorais, se, e somente se, ele foi candidato à reeleição.	0	1	Elaboração dos autores
Posse-Pitta	Variável *dummy* para o primeiro trimestre de 1997, correspondente à posse do prefeito Celso Pitta.	0	1	Elaboração dos autores
Posse-Kassab	Variável *dummy* para o segundo trimestre de 2006, correspondente à posse do prefeito José Serra.	0	1	Elaboração dos autores
Martaxa	Variável *dummy* para o primeiro trimestre de 2003.	0	1	Elaboração dos autores

10

Petismo e antipetismo: o local de moradia e a decisão do voto na cidade de São Paulo*

Márcia Cavallari Nunes
José Roberto de Toledo

Introdução

A influência da geografia nas eleições é um fenômeno conhecido e estudado em várias partes do mundo. Na Inglaterra, Norbert Elias documentou, em *Os estabelecidos e os outsiders*, como a migração repentina de uma nova força de trabalho para uma pequena cidade do interior redividiu social, política e espacialmente a comunidade local. A migração mudou o comportamento de seus habitantes e provocou uma clivagem geográfica entre os antigos moradores (os "estabelecidos") e os novos (os "*outsiders*"). Pelo local de moradia se podia dizer a origem, em quem o morador iria votar e até qual *pub* gostava mais de frequentar. Na França, François

---

* Os autores agradecem as contribuições dos organizadores do livro, Antonio Lavareda e Helcimara Telles, e de membros de suas equipes: Márcia Sola, Constantin Coucolis Jr., Marcela Amorozo, Rafael Niimoto, Paula Yamakawa, Daniel Cohen, Daniel Bramatti, Amanda Rossi e Diego Bragatone.

Goguel fundou a "geografia eleitoral" com seu *Géographie des élections françaises: de 1870 à 1951*.

No Brasil, o tema ainda tem muito a ser explorado. Alguns autores se dedicaram a investigar as relações entre o local de moradia e o voto do eleitor, mas esse é um assunto que necessita ser aprofundado nos níveis federal, estadual, municipal e intramunicipal. Até que ponto o contexto geográfico é determinante nos padrões de voto? Contextos políticos, econômicos e sociais interagem diretamente com a geografia da cidade e a busca de evidências sobre o comportamento político eleitoral nessa dimensão pode contribuir para o entendimento das preferências do eleitorado.

É isso que este artigo pretende fazer, ao analisar as eleições paulistanas após a redemocratização sob a ótica geográfica. Ele pretende mostrar como as votações se organizaram em torno de um eixo político PT e anti-PT e como isso se traduz espacialmente na cidade — e como se expressam eleitoralmente os "estabelecidos" e os "*outsiders*" paulistanos.

1. Os partidos políticos no Brasil

Com mais de 135 milhões de eleitores, o Brasil é uma democracia representativa plena desde 1989, quando houve a primeira eleição presidencial direta depois da ditadura instalada em 1964.

Desde o fim do regime militar, o calendário eleitoral tem sido seguido sem interrupções. Foram realizadas seis eleições presidenciais, sete eleições parlamentares e oito eleições de prefeitos, entre 1985 e 2012.

O fim da ditadura implicou também o fim do bipartidarismo. As duas únicas legendas sancionadas pelos militares se fragmentaram em dezenas de novas agremiações partidárias ao longo das últimas décadas. Atualmente, existem 32 partidos políticos no Brasil.

A Aliança Renovadora Nacional (Arena), partido que deu sustentação ao regime, rachou inicialmente em duas siglas (Partido Democrático Social — PDS — e Partido da Frente Liberal — PFL), que foram se subdividindo e mudando de nome (Partido Progressista Brasileiro —PPB, Partido Progressista — PP, Democratas — DEM) até desaparecerem ou se transformarem em partidos que, ao menos no discurso, pouco lembram as ideias antidemocráticas do tempo da ditadura.

Por outro lado, a sigla que abrigava a oposição durante a ditadura, o Movimento Democrático Brasileiro (MDB), virou Partido do Movimento Democrático Brasileiro (PMDB) e conseguiu manter-se à tona, até hoje, como um dos três maiores partidos brasileiros — tanto em número de parlamentares como de governadores. Mas o PMDB manteve também a característica original do MDB: a heterogeneidade de uma frente.

Se, durante a ditadura, abrigava comunistas e democratas cristãos, após a redemocratização o partido se tornou uma confederação de líderes regionais, que agem em conjunto quando seus interesses se alinham, mas raramente seguem uma linha ideológica ou alcançam um grau de união suficiente para sequer lançar um candidato à Presidência da República do PMDB.

Por seu poder local e sua força parlamentar, o PMDB se tornou o fiel da balança da política brasileira, um aliado de todos os presidentes, fossem eles quais fossem. Tornou-se lugar comum entre políticos e analistas afirmar que o PMDB pode não eleger o presidente, mas o presidente não governa sem o PMDB. De certa forma, o partido continua sendo, como na ditadura, perseguido pelo poder — não mais de forma arbitrária e violenta, mas por cooptação. Com maior ou menor influência (leiam-se cargos, ministérios e ordenamento de despesas federais) dependendo do presidente de turno, o PMDB tem participado de todos os governos desde o fim da ditadura.

Desde 1994, o protagonismo eleitoral vem sendo dividido entre duas agremiações fundadas por opositores ao regime militar. Os líderes de Partido da Social Democracia Brasileira (PSDB) e Partido dos Trabalhadores (PT) foram cassados, presos ou perseguidos durante a ditadura. Ideologicamente, têm suas origens na social democracia europeia ou nos partidos socialistas e comunistas europeus. Apesar das origens comuns, tornaram-se os dois principais antagonistas na disputa pelo poder federal pós-ditadura. As últimas cinco eleições presidenciais tiveram candidatos do PT e do PSDB como os dois primeiros colocados, alternando apenas a ordem.

Pesquisas de opinião mostram que, enquanto a simpatia pelo PMDB caiu com o tempo, a preferência pelo PT cresceu e tornou-o, há pelo menos uma década, a agremiação com maior preferência partidária no Brasil. Embora os índices cresçam em época de eleição, as taxas variam de um quinto a um terço do eleitorado. Nenhum outro partido, nem mesmo o arquirrival PSDB, chega a 10% de preferência do eleitorado nas pesquisas de opinião. O outro lado da moeda é que o PT é também o partido de maior rejeição, o que induz cenários eleitorais de polarização entre os candidatos petistas e aquele mais apto a derrotá-los.

A cada eleição, o PT tem conseguido capitalizar sua popularidade e transformá-la em mais votos. Dos três maiores partidos brasileiros, é o único que cresce em deputados e prefeitos, além de se manter no poder federal há mais de 10 anos — por mais tempo do que qualquer outra legenda na redemocratização. Com uma base eleitoral forte no mais rico estado brasileiro e na classe média tradicional, o PSDB é o partido que tem polarizado as principais disputas eleitorais com os petistas no plano federal e na maior cidade do país.

2. O contexto eleitoral de São Paulo

Os 11,4 milhões de habitantes da cidade de São Paulo se dividem em 96 distritos que agrupam bairros com algum grau de coesão entre eles. Os distritos são administrados por 31 subprefeituras, que foram criadas na década de 1990 com o objetivo de descentralizar a administração municipal, mas ainda são coordenadas pelo prefeito eleito.

Nas eleições de 2012, o eleitorado do município de São Paulo era de 8.619.170. Como mostra a tabela 1, cresceu 5% desde a eleição para prefeito em 2008.

Tabela 1

EVOLUÇÃO DO ELEITORADO DE SÃO PAULO

Ano	São Paulo (capital)
2012	8.619.170
2010	8.483.115
2008	8.198.282

Fonte: Tribunal Superior Eleitoral. Disponível em: <www.tse.gov.br>.

Apesar de o voto ser obrigatório, há um contingente significativo que deixa de votar. Nas eleições de 2012 para prefeito de São Paulo, a abstenção foi de 18,48%. Em parte, essa taxa se deve a cadastros superestimados de eleitores, nos quais mortos ainda constam como aptos a votar e também cidadãos que não atualizam o seu domicílio eleitoral.

Os eleitores paulistanos se dividem em 58 zonas eleitorais que, por sua vez, se subdividem em cerca de 24 mil seções eleitorais distribuídas por 1.971 locais de votação ao longo da cidade.

Uma zona eleitoral pode abranger mais de um distrito da cidade, ou parte deles. Além disso, cada zona eleitoral é subdividida em várias seções eleitorais que também não têm uma divisão geográfica definida.

Tabela 2
QUANTIDADE DE ZONAS ELEITORAIS, SEÇÕES E LOCAIS DE VOTAÇÃO EM 2012

	São Paulo (capital)
Nº de zonas eleitorais	58
Nº de seções eleitorais	23.906
Nº de locais de votação	1.971

Fonte: Tribunal Superior Eleitoral. Disponível em: <www.tse.gov.br>.

Infelizmente, não há uma correspondência direta entre os setores censitários do recenseamento da população (menor unidade geográfica que compõe os distritos da cidade) e as zonas ou seções eleitorais, o que dificulta muito a análise e a interpretação dos resultados eleitorais por área geográfica de moradia do eleitor. Mais à frente, abordaremos a construção de áreas homogêneas de voto, conciliando as unidades geográficas com os resultados eleitorais.

Desde o fim da ditadura foram realizadas oito eleições para prefeito na cidade de São Paulo: em 1985, 1988, 1992, 1996, 2000, 2004, 2008 e 2012. Nas duas primeiras, as regras eleitorais previam vitória do candidato que atingisse maioria simples em turno único. Após a promulgação da nova Constituição, em 1988, as eleições passaram a ser em dois turnos. Assim, desde o pleito de 1992, sempre houve dois turnos em

São Paulo, porque nenhum candidato conseguiu maioria absoluta do primeiro turno.

Analisando-se o histórico de votações, o PT foi protagonista em sete das oito eleições paulistanas após a ditadura. Venceu três e chegou ao segundo turno nas outras quatro. Nenhum outro partido tem um *track record* equivalente. O malufismo, o PSDB e uma fusão de ambos (Kassab) se alternaram na polarização contra os candidatos petistas, mas não conseguiram se fixar como um dos dois partidos finalistas por mais do que oito anos seguidos, enquanto o PT vem conseguindo essa primazia por 24 anos. Em resumo, o que se observa há um quarto de século em São Paulo é uma disputa eleitoral permanente entre petismo e antipetismo — com o nome, partido e ideologia do adversário variando de pleito para pleito.

Por duas vezes, PSDB e PT se enfrentaram no segundo turno paulistano, a mais recente em 2012. Essa foi a sexta eleição seguida que um candidato petista chegou ao turno final na cidade. A explicação para tanta resiliência do PT na cidade de São Paulo está refletida na geografia do voto. Eleição após eleição, o fenômeno se repete: os candidatos majoritários petistas a prefeito, a governador e a presidente sempre têm um desempenho muito acima da média nas áreas periféricas e pobres da cidade, e perdem nas regiões centrais e mais ricas.

A repetição do resultado é tão consistente que, sobrepondo-se os mapas de votação das três eleições anteriores, foi possível prever no primeiro turno de 2012, com 100% de acerto, todos os distritos onde o candidato a prefeito do PT seria o mais votado. Essa projeção foi publicada no jornal *O Estado de S. Paulo* antes do primeiro turno das eleições municipais.

3. A construção das áreas homogêneas de voto

Para a composição das áreas homogêneas de voto, foram levados em conta os resultados do primeiro turno das eleições para prefeito da cidade de 2008 e os votos para governador e presidente nas eleições de 2010, apenas na capital de São Paulo.

A partir da combinação dos resultados das três eleições mencionadas, criamos uma variável com o objetivo de incluí-la nas pesquisas eleitorais que seriam realizadas no pleito de 2012 no qual seria escolhido o novo prefeito da cidade. A análise dos resultados oficiais das três eleições anteriores à de 2012 mostra um padrão semelhante de voto no município de São Paulo, independentemente do cargo majoritário para o qual se votava.

Como o Partido dos Trabalhadores (PT) concorreu com candidatos nos três pleitos majoritários, a análise dos votos passados baseou-se na vitória ou não dos candidatos petistas em cada uma das 58 zonas eleitorais, resultando em três áreas distintas:

- Se o candidato petista obteve mais votos, independentemente do percentual alcançado, nas eleições para prefeito de 2008, governador e presidente em 2010, a zona eleitoral foi nomeada como área *Pró-PT*,
- Se o candidato petista perdeu nas eleições para prefeito de 2008 e para governador e presidente em 2010, a zona eleitoral foi denominada como área *Anti-PT*, e
- Se o candidato petista ora ganhou ou ora perdeu nas eleições para prefeito de 2008, e para governador e presidente em 2010, a zona eleitoral foi chamada de área *Neutra*.

Para cada local de votação, foi computado o total de votos válidos para o PT e para os demais partidos agrupados em cada uma das três eleições avaliadas. Com os endereços dos locais de votação de cada uma das eleições, foi possível identificar em quais zonas eleitorais cada um deles se encontrava. As áreas homogêneas de voto foram criadas a partir das zonas eleitorais.

O último passo para a criação da variável foi classificar cada setor censitário,[1] dos Censos de 2000 e 2010, de acordo com o critério das áreas homogêneas de voto. As informações das áreas homogêneas foram associadas a cada um dos setores censitários, de acordo com sua zona eleitoral e classificação, totalizando 18.363 setores no Censo de 2010 que compõem a cidade de São Paulo.

---

[1] Setor Censitário é uma unidade territorial de coleta das operações censitárias, definido pelo IBGE, com limites físicos identificados, em áreas contínuas e respeitando a divisão político-administrativa do Brasil, tendo em média, nas áreas urbanas, de 250 a 350 domicílios cada um.

Figura 1
MAPA DA CIDADE DE SÃO PAULO COM A DELIMITAÇÃO
DAS ÁREAS HOMOGÊNEAS DE VOTO

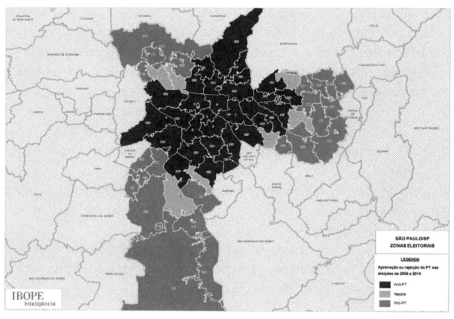

Fonte: Elaboração dos autores com dados do TSE para eleições de 2008 e 2010.

O mapa das sucessivas eleições mostra uma cidade bem delineada, onde a área central é *Anti-PT*, nos extremos da periferia encontram-se os eleitores *Pró-PT* e no limite entre os dois territórios localiza-se a área *Neutra*.

As áreas em cinza escuro votaram majoritariamente em candidatos petistas nas últimas eleições de 2008 para prefeito e 2010 para governador do estado de São Paulo e para presidente do Brasil. Nas regiões pretas, os candidatos adversários do PT obtiveram a maioria dos votos, e nas áreas em cinza claro, o voto é mais volúvel, o PT venceu pelo menos uma vez nas três últimas eleições, mas outros partidos foram mais votados também em pelo menos uma das eleições majoritárias do período analisado.

Nas pesquisas eleitorais do Ibope Inteligência, o modelo de amostragem utilizado é o de conglomerados em múltiplos estágios. No primeiro estágio, selecionam-se probabilisticamente os setores censitários, onde são realizadas as entrevistas, pelo método Probabilidade Proporcional ao Tamanho (PPT), tomando como base a população residente em cada um deles. No segundo estágio, o entrevistado é escolhido no setor censitário, de forma a cumprir quotas de sexo, idade, escolaridade e setor de dependência econômica.

Assim, como cada setor censitário foi classificado em uma área homogênea de voto, para cada amostra selecionada, sabia-se a proporção de entrevistas realizadas em cada uma das áreas *Pró-PT*, *Anti-PT* e *Neutra*; ainda que essa variável não tenha sido usada para estratificação da amostra, podia-se avaliá-la.

Então, com a criação dessas áreas homogêneas de voto, foi possível a realização de análises mais aprofundadas sobre as eleições de 2012, desde conhecer o perfil do eleitor de cada área até a realização de inferências sobre os futuros resultados.

4. O perfil dos eleitores residentes nas áreas homogêneas de voto

Pouco mais da metade dos eleitores encontra-se na área *Anti-PT*, 37% localizam-se na área petista, enquanto um a cada 10 reside na área *Neutra*.

A tabela 3 demonstra claramente a clivagem social existente nas eleições de São Paulo e nos instiga a estudar a lógica da configuração social e das relações de interdependência que se verificam na cidade. Na área *Anti-PT*, localizada bem no centro histórico da cidade, os eleitores têm uma renda média 2,6 vezes maior do que os residentes nas áreas *Pró-PT*, quase três quartos deles se classificam como brancos e 40% possuem nível superior. Por sua vez, na área petista, localizada nos extremos sul, leste e norte da cidade, observa-se a menor renda média, a maior proporção de pretos ou pardos e 54% têm o ensino fundamental. Já a área *Neutra*, onde se encontram 10% dos eleitores, pode definir o resultado de uma eleição, dependendo do grau de acirramento da disputa nas outras duas. Os indicadores relativos ao perfil destes eleitores ficam em um ponto intermediário das duas áreas antagônicas.

Tabela 3
PERFIL DAS ÁREAS HOMOGÊNEAS DE VOTO

ÁREAS HOMOGÊNEAS DE VOTO	Quantidade de zonas eleitorais	Número de eleitores		Renda média	Raça/Cor			Escolaridade		
					Brancos	Pretos/Pardos	Outros	Ensino fundamental	Ensino médio	Superior
Pró-PT	21	3,222,129	37%	R$ 1,904.22	48%	50%	1%	54%	34%	12%
Anti-PT	30	4,523,996	52%	R$ 4,927.99	72%	25%	4%	34%	26%	40%
Neutra	7	873,045	10%	R$ 2,734.09	61%	38%	1%	44%	32%	24%
TOTAL	58	8,619,170	100%	R$ 3,532.73	61%	38%	2%	43%	29%	27%

Fontes: IBGE, Ibope e Oesp/2012.

Outro dado interessante é a proporção de pessoas que veio de outros municípios e/ou outros estados para viver na cidade de São Paulo. A proporção de migrantes na área petista é maior do que nas demais áreas.

Tabela 4
MIGRAÇÃO NAS ÁREAS HOMOGÊNEAS DE VOTO

ÁREAS HOMOGÊNEAS DE VOTO	NASCEU NESTE MUNICÍPIO		Região do país de onde veio para SP				
	Sim	Não	Centro-Oeste	Norte	Nordeste	Sul	Sudeste
Anti-PT	65%	35%	58%	54%	33%	52%	45%
Neutro	65%	35%	11%	10%	12%	12%	13%
Pró-PT	58%	42%	31%	36%	55%	36%	41%

Fontes: IBGE, Ibope e Oesp/2012.

A origem dessa migração confirma a força do PT entre esses eleitores, pois mais da metade deles vieram de estados do Nordeste do país, região favorecida pelos governos federais petistas com programas sociais e de transferência de renda importantes.

A população migrante, oriunda de outras regiões do país, se aloja de maneira mais equânime pelas áreas homogêneas de voto.

Também analisamos a preferência partidária e a avaliação do prefeito Gilberto Kassab (PSD) nas diferentes zonas homogêneas.

Apesar da baixa identificação partidária dos eleitores paulistanos — em média, metade declara que não tem preferência ou simpatia por nenhum político —, o PT consegue se consolidar como o partido com o maior número de simpatizantes. Na média das pesquisas realizadas ao longo da campanha de 2012, o PT obteve em torno de 26% de menções, e a soma das citações dos demais partidos não alcança essa marca.

Os dados da tabela 5 demonstram, como era de se esperar, que o PT tem maior simpatia entre os residentes nas áreas *Pró-PT*, atinge sua menor marca na *Anti-PT* e na *Neutra* fica em linha com o total dos paulistanos.

Tabela 5
MÉDIA DA PREFERÊNCIA PARTIDÁRIA NAS PESQUISAS REALIZADAS AO LONGO DA CAMPANHA DE 2012

PREFERÊNCIA PARTIDÁRIA	TOTAL	ÁREA PRÓ-PT	ÁREA ANTI-PT	ÁREA NEUTRA
PT	26%	32%	20%	26%
PMDB	3%	2%	4%	3%
PSDB	12%	7%	16%	9%
Outros partidos	5%	5%	6%	5%
Não tem preferência partidária	50%	49%	51%	54%
Não sabem/Não opinam	4%	5%	3%	3%
TOTAL	100%	100%	100%	100%

Fonte: Ibope.

É claro que em todas as áreas homogêneas há uma preferência significativa pelo PT, mas a intensidade muda, de acordo com cada uma delas.

Mesmo na avaliação do prefeito Gilberto Kassab, apesar de ter sido considerada majoritariamente negativa, é possível observar intensidades diferenciadas por áreas.

Tabela 6
MÉDIA DA AVALIAÇÃO DO PREFEITO GILBERTO KASSAB NAS PESQUISAS REALIZADAS AO LONGO DA CAMPANHA DE 2012

AVALIAÇÃO DO PREFEITO GILBERTO KASSAB	TOTAL	ÁREA PRÓ-PT	ÁREA ANTI-PT	ÁREA NEUTRA
Ótima/Boa	20%	15%	23%	22%
Regular	33%	31%	35%	32%
Ruim/Péssima	45%	51%	40%	45%
Não sabem/Não opinam	2%	3%	2%	1%
SALDO (AVALIAÇÃO POSITIVA MENOS A NEGATIVA)	-25	-36	-17	-23

Fonte: Ibope.

Na área *Pró-PT* encontra-se o maior saldo negativo, enquanto na área *Anti-PT* o resultado cai pela metade. Mais uma vez, a distribuição de opiniões da área *Neutra* é bastante similar à da população paulistana como um todo.

5. As pesquisas durante a campanha eleitoral

Ao longo da campanha eleitoral foram realizadas oito pesquisas de intenção de voto com fins de divulgação, incluindo a pesquisa de boca de urna, executada no dia da realização do primeiro turno da eleição para prefeito de São Paulo, 7 de outubro de 2012.

A primeira pesquisa sobre a sucessão da Prefeitura de São Paulo realizada após o registro oficial das candidaturas, entre os dias 31 de julho e 2 de agosto, apontava um empate técnico entre José Serra (PSDB) e Celso Russomanno (Partido Republicano Brasileiro — PRB).

Em meados de agosto, Celso Russomanno ficou rigorosamente empatado com José Serra, enquanto Fernando Haddad do PT, prefeito eleito em segundo turno, iniciou a campanha bem atrás de seus adversários.

Àquela altura, José Serra e Celso Russomanno eram os candidatos mais conhecidos pelos eleitores por terem trajetórias políticas mais antigas e pela forte exposição que ambos tinham nos veículos de comunicação, principalmente na TV. Enquanto isso, Fernando Haddad, apesar de ter sido ministro da Educação, era um ilustre desconhecido. Somente após o início da propaganda eleitoral gratuita no rádio e na televisão, Haddad se tornaria conhecido, até para os eleitores tradicionais do seu partido.

O horário eleitoral gratuito é o espaço onde cada candidato apresenta suas ideias e seu plano de governo para resolver os problemas da cidade. As ideologias influenciam pouco nas decisões do eleitor brasileiro, que está cada vez mais pragmático nas suas escolhas, buscando ganhos tangíveis e concretos, sempre na esperança de um futuro melhor. A esfera municipal é a mais próxima do cidadão, pois ele vive na cidade uma experiência real, não apenas uma percepção, uma vez que os problemas do município afetam diretamente seu dia a dia. O eleitor espera melhorias na oferta de transporte público, lixo recolhido e tratado, ruas e calçadas em bom estado, áreas verdes preservadas, oferta de cultura e lazer, saúde e educação de qualidade, entre outros.

Após o início do horário eleitoral em 21 de agosto de 2012, Serra começou a cair, enquanto Fernando Haddad e Celso Russomanno cresciam, mas Haddad em ritmo lento. A menos de uma semana da eleição, Russomanno sofreu queda significativa de sete pontos percentuais, enquanto Serra conseguiu recuperar alguns. Os três chegaram à véspera da eleição numericamente empatados. O contingente que ainda se declarava indeciso no dia anterior ao da eleição era de 8%. Somente na pesquisa de boca de urna foi possível identificar que os dois candidatos que iriam para o segundo turno seriam José Serra do PSDB e Fernando Haddad do PT.

Gráfico 1
EVOLUÇÃO DAS INTENÇÕES DE VOTOS VÁLIDOS — PRIMEIRO TURNO[2]

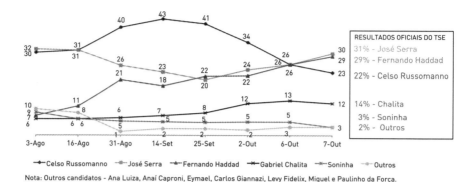

Nota: Outros candidatos - Ana Luiza, Anaí Caproni, Eymael, Carlos Giannazi, Levy Fidelix, Miguel e Paulinho da Força.

Fonte: Ibope Inteligência — pesquisas realizadas durante o primeiro turno das eleições municipais de São Paulo em 2012.

O modelo de divisão do eleitorado em áreas homogêneas de voto teve 100% de acerto, ou seja, José Serra ganhou em todas as zonas eleitorais previamente identificadas como *Anti-PT*, enquanto o petista Haddad ganhou em todas as zonas eleitorais *Pró-PT*. Os dois dividiram as zonas *Neutras*: Haddad venceu em cinco delas, e Serra, em duas.

No primeiro turno, Serra conseguiu 42% dos votos válidos nas áreas *Anti-PT*, contra apenas 21% de Haddad e 18% de Russomanno. Por outro lado, na área *Pró-PT*, Haddad ficou com 39% dos votos válidos, contra 27% de Russomanno, 17% de Serra e 13% de Chalita. Nas sete áreas *Neutras*, o resultado consolidado foi uma vitória de Haddad, com 30% dos votos válidos, seguido de Serra, com 27%, Russomanno, com 23%, e Chalita, com 15%.

---

[2] Pesquisas realizadas pelo Ibope Inteligência com amostras representativas do eleitorado paulistano que variam de 805 a 1.204 entrevistas, sendo realizadas 6 mil entrevistas na pesquisa de boca de urna.

Figura 2
RESULTADO OFICIAL DO PRIMEIRO TURNO POR ÁREA HOMOGÊNEA DE VOTO

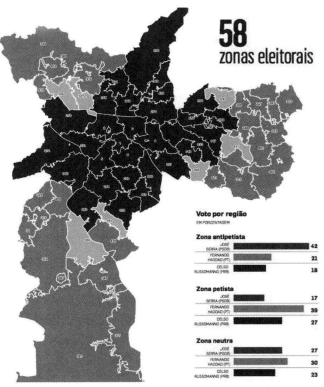

Fonte: Elaboração dos autores com dados do TSE para eleições de 2008, 2010 e 2012.

Já no segundo turno, com apenas os candidatos do PT e do PSDB na disputa, e com um tempo de campanha eleitoral bastante curto, não foram observadas subidas ou quedas bruscas das intenções de voto. A série de pesquisas mostrou a estabilidade das intenções de voto desde o início da campanha do segundo turno.

Foram realizadas cinco pesquisas nessa etapa, incluindo a pesquisa de boca de urna. Desde a primeira, o candidato petista, Fernando Haddad, liderou a corrida eleitoral. Acabou vencendo com 56% dos votos válidos.

Gráfico 2
EVOLUÇÃO DAS INTENÇÕES DE VOTOS VÁLIDOS — SEGUNDO TURNO[3]

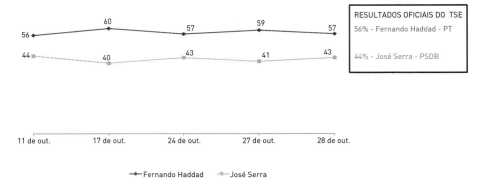

Fonte: Ibope Inteligência — pesquisas realizadas durante o primeiro turno das eleições municipais de São Paulo em 2012.

A análise dos votos apurados oficialmente no segundo turno mais uma vez comprovou que a geografia do voto foi respeitada. Importante lembrar que, para vencer no segundo turno, o candidato petista tem que vencer em todas as áreas *Pró-PT*, conquistar as áreas *Neutras* e ainda avançar nas áreas *Anti-PT*, dependendo da vantagem sobre o adversário e vice-versa.

No segundo turno das eleições de 2012, o petista Fernando Haddad venceu nas sete zonas eleitorais classificadas como *Neutras* e também avançou em sete zonas *Anti-PT*, que haviam sido conquistadas por José Serra no primeiro turno.

---

[3] Pesquisas realizadas pelo Ibope Inteligência com amostras representativas do eleitorado paulistano de 1.204 entrevistas, sendo realizadas 6 mil entrevistas na pesquisa de boca de urna.

Figura 3
RESULTADO OFICIAL DO SEGUNDO TURNO POR ÁREA HOMOGÊNEA DE VOTO

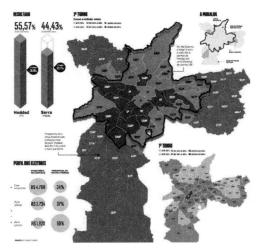

Fonte: Elaboração dos autores com dados do TSE para eleições de 2008, 2010 e 2012.

6. O poder da explicação das áreas homogêneas de voto

Foi a descoberta dessa muralha eleitoral, a separar áreas homogêneas de votação, que nos inspirou a investigar as causas mais profundas da divisão petismo *versus* antipetismo nas zonas eleitorais paulistanas.

Ao longo de todo o processo eleitoral, notava-se uma forte associação entre as áreas homogêneas de voto e as intenções de voto declaradas pelos eleitores para o pleito de 2012. Entretanto, entendíamos que essa associação poderia ser espúria, já que renda familiar e nível de escolaridade se distribuem de forma heterogênea pelas regiões da cidade de São Paulo e estão fortemente associadas às áreas homogêneas de voto.

Assim, nossa primeira análise levava a crer que a associação entre áreas homogêneas de voto e a intenção de voto declarada ocorria em função da renda familiar e do nível de escolaridade dos eleitores residentes em cada uma das áreas. Para entendermos o grau de associação existente entre as áreas homogêneas de voto e as características demográficas dos eleitores, assim como avaliar o quanto cada uma delas se associava às intenções de voto declaradas nas eleições municipais de 2012, utilizamos o teste de qui-quadrado.

Teste de qui-quadrado

O qui-quadrado é um teste de hipótese não paramétrico que avalia a associação existente entre variáveis nominais.

As hipóteses testadas foram:
- *Hipótese nula, H0*: Não há associação entre as variáveis, ou seja, as variáveis são independentes.
- *Hipótese alternativa, Ha*: Há associação entre as variáveis, ou seja, as variáveis são dependentes.

Para que os resultados do teste pudessem ser comparados e ordenados, todas as variáveis foram recodificadas para que ficassem com os mesmos graus de liberdade. Assim, quanto maior o qui-quadrado, maior a associação existente entre as variáveis testadas.

O primeiro teste avaliou a hipótese de associação entre as áreas homogêneas de voto e as variáveis demográficas das pesquisas.

Tabela 7
TESTE DE QUI-QUADRADO: ASSOCIAÇÃO ENTRE AS ÁREAS
HOMOGÊNEAS DE VOTO E VARIÁVEIS DEMOGRÁFICAS

	Chi-square	Graus de liberdade[1]	Significância
Áreas homogêneas × Escolaridade	245,951	4	,000*
Áreas homogêneas × Renda	190,659	4	,000*
Áreas homogêneas × Religião	50,598	4	,000*
Áreas homogêneas × Idade	30,922	4	,000*

[1] Grau de liberdade é o número de linhas da tabela de contingência, menos um, vezes o número de colunas, menos um, assim todos os testes foram calculados com 4 graus de liberdade.
Fonte: Elaboração dos autores.
* *The Chi-square statistic is significant at the ,05 level.*

Considerando o nível de significância em 0,05 e 4 graus de liberdade, o valor crítico do qui-quadrado foi igual a 9,488. Assim, rejeitou-se a hipótese nula e se aceitou a alternativa, uma vez que todos os qui-quadrados calculados são superiores ao valor crítico.

Assim, conclui-se que há associação entre as áreas homogêneas de voto e todas as variáveis demográficas testadas.

Também é possível dizer que a associação entre áreas homogêneas de voto e escolaridade do eleitor, assim como com a renda familiar, são as mais fortemente associadas.

No segundo teste, analisamos o grau de associação entre a intenção de voto com as áreas homogêneas de voto e com as variáveis demográficas. O número de graus de liberdade também foi fixado para todas as combinações a fim de permitir a hierarquização da intensidade das associações.

Tabela 8
TESTE DE QUI-QUADRADO ENTRE INTENÇÃO
DE VOTO E VARIÁVEIS DEMOGRÁFICAS

	Chi-square	Graus de liberdade	Significância
Intenção de Voto × Áreas homogêneas	128,126	2	,000*
Intenção de Voto × Renda familiar	70,041	2	,000*
Intenção de Voto × Idade	68,360	2	,000*
Intenção de Voto × Escolaridade	56,521	2	,000*
Intenção de Voto × Religião	2,902	2	0,234

Fonte: Elaboração dos autores.
* *The Chi-square statistic is significant at the ,05 level.*

Com 2 graus de liberdade e nível de significância fixado em 0,05, o valor crítico de qui-quadrado foi de 5,991. Olhando-se a tabela 6, comprova-se que todas as variáveis, exceto religião, estão associadas à intenção de voto.

Quando comparamos a associação de todas as variáveis com a intenção de voto, fica claro que as áreas homogêneas acabam sintetizando todas as demais, uma vez que têm o maior valor de qui-quadrado. Assim, a tabela 8 mostra que todas as variáveis analisadas, exceto a religião, possuem uma associação significativa entre si, mas a intenção de voto e as áreas homogêneas de voto apresentam o maior valor qui-quadrado.

Portanto, podemos concluir que não há relação espúria entre a intenção de voto e as áreas homogêneas. As áreas homogêneas estão sim fortemente associadas às intenções de voto e podem ser usadas como fator de projeção de voto futuro, sob o ponto de vista estatístico.

Regressão logística

Outra análise feita para poder quantificar o poder de explicação das áreas homogêneas de voto foi a da regressão logística, também utilizada para variáveis nominais.

A variável dependente considerada foi a intenção de voto classificada de forma dicotômica — voto no candidato petista igual a um e voto no candidato do PSDB igual a zero. E as variáveis independentes consideradas foram: idade, escolaridade, renda familiar e as áreas homogêneas de voto.

As referências utilizadas para a interpretação da regressão logística em cada variável demográfica foram:

- Escolaridade — 1ª a 4ª série do ensino fundamental
- Idade — 16 a 24 anos
- Renda Familiar — mais de 5 salários mínimos

Tabela 9
REGRESSÃO LOGÍSTICA COM VARIÁVEIS DEMOGRÁFICAS

	B	S.E.	Wald	df	Sig.	Exp(B)	95% C.I.for EXP(B) Lower	Upper
ESCOLARIDADE - 5ª A 8ª SÉRIE DO FUND.	.056	.148	.146	1	.703	1.058	.792	1.413
ESCOLARIDADE - ENSINO MÉDIO	-.285	.141	4.097	1	.043	.752	.570	.991
ESCOLARIDADE - SUPERIOR	-.542	.151	12.940	1	.000	.582	.433	.782

(continua)

	B	S.E.	Wald	df	Sig.	Exp(B)	95% C.I.for EXP(B) Lower	Upper
IDADE - 25 A 29	-.413	.161	6.599	1	.010	.661	.482	.907
IDADE - 30 A 39	-.428	.140	9.266	1	.002	.652	.495	.859
IDADE - 40 A 49	-.466	.148	9.972	1	.002	.627	.470	.838
IDADE - 50 E MAIS	-1.125	.144	61.090	1	.000	.325	.245	.431
RENDA - MAIS 2 A 5 SM	.442	.189	5.447	1	.020	1.555	1.073	2.254
RENDA - DE 1 A 2 SM	.278	.180	2.386	1	.122	1.321	.928	1.880
RENDA - ATÉ 1 SM	-.186	.190	.961	1	.327	.830	.572	1.205
Constant	1.081	.218	24.513	1	.000	2.948		

Fonte: Elaboração dos autores.

Assim, pode-se dizer que:

- Eleitores com ensino médio têm 25% *menos* chances de votar em Haddad do que os eleitores com até a 4ª série do ensino fundamental;
- Eleitores com ensino superior têm 42% *menos* chances de votar em Haddad do que os eleitores com até 4ª série do ensino fundamental;
- Eleitores com 25 a 29 anos têm 34% *menos* chances de votar em Haddad do que os eleitores de 16 a 24 anos de idade;
- Eleitores com 30 a 39 anos têm 35% *menos* chances de votar em Haddad do que os eleitores de 16 a 24 anos de idade;
- Eleitores com 40 a 49 anos têm 37% *menos* chances de votar em Haddad do que os eleitores de 16 a 24 anos de idade;
- Eleitores com 50 anos ou mais têm 67% *menos* chances de votar em Haddad do que os eleitores de 16 a 24 anos de idade; e
- Eleitores com renda familiar de dois a cinco salários mínimos têm 56% *mais* chances de votar em Haddad do que aqueles com renda familiar de até dois salários mínimos.

Entretanto, o R^2 para este modelo de regressão foi extremamente baixo (0,08), o que significa dizer que as variáveis demográficas explicam apenas 8% das intenções de voto em Fernando Haddad.

Na tabela 10, rodamos a regressão logística com a inclusão da variável "áreas homogêneas de voto", considerando como referência a área *Anti-PT*.

Tabela 10
REGRESSÃO LOGÍSTICA COM VARIÁVEIS DEMOGRÁFICAS E ÁREAS HOMOGÊNEAS DE VOTO

	B	S.E.	Wald	df	Sig.	Exp(B)	95% C.I.for EXP(B) Lower	95% C.I.for EXP(B) Upper
ESCOLARIDADE - 5ª A 8ª SÉRIE DO FUND.	.091	.149	.375	1	.540	1.095	.818	1.467
ESCOLARIDADE - ENSINO MÉDIO	-.201	.143	1.994	1	.158	.818	.618	1.081
ESCOLARIDADE - SUPERIOR	-.382	.154	6.179	1	.013	.683	.505	.922
IDADE - 25 A 29	-.418	.162	6.609	1	.010	.659	.479	.906
IDADE - 30 A 39	-.412	.142	8.472	1	.004	.662	.502	.874
IDADE - 40 A 49	-.412	.149	7.625	1	.006	.663	.495	.887
IDADE - 50 E MAIS	-1.028	.145	49.944	1	.000	.358	.269	.476
RENDA - MAIS 2 A 5 SM	.434	.191	5.190	1	.023	1.544	1.063	2.243
RENDA - DE 1 A 2 SM	.284	.181	2.453	1	.117	1.329	.931	1.896
RENDA - ATÉ 1 SM	-.093	.192	.233	1	.629	.911	.625	1.328
ZONA PT - PRÓ-PT	.600	.094	40.999	1	.000	1.823	1.517	2.190
ZONA PT - NEUTRO	.475	.157	9.141	1	.002	1.608	1.182	2.188
Constant	.661	.228	8.415	1	.004	1.937		

Fonte: Elaboração dos autores.

As interpretações associadas a esse modelo são:
- Eleitores com ensino superior têm 32% *menos* chances de votar em Haddad do que os eleitores com até 4ª série do ensino fundamental;
- Eleitores com 25 a 49 anos têm 34% *menos* chances de votar em Haddad do que os eleitores de 16 a 24 anos de idade;
- Eleitores com 50 anos ou mais têm 64% *menos* chances de votar em Haddad do que os eleitores de 16 a 24 anos de idade;
- Eleitores com renda familiar de dois a cinco salários mínimos têm 54% *mais* chances de votar em Haddad do que aqueles com renda familiar de até dois salários mínimos;
- Eleitores residentes nas áreas *Pró-PT* têm 82% *mais* chances de votar em Fernando Haddad; e
- Eleitores residentes nas áreas chamadas de *Neutras* têm 61% *mais* chances de votarem no candidato petista, Fernando Haddad.

Apesar de o modelo de regressão indicar que as áreas homogêneas de voto são importantes e significativas, o poder de explicação da variável dependente (intenção de voto) também foi baixo ($R^2 = 0,11$); apenas 11% da variância do voto foram explicadas. O que significa dizer que as variáveis decorrentes da conjuntura na qual a eleição se insere explicam mais as intenções de voto do que as demográficas e geográficas avaliadas neste estudo. Por exemplo, a economia da cidade, o desejo de continuidade ou não da gestão anterior, características dos candidatos, desempenho em debates, desejo pelo novo, entre outras variáveis, exerceram maior peso na decisão de voto do eleitor do que as características deles próprios.

De todo modo, a comparação entre os R^2 dos dois modelos mostra que a inclusão das áreas homogêneas de voto aumenta o poder de explicação em 38%.

7. Conclusões

O resultado desta investigação superou as expectativas iniciais. Não apenas por demonstrar que o local de moradia do eleitor tem mais peso em sua decisão de votar contra ou a favor do PT do que sua renda ou escolaridade, por exemplo, mas também por ir ao encontro de casos semelhantes em lugares muito distintos e distantes, como os EUA e até mesmo o interior da Inglaterra.

Como de hábito, o mapa de resultados da mais recente eleição presidencial norte-americana mostrou a concentração dos votos do candidato do Partido Democrata nas regiões costeiras, enquanto praticamente todo o interior dos EUA optou pelo candidato do Partido Republicano. Seriam os equivalentes paulistanos às áreas petistas e antipetistas. E os chamados Swing States seriam as zonas neutras de São Paulo. Como na eleição de prefeito paulistano, ao penderem para o candidato democrata, as zonas cuja preferência eleitoral varia de pleito para pleito acabaram por definir o vencedor.

Inspirados por *Os estabelecidos e os outsiders*, de Norbert Elias, os resultados dos cruzamentos de nossa pesquisa com variáveis do Censo 2010 mostraram que, a exemplo das zonas 1 e 2 da cidade inglesa estudada pelo sociólogo no pós-guerra, as zonas petista e antipetista têm uma diferença fundamental entre seus habitantes: a origem. Como na zona 1 de Elias, a zona antipetista é habitada predominantemente por famílias que residem há gerações na cidade, enquanto a zona petista, a exemplo da zona 2, é onde há maior concentração de imigrantes.

É tema para pesquisas futuras explorar como as relações de vizinhança e comunidade, criadas a partir de uma origem comum, são capazes de, mesmo dentro de uma metrópole do tamanho de São Paulo, alcançar um poder de determinação do voto mais forte do que outras características sociais e econômicas.

Este estudo nos ensinou que vale a pena inquirir dos eleitores sua origem e de seus familiares, já que observamos um perfil de migração diferenciado pelas áreas homogêneas de voto e a análise dessa informação conjugada com as intenções de voto pode complementar o entendimento do processo de decisão de voto do eleitor, pelo menos no âmbito da cidade de São Paulo.

Referências

AVELAR, L.; CINTRA, A. O. (Org.). *Sistema político brasileiro*: uma introdução. São Paulo: Fundação Konrad Adenauer; Ed. Unesp, 2006.

CAMPBELL, A.; GURIN, G.; MILLER, W. E. *The voter decides*. Nova York: Harper & Row, 1954.

CONVERSE, P. E. Information flow and the stability of partisan attitudes. *Public Opinion Quartely*, Cry, v. 26, n. 4, p. 578-599, 1962.

CRESPI, I. What kinds of attitude measures are predictive of behavior?. *Public Opinion Quartely*, Cary, v. 35, n. 3, p. 327-334, 1971.

ELIAS, N. *The established and the outsiders*. A sociological enquiry into community problems. Londres: Frank and Cass & Co, 1965.

FIGUEIREDO, A. C. et al. Partidos e distribuição espacial dos votos na cidade de São Paulo: 1994-2000. *Novos Estudos Cebrap*, v. 64, p. 153-160, 2002.

FIGUEIREDO, M. *A decisão do voto*: democracia e racionalidade. Belo Horizonte: Editora. UFMG, 2008.

JACOB, C. R. et al. O voto nas cidades do Rio de Janeiro e de São Paulo: entre o municipal e o presidencial. *Alceu*, Rio de Janeiro, v. 5, n. 9, p. 132-197, 2004.

KATZ, E.; LAZARSFELD, P. F. *Personal influence*. Glencoe: Free Press, 1955.

LIPPMANN, W. *Public opinion*. Nova York: Harcourt, Brace & World, 1922.

OSKAMP, S. *Attitudes and opinions*. Nova Hersey: Prentice Hall, Inc., 1977.

PAIVA, D., BRAGA, M. S. S.; PIMENTEL Jr., J. T. T. Eleitorado e partidos políticos no Brasil. *Opinião Pública*, Campinas, v. 13, n. 2, 2007.

TERRON, S. L. *A composição de territórios eleitorais no Brasil*: uma análise das votações de Lula (1989-2006). Tese (doutorado) — Instituto Universitário de Pesquisas do Rio de Janeiro, Rio de Janeiro, 2009.

Outras fontes de informação

Estadão Dados. Disponível em: <www.estadaodados.com.br>.
Estadão Portal. Disponível em: <www.estadao.com.br>.

IBGE. Disponível em: <www.ibge.gov.br>.

Pesquisas Eleitorais de 2012 — Ibope Inteligência. Disponível em: <www.eleicoes.ibope.com.br>.

Tribunal Superior Eleitoral. Disponível em: <www.tse.gov.br>.

11

A propaganda negativa nas eleições municipais do Rio de Janeiro e de São Paulo*

Felipe Borba
Fábio Vasconcellos

Introdução

Tudo ia muito bem para o candidato a prefeito de São Paulo, em 2012, Celso Russomanno (PRB). Para quem havia iniciado a disputa com 17% de intenção de votos em janeiro daquele ano, os 35% registrados em meados de setembro apontavam uma grande chance de estar no segundo turno. Seus principais adversários José Serra (PSDB) e Fernando Haddad (PT) se ocupavam de uma disputa direta pelo segundo lugar, deixando o caminho livre para o candidato do PRB. Mas, 15 dias antes da votação, os números começaram a mudar. Russomanno iniciou trajetória de queda na curva de intenção de voto, até chegar, na véspera da votação, tecnicamente empatado com Serra e Haddad. Os três registravam intenções de

---

* Este estudo contou com apoio financeiro da Fundação Carlos Chagas de Amparo à Pesquisa do Estado do Rio de Janeiro (Faperj). A bolsista de iniciação científica Marianna Albuquerque colaborou no processo de codificação das mensagens, mas qualquer equívoco é de inteira responsabilidade dos autores.

voto na faixa dos 20% a 24%.[1] Com a abertura das urnas, Haddad e Serra foram para o segundo turno.

Ao contrário de São Paulo, a disputa no Rio de Janeiro não apresentou qualquer mudança de cenário ao longo da campanha, a não ser o de confirmação das intenções de voto a favor do prefeito Eduardo Paes (PMDB), que concorria à reeleição. O peemedebista iniciou a campanha com 54% das intenções de voto, bem à frente dos demais candidatos, e venceu ainda no primeiro turno, num cenário de alta estabilidade, ainda que o candidato Marcelo Freixo (PSOL) tenha aumentado consideravelmente suas intenções de voto.[2] A reeleição de Eduardo Paes se deu, portanto, num cenário distinto da sua eleição, em 2008, quando começa a campanha em quarto com 9% das intenções de voto, porém consegue avançar para o segundo turno contra Fernando Gabeira (PV), deixando para trás Marcelo Crivella (PRB) e Jandira Feghali (PCdoB), os líderes no início da campanha.[3]

Apesar do cenário de estabilidade de 2012 no Rio, os casos de São Paulo em 2012 e da capital fluminense em 2008 ilustram o maior dinamismo das campanhas eleitorais municipais. Liderança em intenção de voto, num contexto local, nem sempre representa uma trajetória segura até a abertura das urnas. Esse comportamento é bem distinto nas disputas majoritárias nacionais. Desde 1989, as campanhas presidenciais no Brasil não tiveram troca de liderança. Quem iniciou a corrida à frente nas pesquisas manteve-se assim até o final, apesar do registro de algumas flutuações. A exceção ocorreu no início do segundo turno da eleição de 2014, quando o candidato Aécio Neves (PSDB) apareceu à frente da presidente Dilma Rousseff (PT), porém não conseguiu segurar a liderança até o final. No plano municipal, embora existam exemplos de campanhas com baixa volatilidade, o eleitorado apresenta maior disposição de mudar sua intenção de voto, e isso em poucos dias antes da votação.

---

[1] Fonte: DataFolha. Disponível em:<www.datafolha.folha.uol.br>. Acesso em: 12 abr. 2012.
[2] Fonte: DataFolha. Pesquisa de opinião divulgada no dia 19 de julho de 2012. Disponível em: <www.datafolha.folha.uol.br>. Acesso em: 20 abr. 2012.
[3] Fonte: DataFolha. Pesquisa de opinião divulgada no dia 5 de julho de 2012. Disponível em: <www.datafolha.folha.uol.br>.

A comparação com a disputa majoritária nacional tem outro aspecto muitas vezes negligenciado pelos estudos em comunicação política com foco em eleições, e que pode ser uma pista interessante para explicar o dinamismo da competição local. Enquanto os candidatos a presidente precisam dividir o tempo de televisão das inserções eleitorais com os candidatos dos demais cargos (deputados estaduais e federais, governadores e senadores), na disputa municipal, essa divisão simplesmente não existe. Os candidatos a prefeito ocupam sozinhos todas as inserções de tal modo que o número de *spots* para cargos majoritários em nível municipal é cinco vezes maior do que aquele disponível nas disputas presidenciais.[4]

A diferença numérica nas chances de utilizar *spots* tem nesse sentido efeitos substantivos. O mais significativo deles é que a campanha municipal oferece a todos os competidores a oportunidade de transmitir suas mensagens. Um exemplo ilustra bem o que pretendemos dizer. Na campanha presidencial de 2010, o candidato Plínio Arruda Sampaio, do PSOL, conquistou o direito de veicular somente 20 inserções durante toda a campanha — volume que representou menos de uma exibição por dia. Por sua vez, Marcelo Freixo, candidato a prefeito da cidade do Rio de Janeiro pelo mesmo partido, teve à sua disposição 123 inserções. Ainda que Freixo tenha disputado a campanha em franca inferioridade ante o prefeito Eduardo Paes (cuja coligação rendeu 1.467 inserções), o total disponibilizado permitiu ao candidato tempo suficiente para crescer de 5% nas intenções de voto até 27% contabilizados no resultado final.

As características das disputas municipais sugerem, portanto, uma série de questões de grande interesse para a ciência política. Neste capítulo, vamos restringir nossa análise a dois pontos específicos. O primeiro deles é analisar as estratégias dos candidatos na utilização das suas inserções na propaganda na TV durante o pleito municipal de 2012. O segundo consiste em compreender como essas estratégias podem explicar o comportamento do eleitor nas campanhas municipais.

Desde 1980, o debate teórico na literatura internacional tem se preocupado em compreender como os candidatos atacam seus adversários.

---

[4] A Lei nº 13.165 de 2015 alterou essa regra. A partir das eleições de 2016, as inserções serão divididas na proporção de 60% para os candidatos a prefeito e 40% para os candidatos a vereador.

A chamada propaganda negativa, como é geralmente conhecida, tem sido analisada a partir de mecanismos que tentam auferir o impacto dessa estratégia no comportamento eleitoral. Embora não seja conclusiva e enfrente problemas metodológicos, a literatura encontrou evidências de que o tom das campanhas tem consequências imediatas sobre a participação eleitoral, o nível de informação dos eleitores e a decisão do voto (Ansolabehere e Iyengar, 1995; Wattenberg e Brians, 1999; Kahn e Kenney, 1999).

A hipótese de que a campanha negativa importa, como defendemos, deve ser compreendida, contudo, dentro de alguns elementos particulares da legislação eleitoral no Brasil. Aqui, os candidatos encaram uma complexa estrutura de incentivos na hora de decidirem como distribuir seus comerciais políticos. A razão é o marco regulatório da propaganda na TV, que no Brasil se desenvolveu de maneira alternativa ao modelo de exploração comercial da televisão americana.

Não obstante esse contexto regulamentado, este capítulo se propõe a elaborar algumas hipóteses comportamentais a respeito de como os candidatos alocam estrategicamente suas inserções na tentativa de conquistar o voto dos eleitores. A pergunta empírica que fundamenta o trabalho é: existe algum padrão estabelecido nos mecanismos de ataque e defesa entre os candidatos nas eleições municipais? Como esses padrões se relacionam com as curvas de intenção de voto nos dois municípios?[5]

Neste trabalho, adotaremos a metodologia de Borba (2012) para analisar as inserções na TV veiculadas durante as campanhas para prefeito do Rio de Janeiro e São Paulo, no primeiro e segundo turnos. No total, foram analisados 6.508 casos. A decisão de restringir o estudo a essas duas eleições decorre de um problema específico: a absoluta falta de dados sobre os demais municípios. Ainda assim, acreditamos que os dois municípios representam, em certa medida, boa parte dos cenários em que são desenvolvidas as campanhas no Brasil, sobretudo nos grandes centros urbanos, nos quais a campanha televisiva tende a ser mais decisiva.

---

[5] Borba (2012) mostrou, em análise sobre as eleições presidenciais de 2006 e 2012, que há padrões nos mecanismos de ataque e defesa. A propaganda negativa é mais comum entre candidatos "retardatários" (aqueles que seguem o líder nas pesquisas), nos horários noturnos e acentuada nos dias finais da campanha.

Os estudos das estratégias de comunicação política, como sabemos, ficam destituídos de sentido prático se não consideramos os eleitores, peça fundamental do processo político-eleitoral, para quem os candidatos se dirigem e com quem interagem. Por ausência de dados empíricos sobre os eleitores nas duas cidades, trataremos aqui de suas percepções agregadas. Nesse sentido, a escolha de São Paulo e Rio de Janeiro constitui uma boa oportunidade de análise, dadas as diferenças encontradas nessas duas grandes metrópoles, quais sejam, um cenário no qual o clima de opinião era de mudança, como foi o caso de São Paulo, e outro no qual o cenário era de continuidade, caso do Rio.

No primeiro, a percepção negativa da gestão municipal de Gilberto Kassab (PSD) denotava uma vontade geral entre os eleitores de trocar o grupo que comandava a prefeitura. No segundo caso, o clima é o inverso. A aprovação do governo de Eduardo Paes (PMDB) sinalizava uma vontade do eleitor de manter o peemedebista à frente da prefeitura. As diferenças nos dois contextos sugerem que, no caso de São Paulo, teríamos estratégias no uso dos *spots* bem diferentes daquelas adotadas pelos candidatos do Rio, bem como reações também diferentes dos eleitores às mensagens apresentadas durante a campanha.[6]

O capítulo está organizado da seguinte maneira. A próxima seção debate o papel da propaganda negativa nas eleições contemporâneas e expõe os principais achados existentes na literatura internacional. A seção seguinte debate a estrutura de incentivos decorrentes da legislação eleitoral e expõe as principais hipóteses de pesquisa. A quarta seção detalha a metodologia. Por fim, apresentamos os resultados e as principais conclusões.

---

[6] Pesquisa Datafolha realizada nos dias 1º e 2 de março de 2012 com 1.087 moradores da cidade de São Paulo revelou que 26% aprovavam a gestão do prefeito Gilberto Kassab, 37% consideram regular e 36% avaliam como ruim ou péssima. Se considerarmos a diferença entre quem aprova e desaprova, o saldo do então prefeito era negativo: -10%. Não foi localizada pesquisa sobre a aprovação da administração Eduardo Paes antes do início da disputa eleitoral. Na pesquisa em que foram ouvidos 927 eleitores do Rio, nos dias 19 e 20 de julho de 2012, 45% dos entrevistados aprovavam a administração do peemedebista, 38% consideravam regular e 15% consideravam ruim ou péssima. No saldo, a aprovação de Paes era positiva em 30%.

1. Propaganda negativa e voto

Um dos aspectos mais debatidos nos estudos recentes sobre comunicação e política é o papel que a propaganda negativa exerce sobre o processo eleitoral. O tema despertou o interesse de acadêmicos em função dos potenciais impactos que os ataques poderiam exercer sobre os eleitores e o regime democrático. O ponto de partida teve como preocupação central investigar sua influência sobre a participação política do eleitor norte-americano. O achado principal e potencialmente mais importante ficou conhecido como hipótese da desmobilização.

A hipótese da desmobilização sugere que a propaganda negativa é negativamente correlacionada com a participação eleitoral. Esse achado encontrou evidência empírica numa série de experimentos conduzidos por Ansolabehere e Iyengar (1995). Esses experimentos tiveram como procedimento dividir seus participantes em dois grupos. Aqueles que assistiram aos comerciais positivos (grupo de controle) revelaram ter a intenção de votar 5% maior quando comparados aos que assistiram aos comerciais negativos (grupo de tratamento). Esse efeito, maior entre independentes e pessoas com baixo interesse, seria consequência do aumento do grau de cinismo que as pessoas passariam a experimentar em relação à política.

A hipótese da desmobilização, embora persuasiva, foi seriamente questionada por outros autores, tanto por seus aspectos metodológicos quanto por seus aspectos teóricos. Tem sido sugerido que, ao invés de desmobilizar, a campanha negativa aumenta a participação. Esses achados são sustentados por uma variedade de estudos que empregam instrumentais metodológicos distintos dos aplicados por Ansolabehere e Iyengar, como a dados agregados e *surveys* eleitorais. A crítica comum sustenta que os estudos feitos em laboratório são importantes para detectar possíveis causas e efeitos, mas não são eficientes para transpor essas causas para o "mundo real", tendo, portanto, sérios problemas de validade externa. Outras críticas problematizam o fato de o experimento de laboratório indagar sobre a intenção de votar, ignorando o comportamento real do eleitor, enquanto outros questionam a exposição feita fora do "calor" da campanha, em comerciais fabricados para o estudo, sem levar em consideração os verdadeiros comerciais veiculados ou a intensidade com que os eleitores são a eles expostos (Kahn e Kenney, 1999; Wattenberg e Brians, 1999).

Para além da questão da participação, os pesquisadores atuais têm defendido a propaganda negativa como legítimo instrumento democrático. Estudos recentes demonstram que a propaganda negativa é considerada mais informativa, discute mais temas e questões políticas do que os atributos pessoais dos candidatos, gera conhecimento sobre a campanha e foca temas considerados prioritários pelos eleitores (Geer, 2006; Sides, Lipsitz e Grossmann, 2010).

Também são relativamente recentes os estudos que buscam entender os aspectos estratégicos da propaganda negativa, isto é, modelos que procuram estabelecer as condições ideais que favorecem sua aplicação. Esses modelos foram desenvolvidos com base nos instrumentos de análise da escolha racional e da teoria dos jogos. De uma maneira geral, suas premissas seguem linhas intuitivas: líderes nas pesquisas atacam menos, retardatários atacam mais, o segundo colocado ataca o primeiro, o primeiro tem como alvo preferencial o segundo e ambos ignoram os candidatos posicionados atrás no *ranking* de intenção de voto. Esses modelos sustentam ainda que a escolha da estratégia é pautada pelo "DNA" dos candidatos. Nesse sentido, candidatos com vantagem no quesito pessoal, considerados mais preparados, atacam menos (Polborn e Yi, 2005).

O conceito de estratégia tem a ver ainda com o grau de liberdade que as campanhas desfrutam para decidirem quando, onde e com que frequência determinado *spot* deve ser transmitido (West et al., 1995). A revisão da literatura, no entanto, sinaliza que o tópico é ainda pouco estudado. Ainda que sejam poucos estudos, existem tendências interessantes. A principal delas é a forte influência do sistema eleitoral norte-americano, que incentiva os candidatos a alocarem seus recursos geograficamente. Em análise sobre as eleições presidenciais de 2000, Johnston, Hagen e Jamieson (2004) mostram que, sob a lógica do Colégio Eleitoral, George W. Bush e Al Gore ignoraram os estados não competitivos, a despeito do seu tamanho, concentrando o volume de propaganda nos estados indefinidos, a tal ponto que a maioria avassaladora dos *spots* foi exibida nas emissoras locais de televisão.[7] Do mesmo modo que os comerciais são concentrados geograficamente nos estados competitivos, os autores demonstram que eles também têm relação com o tempo. Existe o crescimento progressivo das inserções conforme o dia da eleição se aproxima.

Os comerciais eleitorais variam ainda de acordo com a hora do dia em que vão ao ar. Freedman e Goldstein (1999) analisam a distribuição da propaganda durante a campanha para governador na Virgínia e relatam que ambos os candidatos — o governador democrata Don Beyer e o desafiante republicano Jim Gilmore — concentraram a propaganda durante os períodos chamados *Daytime* (10am-4pm) e *Prime Access* (7:30pm-8pm), relegando ao segundo plano as primeiras horas da manhã (6am-10am), o horário noturno (8pm-11pm) e os fins de semana.

Com relação aos ataques ao longo da campanha, um padrão estabelecido parece ser o crescimento constante dessa estratégia no decorrer da disputa eleitoral. Diamond e Bates (1992) identificam quatro estágios: *spots* de identificação (que fornecem o nome do candidato), *spots* de argumentação (que indicam o posicionamento do candidato), *spots* de ataque (usados para sugerir a inferioridade do adversário) e *spots* "Eu vejo a América" (que apresentam o candidato como político visionário). Geer (2006), em análise dos *spots* presidenciais entre 1972 e 2000, encontrou padrão semelhante: a propaganda se torna mais negativa conforme se aproxima o dia da eleição. Kern (1989), por sua vez, sugere que candidatos opositores atacam cada vez mais cedo, principalmente quando estão diante de mandatários vulneráveis.

2. O caso brasileiro

Nas eleições municipais brasileiras, as inserções eleitorais começaram a ser veiculadas em 1996, diferentemente da realidade norte-americana,

---

[7] Segundo os dados apresentados pelos autores, nos estados competitivos, as estações de televisão exibiram em média 1.150 comerciais entre o Dia do Trabalho (celebrado sempre na primeira segunda-feira de setembro) e as eleições (que acontecem sempre na terça-feira seguinte à primeira segunda-feira de novembro). Nos estados não competitivos, a média cai para apenas 55 *spots* comerciais durante esse período.

quando o modelo popularizou-se ainda na década de 1960. De lá para cá, analistas da vida política brasileira têm argumentado a favor do modelo americano de propaganda, em oposição ao modelo tradicional do horário político, transmitido em bloco e de longa duração, cuja influência é considerada desproporcional ao peso que assume no orçamento das campanhas (Lavareda, 2009).

Os comerciais de 30 segundos são elogiados por atenderem a uma estratégia de mídia que articula três características: agilidade, penetração e imprevisibilidade. A argumentação central é que as inserções, por sua natureza dinâmica, têm a capacidade de atingir todo tipo de eleitor, sem dar tempo para sua atenção ser desviada, já que são pegos de guarda baixa, ao contrário do que ocorre na propaganda exibida em blocos, quando o eleitor pode trocar de canal (Figueiredo et al., 1998).

O modelo brasileiro de inserções pode ser criticado, por outro lado, pelo excesso de regulamentação exercida pela legislação eleitoral. No Brasil, diferentemente do que ocorre na propaganda em blocos, as inserções são veiculadas de segunda a domingo, durante os 45 dias anteriores à antevéspera da eleição. Durante esse período, as emissoras de rádio e televisão são obrigadas a reservar 30 minutos (60 inserções) para exibição diária. Nas eleições nacionais, esse tempo de propaganda deve ser dividido igualmente entre as campanhas para presidente, governador, deputado federal, deputado estadual e senador. Nas eleições municipais, no entanto, o tempo é dado exclusivamente para a campanha de prefeito. Tal exclusividade é o que garante o volume cinco vezes maior de inserções para prefeito em comparação às presidenciais.

O problema do modelo brasileiro de propaganda é observado nos artigos que definem as regras de veiculação dos comerciais dentro da programação das emissoras. O TSE desenvolveu mecanismo de veiculação que busca o princípio da igualdade entre as candidaturas, mas na prática limita a aplicação estratégica dos comerciais, porque define de antemão, mediante sorteio, o dia e o bloco de audiência nos quais os partidos devem exibir suas mensagens. A regra eleitoral determina que as inserções sejam distribuídas igualmente pelo número de dias de campanha e, em cada dia de campanha, as inserções devem se distribuir igualmente entre os quatro diferentes blocos de audiência (8h-12h, 12h-18h, 18h-21h e 21h-24h), de modo a garantir a cada candidato a chance de exibir suas mensagens nos horários de maior e menor visibilidade.

Com base nesse conjunto de determinações, o plano de mídia para prefeito se processa da seguinte maneira: primeiro, o TSE divide os 2.700 comerciais pelo número de dias de campanha (45 dias) para definir quantas inserções serão veiculadas por dia (60 inserções). Em seguida, esse total é dividido por quatro, que é a quantidade de blocos de audiência existente ao longo do dia, o que resulta na exibição de 15 inserções por bloco. No final, a sequência de exibição entre os candidatos segue o sorteio estabelecido pelo TSE, que é a mesma observada na propaganda em blocos. Assim, por exemplo, se o candidato A tem direito a 180 comerciais no primeiro turno eleitoral, o TSE determina que ele veicule quatro inserções por dia, sendo uma em cada bloco de audiência. O candidato não pode concentrar suas inserções na última semana de campanha, nos horários de maior audiência ou nos programas que julga conveniente.[8]

Um problema adicional no modelo brasileiro de propaganda é a incapacidade de os candidatos decidirem em quais programações exibir suas inserções. O TSE determina o dia, o bloco e o ordenamento dos candidatos, mas cabe às emissoras de rádio e televisão definir em quais horários a propaganda será transmitida dentro dos blocos. A regra eleitoral estipula que as emissoras devem garantir espaçamento equilibrado, mas não faz nenhuma referência à distribuição das inserções dentro da grade de programação das emissoras. A determinação sugere apenas que as emissoras devem evitar que duas ou mais inserções da propaganda sejam exibidas no mesmo intervalo comercial, inclusive quando se trata do mesmo candidato, mas não prevê nenhum tipo de regra de veiculação da propaganda dentro dos programas das emissoras, muito menos sanção no caso de haver algum tipo de beneficiamento político.

Percebe-se claramente que o conjunto de regulamentações existente na regra eleitoral dificulta a ação estratégica dos candidatos, que não possuem a prerrogativa de decidir onde, quando e de que maneira veicular

---

[8] A Lei nº 13.165 de 2015 alterou também as regras de veiculação das inserções. A partir de 2016, as emissoras de rádio e televisão reservarão 70 minutos diários para a propaganda eleitoral gratuita, distribuídos ao longo da programação entre 5h e 24h, em três blocos de audiência (5h–11h, 11h–18h e 18h–24h).

suas inserções. Não obstante esse conjunto de regras, o arcabouço institucional brasileiro cria incentivos particulares dos quais podemos derivar um conjunto de hipóteses comportamentais a respeito das estratégias de comunicação nos momentos eleitorais. A primeira delas sustenta que os candidatos a prefeito, a despeito do risco de punição pela Justiça Eleitoral, não evitam atacar seus adversários. Esse comportamento relaciona-se diretamente com a situação nos índices de intenção de voto. Ou seja, a decisão de "partir para a briga" será típica de candidatos em desvantagem na disputa eleitoral. Nesse sentido, esperamos que líderes ataquem menos. Por outro lado, o controle de conteúdo e a existência de mecanismos de punição na justiça eleitoral reforçam a convicção de que os ataques focam, preferencialmente, temas de campanha e não os atributos pessoais dos candidatos.

As últimas hipóteses comportamentais dizem respeito aos aspectos estratégicos da propaganda negativa. A expectativa é a forte influência das pesquisas de intenção de voto sobre a decisão de quem atacar. Segundo o padrão sugerido pelos modelos de campanha negativa, no qual a campanha desenvolve-se pela busca de espaços no *ranking* de intenção de votos, espera-se que o líder das pesquisas, além de atacar menos, seja o alvo preferencial de seus adversários. Por consequência, pressupõe-se que o segundo colocado ataca o primeiro, o líder, quando ataca, foca o segundo e ambos ignoram os terceiros e quartos colocados. Estes assumem a postura de atacar simultaneamente o líder e o segundo candidato. Além disso, devido ao "engessamento" do processo eleitoral provocado pelas regras de veiculação dos *spots*, a hipótese é a de que os ataques ocorram nos blocos noturnos (das 18h às 24h) em detrimento dos diurnos (das 8h às 18h). Por fim, a evolução dos ataques segue o padrão encontrado na literatura internacional, com o crescimento conforme o dia da eleição se aproxima.

Diante dessas características do caso brasileiro, assumimos aqui duas premissas gerais. A primeira delas é que a restrição da propaganda política pelo TSE e a atuação das redes de televisão não impedem que os candidatos adotem campanhas negativas cujo objetivo é alterar o cenário eleitoral. Resta saber como eles adotam, portanto, a propaganda negativa. A segunda premissa nos diz que a obrigatoriedade do voto no Brasil não permite inferir qualquer conclusão sobre a hipótese de desmobilização da campanha negativa, como sugerem autores da literatura internacional. Isto posto, é razoável aceitarmos a hipótese apresentada pelos outros autores internacionais, qual seja, a de que a campanha negativa importa porque é informativa. Em suma, a campanha negativa importa porque pode provocar inflexões em determinados cenários.

3. Metodologia

O teste das hipóteses é feito com base no mapa das inserções cedido pelo Doxa — Laboratório de Opinião Pública do Instituto de Estudos Sociais e Políticos da Uerj, que possui os dados referentes aos comerciais veiculados na Rede Globo de Televisão durante as eleições para prefeito das cidades do Rio de Janeiro e de São Paulo em 2012, primeiro e segundo turnos. Nessas duas ocasiões, o Doxa registrou em planilha o momento exato em que todos os *spots* foram ao ar e possuem as informações necessárias para investigarmos empiricamente as questões delineadas anteriormente. A planilha contém os dias, os horários e as programações da TV Globo nas quais as inserções foram exibidas. Registra também quantas vezes cada uma delas foi repetida ao longo da campanha. No total, foram coletadas 7.279 inserções.

A análise restringiu-se aos *spots* dos quatro candidatos mais bem colocados nas pesquisas de intenção de voto. No Rio, foram incluídas nas tabelas as inserções de Eduardo Paes (PMDB), Marcelo Freixo (PSOL), Rodrigo Maia (DEM) e Otávio Leite (PSDB). Em São Paulo, no primeiro turno, foram analisados os comerciais de Gabriel Chalita (PMDB), José Serra (PSDB), Fernando Haddad (PT) e Celso Russomanno (PRB). No segundo turno, os *spots* de Serra e Haddad. Com isso, o total de *spots* analisados nas duas cidades chegou a 5.820, sendo 2.316 (39,7%) no Rio e 3.504 (60,2%) em São Paulo.

A análise se desenvolveu basicamente em duas etapas. Na primeira, foram codificados todos os *spots* veiculados pelos candidatos durante a campanha para, em seguida, buscar a relação entre o conteúdo dessas mensagens e o momento em que elas foram transmitidas. O processo de codificação foi desenvolvido segundo as formulações metodológicas elaboradas pelo grupo de pesquisadores do Doxa (Figueiredo et al., 1998), que tem inspirado diversos estudos no campo da propaganda política. Essa metodologia se insere num quadro analítico que procura entender as estratégias de comunicação com base na categorização de todos os elementos retóricos que compõem o comercial. As categorias elaboradas buscam verificar a estratégia dos candidatos, a construção dos discursos, os apelos e os objetivos das mensagens, as características pessoais e os temas levantados pelas campanhas.

As mensagens de campanha foram classificadas em três categorias: exaltação (a decisão do candidato em ressaltar apenas seus aspectos positivos), ataque (a decisão de ressaltar os aspectos negativos dos adversários) e defesa (a decisão de responder a ataques sofridos). Na identificação dos segmentos negativos, seguimos a definição proposta por John Geer (2006), segundo a qual a "propaganda negativa é qualquer crítica direcionada por um candidato aos seus adversários". Essa definição inclui a personalidade do candidato, suas crenças políticas, o partido ao qual é filiado, seus associados, familiares e amigos, grupos de apoio e equipe de governo.

Assim, a classificação proposta se importa em saber apenas se o candidato utiliza seu tempo com o intuito de destacar os aspectos negativos do seu oponente, em detrimento da valorização dos seus próprios atributos políticos. Importante ressaltar que incluímos nessa categoria também as mensagens que poderiam ser classificadas como comparativas. Essa categoria pressupõe a decisão do candidato de veicular, na mesma mensagem, seus aspectos positivos e os aspectos negativos do adversário.

4. Resultados

Rio de Janeiro e São Paulo apresentaram cenários eleitorais bem distintos em 2012 em razão do clima de opinião predominante em cada uma dessas duas cidades. Enquanto no Rio poderíamos falar numa eleição de continuidade, dada a aprovação do governo por boa parte dos eleitores, em São Paulo o clima era de mudança. A pesquisa DataFolha realizada entre os dias 19 e 20 de julho, no início da campanha, revelou que 45% dos cariocas consideravam "ótimo/bom" o governo Eduardo Paes, e apenas

15% achavam "ruim/péssimo". Em São Paulo, no mesmo período, a administração Gilberto Kassab (PSD) foi considerada "ruim/péssima" por 39% dos eleitores e "ótima/boa" por 20%. O saldo positivo da administração para Paes e negativo para Kassab indicavam um clima de opinião entre os eleitores mais favorável ao discurso da situação no Rio, enquanto em São Paulo prevalecia uma maior abertura às mensagens da oposição.

5. Cenário e comportamento eleitoral no Rio

Ao todo, a disputa pela prefeitura do Rio teve oito candidaturas.[9] Apesar disso, a maior associação de partidos integrou apenas uma candidatura, a de Eduardo Paes. A candidatura à reeleição do peemedebista foi formada numa aliança com o PT, que indicou o vereador Adilson Pires como vice, reproduzindo assim a união estabelecida entre PT e PMDB em nível estadual e nacional. A indicação do vice permitiu concretizar mais diretamente a participação do PT na administração municipal, já que, no primeiro mandato, a legenda não integrara a chapa que elegera Paes, em 2008. Além do PT, o peemedebista conseguiu o apoio de outros 18 partidos, muitos deles também não haviam participado da chapa de Paes em 2008.[10]

Com essa forte aliança partidária, o peemedebista focou sua campanha nas realizações do seu primeiro governo, especialmente nas áreas da educação, como o fim da "aprovação automática", saúde, com a criação de novos postos de saúde e, na área dos transportes, com a inauguração do BRT (Transporte Rápido de Ônibus). Paes ressaltou também as realizações feitas em áreas como as zonas Norte e Oeste, onde obteve expressiva votação em 2008, e onde há um maior percentual de famílias de baixa renda da cidade. A campanha do pemedebista buscou disseminar também a mensagem do quanto era importante manter o projeto de governo que havia mudado para melhor a cidade. Para isso, associou o clima de

---

[9] Antonio Carlos Silva (PCO), Aspásia Camargo (PV), Cyro Garcia (PSTU), Eduardo Paes (PMDB/PT e mais 18 legendas); Fernando Siqueira (PPL), Marcelo Freixo (PSOL), Otávio Leite (PSDB), Rodrigo Maia (DEM-PR).
[10] PRB, PP, PDT, PTB, PSL, PTN, PSC, PPS, PSDC, PRTB, PHS, PMN, PTC, PSB, PRP, PSD, PC do B, PT do B.

otimismo da cidade com os seus garantidores, isto é, o grupo político que permitiu as transformações. Nesse sentido, ressaltou que o ambiente positivo do "Somos um Rio", da "parceria" e da "união" fora retomado após sua vitória em 2008, quando Paes se aliou ao governador Sérgio Cabral, ao ex-presidente Lula e à presidente Dilma Rousseff.

No campo da oposição, Marcelo Freixo procurou construir uma candidatura de alternativa ao grupo do PMDB, que fosse apoiada por segmentos importantes da opinião pública e que dialogasse com a juventude que havia votado maciçamente em Fernando Gabeira (PV), na acirrada disputa pela prefeitura em 2008. Para isso, o candidato do PSOL convenceu o ex-baterista da banda de rock O Rappa, Marcelo Yuka, a ser seu vice na chapa. Nas inserções, o candidato recorreu inúmeras vezes a declarações de jovens e de artistas como Caetano Veloso, Chico Buarque e do ator Wagner Moura que, em suas aparições, reafirmavam o *slogan* "Eu fecho com Marcelo Freixo".[11]

Também no campo da oposição, a candidatura de Rodrigo Maia conseguiu unir dois adversários políticos: seu pai, o ex-prefeito Cesar Maia (DEM), e o ex-governador Anthony Garotinho (PR), que indicou a filha, a deputada estadual Clarissa Garotinho, como a vice de Maia. A aliança era considerada por muitos uma estratégia fadada ao fracasso, dados os índices de rejeição de Cesar Maia, quando deixou o governo, e do próprio Garotinho, na capital fluminense. Concretizada a aliança, Rodrigo Maia procurou desde o início da campanha se colocar claramente no campo da oposição, focando os aspectos negativos da administração Eduardo Paes, especialmente na área da saúde, transporte e educação. Com o *slogan* "Tá bombando pra quem?", Maia procurou ressaltar também que as obras para a Copa do Mundo de 2014 e as Olimpíadas de 2016 deveriam melhorar a vida de todos os cariocas do presente, e não de apenas uma parte deles num futuro. Na sua estratégia, o candidato do DEM procurou associar Paes com o governo Sérgio Cabral e o empresário Fernando Cavendish, dono da Delta Construções.[12]

---

[11] O candidato também não se furtou a fazer referenciais ao filme *Tropa de elite II*, que tinha Wagner Moura como protagonista e teve ampla repercussão na sociedade. O longa-metragem contava a história da crescente atuação das milícias no Rio, objeto de uma CPI liderada por Freixo na Assembleia Legislativa do Rio.

[12] Cavendish, que era acusado de participação em casos de corrupção em Goiás, e a principal prestadora de serviço do governo do Rio, havia sido flagrado numa festa em Paris acompanhado de vários secretários de Cabral.

Otávio Leite (PSDB), por sua vez, enfrentou dificuldades para ser candidato. Disputas internas do PSDB com o grupo liderado pela vereadora Andréa Gouvêa Vieira, que também pretendia ser candidata, retardaram a confirmação do nome de Leite como candidato pelo PSBD, que teve como vice um integrante do próprio partido, Geraldo Marcos Moreira. O candidato do PSDB fez uma campanha com tom menos crítico que Rodrigo Maia, embora tenha apresentado mensagens contra medidas da prefeitura, como a decisão de derrubada de um importante viaduto na cidade, os gastos com publicidade, ou em relação à falta de professores e de médicos nos postos de saúde.

Tabela 1
DISTRIBUIÇÃO DOS TEMAS DE CAMPANHA DO RIO DE JANEIRO

Tema	Aclamação	Ataque	Defesa
Educação	24,2%	10,5%	0,0%
Transporte	17,8%	26%	0,0%
Saúde	17,5%	44,4%	0,0%
Habitação	10%	0,0%	0,0%
Infraestrutura	8,5%	5,8%	0,0%
Política social	6,2%	5,4%	0,0%
Parceria	3,3%	0,0%	0,0%
Outros	11,7%	6,9%	0,0%
N	2.488	277	0

Fonte: Elaborada pelos autores.

As características do clima de opinião no Rio ajudam a explicar o comportamento dos eleitores ao longo da campanha. Como podemos observar no gráfico 1, houve uma alta estabilidade das intenções de voto do início ao fim da disputa. Eduardo Paes iniciou a campanha com 54% de intenção de voto e permaneceu nesse patamar até a véspera da votação, quando atingiu 57%, e foi eleito ainda no primeiro turno. No campo da oposição, apenas Marcelo Freixo conseguiu ampliar seu índice, mas sem ameaçar a posição de Paes. O candidato do PSOL começou a disputa com 10% de preferência entre os eleitores, foi a 19% em setembro, e atingiu 22% na véspera da eleição — terminando a eleição com 27% dos votos válidos.

Gráfico 1
EVOLUÇÃO DAS INTENÇÕES DE VOTO NO RIO DE JANEIRO

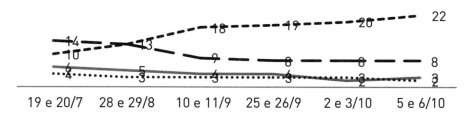

Fonte: DataFolha.

Apesar da estabilidade do cenário, sem troca de posições entre os candidatos, a campanha de 2012 no Rio, por hipótese, produziu efeitos do ponto de vista da atitude política dos eleitores. Paes conseguiu reforçar a percepção positiva entre seus eleitores, contribuindo assim para limitar o impacto das mensagens dos adversários. Dito de outro modo, a campanha do peemedebista foi hábil em apresentar argumentos que ajudaram os eleitores a justificarem sua decisão diante das mensagens dos demais candidatos, levando, possivelmente, à estabilidade da sua curva de intenção de voto. A campanha do candidato do PSOL, por sua vez, produziu argumentos que atraíram a atenção e a aprovação de eleitores, mas isso ocorreu entre os eleitores que avaliavam mal a administração do prefeito.

Ou seja, eleitores que, por variadas razões, rejeitavam ou tinham dúvidas com relação às mensagens de Eduardo Paes. Estavam, portanto, mais receptivos ao discurso da oposição.

6. Cenário e comportamento eleitoral em São Paulo

Com um clima de opinião mais favorável à mudança na gestão municipal, houve uma maior dispersão de forças políticas em São Paulo, cuja eleição de 2012 contou com 12 candidaturas.[13] Apesar do grande número de competidores, apenas quatro estiveram mais à frente na disputa pela prefeitura: Celso Russomanno (PRB), Fernando Haddad (PT), José Serra (PSDB) e Gabriel Chalita (PMDB). A formação do quadro de alianças para a disputa da prefeitura de São Paulo teve um dado interessante. Como o partido do então prefeito Gilberto Kassab, o PSD, não lançou candidatura própria à prefeitura, preferindo a aliança com José Serra, o papel da situação estava mais próximo do candidato peessedebista do que os seus adversários. Havia também razões históricas para isso. Serra fora eleito prefeito de São Paulo em 2004, tendo como vice Gilberto Kassab, na época filiado ao DEM (ex-PFL). Em 2006, Serra renunciou ao cargo para concorrer ao governo de São Paulo, e Kassab assumiu a prefeitura, tendo sido eleito para o mesmo cargo em 2008, agora pelo PSD.

No primeiro turno, Serra focou principalmente seu preparo para o cargo, sua proximidade como o governador Geraldo Alckmin, e as medidas que pretendia adotar nas áreas da saúde, educação e emprego para jovens. A renúncia do cargo de prefeito em 2006, no entanto, custou a Serra ataques dos adversários. Em resposta, o candidato passou a utilizar *spots* para defender o compromisso de que não renunciaria ao cargo, caso fosse eleito. Ao contrário de outras campanhas, na disputa municipal de 2012, Serra recorreu ao ex-presidente Fernando Henrique Cardoso, que

---

[13] Ana Luiza (PSTU), Anaí Caproni (PCO), Carlos Giannazi (PSOL/PCB), Celso Russomanno (PRB/PTB/PTN/PHS/PRP/PT do B), Fernando Haddad (PT/PP/PSB/PC do B), Gabriel Chalita (PMDB/PSL/PSC/PTC), Levy Fidélix (PRTB), Eymael (PSDC), José Serra (PSDB/PR/DEM/PV/PSD), Miguel Manso (PPL), Paulo Pereira da Silva (PDT), Sonia Francine (PPS/PMN).

apareceu nos comerciais pedindo voto para o peessedebista e lembrando que os acusados do Mensalão tinham sido condenados. Os ataques de Serra foram mais diretos quando o candidato passou a associar a possível eleição de Haddad ao retorno dos deputados e políticos acusados de participar do Mensalão ou ainda o retorno do PT ao governo municipal, que havia criado impostos na gestão Marta Suplicy. Em setembro, Serra passou também a atacar a proposta do Bilhete Único mensal, feita pelo candidato Fernando Haddad para se contrapor ao bilhete proporcional sugerido por Russomanno.

No segundo turno, Serra manteve propostas voltadas para o transporte público, com a ampliação do Bilhete Único para seis horas, e para a saúde, com a construção de novos postos de Assistência Médica Ambulatorial (AMA). Novamente, a associação com o governador Geraldo Alkmin voltou a ser lembrada. Mas o candidato também atacou especialmente o risco de o PT romper as "parcerias da prefeitura", que havia levado melhorias para a cidade, e a possibilidade de o grupo liderado por Marta Suplicy retornar à prefeitura, a proximidade do candidato petista do ex-prefeito Paulo Maluf, que havia confirmado apoio a Haddad e, claro, o risco de a turma do Mensalão se instalar na prefeitura de São Paulo.

No campo da oposição, o candidato Fernando Haddad construiu uma aliança com três partidos: PSB, PCdoB e PP. Novato na disputa pela prefeitura, o candidato do PT teve como padrinho político a ex-prefeita Marta Suplicy, a presidente Dilma Rousseff e o ex-presidente Luiz Inácio Lula da Silva. Nos comerciais, o ex-presidente teve o papel não só de referendar a competência de Haddad para administrar São Paulo, como de ressaltar a importância de a cidade firmar parceria com a presidente Dilma. Lula lembrou ainda as melhorias que o PT havia feito pela cidade durante a gestão de Marta Suplicy, e que seriam retomadas na gestão Haddad. O candidato do PT se colocou claramente no campo da oposição, com críticas aos serviços públicos e à necessidade de renovação na prefeitura, com a insistência no *slogan* "Um homem novo, para um tempo novo". Haddad focou suas propostas nas áreas da saúde, educação e transportes, esta com a criação do Bilhete Único mensal, tendo Marta Suplicy, que havia implementado o bilhete na cidade, como oradora em vários comerciais.

Na campanha, Haddad afirmava também que a vida do paulistano havia melhorado "dentro de casa, mas piorado da porta da rua pra fora", numa referência à forma "humana e competente de administrar de Dilma e Lula". O candidato atacou diretamente Serra por ter abandonado a prefeitura em 2006 e sua associação com Gilberto Kassab, e procurou ainda se colocar como o candidato que representava os pobres, enquanto Serra, os ricos. Os ataques a Russomanno, por sua vez, foram direcionados à proposta do candidato de criar o Bilhete Único proporcional, que não beneficiaria, segundo Haddad, quem era mais pobre, e ao despreparo do candidato.

No segundo turno, Haddad conseguiu o apoio de Gabriel Chalita, do PMDB, que passou, juntamente com Lula e Dilma, a integrar os comerciais na televisão. Na campanha, Haddad ampliou as críticas ao fato de José Serra ter renunciado à prefeitura em São Paulo, ressaltando, principalmente, as dúvidas que pairavam sobre sua permanência à frente da administração pessoal, caso fosse eleito, e também a aliança de Serra com Kassab. Outra mensagem insistentemente usada era a que colocava Haddad como candidato dos pobres, numa divisão dos eleitores ricos, que estariam ao lado de Serra. Novamente, a campanha do PT relembrou o tema das privatizações realizadas pelo PSDB, alertando para o risco de a saúde ser entregue à iniciativa privada.

Também no campo da oposição, Celso Russomanno conseguiu formar a aliança PTN, PHS, PRP, PT do B e PTB, que indicou o advogado Luiz Flávio D'Urso como candidato a vice. Russomanno focou sua campanha na construção da imagem de um candidato comprometido com os interesses da população menos assistida de São Paulo. Buscou assim reproduzir na campanha o papel que desempenhara como apresentador de TV nos programas *Aqui e agora*, no SBT, e *Patrulha do consumidor*, na Rede Record, como defensor dos direitos da população e do consumidor. Em inúmeros *spots*, Russomanno recorreu ao depoimento de pessoas comuns, que relatavam as dificuldades de atendimento nos serviços municipais ou mesmo em relação a uma empresa, e como tiveram seus problemas resolvidos após a ajuda do candidato.

Russomanno também apresentou propostas nas áreas da educação, como o fim da progressão automática e a cobrança proporcional do Bilhete Único do transporte municipal. Foi essa última proposta que virou alvo dos adversários, que passaram a acusá-lo de beneficiar os mais ricos. Os ataques foram respondidos. Russomanno passou a se posicionar como um candidato que não faz parte do "vale-tudo eleitoral" da "baixaria" e que, segundo o candidato, tentava prejudicar "quem você escolheu para cuidar de São Paulo". Sob ataques dos adversários, Russomanno passou a adotar um tom mais crítico entre meados de setembro, direcionando o alvo das suas críticas para os adversários, principalmente a Fernando Haddad.

Finalmente, também no campo da oposição, Gabriel Chalita, do PMDB, formou aliança com PSC, PTC e PSL. Na campanha, o pemedebista focou o argumento de que era o único candidato que poderia unir São Paulo, firmar parcerias com o governo federal e estadual. Para isso, Chalita buscou ressaltar "a picuinha" do PT e do PSDB, que "fez São Paulo perder creches, UPAs e muito mais. Chega de briga. Tá na hora de unir prefeito, governador e a presidenta". Para construir a imagem de uma terceira via, o candidato chegou a apresentar, inclusive, *spots* nos quais afirmava que havia trabalhado como secretário de Educação no governo do PSDB, Geraldo Alckmin, e que era "amigo da presidenta Dilma". Na reta final, Chalita atacou Roussomanno alertando a população para o risco de eleger alguém só porque era conhecido na televisão.

Tabela 2
DISTRIBUIÇÃO DOS TEMAS DE CAMPANHA DE SÃO PAULO

Tema	Aclamação	Ataque	Defesa
Educação	26,7%	16,9%	10,1%
Saúde	24,9%	10,1%	5,7%
Transporte	17,1%	19,2%	20,3%
Parceria	6,1%	17,6%	0,0%
Habitação	3,8%	1,1%	0,0%
Gestão	3,3%	3,7%	0,0%
Emprego	3,1%	0,0%	0,0%

(continua)

Tema	Aclamação	Ataque	Defesa
Política Social	3,1%	0,7%	0,0%
Pesquisa	2,8%	0,0%	0,0%
Corrupção	0,0%	16,8%	0,0%
Mandato	0,0%	4,9%	58,9%
Outros	9%	9%	5,1%
N	2.491	934	158

Fonte: Elaborada pelos autores.

Ao contrário do cenário de estabilidade do Rio, a capital paulista teve uma disputa eleitoral acirrada, com trocas de posições entre os candidatos ao longo da campanha. Como lembrado, o cenário favorável ao discurso de oposição favoreceu candidatos que estavam identificados com esse campo, principalmente, Russomanno e Haddad. A desistência de José Serra (PSDB) de continuar à frente da prefeitura de São Paulo, em 2006, e sua proximidade com o então prefeito Gilberto Kassab pesaram. Serra iniciou a disputa com 30% de intenções de voto, declinou para 20% em setembro e terminou o primeiro turno na liderança, embora abaixo do seu patamar inicial.

Entre os candidatos declaradamente de oposição, também foi observada volatilidade das intenções de voto. Russomanno, que havia iniciado a campanha com 21%, foi a 35% em setembro, mas perdeu força na reta final da disputa, o que lhe custou a ida para o segundo turno. Haddad foi o candidato que mais agregou votos ao longo da campanha. O petista começou com apenas 8% de intenção de voto, subiu para a casa dos 17% em setembro e terminou o primeiro turno com 20%. Na véspera da votação, as inflexões nas curvas de intenção de voto produziram o seguinte cenário: Russomanno, Serra e Haddad estavam tecnicamente empatados com 23%, 24% e 20%, respectivamente. Com a abertura das urnas, Haddad e Serra foram para o segundo turno.

Gráfico 2
EVOLUÇÃO DAS INTENÇÕES DE VOTO EM SÃO PAULO

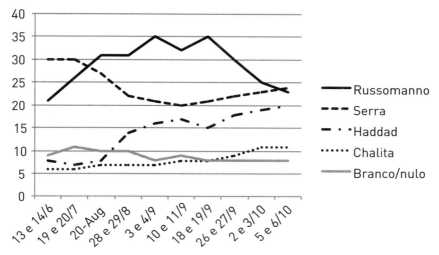

Fonte: DataFolha.

O resultado da eleição em São Paulo indicou claramente a relação com o clima de opinião predominante entre os eleitores, ou seja, o desejo de boa parte pela mudança na gestão municipal. As mensagens dos candidatos mais identificados com o campo da oposição conseguiram agregar mais votos, indicando, com isso, uma maior receptividade dos eleitores ao discurso desse grupo político. Embora Russomanno tenha perdido intenções de voto, foi Fernando Haddad quem mais se beneficiou, e não José Serra. No segundo turno, prevaleceu o clima de mudança. Haddad iniciou a disputa à frente de Serra, permaneceu assim até o fim e foi eleito com 55,57% dos votos.

7. A propaganda negativa nas eleições

A comparação entre as duas cidades revela que a campanha paulista foi mais negativa do que a carioca. Enquanto em São Paulo o percentual de ataques alcançou quase um quarto da totalidade das mensagens (24,1%), no Rio, esse percentual recua a 13%, praticamente a metade. A tabela 3 demonstra também como o segundo turno é, geralmente, mais negativo (39,1%).[14]

Já o percentual de defesa é restrito à campanha desenrolada em São Paulo. No primeiro turno, refere-se basicamente ao candidato José Serra, que usou boa parte dos seus recursos para afastar as acusações de que, caso eleito, novamente renunciaria à prefeitura para disputar cargo de governador ou presidente. A defesa também foi parte da estratégia do candidato Russomanno, quando, na reta final da campanha, veio a público esclarecer sua proposta para a tarifa proporcional do ônibus, que foi fortemente atacada, principalmente por Haddad. No segundo turno, o volume de defesa é parte da estratégia de Haddad, que se viu obrigado a responder críticas de seu desempenho como ministro da Educação, especialmente as acusações de que não construíra creches em São Paulo e vira o Brasil cair no ranking internacional de desempenho acadêmico.

Tabela 3
ESTRATÉGIAS DE CAMPANHA NO RIO E SÃO PAULO

	Rio de Janeiro (1º Turno)	São Paulo (1º Turno)	São Paulo (2º Turno)
Aclamação	87%	69,7%	55,7%
Ataque	13%	24,1%	39,1%
Defesa	0,0%	6,2%	5,3%
N	2.314	2.611	893

Fonte: Elaborada pelos autores.

A variação no volume de ataques se explica por dois motivos centrais. O primeiro, e sem dúvida mais importante, é o cenário eleitoral e a dinâmica da campanha.

---

[14] Esse resultado espelha dados obtidos por Borba (2012) em estudo sobre *spots* nas eleições presidenciais brasileiras de 2006 e 2012 e refletem achados da literatura segundo os quais campanhas com dois candidatos são mais negativas do que campanhas multipartidárias (Geer, 2006; Desposato, 2013).

A decisão de atacar relaciona-se com o posicionamento dos candidatos nas pesquisas de intenção de voto. Líderes atacam menos e retardatários, pela necessidade de alterar o *status quo*, atacam mais. No Rio, como a liderança e a vitória no primeiro turno jamais estiveram ameaçadas, Paes não precisou usar propaganda negativa. A distribuição das estratégias de campanha na cidade se explica também pela própria dominância da candidatura de Paes, que reuniu 19 partidos em torno da sua reeleição e, com isso, teve um maior tempo de televisão. Em outras palavras, sua estratégia de não atacar influenciou a distribuição das inserções do tipo aclamação.

Como o peemedebista não atacou ninguém (ver com mais detalhes a seção seguinte), o percentual caiu no Rio. Tivesse a oposição número maior de inserções, possivelmente o percentual de propaganda negativa teria sido superior. Na capital paulista, o cenário de indefinição aliado a uma distribuição mais equilibrada dos *spots* entre os competidores fez aumentar o percentual de ataques.[15] A indefinição do quadro, observado com mais força na reta final do primeiro turno, forçou os candidatos a atacarem uns aos outros. Como se verá com mais clareza alguns parágrafos adiante, a indefinição fez com que os alvos dos ataques variassem bastante.

Tabela 4
PERCENTUAL DE ATAQUES SEGUNDO POSICIONAMENTO NAS PESQUISAS

	Líder	Segundo	Terceiro	Quarto
Rio de Janeiro	0,0%	18,8%	24,4%	21,1%
São Paulo (1º Turno)	12,7%	23%	21%	33,5%
São Paulo (2º Turno)	28%	47,1%	---	---

Fonte: Elaborada pelos autores.

---

[15] No Rio, as inserções se distribuíram da seguinte forma: Paes (1.467), Freixo (123), Maia (324) e Leite (299). Em São Paulo, Serra e Haddad tiveram 689 cada, Chalita, 394, e Russomanno, 197.

8. Variações segundo as candidaturas

Como observado na seção anterior, verifica-se que Eduardo Paes percorreu sua campanha na postura "acima da briga". O candidato passou toda a corrida eleitoral sem desferir um único ataque. Os candidatos retardatários, por sua vez, variaram pouco seus percentuais: Freixo usou 18,8% das suas mensagens para atacar o prefeito, abaixo de Leite (22,1%) e Maia (24,4%). Os ataques assemelharam-se no seu conteúdo e buscavam ressaltar o que consideravam a péssima qualidade dos serviços públicos. As críticas ressaltavam a falta de médicos, remédios e equipamentos, hospitais e centros de saúde lotados, falta de creches e escolas sucateadas, e transporte público insuficiente, caro e desconfortável. Foram raros os ataques de ordem pessoal a Paes, por exemplo, quando Maia associou o prefeito ao esquema de corrupção de Carlinhos Cachoeira e a turma do guardanapo.[16] Esse *spot*, no entanto, foi exibido apenas duas vezes e teve que ser retirado por ordem da Justiça Eleitoral.

Tabela 5
ESTRATÉGIAS DOS CANDIDATOS NO RIO DE JANEIRO

	Paes	Freixo	Maia	Leite
Aclamação	100%	81,1%	75,6%	77,9%
Ataque	0,0%	18,8%	24,4%	22,1%
Defesa	0,0%	0,0%	0,0%	0,0%
N	993	154	579	588

Fonte: Elaborada pelos autores.

---

[16] O escândalo envolvendo o empresário Carlinhos Cachoeira veio à tona em fevereiro de 2012, quando a Polícia Federal o prendeu. Na época, ele era acusado de envolvimento com a exploração ilegal de jogos de azar. Na sequência, escutas telefônicas feitas pela PF vazaram para a imprensa. O conteúdo indicava uma suposta articulação de Cachoeira com o então senador Demóstenes Torres (ex-DEM) e funcionários da empresa de construções Delta para vencer licitações em obras e serviços públicos. A construtora pertencia ao empresário Fernando Cavendish, amigo pessoal do governador do Rio de Janeiro, Sérgio Cabral (PMDB) e aliado de Eduardo Paes. Semanas depois, o blog do ex-governador do Rio, Anthony Garotinho, divulgou fotos de secretários estaduais do Rio numa festa em Paris. Na imagem, eles aparecem com guardanapos na cabeça e dançando ao lado de Cavendish. Em outras imagens, Cabral é fotografado com Cavendish.

Enquanto no Rio os candidatos retardatários tiveram como foco de seus ataques exclusivamente o prefeito, em São Paulo a dinâmica eleitoral forçou os candidatos a usarem mais o recurso e também a diversificarem os alvos dos ataques. Entre os quatro principais candidatos, Chalita foi o que atacou o maior número de vezes: 33,5% das suas mensagens tiveram como objetivo ressaltar aspectos negativos de seus adversários. Suas mensagens questionavam a picuinha entre PT e PSDB e afirmavam que ele seria o único capaz de trabalhar em parceria com a prefeitura e a presidência. Serra usou 23% dos seus *spots* em propaganda negativa, seguido por Haddad (21%) e Russomanno (12,7%). O caso de Russomanno é o mais interessante, pois o candidato vinha fazendo campanha limpa até o final do primeiro turno, quando as pesquisas de intenção de voto começaram a registrar sua queda. A partir desse momento, começa a travar uma luta aberta com Haddad.

Tabela 6
ESTRATÉGIAS DOS CANDIDATOS EM SÃO PAULO

	Serra	Haddad	Russomanno	Chalita	Serra (2º T)	Haddad (2º T)
Aclamação	63,3%	76,7%	81%	66,5%	51,7%	61,1%
Ataque	23%	21%	12,7%	33,5%	47,1%	28%
Defesa	13,7%	2,3%	6,3%	0,0%	1,2%	10,9%
N	942	824	205	630	518	375

Fonte: Elaborada pelos autores.

As tabelas seguintes mostram quem atacou quem durante as eleições. No Rio, as atenções se concentraram no prefeito Eduardo Paes. O cenário de dominação política e eleitoral de Paes, que reuniu em torno de si uma coligação de 19 partidos proporcionando mais da metade do tempo de televisão e rádio na campanha, forçou todos os candidatos a se unirem contra sua reeleição. O monitoramento das inserções registrou uma única exceção em ataque feito por Leite contra Freixo. Na mensagem, Leite questiona a mudança de domicílio eleitoral feita pelo candidato do PSOL, que havia transferido seu título de Niterói para o Rio um ano antes das eleições, com o intuito de disputar a prefeitura do Rio. Tal ataque, no entanto, representou menos de 5% do total feitos pelo representante do PSDB.

Tabela 7
ALVOS DOS ATAQUES NO RIO DE JANEIRO

	Paes	Freixo	Maia	Leite	N
Paes	---	0,0%	0,0%	0,0%	0
Freixo	100%	---	0,0%	0,0%	29
Maia	100%	0,0%	---	0,0%	141
Leite	96,9%	3,1%	0,0%	---	130
Total	98,7%	1,3%	0,0%	0,0%	300

Fonte: Elaborada pelos autores.

Em São Paulo, a dinâmica eleitoral forçou os candidatos a alterarem suas estratégias segundo a evolução nas pesquisas de intenção de voto. Todos os candidatos foram, em determinado momento, alvo dos ataques de seus adversários. Esse cenário é típico de eleições indefinidas em que não há certeza sobre quais candidatos estarão no segundo turno. Podemos observar que Haddad e Serra, que disputaram a maior parte do tempo a segunda colocação nas pesquisas, foram também os que concentraram o maior volume de ataques mútuos. Haddad, embora em menor intensidade, atacou também Russomanno, principalmente no final do primeiro turno: 28% das suas mensagens tiveram como objetivo desqualificar o candidato do PRB. Chalita, por sua vez, centrou suas críticas simultaneamente a Haddad e Serra e, em escala menor, a Russomanno e Serra, Haddad e Russomanno ao mesmo tempo. Sua estratégia consistiu em, inicialmente, construir uma alternativa de terceira via, o candidato que poderia unir São Paulo. Posteriormente, Chalita acrescentou a tal discurso retórico o fato de ser também o único que poderia vencer Russomanno num segundo turno.

Tabela 8
ALVOS DOS ATAQUES EM SÃO PAULO

	Haddad	Serra	Russomanno	Haddad e Serra	Haddad e Russomanno	Serra e Russomanno	Haddad, Russomanno e Chalita	Haddad, Serra e Russomanno	N
Haddad	---	52%	30,3%	0,0%	0,0%	17,7%	0,0%	0,0%	175
Serra	82,5%	---	0,0%	0,0%	7,4%	0,0%	10,1%	0,0%	217
Russomanno	88,5%		---	11,5%	0,0%	0,0%	0,0%	0,0%	26
Chalita	0,0%	0,0%	22,3%	73,9%	0,0%	0,0%	0,0%	3,8%	211
Total	32,1%	14,5%	15,9%	25,3%	2,5%	4,9%	2,5%	1,3%	629

Fonte: Elaborada pelos autores.

As estratégias variaram também em relação ao momento em que cada candidatura atacou seus adversários durante os 45 dias de campanha. O padrão que emerge é a forte influência dos índices de intenção de voto sobre a decisão de que (quais) concorrente(s) atacar. Nota-se que os candidatos escolheram como alvos aqueles que representavam, naquele momento da disputa, seu adversário mais direto. No Rio, dada a estrutura de dominância competitiva alcançada pelo prefeito Eduardo Paes, que indicava vitória ainda no primeiro turno, os ataques foram intensos desde o início da campanha e foram diminuindo à medida que a eleição chegava ao fim. A campanha de Marcelo Freixo iniciou-se de maneira bastante negativa contra o prefeito, mas na metade da eleição cessa seus ataques e passa a adotar uma campanha exclusivamente positiva.

Gráfico 3
EVOLUÇÃO DOS ATAQUES NO RIO DE JANEIRO

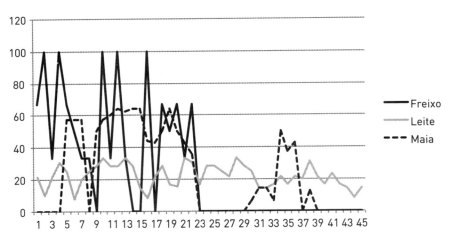

Fonte: Elaborado pelos autores.
Obs.: As linhas do gráfico mostram a evolução de ataques feitos contra o prefeito Paes por seus adversários.

Na disputa de São Paulo, não houve cooperação entre os candidatos e cada um apostou numa tática distinta. No caso de Gabriel Chalita, sua propaganda negativa é alta no início da campanha e foca Haddad e Serra simultaneamente, mas no decorrer da campanha essa estratégia passa por mudança. A cerca de 20 dias do fim do primeiro turno, Chalita para de atacar, voltando a centrar fogo contra seus adversários a seis dias do dia da votação. Os *spots* traziam como alvo Serra, Haddad e Russomanno. O candidato do PRB evitou ataques em boa parte da campanha, período que coincide com sua confortável liderança nas pesquisas. No momento em que passou a ser o alvo preferencial dos demais candidatos, cerca de 10 dias antes da votação, e viu seus índices de intenção de voto recuarem de 35% para um patamar pouco acima de 20%, reage aos ataques, tendo Haddad e, em escala menor, Serra como alvos favoritos.

O candidato Fernando Haddad, que passou boa parte da disputa tentando se aproximar de José Serra, buscou atacar o candidato do PSDB desde os primeiros dias de campanha. Sua estratégia, contudo, apresentou outro comportamento cerca de 15 dias da eleição. Com críticas à proposta de Russommanno para o Bilhete Único, Haddad conseguiu pautar a agenda da disputa, mas, por outro lado, manteve ataques também a Serra. A propaganda negativa de Haddad foi maior na reta final. Os ataques contra Serra também foram acompanhados de contra-ataque. O candidato do PSDB intensificou a propaganda negativa contra Haddad a partir do 18º dia de campanha.

Gráfico 4
EVOLUÇÃO DOS ATAQUES EM SÃO PAULO (1º TURNO)

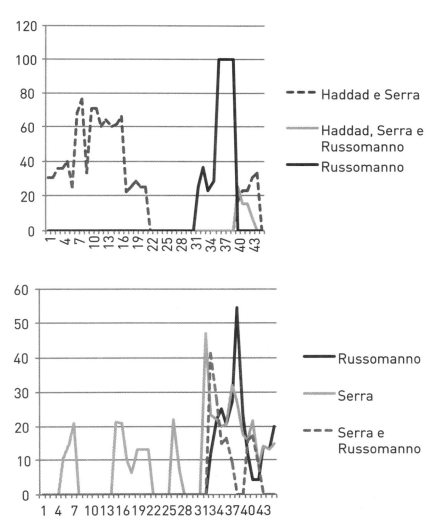

(continua)

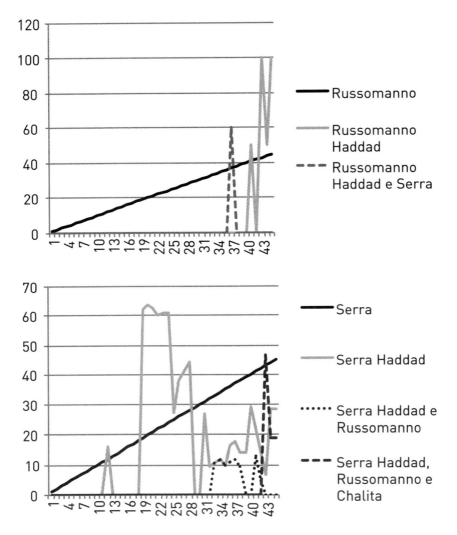

Fonte: Elaborado pelos autores.

No segundo turno, o panorama é inverso. Os ataques são altos no início e diminuem a intensidade com o andamento da campanha. A necessidade de inverter tendências e o tempo curto de campanha (12 dias) ajudam a explicar o cenário observado. Serra é extremamente crítico contra Haddad nos primeiros dias de campanha, porém vai atenuando o tom de suas mensagens até gastar menos de 30% de suas inserções para atacar seu adversário nos últimos dias — no começo, o percentual é superior a 50%.

Haddad, por sua vez, é mais econômico na hora de atacar Serra. Embora a tendência seja a mesma, o volume de ataques feitos pelo candidato do PT é praticamente a metade em todo o segundo turno, com exceção dos últimos dias, quando a campanha do atual prefeito excede o volume de ataques de seu concorrente.

Gráfico 5
EVOLUÇÃO DOS ATAQUES EM SÃO PAULO (1º TURNO)

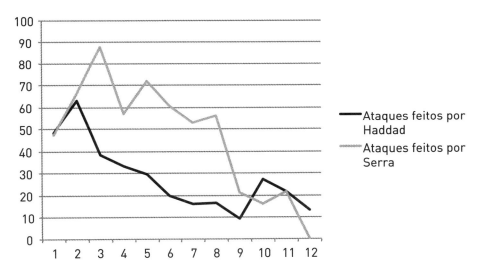

Fonte: Elaborado pelos autores.

Outro componente estratégico é saber em que momento do dia os candidatos atacam. No debate sobre as regras de funcionamento das inserções, vimos que os candidatos dispõem de pouca liberdade para selecionar o momento exato de veiculação das suas mensagens. Dentro desse truncado sistema de mídia, os candidatos podem optar por executar a propaganda negativa dentro dos chamados blocos de audiência. A hipótese é o crescimento da campanha negativa nos blocos noturnos. Na eleição carioca, esse padrão é observado de maneira geral. No bloco 1, corresponde a 22% das mensagens, contra 24% no bloco 2, 26% no bloco 3 e 28% no bloco 4. No entanto, as variações individuais revelam padrões alternativos. Freixo ataca mais no turno da manhã, Maia apresenta distribuição mais equilibrada enquanto Leite é quem melhor se encaixa em nossa previsão: o tucano usa 15% de suas mensagens para atacar no primeiro bloco e aumenta para 29% no quarto bloco.

Tabela 9
ESTRATÉGIAS DOS ATAQUES POR BLOCOS DE AUDIÊNCIA NO RIO DE JANEIRO

Candidatos RJ	Bloco 1 (8h-12h)	Bloco 2 (12h-18h)	Bloco 3 (18h-21h)	Bloco 4 (21h-24h)	N
Paes	0,0%	0,0%	0,0%	0,0%	0
Freixo	31%	20,7%	27,6%	20,7%	29
Maia	26,2%	19,1%	26,2%	28,4%	141
Leite	14,6%	30%	26,2%	29,2%	130
Rio de Janeiro	21,7%	24,0%	26,3%	28%	300

Fonte: Elaborada pelos autores.

Em São Paulo a distribuição foi distinta. A propaganda negativa se distribuiu de maneira relativamente homogênea entre os quatro blocos de audiência, como mostra a tabela 10. Os ataques subiram entre o primeiro (24,2%) e o segundo bloco (26,7%) e depois declinam do terceiro (25,6%) para o quarto bloco (23,5%). Esse padrão equilibrado é praticamente o mesmo entre os principais candidatos, com exceção de Serra. O candidato tucano usou 26,7% das suas mensagens contra seus adversários no bloco 1 e diminuiu a intensidade para 21,2% no quarto bloco.

Tabela 10
ESTRATÉGIAS DOS ATAQUES POR BLOCOS DE AUDIÊNCIA
EM SÃO PAULO (1º TURNO)

Candidatos SP 1º Turno	Bloco 1 (8h-12h)	Bloco 2 (12h-18h)	Bloco 3 (18h-21h)	Bloco 4 (21h-24h)	N
Chalita	23,2%	27%	24,6%	25,1%	211
Haddad	22,3%	27,4%	26,3%	24%	175

(continua)

Candidatos SP 1º Turno	Bloco 1 (8h-12h)	Bloco 2 (12h-18h)	Bloco 3 (18h-21h)	Bloco 4 (21h-24h)	N
Russomanno	23,1%	23,1%	26,9%	26,9%	26
Serra	26,7%	26,3%	25,8%	21,2%	217
São Paulo	24,2%	26,7%	25,6%	23,5%	629

Fonte: Elaborada pelos autores.

No segundo turno, a tendência observada pouco se altera em relação ao primeiro. A propaganda negativa distribui-se de maneira equilibrada nos diferentes blocos de audiência. Serra, dessa vez, altera sua estratégia e passa a veicular seus ataques com poucas oscilações, ainda que o bloco 4 apareça novamente como o menos negativo entre todos. Haddad também articulou de maneira distinta seus *spots*. Entre o primeiro e o segundo blocos, a diferença foi de 7,6%.

Tabela 11
ESTRATÉGIAS DOS ATAQUES POR BLOCOS DE AUDIÊNCIA EM SÃO PAULO (2º TURNO)

Candidatos SP 2º turno	Bloco 1 (8h-12h)	Bloco 2 (12h-18h)	Bloco 3 (18h-21h)	Bloco 4 (21h-24h)	N
Haddad	28,6%	21%	23,8%	26,7%	105
Serra	24,6%	25,8%	26,2%	23,4%	244
São Paulo	25,8%	24,4%	25,5%	24,4%	349

Fonte: Elaborada pelos autores.

Principais conclusões

O objetivo deste estudo foi identificar e mapear o comportamento da propaganda negativa na disputa municipal de 2012 em São Paulo e no Rio de Janeiro. Nossa principal hipótese é que o volume de inserções eleitorais nessas disputas pode ser um importante elemento para explicar o dinamismo das campanhas eleitorais, cuja característica tem sido mudanças de intenção de voto a poucos dias da votação.

Como sabemos, os dois casos apresentam importantes diferenças quanto ao contexto político-eleitoral da disputa. Enquanto a intensidade da propaganda negativa pode ajudar a explicar as variações nas curvas de intenção de voto na capital paulista, no Rio, a estratégia dos competidores de concentrar os ataques no candidato à reeleição Eduardo Paes não surtiu qualquer efeito. Interessante observar que Paes evitou utilizar mensagens de ataque, preocupando-se mais em exaltar suas realizações, na tentativa de reforçar uma percepção geral positiva sobre sua gestão como estratégia para blindar os eleitores contra os apelos dos demais candidatos.

Paes foi beneficiado pelo maior volume individual de tempo para suas inserções. O prefeito teve 1.467 (54%) do total das inserções a seu favor, contra 123 (5%) de Freixo, 324 (12%) de Rodrigo Maia e 299 (11%) de Otavio Leite. A vantagem a favor de Paes foi tão avassaladora que sua campanha veiculou "apenas" 995 *spots* durante a campanha, sendo a maioria deles com duração de um minuto, panorama distinto de seus adversários, que para atenuarem a vantagem de Paes optaram por veicular mensagens mais curtas. Tal vantagem foi fundamental para o prefeito "sufocar" a oposição. Em suma, numa situação de alta aprovação da administração local, a aposta do candidato governista na propaganda positiva mostrou ser coerente com seu posicionamento e eficiente para reduzir o impacto dos ataques dos oponentes.

Em São Paulo, tivemos um cenário bem distinto. A distribuição do tempo para as inserções dos *spots* apresentou maior equilíbrio. Serra e Haddad foram premiados com número idêntico de inserções. Cada um teve 689, enquanto Chalita teve 394 e Russomanno apenas 197 inserções. Dado o clima de mudança que prevaleceu na capital paulista, a propaganda negativa, a nosso ver, mostrou-se um poderoso instrumento para reduzir a vantagem de Russomanno. Haddad adotou a estratégia de atacar Serra, seu adversário direito pela vaga do segundo lugar, e Russomanno, que liderou a disputa até 15 dias antes do dia da votação. Com menos tempo de televisão, o candidato do PRB teve menos chances para se defender e anular os ataques de Haddad sobre um tema de grande apelo popular, como foi o caso do Bilhete Único.

Com relação ao comportamento das estratégias adotadas pelos candidatos nas duas disputas, vimos que a propaganda negativa variou entre as duas cidades, a despeito do excesso de regulamentação previsto na legislação eleitoral. No Rio, diante de um cenário em que o prefeito se manteve confortavelmente em primeiro nos índices de intenção de voto, todos os candidatos opositores se uniram contra sua reeleição. Os ataques foram intensos no início da campanha e declinaram de intensidade com seu andamento. Em São Paulo, ao contrário, a propaganda negativa aumentou de intensidade conforme a campanha avançou, cujo ápice ocorreu nos últimos dias de campanha. Coincidentemente, o momento em que Russomanno vira o alvo preferencial e não consegue segurar a vantagem obtida no início. A análise encontrou diferenças também em relação ao momento do dia em que a propaganda negativa é transmitida. Enquanto no Rio encontramos crescimento linear do turno da manhã para o da noite, em São Paulo a estratégia usada foi a utilização da propaganda negativa de maneira equilibrada pelos distintos blocos de audiência.

Referências

ANSOLABEHERE, Stephan; IYENGAR, Shanto. *Going negative*: how attack ads shrink and polarize the electorate. Nova York: Free Press, 1995.

BORBA, Felipe. O uso estratégico das inserções nas eleições presidenciais brasileiras. *Revista Compolítica*, v. 2, n. 2, p. 94-120, 2012.

DESPOSATO, Scott. Negative campaigning in SMDP and SMDRO elections: a model and results from Latin America. In: JOINT SESSION DO CONSÓRCIO EUROPEU DE CIÊNCIA POLÍTICA, 41., 2013, Mainz.

DIAMOND, E.; BATES, S. *The spot*: the rise of political advertising on television. Massachusetts: MIT Press, 1992.

FIGUEIREDO, Marcus et al. Estratégias de persuasão em eleições majoritárias: uma proposta metodológica para o estudo da propaganda eleitoral. *Série Estudos*, Iuperj, 1998.

FIGUEIREDO, Marcus; VASCONCELLOS, Fábio. Divisão social e preferência política na disputa pela prefeitura na cidade do Rio de Janeiro em 2008. In: LAVAREDA, Antonio; TELLES, Helcimara (Org.). *Como o eleitor escolhe seu prefeito*: campanha e voto nas eleições municipais. Rio de Janeiro: Editora FGV, 2012.

FREEDMAN, Paul; GOLDSTEIN, Ken. Measuring media exposure and the effect of negative campaign ads. *American Journal of Political Science*, v. 43, n. 4, p. 1189-1208, 1999.

GEER, John. *In defense of negativity*: attack ads in presidential campaigns. Chicago: University of Chicago Press, 2006.

JAMIESON, Kathleen; KENSKY, Kate; HARDY, Bruce. *The Obama victory*: how media, money, and message shaped the 2008 election. Nova York: Oxford University Press, 2010.

JOHNSTON, Richard; HAGEN Michael; JAMIESON, Kathleen. *The 2000 presidential election and the foundations of party politics*. Nova York: Cambridge University Press, 2004.

KAHN, F. Kim; KENNEY, Patrick. Do negative campaigns mobilize or suppress turnout? Clarifying the relationship between negativity and participation. *The American Political Science Review*, v. 93, n. 4, p. 877-889, 1999.

KERN, Montague. *30-Second politics*: political advertising in the eighties. Nova York: Praeger Publisher, 1989.

LAVAREDA, Antonio. *Emoções ocultas e estratégias eleitorais*. Rio de Janeiro: Objetiva, 2009.

POLBORN, M.; YI, D. T. Informative positive and negative campaigning. *Quarterly Journal of Political Science*, v. 1, n. 4, p. 351-371, 2005.

SIDES, J.; LIPSITZ, K.; GROSSMANN, M. Do voters perceive negative campaigns as informative campaigns? *American Politics Research*, v. 38, n. 3, p. 502-530, 2010

WATTENBERG, Martin; BRIANS, Craig. Negative campaign advertising: demobilizer or mobilizer? *American Political Science Review*, v. 93, n. 1, p. 891-899, 1999.

WEST, D. et al. Ad buys in presidential campaigns: the strategies of electoral appeal. *Political Communication*, v. 12, n. 3, p. 275-290, 1995.

12

Russomanno e Ratinho Jr.: discurso de "independentes" em ondas despolitizantes

Luciana Fernandes Veiga
Gustavo Venturi
Sandra Avi dos Santos

Introdução

Oriundos dos meios de comunicação e tendo construído suas carreiras em partidos pouco relevantes — do ponto de vista do tamanho de sua representação e organização —, Celso Russomanno (PRP), em São Paulo, e Ratinho Jr. (PSC), em Curitiba, tiveram desempenho surpreendente nas pesquisas de intenções de voto ao longo das eleições municipais de 2012, desafiando candidatos já estabelecidos no cenário eleitoral e com forte inserção partidária.

Após liderar as pesquisas de opinião durante a maior parte do primeiro turno da disputa na capital paulista, Celso Russomanno ficou em terceiro lugar, inabilitado para disputar o segundo turno. Este ficou marcado pela rivalidade já tradicional na capital paulista entre o PSDB e o PT, representados por José Serra e Fernando Haddad. De acordo com a série de pesquisas Ibope, Celso Russomanno tinha 21% de intenções de voto em 17 de junho de 2012 e alcançou 35% em 20 de setembro, quando José Serra contava com 21% e Fernando Haddad com 15%. Isto é, há pouco mais de duas semanas antes do pleito, o candidato do PRP sozinho contava, praticamente, com a soma de votos de José Serra e Fernando Haddad. Ao longo das duas semanas subsequentes, Celso Russomanno sofreu uma queda abrupta, perdendo 14 pontos percentuais, e retornando ao patamar do início da disputa, quando tinha 21% da intenção de votos dos eleitores.

Na capital paranaense, Ratinho Jr. liderou a intenção de voto no primeiro turno e foi para o segundo com Gustavo Fruet (PDT). O candidato a prefeito Luciano Ducci (PSB) foi eliminado nas urnas já no primeiro turno. Ratinho Jr. iniciou a disputa com 23% das intenções de voto, em agosto de 2012, alcançando 35% das intenções ainda no primeiro turno. No segundo turno, obteve 39,35% dos votos válidos, perdendo a eleição para Gustavo Fruet (60,65%), que contava com o apoio do PT.

Ainda que possa parecer comum que líderes políticos que têm como principal patrimônio uma imagem construída nos meios de comunicação estruturem suas carreiras políticas em partidos menores, não nos parece trivial que consigam desafiar em igualdade de condições partidos bem estruturados como o PT e o PSDB, em disputas majoritárias. Em São Paulo, Celso Russomanno disputou com Fernando Haddad, do PT e da presidente Dilma, e com o ex-governador Serra, do PSDB e do governador Alckmin. Em Curitiba, Ratinho Jr. venceu o PSB do prefeito Luciano Ducci, apoiado pelo PSDB do governador Beto Richa, ainda no primeiro turno, e disputou o segundo com o PDT de Gustavo Fruet, apoiado pelo PT da presidente Dilma.

De onde veio a força desses candidatos que lhes permitiu desafiar estruturas consolidadas? Que contexto político e institucional possibilitou essa ascensão? Que características de imagem foram valorizadas e impulsionaram esses candidatos? E que freios os impediram de vencer? São essas perguntas que motivam este estudo.

Em específico, interessa-nos identificar como os candidatos a prefeito de São Paulo, Celso Russomanno (PRB), e a prefeito de Curitiba, Ratinho Jr. (PSC), construíram suas respectivas retóricas de campanha de forma a evidenciar sua imagem, omitir seus partidos e criticar as legendas de maneira mais geral. Ambos se apresentavam como candidatos "independentes" e buscavam fazer desse aspecto uma fortaleza de campanha, acompanhado de suas personalidades e trajetórias de vida. O argumento a ser desenvolvido envolve aspectos institucionais e de imagem dos candidatos. Vamos afirmar quais características de seus respectivos partidos e de estratégias de elaboração da imagem possibilitaram o crescimento de suas candidaturas.

O capítulo está estruturado em três partes para além da introdução e conclusão, sendo: 1) revisão teórica; 2) contextualização das eleições de São Paulo e Curitiba, ressaltando as características institucionais dos pleitos; 3) apresentação de resultados sobre a construção da imagem dos dois candidatos em foco, a partir de análise de conteúdo da propaganda eleitoral de TV, utilizando o software NVivo.

1. Revisão teórica

O tema deste capítulo se insere na discussão sobre o efeito da imagem pessoal dos candidatos em disputas eleitorais, em contraposição à força de partidos. Trata-se de um debate já não muito recente, que aborda a queda do alinhamento partidário entre os eleitores e a crescente personificação de campanhas (Wattenberg, 1998). No âmbito internacional, muitos estudos têm sido feitos sobre esse fenômeno, com particular atenção para o efeito das instituições e seu poder de freá-lo ou estimulá-lo (McAllister, 2011), assim como para as características mais relevantes adotadas pelos líderes nas disputas marcadas por esse novo comportamento eleitoral (Nadeau e Nevitte, 2011). Ao longo deste capítulo iremos abordar as duas vertentes.

Assim, ao tratarmos destes dois candidatos que, em seus argumentos de campanha, defendiam que suas gestões seriam exercidas sem políticos profissionais, mas apenas por meio de técnicos especialistas, lançaremos mão de duas abordagens analíticas complementares.

Primeiro, interessa-nos identificar quais aspectos contextuais justificaram, promoveram e frearam tais campanhas. Segundo, quais aspectos das trajetórias e das personalidades foram ressaltados para despertar a simpatia e a confiança dos eleitores, ou ainda para minimizar o que, para parcela do eleitorado, poderia ser entendido como ausência de propostas políticas consistentes.

A discussão sobre o papel das instituições aborda aspectos do sistema partidário e dos partidos. Sistemas partidários com partidos fortes evidenciam menos as imagens de candidatos em campanha. Aqui, propomos que as características pessoais do líder ganham mais importância em sistemas partidários pouco demarcados ideologicamente e com elevada fragmentação (número efetivo de partidos). Nesse cenário, o peso do partido tende a ser reduzido. A ideologia perde o poder de alinhar o eleitorado em legendas e a necessidade de coligações — mediante a fragmentação do sistema partidário — reduz a autonomia e a força dos partidos em agendar suas políticas de governo.

Outra característica do sistema partidário a ser verificada é sua volatilidade. Nas disputas em sistemas partidários mais voláteis, o voto está menos ancorado em legendas, permitindo que candidatos independentes surjam com mais facilidade. Assim, sistemas partidários com pequeno número de partidos, com forte demarcação ideológica e com baixa volatilidade seriam menos propícios a candidaturas com discursos independentes.

Aspectos dos partidos em disputa também precisam ser considerados (Ardal e Binder, 2011). De acordo com a literatura, partidos desideologizados, pouco institucionalizados e com baixa organização interna são mais propícios a lançar campanhas eleitorais mais focadas na imagem pessoal do candidato.

Ainda sobre o aspecto partidário, Anderson e Guillory (1997) apontam que o efeito da imagem do candidato é maior quando ele pertence a partidos governantes (Blais, 2011). Nesse sentido, por serem mandatários, os líderes têm grande potencial de popularidade em decorrência da exposição na mídia. Entretanto, se o mandatário não estiver sendo bem avaliado, a alta visibilidade do mesmo tende a prejudicá-lo.

O posicionamento que os candidatos adotam perante a administração municipal em curso é uma das principais decisões de uma campanha, podendo impactar suas possibilidades de crescimento e sucesso. Isso porque, ao fazê-lo, o candidato apresenta ao eleitor sua leitura sobre o "mundo atual" e suas propostas para o "mundo futuro", acentuando a continuidade ou a mudança. E, conforme a literatura, as condições de sucesso ou fracasso de uma candidatura estão fortemente relacionadas com a dominância da interpretação sobre o mundo atual e o mundo futuro (Downs, 1999; Figueiredo et al., 2000).

Mudando o foco da discussão institucional, teríamos então o debate sobre as características dos líderes capazes de afetar a decisão do voto (Riker, 1982). Consideramos que as características sociodemográficas dos candidatos sejam importantes, uma vez que são capazes de estimular identidades e empatias, além de criar expectativas sobre comportamentos futuros. Tomemos como exemplo uma candidata mulher, que pode despertar a atenção de eleitoras mulheres por identidade de gênero, gerando uma empatia e uma expectativa de que possa prover mais benefícios para as mulheres, por conhecer de perto a realidade das mesmas. Esse aspecto já havia sido ressaltado por Blair (2011), que ainda considera aspectos como atitude e postura do candidato, sendo os mesmos classificados em dois grandes grupos, de acordo com Kinder e colaboradores (1980): competência e caráter. A "competência" pode ser subdividida em: habilidade intelectual e habilidade de liderança, e o "caráter" pode ser decomposto em: integridade e simpatia (Kinder, 1986; Blair, 2011).

Neste mesmo sentido, Miller, Wattenberg e Malanchuck (1986) sugerem cinco categorias para a avaliação da imagem dos candidatos: competência, integridade, confiança, carisma e dimensão pessoal (passado pessoal e aparência). Há entre eles o consenso de que a habilidade de liderança (competência, experiência, *problem-solving ideas*) nasce também da apresentação de diagnósticos (aqui mais à frente chamada de apresentação do mundo atual) e de propostas (mais à frente chamada de apresentação do mundo futuro).

Por fim, quando falamos em imagem de um candidato em comunicação política, estamos nos referindo às impressões que os eleitores formam sobre cada candidato aos cargos em disputa, a partir das suas mensagens e das mensagens dos adversários, das notícias e boatos sobre ele e das conversas com os conhecidos, amigos e familiares (Benoit e MacHale, 2004). Ainda que a imagem do candidato esteja antes fundamentada no que se diz (ou não) sobre seu caráter e nos seus padrões de prática política, a maneira como o candidato se relaciona com os temas da campanha também poderá agregar valor (ou desvalorizar) sua imagem. Assim, quando apresentados aos temas da campanha, os eleitores tendem a fazer julgamentos sobre o que acompanham que podem alterar a imagem prévia (caráter e práticas, se alguma) que faziam do candidato. Trata-se do potencial que campanhas têm de alterar o rumo de pleitos muitas vezes considerados tendo "tendências já consolidadas".

A seguir, discutiremos os aspectos institucionais das candidaturas de Celso Russomanno (PRB) e Ratinho Jr. (PSC), e posteriormente analisaremos como esses candidatos construíram suas imagens em seus discursos.

2. Contextualização

Para contextualizar nossa análise, primeiramente buscamos descrever o cenário em que ocorreram as eleições municipais em São Paulo e Curitiba em 2012. O passo seguinte é entender em que medida aquele contexto e suas características institucionais (de sistema partidário e de partidos) impactaram nas campanhas personalistas de Celso Russomanno e Ratinho Jr.

A eleição para a prefeitura de São Paulo em 2012 contou com 12 candidatos.[1] Apesar do grande número de concorrentes, quatro deles concentraram 94,9% dos votos recebidos no primeiro turno: José Serra — PSDB (30,75%), Fernando Haddad — PT (28,98%), Celso Russomanno — PRB (21,60%) e Gabriel Chalita — PMDB (13,60%). Os dois primeiros candidatos disputaram o segundo turno, o qual foi vencido por Fernando Haddad, com um total de 55,57% dos votos válidos, contra 44,43% de José Serra. O primeiro turno em São Paulo foi marcado por oscilações percentuais significativas de intenção de voto em Celso Russomanno e Fernando

---

[1] Fernando Haddad (Coligação "Para Mudar e Renovar São Paulo" — PP, PT, PSB e PCdoB), José Serra (Coligação "Avança São Paulo" — PV, PSD, DEM, PR e PSDB), Celso Russomanno (Coligação "Por Uma Nova São Paulo" — PRB, PTB, PTN, PHS, PRP e PTdoB), Gabriel Chalita (Coligação "São Paulo em 1º lugar" — PMDB, PSL, PSC e PTC), Soninha (Coligação "Um Sinal Verde para São Paulo "— PPS, PMN), Carlos Giannazi (Coligação "Frente de Esquerda" — PCB, PSOL), Paulinho da Força (PDT), Levy Fidelix (PRTB), José Maria Eymael (PSDC), Anaí Caproni (PCO), Miguel Manso Perez (PPL) e Ana Luísa (PSTU).

Haddad. Este último, que de acordo com pesquisas Datafolha não ultrapassara 4% ao longo de quase todo o primeiro semestre e 8% entre junho e meados de agosto, experimentou uma curva ascendente no decorrer da divulgação do Horário Gratuito de Propaganda Eleitoral (HGPE), chegando a 20% na véspera do pleito do primeiro turno, tornando-se a maior revelação da disputa. Celso Russomanno, que iniciara o ano já com cerca de 1/5 das intenções de voto, partiu de 31% no início da veiculação do HGPE, oscilou em torno de 35% entre 4 e 19 de setembro e perdeu 12 pontos percentuais, nas duas semanas que antecederam o primeiro turno, na véspera do qual chega com 23%. Entre os três, José Serra foi quem se manteve mais estável: com quase 1/3 do eleitorado entre março e julho, inicia o HGPE com 27%, oscila entre 20% e 22% das intenções de voto ao longo de setembro, chegando à véspera do pleito com 24% (tabela 1).

Tabela 1
INTENÇÃO DE VOTO ESTIMULADA (%)

Data	José Serra (PSDB)	Celso Russomanno (PRB)	Fernando Haddad (PT)	Gabriel Chalita (PMDB)
5 e 6 out. 2012	24	23	20	11
2 e 3 out. 2012	23	25	19	11
26 e 27 set. 2012	22	30	18	9
18 e 19 set. 2012	21	35	15	8
10 e 11 set. 2012	20	32	17	8
3 e 4 set. 2012	21	35	16	7
28 e 29 ago. 2012	22	31	14	7
20 ago. 2012	27	31	8	6
19 e 20 jul. 2012	30	26	7	6
13 e 14 jun. 2012	30	21	8	6
1º e 2 mar. 2012	30	19	3	7
26 e 27 jan. 2012	21	17	4	6

Fonte: Pesquisa Datafolha e <http://noticias.uol.com.br/fernandorodrigues/pesquisas/2012/1turno/prefeito/sao-paulo.jhtm>.

No que diz respeito aos apoios políticos recebidos, José Serra (PSDB) contou com o do prefeito Gilberto Kassab (PSD) e o do governador Geraldo Alckmin (PSDB). Fernando Haddad teve o ex-presidente Lula (PT) como patrono e o apoio da presidenta Dilma Rousseff (PT). Nesse cenário, Celso Russomanno — sem o apoio do prefeito, do governador, do presidente ou de um forte partido — se dizia "sem padrinho" e procurava fazer de tal isolamento uma virtude de sua campanha: apresentava-se como um candidato independente, sem "conchavos político-partidários".

Quanto à distribuição do tempo de HGPE, as coligações dos quatro principais candidatos em São Paulo possibilitaram-lhes distintos tempos de televisão durante os 30 minutos de cada veiculação: José Serra e Fernando Haddad concentraram os maiores tempos, respectivamente 7'41" e 7'37"; Chalita (PMDB) obteve 4'22" e Celso Russomanno teve apenas 2'09".

A gestão do então prefeito Gilberto Kassab (PSD) esteve predominantemente mal avaliada no decorrer de toda a disputa. O saldo de avaliação negativa era de 32 pontos (62% de desaprovação e 30% de aprovação) em 3 de agosto e de 19 pontos (56% de desaprovação e 37% de aprovação) em 2 de outubro, de acordo com pesquisas do Ibope. As áreas consideradas pelos eleitores as mais problemáticas eram a saúde, a educação, a segurança pública, o transporte coletivo e o trânsito, de acordo com todos os levantamentos do instituto.

Já a eleição para a prefeitura de Curitiba em 2012 contou com oito candidatos,[2] e quatro deles concentraram 98,5% dos votos recebidos no primeiro turno: Ratinho Jr. — PSC (34,09%), Gustavo Fruet — PDT (27,22%), Luciano Ducci — PSB (26,77%) e Rafael Greca — PMDB (10,45%). Ao final, Gustavo Fruet venceu Ratinho Jr. por 60,65% a 39,35% dos votos válidos.

---

[2] Gustavo Fruet (Coligação "Curitiba quer mais" — PDT, PT, PV), Ratinho Junior (Coligação "Curitiba criativa" — PSC, PR, PC do B, PT do B), Luciano Ducci ("Coligação Curitiba Sempre na Frente" — PSB, PSDB, PPS, DEM, PP, PSD, PTB, PRB, PSL, PTN, PSDC, PHS, PMN, PTC e PRB), Rafael Greca (PMDB), Bruno Meirinho (Coligação "Frente de Esquerda" — PSOL, PCB), Alzimara (PPL), Avanílson Alves Araújo (PSTU) e Carlos Moraes (PRTB).

O primeiro turno em Curitiba também foi marcado por muita instabilidade dos percentuais quanto às intenções de voto. Gustavo Fruet foi quem experimentou maior oscilação. De acordo com pesquisas Datafolha, o candidato sofreu sistemática queda até a terceira semana de setembro, chegando no dia 20 com 14% das intenções de voto, e nas duas últimas semanas do primeiro turno recuperou-se a ponto de participar da segunda rodada da eleição. Ratinho Jr. experimentou um movimento distinto. Ao contrário de Gustavo Fruet, Ratinho Jr. cresceu na preferência dos eleitores até a semana do dia 20 de setembro, atingindo 36% das intenções de voto, e depois estabilizou. Luciano Ducci foi quem se manteve mais estável: sua taxa de intenção de voto variou de 23% a 27%, de acordo com a pesquisa Datafolha, o que lhe dava a princípio potencial para disputar a eleição no segundo turno, fato que afinal não se concretizou, ficando em terceiro lugar, atrás de Fruet por 0,45 ponto percentual.

Considerando os apoios políticos, o candidato e então prefeito Luciano Ducci recebeu o do governador Beto Richa (PSDB). Gustavo Fruet contou com o apoio do governo federal, personificado mais na então ministra da Casa Civil, Gleisi Hoffman (PT), do que na presidente Dilma Rousseff (PT). Gleisi havia sido eleita senadora pelo estado do Paraná em 2010, com forte concentração de votos em Curitiba. Portanto, a ministra contava com muito prestígio no município. Nesse cenário, Ratinho Jr. — sem o apoio do prefeito, do governador, da presidente ou de um forte partido —, assim como Celso Russomanno em São Paulo, procurava fazer de tal isolamento uma virtude de sua campanha: era independente.

Quanto ao tempo de televisão, durante os 30 minutos de veiculação a cada HGPE, Luciano Ducci contava com maior tempo: 10'45"; Gustavo Fruet contou com 5'58", Ratinho Jr. com 3'54" e Rafael Grecca com 4'10".

A gestão do então prefeito Luciano Ducci (PSB) esteve predominantemente bem avaliada no decorrer de toda a campanha eleitoral: o percentual de eleitores que aprovavam o seu desempenho superava o dos que desaprovavam em 9 pontos (48% — 39%) em 10 de agosto e em 10 pontos (51% — 41%) em 2 de outubro de 2012. Aos olhos da opinião pública, as três áreas mais problemáticas da cidade eram a saúde, a segurança pública e a educação.

Tabela 2
INTENÇÃO DE VOTO ESTIMULADA — INSTITUTO DATAFOLHA (%)

Data	Ratinho Jr. (PSC)	Luciano Ducci (PSB)	Gustavo Fruet (PDT)	Rafael Greca (PMDB)
5 e 6 out. 2012	34	24	21	10
2 e 3 out. 2012	34	25	18	10
15 a 20 set. 2012	36	25	14	6
10 e 11 set. 2012	32	26	16	7
28 e 29 ago. 2012	27	27	20	8
19 e 20 jul. 2012	27	23	23	10

Fonte: <http://noticias.uol.com.br/fernandorodrigues/pesquisas/2012/1turno/prefeito/curitiba.jhtm>.

O contexto político era desfavorável às campanhas de Celso Russomanno (PRB) e de Ratinho Jr. (PSC) em ao menos dois aspectos: tamanho/força da coligação e apoio dos governantes. Contudo, como constataremos a seguir, essa desvantagem foi trabalhada pelos dois candidatos como uma fortaleza na hora de construir seus argumentos de campanha e modelar suas respectivas imagens.

Por outro lado, duas características institucionais favoreciam as campanhas de Celso Russomanno e de Ratinho Jr.: a dispersão do voto e a volatilidade eleitoral. Um dos principais indicadores da competição eleitoral é o número efetivo de partidos em eleições (Nepe),[3] que capta o grau de dispersão dos votos entre os partidos em uma disputa.

Na campanha de 2012, o Nepe foi de 4,01 em São Paulo e de 3,68 em Curitiba. Isso quer dizer que quatro coligações de fato concorriam com o mínimo de chances de vitória em São Paulo e menos de quatro candidaturas concorriam com o mínimo de chances de vitória em Curitiba, ou seja, os candidatos de quatro partidos em São Paulo e menos de quatro em Curitiba concentravam a grande maioria dos votos. Com essa distri-

---

[3] O Número Efetivo de Partidos é um índice proposto por Marku Laakso e Rein Taagepera (1979), a partir da seguinte expressão $N = 1/\Sigma \rho i^2$, onde $\rho i^{\square}$ é proporção de votos do partido i.

buição, verifica-se que não se tratou de disputas fortemente polarizadas, entre situação e oposição ou entre esquerda e direita. Tais polarizações reduziriam as possibilidades de campanhas centradas nos candidatos, considerando a literatura em foco.

Outro importante indicador da competição eleitoral é o índice de volatilidade eleitoral[4] (criado por Pedersen, 1980), que mensura a dinâmica de um sistema partidário. A volatilidade busca captar a porcentagem agregada do eleitorado que mudou de voto entre duas eleições consecutivas.[5] A hipótese é a de que em sistemas partidários consolidados há estabilidade das preferências eleitorais, com a reafirmação de vínculos entre eleitores e partidos, e com baixa taxa de volatilidade. De acordo com a teoria em foco, sistemas partidários com alta volatilidade permitiriam mais o surgimento e o crescimento de candidatos independentes do que sistemas partidários estáveis. A taxa de volatilidade de 2004 a 2008 já tinha sido menor em São Paulo (25,3) do que em Curitiba (41,94), sugerindo que as chances de Ratinho Jr. obter sucesso em Curitiba eram maiores do que as de Russomanno em São Paulo. A volatilidade de 2008 a 2012 acentuaria essas tendências, diminuindo ainda mais em São Paulo (14,42) e aumentando ainda um pouco em Curitiba (50,23).

Tabela 3

TAXA DE VOLATILIDADE ELEITORAL EM SÃO PAULO E CURITIBA

São Paulo	2012	2008	2004	2004-08	2008-12
PT	28,98	32	35,8	3,8	3,02
PSDB	30,75	22	43,5	21,5	-8,75
3ª força	21,6	33	11,91	-21,09	11,4
outros	18,67	13	8,79	-4,21	-5,67
VT				25,3	14,42

(continua)

---

[4] O índice de volatilidade de Pedersen varia de 0 (ninguém mudou o voto) até 100 (todos mudaram o voto).
[5] Fórmula de Pedersen: Vt = 1/2 (P1V + P2V + P3V), sendo V = percentual de votos obtido por um partido subtraído do percentual de votos alcançado pelo mesmo partido na eleição antecedente.

Curitiba	2012	2008	2004	2004-08	2008-12
PT	27,22	18	31,08	13,08	-9,22
PSDB	26,77	77	35,06	-41,94	50,23
3ª força	34	1	20,04	19,04	-33
outros	12,01	4	13,82	9,82	-8,01
VT				41,94	50,23

Fonte: Autores, a partir de dados do TRE.

Tal quadro poderia ser antevisto já a partir de simulações dos índices de volatilidade com base nas intenções de voto na véspera do primeiro turno, apontando em São Paulo uma dificuldade maior para que Russomanno fosse para o segundo turno e, em Curitiba, uma menor dificuldade para que Ratinho Jr. passasse para a fase seguinte do pleito. De qualquer forma, verifica-se que havia especificidades do cenário eleitoral de 2012, nas cidades de São Paulo e Curitiba, que permitiram que ambos, Celso Russomanno e Ratinho Jr., construíssem seus discursos de campanha pautados na imagem de candidatos independentes. A seguir, verificaremos como tal imagem foi construída ao longo da campanha.

3. A construção da imagem dos candidatos na propaganda eleitoral

Esta parte do artigo consiste em uma análise sobre como os candidatos Celso Russomanno e Ratinho Jr. construíram sua imagem no Horário Gratuito de Propaganda Eleitoral no primeiro turno das disputas municipais de São Paulo e Curitiba, respectivamente.

Para isso foram analisados todos os programas veiculados pelas duas campanhas no decorrer do primeiro turno no horário noturno. No total, foram 19 programas de cada candidato.[6] Os programas da tarde tendem a ser a repetição do programa noturno, e essa premissa foi uma verdade

---

[6] As gravações dos programas de Celso Russomanno foram cedidas pela professora Vera Chaia (PUC-SP) e dos programas de Ratinho Jr. foram cedidas pelo professor Emerson Cervi (UFPR). A ambos, os nossos agradecimentos.

no caso das disputas em foco. Foi utilizado o software NVivo 10 para a codificação e sistematização dos 38 programas.

As categorias de análise foram estruturadas pela discussão teórica e pelas hipóteses e podem ser descritas em três eixos:

Eixo 1: Posicionamento em relação à administração municipal

Hipótese 1: em disputas com candidatos com discurso independente/apolítico na oposição, o mundo presente descrito por eles será de críticas à atual gestão. A atual gestão tende a ser apontada como ineficiente e sem transparência, não entregando os serviços públicos que deveria para o cidadão.

Eixo 2: Imagem de "político ou apolítico"

Hipótese 2: em disputas com candidatos com discurso independente/apolítico tem-se um posicionamento crítico do sistema político. As gestões seriam ineficientes porque seus prefeitos são descomprometidos com a população, imersos em um sistema político que privilegia partidos, grupos políticos e a busca do poder pelo poder, ou seja, agentes da velha maneira de fazer política que precisa ser banida.

Eixo 3: Características do líder ressaltadas

Hipótese 3: em disputas com candidatos com discurso independente/apolítico, tem-se o apelo à renovação, à valorização da candidatura jovem na política, que passa a ser identificada como descomprometida com grupos políticos e conchavos, por um lado, e, por outro, identificada com a independência partidária e o comprometimento com a população. A garantia está em suas histórias de vida.

Cada uma das categorias de análise será explorada a partir da frequência de sua exposição no programa eleitoral e do conteúdo argumentativo empregado pelas campanhas. No que tange à quantificação, a unidade de análise será a "referência", isto é, cada nova fala de um ator diferente no HGPE será considerada uma nova referência.

Antes de analisarmos como cada candidato elaborou sua campanha, cabe ressaltar que nenhum deles era novato em disputas eleitorais em seus estados e municípios, ou seja, eles partiram de uma imagem já construída e consolidada anteriormente.

Ratinho Jr. é radialista desde os 14 anos, quando começou a trabalhar com o pai, o empresário e radialista Ratinho; formou-se em direito, é casado e tem duas filhas. Em 2002, pelo PSB, com 21 anos, foi eleito o deputado estadual mais votado do Paraná. Em 2006, no PPS, foi eleito o segundo deputado federal mais votado do estado paranaense, perdendo apenas para Gustavo Fruet. Em 2010, já pelo PSC, Ratinho Jr. foi reeleito deputado federal, e mais uma vez bateu recorde em número de votos no Paraná.

Celso Russomanno é formado em jornalismo e em direito, e dedicou-se nos últimos 20 anos a apresentar programas televisivos voltados à "defesa do consumidor". Em 1994, candidatou-se pelo PSDB e foi eleito o deputado federal mais votado de São Paulo. Nas eleições seguintes, pelo PPB (1998 e 2002), foi reeleito para o mesmo cargo legislativo. No ano de 2006, no PP, foi eleito deputado federal pela quarta vez consecutiva, e naquele pleito somou a terceira maior votação de todo o Brasil, com 573.524 votos (2,82%). Em 2010, candidatou-se ao governo de São Paulo ficando em terceiro lugar, com 1.233.897 votos (5,42%). Mesmo como deputado federal, permaneceu trabalhando como repórter especial em emissoras de televisão como a Rede Record, Rede Manchete de TV, Rede TV e SBT.

A seguir, os resultados das análises das duas campanhas serão apresentados concomitantemente, a fim de facilitar a exposição dos dados, mesmo tratando-se de pleitos distintos.

3.1 Posicionamento em relação à administração municipal: interpretações (críticas) do mundo atual e propostas para o mundo futuro

Como já explicitado, temos como objetivo analisar como os candidatos Celso Russomanno e Ratinho Jr. construíram sua imagem no HGPE. Classificando-se o total de referências veiculado pelas campanhas dos candidatos em quatro tipos, de acordo com seu conteúdo principal, constituíram-se os seguintes grupos: 1) metacampanha[7] — quando o conteúdo era a própria campanha (resultado de pesquisa, mobilização nas ruas,

---

[7] Conceito elaborado por Albuquerque (1996).

ensinamento de como votar); 2) interpretação do mundo atual[8] — quando o candidato demarca seu posicionamento sobre a gestão atual; 3) interpretação do mundo futuro — quando apresenta suas soluções e propostas; 4) candidato/atitude — quando o candidato priorizava aspectos de sua trajetória e imagem pessoal.

Pode-se verificar que a crítica à administração em foco foi o conteúdo prioritário em 16% do total das referências da campanha de Russomanno e em 17% das referências na campanha de Ratinho Jr.

Contudo, destoante foi o empenho destinado à apresentação de propostas. Enquanto Russomanno destinou 16% do total das referências para esse conteúdo (porcentagem igualmente destinada às críticas), Ratinho Jr. destinou o dobro: foram 33% de referências de caráter propositivo. Ou seja, Russomanno fez tantas referências críticas quanto propositivas, ao passo que Ratinho Jr. fez o dobro de referências propositivas em relação às críticas.

Tabela 4
DISTRIBUIÇÃO DO CONTEÚDO DAS CAMPANHAS
DE CELSO RUSSOMANNO E RATINHO JR.

Conteúdo	Número de referências Total	%	Ratinho Jr.	%	Celso Russomanno	%
Metacampanha	9,00	6,62	4,00	4,04	5,00	13,16
Interpretações — críticas ao mundo atual	23,00	16,91	17,00	17,17	6,00	15,79
Interpretações — proposta mundo futuro	41,00	30,15	35,00	33,33	6,00	15,79
Candidato — atitude	63,00	46,32	43,00	43,43	21,00	55,26
	136,00	100,00	99,00	100,00	38,00	100,00

Fonte: Os autores, a partir de análise do HGPE.

---

[8] Conceitos sobre o mundo atual e o mundo futuro elaborados por Figueiredo e colaboradores (2000).

No que tange ao tema das principais críticas e propostas de mudanças, verifica-se que a saúde foi o principal alvo dos candidatos em São Paulo e em Curitiba. Em Curitiba, as críticas à saúde se associaram àquelas relacionadas com a falta de vagas em creches, o transporte público sem qualidade e a falta de segurança. Também havia críticas à ineficácia da gestão, apontada como sobrecarregada de secretarias.

Figura 1
NUVEM POSICIONAMENTO EM RELAÇÃO À ADMINISTRAÇÃO DE CURITIBA
(90 PALAVRAS MAIS MENCIONADAS)

> abertos acessibilidade agradecer assim atendimento bairros calçadas cidade coisa competência carmo compromisso construir *creche* crianças Curitiba curitibanas curitibano deficientes deixar emprego empresas escola estou família fazer feito filho gente gestão governo grande guarda *hospital* ideias idosos inteligente jovem lugares *médicos* melhor meses Mesquita minha módulos muita muito mundo municipal nesta nossa nosso novas ônibus parte pesquisas pessoas planejamento pobre população porque precisa prefeito prefeitura problemas programa projetos propostas público qualidade quase quero rádio Ratinho Ricardo *saúde secretarias segurança* sofre também tenho todas todos trabalhar trabalho *trânsito transporte uniforme* vamos vários.

Fonte: Os autores, a partir de análise do HGPE — Curitiba.

Curitiba já foi modelo para o mundo de qualidade de vida, de segurança, de reciclagem e de novas soluções. Hoje, Curitiba cresceu para todos os lados, ficou grande e rica. Com a fama, atraiu gente de todos os cantos, que os curitibanos receberam de braços abertos. Mas faltou competência e planejamento por parte da prefeitura. O resultado é que hoje o curitibano sofre. Sofre no trânsito. Sofre nos postos de saúde. Sofre na fila de exames. Sofre na fila de espera por vaga na creche. Sofre nos ônibus lotados. A falta de planejamento virou um caos de quase seis meses no atendimento da saúde. É por isto que Curitiba precisa de novas ideias, para o curitibano deixar de sofrer e voltar a sorrir. Curitiba é uma cidade tão diversa que de vez em quando a gente pensa que está na Itália, na Alemanha ou na Polônia. Mas em diversos lugares parece que a gente está no lugar mais pobre do Brasil. Curitiba tem vários locais dos quais a prefeitura se esquece que quem mais sofre com isto são os mais pobres. A prefeitura, em vez de resolver os problemas da cidade, cria mais problemas, para dizer que está fazendo alguma coisa, bem na época da eleição. Mas o Curitibano é inteligente. Por isto que as pesquisas mostram que 75% da cidade quer mudança. [Programa de Ratinho Jr., Ratinho Jr., 10 set. 2012]

A postura mais crítica em relação à gestão permaneceu constante no decorrer de todo o primeiro turno e estava muito afinada com os anseios dos eleitores, particularmente com os dos eleitores de Ratinho Jr., posicionando, desse modo, o candidato na disputa. Picos de posturas oposicionistas foram identificados nos dias 10, 12 e 28 de setembro, momentos em que ocuparam mais de 60% do horário eleitoral do candidato. Destaque para o fato de que, como vimos anteriormente, na semana do dia 20, Ratinho Jr. atingiu seu melhor desempenho no que diz respeito à intenção de voto, segundo o Datafolha. O trecho a seguir exemplifica o discurso antipolítico, que está atrelado à construção da imagem pessoal de independência e de inovação de Ratinho Jr.

Curitiba já foi referência em agilidade e competência. A Ópera de Arame, por exemplo, foi erguida em 60 dias. O Calçadão da Rua XV foi feito em apenas um fim de semana. Então, por que hoje tantas obras demoram meses e meses para ficarem prontas? Por que obras importantes como a Linha Verde se arrastam por tantos anos e não ficam prontas? Imagine quanto tempo vai demorar para ser feito o metrô que precisará cavar por debaixo da cidade? O modelo atual está esgotado, é preciso uma nova gestão na prefeitura. Mais eficiência, mais agilidade e mais respeito com o dinheiro público. Curitiba precisa de mais parques, rios limpos e reciclagem. Mais creches, mais médicos, mais módulos da guarda municipal. Você sabia que a prefeitura de Curitiba tem quase tanta secretaria quanto a Presidência da República? São 38 secretarias e 40 ministérios. Muitas secretarias obsoletas, que servem para acomodar afilhados e parentes de políticos. Vou acabar com todas as secretarias que não têm função e valorizar os funcionários públicos concursados. Curitiba precisa voltar a ser Curitiba. [...] Temos uma ótima equipe, bons projetos e muita disposição para trabalhar. Quero ser prefeito desta nova Curitiba. [Programa de Ratinho Jr., Ratinho Jr., 28 set. 2012]

Em São Paulo, as críticas à saúde se associaram àquelas relacionadas com a falta de transporte público e de educação de qualidade. Também havia críticas à ineficácia da gestão e à sobrecarga de secretarias.

Contudo, no que tange às propostas, havia diferenças marcantes entre os dois candidatos. Primeiro, conforme assinalado, Ratinho Jr. as apresentou mais que Russomanno, inclusive, a falta de propostas da campanha de Russomanno foi apontada pelos adversários — e ecoada pela mídia — como uma debilidade. Sob pressão, sendo cobrado para apresentar propostas, ao expor a ideia da tarifa promocional,[9] o fez de forma a permitir um mal entendimento por parte do eleitorado, que passou a se preocupar com a possibilidade de aumento da tarifa. Ademais, Ratinho Jr. tinha algumas propostas que marcaram sua campanha, como o Veículo Leve sobre Trilhos (VLT) curitibano, a meta de zerar a fila da creche, entre outros, enquanto Russomanno ficou marcado — no que se refere a propostas — sobretudo pelo malogro da tarifa promocional. A análise do horário eleitoral reitera as críticas de que faltaram propostas na campanha de Celso Russomanno.

A fim de apresentar os discursos de Ratinho Jr. e Celso Russomanno, sintetizamo-los a partir de um quadro de referências elaborado por Marcus Figueiredo, no qual figuram os cenários do "mundo passado", "mundo presente" e "mundo futuro". Como se pode perceber, tanto o candidato de Curitiba quanto o de São Paulo valeram-se de estratégias discursivas voltadas para mostrar o quanto o mundo atual estava debilitado, principalmente na tríade segurança-saúde-educação. Dessa forma, enfatizavam a necessidade de mudanças urgentes, as quais supostamente seriam bem-sucedidas justamente pelo fato de seus postulantes serem independentes e não possuírem em suas campanhas padrinhos políticos, aspecto esse posto como fundamental para a liberdade na tomada de decisões.

---

[9] Esta proposta consistia em vincular o valor do bilhete ao tamanho do trecho percorrido pelo passageiro sem que o valor total excedesse nunca os R$ 3,00, já cobrados naquele momento.

Quadro 1
ESTRATÉGIAS DE RETÓRICA DE CAMPANHA

Ratinho Jr. — Curitiba	Celso Russomanno — São Paulo
Mundo Atual negativo, muito ruim. Faltou competência e planejamento por parte das últimas gestões.	**Mundo Atual** negativo, muito ruim
Mundo passado Curitiba já foi modelo de cidade para o mundo, campeã em qualidade de vida, segurança, reciclagem e de novas tecnologias.	**Mundo passado** Não remete
Mundo Futuro Trazer de volta a qualidade de vida com soluções simples e inteligentes, promovendo a mudança no ritmo que a cidade precisa.	**Mundo Futuro** Devolver a cidadania para as pessoas terem orgulho da cidade em que vivem.
Garantia Ser independente História de vida avalizada pelo pai apresentador e radialista Ratinho.	**Garantia** Ser independente História de vida

Fonte: Os autores, a partir de análise do HGPE.

A estratégia do candidato Ratinho Jr. foi apontar a falta de competência e de planejamento das administrações anteriores em promover um crescimento sustentável. Com o crescimento populacional, Curitiba passou a conviver com sérios problemas na saúde, educação, segurança e mobilidade urbana.

Faltou competência e planejamento por parte da prefeitura. O resultado de hoje é que o curitibano sofre: no transito, nos postos de saúde, sofre na fila de exames, sofre com a espera por uma vaga na creche; sofre nos ônibus lotados.

A falta de planejamento gerou um caos de quase seis meses no atendimento de saúde.

Curitiba tem vários lugares que a prefeitura esqueceu. E quem mais sofre com isso são os mais pobres. A prefeitura, ao invés de resolver os problemas da cidade, cria mais problema. Por isso Curitiba precisa de novas ideias para o curitibano deixar de sofrer e voltar a sorrir. [Ratinho Jr. HGPE 10/10]

Contudo, a campanha de Ratinho Jr. lembrava aos cidadãos o quanto Curitiba já teria sido uma cidade modelo em qualidade de vida, segurança e reciclagem de lixo, não apenas para o Brasil como para o mundo. Dessa forma, seu compromisso como prefeito seria trazer de volta aquela qualidade de vida perdida, em tese perdida ao longo e por obra das últimas administrações, e faria isso com "soluções simples e inteligentes". A estratégia discursiva de Ratinho Jr. baseou-se em seis eixos estruturantes para apresentar as propostas para o mundo futuro:

1 — Cidade segura — devolver a segurança e tranquilidade para as famílias curitibanas;
2 — Saúde de verdade — para acabar com o caos na saúde e melhorar o atendimento médico e qualidade de vida;
3 — Educação e cultura para todos — para devolver a qualidade ao ensino público e facilitar o acesso à cultura e eventos culturais da cidade;
4 — Modelo de cidade do futuro — ideias inovadoras, planejamento e atenção maior ao trânsito da cidade;
5 — Prefeitura eficiente — serviços melhores para a população e valorização do servidor público;
6 — Curitiba, bem de vida — empregos de melhor qualidade e apoio às pequenas empresas e indústrias da cidade. [locutor em off, HGPE 24/8]

A garantia de que seria capaz de devolver aos cidadãos a Curitiba de que tanto se orgulharam no passado, como referência de cidade modelo para o mundo, era dada sob duas perspectivas: independência política e história de vida. Esta última era avalizada por seu pai, o apresentador de programa de televisão e radialista Ratinho.

Ser independente é ser livre pra fazer as melhores escolhas. A minha candidatura é assim, sem padrinhos políticos. Uma candidatura de pessoas de bem, que querem o bem da cidade e o melhor para os curitibanos. Minha independência vai permitir que eu chame os melhores técnicos para as secretarias e que eu tenha um bom diálogo, tanto com o governo do estado quanto com o governo federal. Um candidato independente pode tomar as próprias decisões para o bem da cidade. E é isso que vou fazer. [Ratinho Junior HGPE 7/9]

Eu posso garantir que meu filho começou a trabalhar desde cedo. Com 14 anos já era sonoplasta, meu sonoplasta na rádio. Eu tenho orgulho. Quer coisa melhor para um pai? Quer coisa melhor para um país? [radialista e apresentador Ratinho, HGPE 22/8]

O candidato à prefeitura de São Paulo, Celso Russomanno, também se valeu da carência de qualidade da educação, segurança e saúde para mostrar o mundo atual negativo em que os paulistanos estavam vivendo. Como garantia de que cumpriria o compromisso assumido, ressaltava em suas estratégias a experiência dos longos anos em que trabalhou "na rua, lado a lado com o povo", tanto como repórter quanto como apresentador de programa televisivo. Ainda afirmava que estaria empenhado a "devolver a cidadania para as pessoas, para terem orgulho da cidade em que vivem".

Ao se referir à segurança em São Paulo, a campanha de Russomanno mostrava para o eleitor que o efetivo da Guarda Civil Metropolitana não era suficiente para cuidar dos cidadãos e que faltava mais investimento em tecnologia para tal política. Desta forma Russomanno pedia uma chance de cuidar do povo da cidade: "Eu vou cuidar de você, vou te dar segurança e vai funcionar".

Na área da saúde, mostrava aos eleitores que no mundo presente havia: demora no atendimento; exames atrasados; falta de remédio; falta de especialistas; postos de saúde sem médicos, sem enfermeiras, sem medicamentos e funcionários de saúde com baixos salários. Sua proposta para o futuro se baseava no seguinte discurso: "Vou pagar aos médicos o mesmo do particular. Mutirão para marcar exames, cuidar para que o remédio chegue na sua casa. Sistema primário é o programa de saúde da família e tem que funcionar" (Programa Celso Russomanno, Celso Russomanno, 14 set. 2012).

Já as debilidades da educação paulistana abordadas pela campanha de Russomanno eram a falta de vagas nas creches e em escolas municipais e a progressão continuada. Suas propostas futuras para educação se baseavam em aumentar o número de vagas, rever o modelo adotado de progressão continuada nas escolas municipais — uma vez que para ele este formato deterioraria a aprendizagem das crianças ao longo dos anos/ séries — e, ainda:

> Inclusão digital, cursos profissionalizantes, inserção do jovens no mercado de trabalho. [São Paulo] vai ficar ainda melhor com a construção de mais oito creches, ampliação do atendimento no Centro André Araújo, distribuição de bolsas de estudos nas universidades particulares. [Programa Celso Russomanno, Celso Russomanno, 24 set. 2012]

Figura 2
NUVEM POSICIONAMENTO EM RELAÇÃO À ADMINISTRAÇÃO DE SÃO PAULO
(90 PALAVRAS MAIS MENCIONADAS)

> acreditar agora alguma aluno bairro baixo campanha carinho Celso cidade coisa coletivo colocar compromisso conhece contra criança cuidar daqui defender *ensino* errado *escola* escrever estes estou exames falta favor fazendo fazer ficha frente gente governo história homem hospital idosas interesse internet jeito jovens limpa *médico* melhor menos meses mesmo minha mudar muito mundo nenhum ninguém nossa nosso número nunca ônibus outro *paciente* pagar particular pássaro paulistanos Paulo periferia pesquisas pessoas poder político ponta pontos porque precisa prefeito prefeitura problema programa promessa público qualidade quando *remédio* responsável Russomanno saber *saúde* sempre sendo tantos temos todos trabalhar *transporte* vamos verdade

Fonte: Os autores, a partir de análise do HGPE.

Russomanno usou como estratégia de campanha o fato de não ter padrinho político e de ser independente como garantia de que seu governo daria certo e promoveria a mudança que a cidade de São Paulo tanto necessitava:

> Eu não tenho padrinho político para me apoiar e nem famoso. Minha garantia é ter trabalhado a vida toda em defesa do povo. Sou o candidato que está na rua ao lado do povo. Trabalhei a vida inteira para ajudar as pessoas, incomodei poderosos, fui perseguido, processado, agredido. Mas nunca recuei e não calei minha voz. [Programa Celso Russomanno, Celso Russomanno, 28 set. 2012]

3.2 Discurso de candidato "político ou apolítico"

O maior número de referências veiculadas pelas campanhas esteve relacionado com a construção da imagem dos candidatos (tabela 4). No caso de Ratinho Jr., foram 43 referências (43,3%), e no caso de Celso Russomanno, foram 21 referências (55,26%). Contudo, pergunta-se como foi tratada a imagem dos candidatos.

O primeiro aspecto que chama a atenção é que o termo "partido" foi mencionado apenas uma vez em ambas as campanhas de Ratinho Jr. e Celso Russomanno.

Na campanha do candidato a prefeito de Curitiba, a menção aconteceu ao ele discorrer sobre sua biografia: "fui o líder de partido mais jovem da Câmara" (Programa de Ratinho Jr., Ratinho Jr., 1º out., 2012), contexto que antes remete à qualidade pessoal de liderança que à "vocação" coletiva e organizativa da instituição, ou à relevância de sistema partidário para a democracia. No último programa do primeiro turno, Ratinho Jr. sequer menciona "partido" no longo agradecimento feito a todos os que colaboraram com sua campanha.

> Quero agradecer aos meus coordenadores, aos coordenadores da comunicação, aos amigos do Facebook, ao pessoal do barracão, que cuidou de todo o material de propaganda, queria agradecer aos candidatos da minha coligação, pelo apoio no decorrer na campanha, aos mais de mil voluntários dos Pontos de Boas Ideias, que ajudaram com as boas ideias por todos os bairros, agradecer a todos que nos receberam com muito carinho nas reuniões como a dos taxistas, os funcionários de empresas, os médicos e engenheiros, os profissionais de beleza, os capoeiristas, empresários. Agradecer o carinho das mães de família, das crianças, das pessoas de mais idade, dos amigos, dos líderes religiosos, das personalidades que declararam apoio à nossa candidatura. A grande equipe que criou um plano de governo brilhante, com propostas que encontraram uma grande adesão junto à população. Ao meu vice, arquiteto e urbanista Ricardo Mesquita, que trabalhou muito na campanha e que vai me ajudar a realizar um grande trabalho. Agradecer minha esposa Luciana, minhas filhas Yasmim e Alana pela paciência e por compreender a minha ausência. À minha

mãe e ao meu pai, pelo apoio fundamental. Queria agradecer, principalmente, a você pelo apoio a nossa candidatura, que entendeu que todas as nossas propostas são viáveis e necessárias para transformar Curitiba em uma cidade mais moderna e melhor para todos. [Programa de Ratinho Jr., Ratinho Jr., 3 out. 2012]

No programa de Celso Russomanno, na única passagem em que foi mencionada a palavra "partido", a esta foi dada uma conotação muito negativa: partidos seriam ávidos por poder e desinteressados pelas pessoas. O trecho seguinte reproduz o momento do uso da expressão e ilustra as associações que foram realizadas com os termos "política" e "políticos" (tabela 5).

(São Paulo) Que não fecha as suas portas a ninguém, mas com o seu povo esquecido, abandonado à própria sorte, sem perspectiva, sem saber como enfrentar o amanhã. Os partidos políticos seguem mais preocupados com o poder, projetos de domínio e oportunidade e populismo eleitoreiro do que com sua população. Jogos de interesse envolvendo a coisa pública. Toma-lá-da-cá, egos inflados e pouca liderança. Mas um homem vai implantar um novo modelo. [Programa de Celso Russomanno, locutor em off, 22 set. 2012]

Tabela 5
DISTRIBUIÇÃO DOS TERMOS DAS CAMPANHAS
DE CELSO RUSSOMANNO E RATINHO JR.

	Celso Russomanno	Ratinho Jr.
Independente/independência	8	7
Técnicos, profissionais e especialistas	8	9
Partido	1	1
Políticos/Política	3	8

Fonte: Os autores, a partir de análise do HGPE.

Em suma, na única referência que fizeram sobre a instituição, a menção foi quase nula de significado, como no caso da utilização do termo por Ratinho Jr., ou de caráter muito negativo, tal como utilizada por Russomanno. Fato é que a política e as instituições representativas — partidos em evidência — foram tratadas como uma anomalia do sistema político. Como os dois se posicionaram nesse jogo então? Como independentes, sem vínculos ou compromissos partidários, prontos e supostamente desimpedidos para se dedicarem aos afazeres públicos voltados para a população mais carente.

Ambos falaram literalmente em independência política (tabela 5), disseram-se livres de amarras partidárias as quais, em sua perspectiva, gerariam compromissos escusos e ineficientes. Para a composição de governos, de acordo com eles, não seriam contratadas pessoas de perfil político — as quais, em geral, não teriam conhecimento técnico específico para o cargo e nem a experiência da carreira, mas alocadas em decorrência de acordos e interesses partidários. No que diz respeito ao mundo futuro, ambos os candidatos sinalizaram que suas administrações teriam poucas secretarias e seriam compostas por especialistas desprovidos de interesses político-partidários (quadro 1, item Independência e Coragem).

Não existem menções de como se daria a relação do executivo com o legislativo municipal. A noção de compartilhar poder por meio de composição partidária de secretarias municipais, a fim de possibilitar a governabilidade, é implicitamente recriminada. Dessa maneira, a lógica de que partidos servem para organizar eleições e compor governos junto ao legislativo e à administração é ignorada nos discursos de ambos os candidatos.

Em síntese, até aquele momento, o cenário fora paulatinamente construído para a adequação de um perfil de prefeito bem específico. Mas como seria esse novo candidato, capaz de mudar o jeito velho de fazer política?

3.3 Características do líder ressaltadas

As características de Russomanno e Ratinho Jr. indicam semelhanças e diferenças entre eles. As semelhanças estão relacionadas com o perfil pretensamente "apolítico" ou de inovação na política, descrito no item anterior, e estão sistematizadas no quadro 2. Aqui é possível verificar como ambos construíram seu respectivo perfil em contraposição ao que aos olhos do senso comum é considerado o perfil do político padrão.

Quadro 2
CARACTERÍSTICAS DOS CANDIDATOS

Político Padrão		Celso Russomanno e Ratinho Jr.
Autointeressado, ávido por poder, vaidoso.	Integridade e compromisso	Uma nova história para São Paulo, um homem que olha nos olhos das pessoas, que fala sua língua, conhece os seus anseios e percebe suas aflições. Que mostra que a política não é um palco de vaidades e que não pode ser um vale-tudo permanente em nome do poder, nem condomínio de interesses pessoais. Celso Russomanno. [Programa Celso Russomanno, locutor em off, 22 set. 2012]
Distante do povo, sem identidade e/ou afinidade com o mesmo.		
Portanto, insensível ao sofrimento alheio.		Vou realizar todas as nossas propostas porque tenho compromisso com a população. E como todo jovem, tenho muita vontade de trabalhar e fazer a nossa cidade cada vez melhor. [Programa Ratinho Jr., Ratinho Jr., 17 set. 2012]
Vinculados e comprometidos com partidos e grupos políticos.	Independência e coragem	Como eu não tenho padrinho político e nenhum político famoso para me apadrinhar, você fica sendo a minha madrinha e todo o povo de São Paulo. [...] Aqueles que esperam um bom governo terão o melhor governo com os melhores profissionais que eu achar no mercado para compor o secretariado, um secretariado com nível de ministérios. [Programa Celso Russomanno, Celso Russomanno, 14 set. 2012]
Lotam as secretarias municipais para cumprirem compromissos políticos.		Hoje é o dia da independência e ser independente é ser livre para fazer suas escolhas. A minha candidatura é assim, independente, sem padrinhos políticos, uma candidatura de pessoas de bem, que querem o bem da cidade e o melhor para os curitibanos. Minha independência vai permitir que eu chame os melhores técnicos para as minhas secretarias. E que eu tenha um bom diálogo tanto com o governo do estado quanto com o governo federal. Um candidato independente pode tomar as melhores decisões para o bem da cidade. E é isto que vou fazer. [Programa Ratinho Jr., Ratinho Jr., 7 set. 2012]
		Quero um prefeito de coragem, sangue novo, peito aberto. [Programa Ratinho Jr., jingle, primeiro turno]

(continua)

Político Padrão		Celso Russomanno e Ratinho Jr.
Os políticos de maneira geral são distantes da população mais pobre; soberbos, em muitos casos.	Bom coração, simplicidade	Celso Russomanno caminha no meio das pessoas, nos quatro cantos da cidade e conversa com todos olhando nos seus olhos, na língua que eles entendem. Cada uma destas caminhadas resume um capítulo de vida de Celso. Sempre no meio do povo, entendendo suas necessidades, debatendo suas ideias, trazendo soluções. E dizendo pessoalmente o que vai fazer, com coragem e independência. Sem promessas, mas com compromissos. [Programa Celso Russomanno, locutor em off, 27 set. 2012] Eu voto no Celso porque ele é simples, simplesmente 10. [Programa Celso Russomanno, povo fala] Nossa família sempre foi uma família de gente simples, e gente simples é assim, acorda cedo para trabalhar e trabalha cedo desde muito cedo. [Programa Ratinho Jr., Ratinho Jr., 1º out. 2012]

Fonte: Análise do HGPE dos candidatos.

Para além das semelhanças, cada candidato, a partir de sua história, utilizou-se de um grupo de valores para reforçar aspectos de sua imagem.

Celso Russomanno dizia ter dedicado mais de 20 anos de sua vida em defesa dos mais pobres, seja como repórter, advogado ou deputado. Para eles sempre teria olhado com carinho, com simplicidade e compromisso. Tal atitude — acrescida de sua experiência e preparo — faria a diferença em sua gestão, e se apresentava ainda como um candidato "novo, de verdade". No caso, ao mencionar que era novo "de verdade", estava se contrapondo a Fernando Haddad (PT), que também se apresentava como novo. O "novo, de verdade" significava um novo jeito de governar.

Você viu aqui a história de um homem determinado. Conheceu seus sonhos, sua coragem, sua coerência. Celso Russomanno viveu muitas emoções. Sentiu o carinho dos que nele depositam suas esperanças. E o jogo sujo dos que o atacam e o caluniam. Mas não mudou o seu rumo e nem perdeu a humildade. Seguiu trabalhando como sempre fez 22 anos no meio do povo. Foram mais de cinco mil reportagens para defender os seus direitos. Preparado e experiente, deputado federal por 16 anos, um homem novo, mas novo de verdade. Foram 45 dias de muito trabalho, mas valeu a pena. [Programa Celso Russomanno, locutor em off, 3 out. 2012]

Ratinho Jr. se apresentava como um *candidato jovem*, com *força e determinação* — típicas da juventude — para fazer as mudanças que Curitiba precisava. Ainda por ser jovem, demonstrava ter *cabeça aberta — novas ideias — para transformar* e superar amarras que levavam ao atraso e à ineficiência da gestão. A suposta debilidade da pouca idade, que seria a falta de experiência, foi rebatida por sua história de vida. Avisava aos seus eleitores que começara a trabalhar ainda muito jovem, com 14 anos, e que muito havia contribuído para o crescimento da empresa familiar. Ademais, entrou na política também muito cedo, como deputado estadual, tendo sido o mais votado na história do Paraná. *Pouca idade, experiência e sucesso estavam em sintonia* na vida do candidato. "Quero um prefeito de coragem, sangue novo, peito aberto" (Programa Ratinho Jr., jingle, primeiro turno).

Ratinho Jr. apresentava enfaticamente duas outras atitudes em sua propaganda: dizia ter compromisso com o povo e se apresentava como oriundo de uma família simples, que valorizava muito o trabalho. A ideia de "acordar cedo para trabalhar" como fórmula para a dignidade ou para o sucesso era reiterada em sua propaganda.

Tabela 6

DISTRIBUIÇÃO DOS TERMOS DAS CAMPANHAS
DE CELSO RUSSOMANNO E RATINHO JR. SOBRE SUA ATITUDE

	Total	Celso Russomanno	Ratinho Jr.
Família	12	0	12
Carinho	7	4	3
Compromisso	5	3	2
Simples	5	2	3
Trabalho	9	1	8
Experiência	3	0	3
Juventude	8	0	8
Humilde	2	0	2
Inovadora/moderna	2	0	2

Fonte: Análise do HGPE dos candidatos.

3.4 Clivagens, voto retrospectivo e escolha racional

Procuraremos agora identificar as bases sociais dos candidatos, a partir de uma matriz de cruzamento de variáveis socioeconômicas (tabela 7) e avaliação dos governos municipal, estadual e federal (tabela 8). Para esta etapa utilizaremos pesquisa Ibope realizada entre os dias 30 de setembro e 1º de outubro 2012, momento em que Ratinho Jr. contava com seu melhor desempenho em Curitiba.

Além dos cruzamentos, apresentamos o coeficiente de correlação Cramer's V para determinar a força da correlação mediante o chi-quadrado estatisticamente significante.[10] Verifica-se que não havia associação significativa entre sexo e intenção de voto (Sig. .266), nem entre idade e intenção de voto (Sig. .163). Ou seja, ser homem ou mulher, assim como ser de diferentes faixas etárias, não tinha relação com a escolha dos candidatos.

Contrariamente, constata-se que grau de instrução e renda familiar eram relevantes na definição da intenção de voto. A relação entre grau de instrução e intenção de voto (Sig. .095, Cramer's .177)[11] é mais frágil do que a correlação entre renda familiar e intenção de voto (Sig. .000, Cramer's .143). Quanto ao grau de instrução, verifica-se que Ratinho Jr. — no momento de seu melhor desempenho nas intenções de voto — obteve melhor colocação entre os eleitores com até o ginásio incompleto, embora o mesmo obtivesse melhor desempenho do que os demais em todas as faixas de idade. Já no que tange à renda familiar, Ratinho Jr. teve como redutos eleitorais todos os segmentos com renda familiar até 10 salários mínimos.

---

[10] Ou seja, mediante Sig < .05, quando se tem probabilidade menor de 5% de confirmação da hipótese nula, e inversamente chance superior a 95% de que haja associação entre as duas variáveis testadas.
[11] Significante apenas ao nível de 90%.

Tabela 7
CRUZAMENTO DE VARIÁVEIS SOCIOECONÔMICAS CURITIBA (%)

		Gustavo Fruet	Luciano Ducci	Rafael Greca	Ratinho Junior	Todos os outros	Branco Nulo	Não sabe	Total
Sexo	Mas	17	27	8	36	3	5	4	100
	Fem	15	29	9	34	2	4	7	100
Idade	16 a 24	11	29	7	40	6	3	4	100
	25 a 49	17	27	9	35	3	4	5	100
	Mais de 50	17	29	9	30	2	5	8	100
Escolaridade	Até 4ª série	13	26	2	38	2	4	15	100
	Da 5ª série à 8ª série	13	27	9	42	1	4	4	100
	Ensino médio	15	27	7	36	3	6	6	100
	Ensino superior	20	30	11	27	4	3	5	100
Renda familiar (em salários mínimos)	Mais de 5	26	27	12	25	3	4	3	100
	Mais de 2 a 5	11	28	7	42	3	5	4	100
	Mais de 1 a 2	9	30	5	39	3	4	10	100
	Até 1	17	14	4	41	7	3	14	100

Fonte: Pesquisa Ibope — rodada realizada entre os dias 30/9 e 1/10/2012.

Como é possível observar na tabela 8, a correlação da direção da intenção de votos e das variáveis analisadas é mais forte quando consideramos aquelas de avaliações retrospectivas de governos: municipal (Sig. .000, Cramer's .282), estadual (Sig. .000, Cramer's .221) e federal (Sig. .000, Cramer's .150). Ratinho Jr. obteve melhor desempenho entre os eleitores que avaliavam como "péssima" e "ruim" a gestão do prefeito Luciano Ducci: mais da metade dos eleitores que compartilhavam dessa visão tendiam a votar em Ratinho Jr. No que tange à associação entre avaliação do governo estadual e intenção de voto, fica evidente que os eleitores que consideravam o trabalho de Beto Richa "péssimo" tendiam a votar prioritariamente em Ratinho Jr. (43,33%), ao passo que os que o avaliavam como "ruim" tendiam a votar prioritariamente em Gustavo Fruet (31%) e depois em Ratinho Jr. (19%). Assim, Ratinho Jr. e Gustavo Fruet dividiam os segmentos de insatisfeitos com a gestão estadual. Por fim, Ratinho Jr. dividia com Luciano Ducci os segmentos de eleitores que avaliavam de maneira negativa o governo federal.

Simplificando, Ratinho Jr. canalizava como nenhum outro candidato as insatisfações com os governos municipal, estadual e federal. Era o candidato contra governos, independente de seus partidos. A oposição a Luciano Ducci concentrava acentuadamente o voto em Ratinho Jr. A oposição ao governador Beto Richa se dividia também com Gustavo Fruet (do PDT, mas que tinha o PT em sua coligação), assim como a oposição ao governo Dilma se dividia também com Luciano Ducci (do PSB, mas que tinha o PSDB em sua coligação).

Essa predisposição estará muito afinada com o discurso adotado por Ratinho Jr. em sua campanha, como é possível identificar na análise dos argumentos.

Tabela 8
AVALIAÇÃO DOS GOVERNOS MUNICIPAL, ESTADUAL E FEDERAL (%)

	Gustavo Fruet	Luciano Ducci	Rafael Greca	Ratinho Jr.	Branco/Nulo	Não sabe/Não respondeu	Todos os outros	Total
Avaliação prefeito Curitiba								
Ótima	1,5	86,6	0	10,4	0	1,5	0	100
Boa	12,4	46,3	4,6	23	3,9	8,1	1,8	100
Regular	23,6	12,0	11,6	40,7	4,3	4,3	3,5	100
Ruim	19,1	0	10,1	53,9	7,9	4,5	4,5	100
Péssima	13,3	1,2	15,7	54,2	4,8	3,6	7,2	100
Não sabe/ Não respondeu	12	16	16	32	4	16	4	100

(continua)

INTENÇÃO DE VOTO							
	Gustavo Fruet	Luciano Ducci	Rafael Greca	Ratinho Jr.	Branco/Nulo	Não sabe/Não respondeu	Todos os outros	Total
Total	15,9	28	8,6	34,5	4,2	5,7	3,1	100
Avaliação governador Paraná								
Ótima	5,4	60,9	1,1	25	1,1	6,5	0	100
Boa	13,1	32,1	6,9	36	3	6,9	2	100
Regular	24,3	14,5	13,1	37,4	3,7	2,3	4,7	100
Ruim	31	7,1	19	19	19	0	4,8	100
Péssima	10	3,3	6,7	43,3	6,7	13,3	16,7	100
Não sabe/ Não respondeu	9,1	18,2	9,1	36,4	13,6	13,6	0	100
Total	15,9	28	8,6	34,5	4,2	5,7	3,1	100
Avaliação presidente								
Ótima	14,7	37,9	3,2	35,8	0	6,3	2,1	100
Boa	18,6	25,4	7,1	38,8	3	5,3	1,8	100
Regular	14,9	27,4	12,4	30,3	5,5	6	3,5	100
Ruim	13	34,8	19,6	17,4	10,9	0	4,3	100
Péssima	2,6	28,2	7,7	30,8	10,3	5,1	15,4	100
Não sabe/ Não respondeu	11,1	22,2	3,7	33,3	7,4	18,5	3,7	100
Total	15,9	28	8,6	34,5	4,2	5,7	3,1	100

Fonte: Pesquisa Ibope — rodada realizada entre os dias 30/9 e 1º/10/2012.

Para a análise da disputa em São Paulo utilizaremos pesquisa Ibope realizada entre os dias 22 e 24 de setembro de 2012, momento em que Celso Russomanno contava com bom desempenho em São Paulo. Verifica-se, na tabela 9, que não há correlação significativa apenas entre sexo e intenção de voto (Sig. .366, portanto > .05). Contrariamente, constata-se que idade, grau de instrução e renda familiar são relevantes na definição da intenção de voto. As relações entre idade, escolaridade e renda familiar com intenção de voto são muito próximas em sua intensidade (respectivamente, elas são: Cramer's 130; Cramer's .123; Cramer's .124, sempre com Sig. .000). Quanto à idade, Celso Russomanno, assim como Fernando Haddad, tendia a conseguir melhor resultado entre os eleitores mais jovens, enquanto José Serra conseguia melhor desempenho junto aos eleitores mais velhos. Quanto ao grau de instrução, verifica-se que Celso Russomanno obteve melhor colocação entre os eleitores com ginásio incompleto, embora obtivesse melhor desempenho do que os demais em todas as faixas de idade. Já no que tange à renda familiar, Celso Russomanno liderava em intenção de voto em todos os segmentos naquele momento, contudo, seu melhor alcance era entre aqueles com até cinco salários mínimos.

Tabela 9
CRUZAMENTO DE VARIÁVEIS SOCIOECONÔMICAS SÃO PAULO (%)

		Celso Russomanno	Fernando Haddad	José Serra	Chalita	Todos os outros	Branco Nulo	Não Sabe/Não Respondeu	Total
Sexo	Mas	37	17	16	6	7	9	7	100
	Fem	32	19	18	8	6	10	8	100
Idade	16 a 24	35	21	9	7	12	8	8	100
	25 a 49	35	18	15	7	7	10	7	100
	Mais de 50	32	25	24	7	4	10	8	100
Escolaridade	Até 4ª série	35	14	19	6	5	7	13	100
	Da 5ª série à 8ª série	42	17	16	5	4	10	5	100
	Ensino médio	37	21	14	6	6	8	8	100
	Ensino superior	26	17	20	11	10	12	5	100
Renda familiar (em salários mínimos)	Mais de 5	25	20	24	8	9	11	3	100
	Mais de 2 a 5	40	17	15	9	5	8	7	100
	Mais de 1 a 2	38	19	16	5	5	8	9	100
	Até 1	26	16	14	8	8	10	16	100

Fonte: Pesquisa Ibope — rodada realizada entre os dias 22 e 24/9/2012.

A correlação da intenção de votos e das variáveis analisadas (tabela 10) é apenas um pouco mais forte quando consideramos aquelas de avaliações retrospectivas de governos: municipal (Sig. .000, Cramer's .172), estadual (Sig. .000, Cramer's .179) e federal (Sig. .000, Cramer's .163). A satisfação com a gestão municipal impactava mais na intenção de voto em José Serra (sentido positivo) e em Fernando Haddad (sentido negativo) do que na intenção de voto em Celso Russomanno, que obtinha bom desempenho em todos os segmentos. No que tange à associação entre avaliação do governo estadual e intenção de voto, mais uma vez verifica-se bom desempenho de Celso Russomanno entre eleitores com diversas posturas. Novamente, José Serra canaliza a intenção de votos daqueles mais satisfeitos com Geraldo Alckmin e Fernando Haddad angaria a intenção de votos daqueles mais insatisfeitos com o então governador. Sobre o governo federal, Celso Russomanno tem melhor desempenho entre aqueles que avaliam melhor o governo federal.

Tabela 10
AVALIAÇÃO DOS GOVERNOS MUNICIPAL, ESTADUAL E FEDERAL (%)

	Celso Russomanno	Fernando Haddad	Gabriel Chalita	José Serra	Branco/Nulo	Não Sabe/Não Respondeu	Todos os Outros	Total
Avaliação prefeito São Paulo								
Ótima	26,7	3,3	3,3	53,3	0	0	13,3	100
Boa	38,7	10,3	8,8	32	2,6	3,6	4,1	100
Regular	33,2	17,3	8,2	19,4	8,5	6,6	6,6	100
Ruim	35,1	16,8	9,4	12	10,5	11	5,2	100
Péssima	34,9	24,8	5,4	6,2	13,7	7,5	7,5	100
Não sabe/ Não respondeu	15,4	3,8	0	23,1	19,2	34,6	3,8	100
Total	34	17,9	7,3	16,9	9,6	7,6	6,4	100

(continua)

	INTENÇÃO DE VOTO							
	Celso Russomanno	Fernando Haddad	Gabriel Chalita	José Serra	Branco/Nulo	Não Sabe/Não Respondeu	Todos os Outros	Total
Avaliação governador São Paulo								
Ótima	30,4	13,4	2,7	44,6	2,7	3,6	2,7	100
Boa	38,9	13,3	10,8	22	4,2	4,7	6,1	100
Regular	33,4	20,7	5,8	11,3	12,2	9	7,6	100
Ruim	27,5	22	7,7	3,3	20,9	11	7,7	100
Péssima	30,3	31,3	7,1	2	14,1	10,1	5,1	100
Não sabe/Não respondeu	34,1	4,9	0	14,6	19,5	19,5	7,3	100
Total	34,4	17,9	7,3	16,9	9,6	7,6	6,4	100
Avaliação presidente								
Ótima	34,8	36,4	5,3	9,1	3,2	4,8	6,4	100
Boa	39,9	19,1	6,6	16,1	6,2	6	6	100
Regular	30,3	11,2	9,8	21	12	9,8	5,7	100
Ruim	23	3,3	11,5	23	18	14,8	6,6	100
Péssima	26,4	5,7	1,9	17	32,1	3,8	13,2	100
Não sabe/ Não respondeu	21,7	13	0	17,4	21,7	17,4	8,7	100
Total	34,4	17,9	7,3	16,9	9,6	7,6	6,4	100

Fonte: Pesquisa Ibope — rodada realizada entre os dias 22 e 24/9/2012.

4. Conclusão

No decorrer deste artigo, foi possível verificar como Celso Russomanno em São Paulo e Ratinho Jr. em Curitiba, a partir de pequenos partidos no que tange a representação e organização, construíram suas imagens de forma a liderarem as pesquisas de intenção de voto no decorrer de quase todo o primeiro turno, desafiando candidaturas mais consolidadas do ponto de vista partidário.

A partir da avaliação do contexto institucional, foram verificadas em ambas as capitais taxas significativas de volatilidade eleitoral, mais alta em Curitiba do que em São Paulo, sinalizando para o baixo grau de institucionalização dos sistemas partidários, propício para o aparecimento de candidaturas independentes. Ademais, se verificou que a disputa não aconteceu entre dois polos, entre um partido de oposição e outro de situação, ou, ainda, entre um partido de direita e outro de esquerda. Sistemas partidários menos polarizados permitem o surgimento de candidaturas mais personalistas, a partir de partidos menos estruturados.

Também foi possível verificar que os candidatos se empenharam na construção de suas imagens pessoais a partir: a) de fortes críticas à gestão municipal em curso, ressaltando a ineficácia da administração exercida por políticos amarrados por compromissos partidários; b) da aposta e valorização da política nova, independente de acordos, mais técnica.

A partir de tais discursos e contando com suas trajetórias de vida como garantia de que, uma vez no poder, eles fariam diferente, tais candidatos puderam agregar valor às suas imagens no que tange a competência, credibilidade, carisma e confiança.

A campanha de Celso Russomanno contou com contexto institucional menos favorável do que a campanha de Ratinho Jr., pois o sistema partidário em São Paulo apresentou menos volatilidade eleitoral do que o sistema partidário de Curitiba. Além disso, o Nepe em São de Paulo era um pouco menor do que de Curitiba.

Ademais, no que se refere aos sentimentos dos eleitores, aqueles que demonstravam intenção de voto em Russomanno não tendiam a rejeitar o governo federal, com a presidente Dilma do PT. Em Curitiba, os eleitores de Ratinho Jr. tendiam a avaliar negativamente os governos nos três âmbitos. Assim, considerando as percepções dos eleitores, o discurso despolitizante era menos propício para a candidatura de Celso Russomanno do que para Ratinho Jr.

No que tange à criação de sua imagem pessoal, Celso utilizou-se fortemente de sua experiência como jornalista e deputado a favor da defesa dos interesses dos mais pobres, buscando assim despertar a confiança e o carisma da população. Contudo, não apresentou propostas que ajudassem na construção da percepção de competência no trabalho de prefeito.

A campanha de Ratinho Jr. esteve muito associada à sua trajetória familiar e ao sucesso de sua família a partir do valor do trabalho. Seu pai lhe servia de garantia. No horário eleitoral, expunha propostas que apontavam para a percepção de que teria cuidado com a população. Despertava assim o carisma, a confiança dos eleitores. Ao final, os candidatos foram derrotados, prevalecendo a força das estruturas partidárias e de governo.

Referências

ALBUQUERQUE, Afonso. *A batalha pela Presidência*: o Horário Gratuito de Propaganda Eleitoral na campanha de 1989. Tese (doutorado) — Escola de Comunicação, Universidade Federal do Rio de Janeiro, 1996.

ARDAL, B.; BINDER, T. Leader effects and party characteristics. In: AARTS, K. et al. (Ed.). *Political leaders and democratic elections*. Oxford: Oxford University Press, 2011. p. 108-126.

ANDERSON, C. J.; GUILLORY, C. A. Political institutions and satisfaction with democracy: a cross-national analysis of consensus and majoritarian systems. *The American Political Science Review*, v. 91, n. 1, p. 66-81, 1997.

BENOIT, W.; MCHALE, J. Presidential candidate's personal qualities: computer content analysis. In: HACKER, Kenneth L. (Ed.). *Presidential candidate image*. Lanham, MD: Rowman & Littlefield Publisher, 2004. p. 49-63.

BLAIS, A. Political leaders and democratic elections. In: AARTS, K. et al. (Ed.). *Political leaders and democratic elections*. Oxford: Oxford University Press, 2011. p. 1-11.

DOWNS, Anthony. *Uma teoria econômica da democracia*. São Paulo: Edusp, 1999.

FIGUEIREDO, M. et al. Estratégias de persuasão em eleições majoritárias: uma proposta metodológica para o estudo da propaganda eleitoral. In: FIGUEIREDO, Rubens (Org.). *Marketing político e persuasão eleitoral*. São Paulo: Fundação Konrad Adenauer, 2000. p. 147-203.

KINDER, D. Presidential character revisited. In: LAU, R. R.; SEARS, D. O. (Ed.). *Political cognition*. Hillsdale, NJ: Lawrence Erlbaum Associates Publishers, p. 233-255. 1986.

KINDER, D. et al. Presidential prototypes. *Political Behavior*, v. 2, n. 2, p. 315-337, 1980.

LAAKSO, M.; TAAGEPERA, R. 'Efective' number of parties: a measure with application to West Europe. *Comparative Political Studies*, v. 12, n. 1, p. 3-27, 1979.

MCALLISTER, I. Political leaders in Westminster systems. In: AARTS, K. et al. (Ed.). *Political leaders and democratic elections*. Oxford: Oxford University Press, p. 52-76. 2011.

MILLER, A. H.; WATTENBERG, M. P.; MALANCHUK, O. Schematic assessments of presidential candidates. *American Political Science Review*, v. 80, n. 2, p. 521-540, 1986.

NADEAU, R.; NEVITTE, N. Leader effects and party characteristics in nine countries. In: AARTS, K. et al. (Ed.). *Political leaders and democratic elections*. Oxford: Oxford University Press, 2011. p. 127-146.

PEDERSEN, M. On measuring party system change: a methodological critique and a suggestion. *Comparative Political Studies*, v. 12, n. 4, p. 387-403, 1980.

RIKER, W. *Liberalism against populism*. San Francisco: W. H. Freeman, 1982.

SCHIMITT, H. (Org.). *Political leaders and democratic elections*. Oxford: Oxford University Press, 2011.

WATTENBERG, M. *The decline of American political parties 1952-1996*. Cambrigde: Harvard University Press, 1998.

13

Campanhas online e suas repercussões: os usuários influentes do Twitter nas eleições de 2012

Claudio Penteado
Nayla Lopes
Regina Helena

1. Introdução

Dos chamados partidos "nanicos" àqueles que contam com uma estrutura gigantesca de campanha, um elemento que tem marcado presença nas propagandas eleitorais dos candidatos a cargos do executivo no Brasil é a informação que circula e é produzida no ciberespaço, como uma nova arena de embate político que a cada ano ganha mais relevância dentro da sociedade da informação. Para os que contam com pouco tempo no Horário Gratuito de Propaganda Eleitoral (HGPE), indicar o endereço virtual é imprescindível para que haja a possibilidade de expansão de sua campanha, como para os candidatos com maior tempo de rádio e TV o uso do universo virtual da internet serve para ampliar o alcance de sua mensagem política, criando um novo espaço e ferramentas para a disputa política eleitoral, no qual os candidatos e suas campanhas buscam conquistar os votos dos eleitores, estabelecendo uma nova fronteira (e desafio) no campo de atuação do marketing político.

Nesse mesmo sentido, vale ressaltar que a profissionalização das campanhas chegou também ao ambiente virtual: já não são exibidos nos sites oficiais de campanha apenas conteúdos transpostos dos materiais disseminados em outras mídias, mas, também, material preparado especificamente para a internet, inaugurando uma nova era no campo de comportamento eleitoral e comunicação política.

Dentro do universo digital da internet, outro ambiente que cada vez mais postulantes se fazem presentes são as redes sociais e sites de compartilhamento de conteúdos, entre eles se destacam o Facebook, o Twitter e o YouTube. Atento ao uso cada vez maior dessas mídias sociais, a "minirreforma eleitoral" (Lei nº 12.034, de 29 de setembro de 2009) regulamentou o uso das redes sociais para a realização de campanhas eleitorais e manifestações de apoio, tanto por parte dos candidatos e suas equipes quanto por iniciativa de qualquer indivíduo.[1] Antes dessa alteração, a campanha online estava restrita aos sites oficiais dos candidatos. Desde então, tivemos a disputa presidencial de 2010 e alguns fenômenos como a *onda verde*, campanha online de Marina Silva que fez um uso intensivo e eficiente dessa ferramenta de comunicação política (Telles et al., 2013). Na campanha de 2010, também vale destacar a série de ataques à candidatura de Dilma Rousseff (PT) realizados por meio, principalmente, de vídeos veiculados no YouTube (Silva, Costa e Reis, 2012). O Twitter, o Facebook, os blogs e comentários às notícias de jornais e revistas criaram uma arena de debates bem mais ampliada do que as conversações decorrentes dos horários eleitorais gratuitos ou dos debates oficiais. As campanhas online entram na fase 2.0, começam a utilizar ferramentas mais interativas e participativas em sua comunicação política.

Importante ressaltar a polêmica que se instaurou antes do começo oficial das campanhas de 2012, em função da decisão do Tribunal Superior Eleitoral (TSE) com relação ao uso do Twitter. A decisão foi de confirmação do entendimento do Twitter como uma rede social sujeita à regulação

---

[1] Lei nº 12.034, de 29 de setembro de 2009. Disponível em: <www.planalto.gov.br/ccivil_03/_ato2007-2010/2009/lei/l12034.htm>. Acesso em: 12 maio 2013.

da Lei nº 9.504/1997, especialmente seus artigos 36 e 57-B, ou seja, abranger a proibição do uso do Twitter antes do prazo eleitoral, que se iniciava em 6 de julho de 2012.

Essa ação nos leva a entender que o TSE reconhece a importância do uso das redes sociais e busca nas regulamentações já existentes o enquadramento de uma delas, que já estava em pleno uso por potenciais candidatos — e, obviamente, por potenciais eleitores. Antes dessa data, o pretenso candidato poderia usar sua conta do Twitter e/ou Facebook, desde que não fosse para pedir votos (ainda que o fizesse de forma subjetiva), para se declarar candidato ou para postagens de cunho eleitoreiro. Definido o início do período eleitoral, o então oficialmente postulante poderia criar uma conta específica nas redes sociais para buscar votantes, mas a lei não prevê a necessidade de informar ao TSE quais as páginas criadas.

Desta discussão, duas questões emergem: a primeira delas se refere ao voto de um dos ministros do Tribunal e a outra é relativa ao pedido, feito pelo presidente de um dos partidos políticos, de inconstitucionalidade para a decisão. A inconstitucionalidade era requerida sob a alegação de que a decisão promovia o cerceamento da liberdade de expressão. A decisão do TSE, então, toma as redes sociais como um espaço intermidiático passível das mesmas regras eleitorais que normatizam o uso das mídias mais convencionais, como rádio e televisão. O voto de um dos ministros, embora derrotado, ajuda a ilustrar essa questão:

> No *Twitter* não há a divulgação de mensagem para o público em geral, para destinatários imprecisos, indefinidos, como ocorre no rádio e na televisão, mas para destinatários certos, definidos. Não há no *Twitter* a participação involuntária ou desconhecida dos seguidores. Não há passividade das pessoas nem generalização, pois a mensagem é transmitida para quem realmente deseja participar de um diálogo e se cadastrou para isso.[2]

Esse voto possibilitou o início de uma distinção entre as redes sociais: o Twitter, diferentemente de outras redes sociais, não permite o direciona-

---

[2] Disponível em: <http://agencia.tse.jus.br/sadAdmAgencia/noticiaSearch.do?acao=get&id=1461148>.

mento das mensagens — ou seja, todas as postagens são públicas e ficam disponíveis para qualquer usuário da rede. O simples fato de não seguir uma pessoa não significa que não há acesso à informação postada por ela. Não há, no Twitter, regulação de privacidade. Após estas decisões, foram noticiadas várias ações de candidatos no sentido de "comprar perfis de usuários influentes".

Ainda não sabemos, pois, qual o impacto das mudanças da legislação eleitoral, no que concerne ao uso da internet nas campanhas, sobre as eleições municipais, principalmente ao uso de mídias sociais, como o Twitter, que insere uma lógica diferenciada de comunicação que Castells (2009b) chamou de autocomunicação de massa. Assim, o objetivo deste capítulo é apresentar um panorama das campanhas online realizadas no país em 2012 e das suas repercussões junto ao eleitorado que esteve conectado durante este processo eleitoral, a partir do estudo do uso do Twitter, mais especificamente sobre os usuários dessa rede social que conseguiram exercer maior influência dentro do debate eleitoral nas capitais brasileiras. A partir do resgate da abordagem sociológica clássica do comportamento eleitoral, busca-se atualizar a concepção de "líderes de opinião" aplicados ao universo online e compreender se (e de que maneira) os usuários influentes do microblog podem ser enquadrados nessa definição.

2. Interações sociais, "líderes de opinião" e decisão do voto

A relativização dos efeitos diretos dos meios de comunicação de massa sobre a decisão do voto (e, em particular, sobre as mudanças nas preferências dos eleitores), a partir dos estudos acerca da campanha presidencial estadunidense de 1940, veio acompanhada pelo seguinte questionamento: se os *massmedia* não eram os principais determinantes da escolha eleitoral, o que seria?

A essa pergunta, grande parte dos eleitores voláteis inquiridos respondia que a influência sobre sua conduta política provinha de outras pessoas (Katz e Lazarsfeld, 1955). Para os teóricos da corrente sociológica do comportamento eleitoral, portanto, os cidadãos baseiam suas ações nas interações sociais por eles mantidas. Em outras palavras, "primeiro é necessário haver interação para, a seguir, formarem-se opiniões e ocorrerem comportamentos" (Figueiredo, 2008:49).

Tal constatação ocasiona a distinção entre os "líderes de opinião" e os indivíduos por eles influenciados. Os primeiros seriam mediadores entre os conteúdos veiculados pelos meios de comunicação e os demais cidadãos, estabelecendo um "fluxo comunicacional em duas etapas" (*two-step flow of communication*). Isso equivale a dizer que os líderes de opinião, que, em média, são mais expostos às mensagens oriundas dos *media* que os outros indivíduos, atuariam como pontes entre tais conteúdos e aqueles sobre os quais exercem influência. É exatamente nessa mediação, pois, que reside a liderança dos "influenciadores" (Katz e Lazarsfeld, 1955).

Mas quem são, afinal, os "líderes de opinião"? O que os diferencia dos cidadãos influenciados? Berelson, Lazarsfeld e McPhee (1954) esclarecem que não necessariamente as figuras proeminentes ou as autoridades institucionalizadas de uma determinada sociedade serão vistas como as pessoas a serem ouvidas pelos cidadãos comuns para orientar suas escolhas. Algumas características distinguem os líderes de opinião: a primeira inclui o interesse e a competência na esfera em que são considerados líderes. Tal competência só será reconhecida, no entanto, se o líder de opinião interagir com seus seguidores (e, preferencialmente, se tiver influenciado em posições sociais estratégicas, de modo a disseminar sua influência), donde decorre, portanto, a segunda fonte de distinção dos líderes de opinião: a atividade social ampla. Além disso, deve-se salientar que as lideranças de opinião não se concentram em um grupo etário, nível socioeconômico ou partidos políticos específicos. Os níveis de escolaridade e de ocupação, porém, são distintivos entre líderes e não líderes.

Outro elemento a considerar na caracterização dos líderes de opinião é a intensidade de suas posições políticas. Eles tendem a ser mais veementes ao expressar e defender suas preferências que os não líderes, o que significa que, embora compartilhem com os demais suas concepções de mundo, as lideranças estarão um passo à frente dos outros (onde reside o papel de liderança exercido). Por fim, o mais importante a respeito dos líderes de opinião é seu pertencimento ao grupo social no qual ocupam um lugar de referência para os outros. Eles fazem parte do grupo e é aí que reside grande parte da confiança neles depositada.

A questão da liderança dentro de um grupo nos leva a pensar em outro aspecto das condutas políticas: a discussão entre grupos de opinião. A tendência, observada ainda na década de 1950, era de que indivíduos discutissem assuntos relacionados com a política com "semelhantes" (simpatizantes do mesmo partido, trabalhadores do mesmo nível ocupacional, por exemplo) ou com indivíduos que sirvam como referência nesse tema — pessoas mais jovens tendem a respeitar opiniões políticas dos mais velhos e os ocupantes de cargos mais baixos procuram "conselhos" dos que estão em posições profissionais mais elevadas. Nesse contexto, a discordância política encontraria menos espaço nas conversações entre amigos que na cobertura midiática (Berelson, Lazarsfeld e Mcphee, 1954).

O que explica a formação de opiniões — e, por conseguinte, o comportamento político dos cidadãos socialmente organizados — são as características de seus grupos de referência e das interações entre esses grupos e os demais: "por intermédio da 'conversação' social os indivíduos se identificam e formam opiniões que passam a ser mais ou menos compartilhadas, dependendo do grau de coesão do grupo ou classe social" (Figueiredo, 2008:60). Nessa perspectiva, a coesão de um grupo social é inversamente proporcional à probabilidade de influência de fatores políticos conjunturais — campanhas eleitorais, por exemplo — sobre a decisão de voto de seus membros. Em outras palavras, quanto mais fluidas as fronteiras entre grupos sociais (e quanto maior a multiplicidade de grupos dos quais um mesmo indivíduo participa) e quanto menos diferenciadas as ofertas políticas e eleitorais, maior tenderá a ser a volatilidade eleitoral e mais susceptíveis estarão os indivíduos aos apelos momentâneos das campanhas.

Embora esse possa parecer um limite à corrente sociológica de explicação do voto, temos a observar que, mesmo em períodos de campanhas, quando se multiplicam as informações políticas, os amigos, familiares e conhecidos — ou seja, nossos laços fortes e fracos (Granovetter, 1973; 1983) — podem atuar como importantes filtros entre nós e o turbilhão de conteúdos oriundos dos meios de comunicação tradicionais e, cada vez mais, da internet, meio no qual também são tecidas relações sociais.

A multiplicidade de fontes de informação e a ampliação do acesso à educação formal tendem a gerar o aumento do quantitativo de cidadãos cognitivamente mobilizados (Dalton, 1984). Eles são indivíduos que independem dos partidos políticos tradicionais para se situar ideologicamente e para tomar decisões políticas, além de demandarem outras formas de participação que não apenas as convencionais. Dalton (1984) destaca a relevância do fator geracional para a incidência da mobilização cognitiva: níveis mais elevados de escolaridade e maior acesso a fontes variadas de conteúdos informativos são fatores observados com mais frequência entre os mais jovens. Outros elementos associados pelo autor à mobilização cognitiva são os avanços socioeconômicos, a emergência de uma nova classe média e a adesão a valores pós-materialistas.

Por meio de mídias sociais populares como as do Twitter e Facebook, é possível tanto encontrar e manter contato com familiares e amigos offline, como criar uma rede de contatos restrita à web, estabelecendo trocas de informações e interações sociais em níveis e com efeitos distintos.

Das interações com os membros dos nossos círculos sociais mais próximos, que estão, via de regra, expostos às mesmas fontes de informações que nós, a tendência é que não resulte a exposição a novos conteúdos.

Contudo, ao mero contato com informações diversificadas, por si só, não pode ser atribuída a responsabilidade pela conduta política dos indivíduos. A importância dos laços fortes reside, então, na "filtragem" dos conteúdos que podem interessar aos contatos e, mais que isso, na emissão e disseminação de informações que orientem as decisões políticas dos membros de seus círculos restritos de interação (Kaufman, 2012). Ademais, deve-se considerar a maior probabilidade de que laços fortes sejam mais facilmente acessados, em comparação aos laços fracos (Granovetter, 1983).

Os indivíduos que conectam diferentes grupos sociais são conhecidos como *hubs* ou conectores (Barabási, 2009) e, numa atualização possível a partir de uma das características atribuídas por Berelson, Lazarsfeld e McPhee (1954) aos líderes de opinião (aquela que se refere à sua capacidade de interação com membros de grupos sociais estratégicos), que podem ser tidos como lideranças na disseminação de conteúdos e, em última instância, na influência sobre as condutas dos grupos entre os quais estabelecem as "pontes".

3. Internet e obtenção de informações

Ao averiguar quais as formas de assimilação de conteúdos políticos disponíveis na internet, Aldé (2011) enfatiza que, assim como existem perfis diversificados de consumidores de informações provenientes dos meios de comunicação tradicionais, há variados tipos de internautas. Eles estão compreendidos em dois grandes grupos: o primeiro abrange aqueles que fazem uso rotineiro da web devido à praticidade do meio; já o outro grupo inclui os usuários "especializados" da internet, entre eles, jornalistas, blogueiros, militantes e pesquisadores. Esses são os responsáveis pela maior parte dos conteúdos políticos publicados na rede. O foco da autora encontra-se nas diferenças de usos e percursos de formação da opinião política dos usuários "comuns" da web, isto é, verificar as diferenças internas ao grupo de internautas rotineiros, subdividindo-o em cinco subgrupos: ávidos, assíduos, *trenders*, frustrados e desinformados.

Os ávidos encontram o "paraíso" na internet, uma vez que a busca pela sobreposição de múltiplas fontes de informação é facilitada neste meio. Esse grupo também consome informações provenientes da televisão, do rádio e de jornais impressos. O dinamismo que caracteriza os ávidos, somado ao fato de eles serem tidos por conhecidos como "referências" sobre política (ou, conforme mencionamos anteriormente, os "líderes de opinião"), pode fazer com que se tornem produtores e disseminadores de conteúdo na web.

Por sua vez, os cidadãos de perfil assíduo são identificados pelo uso recorrente da internet para obter informações políticas, mas se distinguem dos ávidos por não se dedicarem à procura por fontes alternativas. Os assíduos, portanto, se limitam ao uso de fontes com as quais já estejam habituados e em que confiem. Por estarem abertos à influência do que aparece nos principais veículos de informação online, esses cidadãos não acompanham apenas escândalos, mas a rotina dos acontecimentos políticos.

Para os *trenders* ("seguidores"), o mais importante é acompanhar as manchetes polêmicas e escandalosas, que chamem atenção e que tenham mais possibilidades de repercutir se espalhadas na rede. Nessa perspectiva, eles podem atuar tanto como seguidores quanto como disseminadores de tendências, ao repassar e-mails, curtir conteúdos nas redes sociais ou assistir e compartilhar vídeos postados no YouTube.

Os frustrados se dividem em dois subgrupos: um primeiro com pessoas frustradas em relação às informações políticas nos meios de comunicação tradicionais e que acreditam que com a internet existe a possibilidade de aumentar a pluralidade das fontes de informação; para outros frustrados, todavia, a falta de critério para as postagens na rede acarreta a manutenção da visão negativa em relação às informações políticas disponíveis.

O último perfil identificado por Aldé (2011) corresponde aos desinformados, que, apesar de usarem a rede mundial de computadores para se comunicarem e se divertirem e acessarem diversos conteúdos disponíveis (música, esportes, entretenimento etc.), não se atentam para os conteúdos políticos, limitam-se a consumir as notícias mais escandalosas e que extrapolem a editoria de política e ocupem as manchetes de sites de notícias.

Esses cinco perfis apresentados por Aldé (2011) indicam que, dentro do ciberespaço, o consumo e a produção de informações de conteúdo político são muito variáveis. Entretanto, é possível identificar que existe um grupo de internautas que se destacam e acabam por balizar o debate político e outros segmentos que, menos preocupados e interessados por temas políticos, terminam por consumir (diretamente ou indiretamente) muito dos conteúdos que o primeiro grupo produz e circula na rede, ou mesmo dos grandes meios de comunicação que concentram o maior tráfego de conteúdos.

4. Capital social e confiança interpessoal

Em meio a tantos e tão diversos conteúdos disponíveis na internet, o que levar em conta? Em que acreditar? Castells (2005) observa que a internet favorece o estabelecimento de múltiplos laços fracos, que são úteis para a obtenção de informações a baixo custo, diversificadas e que já tenham passado por algum filtro. É uma tendência natural que os indivíduos tenham mais "amigos" (conexões com pessoas conhecidas ou não fora da internet) no ambiente virtual — onde existem mecanismos que facilitam a manutenção das redes de contatos — do que na vida offline, na qual é preciso que se invistam muito mais tempo e esforços para nutrir as relações sociais. O autor lembra, todavia, que os laços fracos podem ser desfeitos com a mesma facilidade com que surgem: "um palpite infeliz pode ser sancionado pelo clique na desconexão — eterna" (Castells, 2005:445).

A despeito da fragilidade aparente de uma parcela das relações estabelecidas por meio da rede, é inegável que o ambiente virtual se apresenta como um facilitador na aproximação e agregação de indivíduos com interesses e pontos de vista compartilhados. A articulação de pessoas com interesses comuns em associações é tida por Putnam (2006) como o modo mais eficaz de acúmulo de capital social, que se refere aos recursos de organizações sociais que facilitam a coordenação e a cooperação em benefício da coletividade (Putnam, 1995:2). Entre esses recursos, temos a confiança interpessoal, a formação de redes e o estabelecimento de normas sociais que, embora não tenham efeito penal, são moralmente efetivas.

Putnam (2006) credita à existência de confiança o surgimento da cooperação, visto que, quando um cidadão acredita que a confiança por ele depositada na sua comunidade será retribuída, é mais provável que ele coopere com o grupo e uma forma de superar o dilema da ação coletiva. Como consequência de sucessivas demonstrações de confiança por parte de diferentes membros da comunidade, tem-se o acúmulo de capital social. Percebe-se, pois, que a reciprocidade é um elemento imprescindível no processo de incremento do capital social, na medida em que a opção por agir em conformidade com o bem-estar coletivo está fortemente assentada na expectativa de que os demais membros do grupo repitam esse comportamento.

> A confiança necessária para fomentar a cooperação não é uma confiança cega. A confiança implica uma previsão do comportamento de um ator independente. A boa regra da reciprocidade generalizada em geral está associada a um amplo sistema de intercâmbio social. Nas comunidades em que as pessoas acreditam que a confiança será retribuída, sem que dela venham a abusar, existe maior probabilidade de haver intercâmbio. Por outro lado, o intercâmbio contínuo ao longo do tempo costuma incentivar o estabelecimento de uma regra de reciprocidade generalizada. [Putnam, 2006:180-182]

Lutar por objetivos comuns sem confiar nos companheiros de luta é, pois, uma situação bastante improvável. Mas será que a confiança está inevitavelmente interligada à participação em associações, cooperativas ou quaisquer organizações da sociedade civil? Essa participação nos grupos mencionados deve se dar necessariamente de forma presencial para que seja de fato efetiva?

O que, na concepção de Putnam (1995), está ao lado da televisão como um dos motivos para a queda da participação dos norte-americanos em "organizações cívicas" é visto por outros autores como uma importante ferramenta para articular novas formas de participação e engajamento. Trata-se da internet. Putnam acredita que as horas gastas com televisão são um dos motivos para a queda na participação em associações que tratem de assuntos pertinentes. O isolamento dos telespectadores que se entretêm com conteúdos sem importância para a resolução de problemas da comunidade em que se encontram seria agora acompanhado pelo aumento do uso das novas tecnologias. A novidade desse meio mais recente é que ele contém mecanismos que podem dar a impressão de que os indivíduos estão exercendo seu potencial participativo — o que, para Putnam (1995), é uma visão distorcida da realidade.

Ao mesmo tempo que percebe que o envolvimento e a participação em reuniões e questões que afetam a coletividade foram substituídos por formas "solitárias" de participação, que envolvem o pertencimento formal a determinadas associações e algumas contribuições financeiras, Putnam (1995) desqualifica a participação política mediada pela internet. Embora assuma a necessidade de pesquisas científicas que embasem seu ponto de vista, o autor considera que participar de uma reunião em um fórum eletrônico não tem o mesmo peso que se reunir presencialmente, visto que simples cliques exigem menos dedicação dos indivíduos do que emprestar seu tempo e disposição para o envolvimento direto e presencial nas questões que o incomodam.

Contrariando a impressão de Putnam (1995), alguns autores demonstram que as novas formas de participação (os valores de autoexpressão de Inglehart e Welzel) encontram terreno fértil na internet, onde as questões mais peculiares podem ser tratadas e compartilhadas com pessoas que dificilmente encontraríamos fora da rede. O fato de encontrarmos "pares" na web pode, pois, fortalecer a expressão de anseios específicos exatamente em virtude da percepção de que não estamos sozinhos em determinadas demandas (Shirky, 2011).

Logo, a rede abre tanto a oportunidade de fortalecimento dos laços já existentes quanto a criação de novos laços, estes mais fracos. Mas qual a relevância dos vínculos criados e/ou fortalecidos por meio da web para o acúmulo de capital social?

Quan-Haase e Wellman (2004) apresentam dados de pesquisas que indicam o aumento bastante expressivo da utilização da internet desde a década de 1990, sobretudo nos países desenvolvidos, o que, segundo eles, afeta a forma como as pessoas vivem, trabalham e se divertem. As mudanças nos padrões das relações sociais já vinham sendo detectadas desde 1960 (conforme observado pelo próprio Putnam), mas a internet forneceu o ambiente ideal para o "deslocamento" de uma parte das comunidades às quais os indivíduos se sentem pertencentes: se antes elas eram vinculadas ao local de moradia dos indivíduos, ela passou a se basear na interação com parentes e amigos geograficamente distantes. Isso não quer dizer, no entanto, que os contatos face a face e por outros meios de comunicação não mais aconteçam, mas passaram a dividir tempo com o uso da web.

O papel da internet nesse contexto de alargamento das fronteiras das comunidades é encarado de diferentes formas pelos analistas: para alguns, as novas tecnologias transformam o capital social, na medida em que permitem o contato a baixos custos com pessoas que têm os mesmos interesses, estejam elas onde estiverem. Outros consideram que a internet reduz o capital social, uma vez que entretém as pessoas e, assim, as mantém longe da família e dos amigos próximos geograficamente (ou seja, enfraquece os laços fortes).

Quanto aos laços fracos que a internet nos ajuda a manter, eles "desempenham papel crucial em nossa capacidade para nos comunicar com o mundo exterior [...], pois, por frequentar lugares diferentes, eles obtêm informações de fontes diferentes daquelas dos seus amigos mais próximos" (Barabási, 2009:38). Esses contatos menos próximos podem também atuar no sentido de nos ajudar a enxergar além do nosso grupo mais próximo, uma vez que, ao criarmos comunidades online a partir de pontos de vista comuns, podemos perder o contato com o contraditório e nos manter "insulados" em comunidades cujas ideias se autorreforçam.

A esse respeito, Mutz (2006) assinala que, quando se predispõem a discutir acontecimentos políticos, as pessoas tendem a falar com quem concorda com elas; de modo geral, não se procura quem tem opiniões contrárias. Da mesma forma, pessoas com pontos de vista divergentes tendem a não discutir repetidamente entre si, por não se arriscarem a discordar publicamente de opiniões que pareçam consensuais dentro de um grupo e até mesmo por respeito às opiniões alheias.

Em redes sociais online como o Facebook, mecanismos básicos da configuração de nossa página principal podem fazer com que vejamos os conteúdos postados pelos amigos com quem mais interagimos (seja por meio de curtidas ou de comentários e compartilhamentos). Uma vez que, geralmente, curtimos e compartilhamos conteúdos com os quais concordamos, é provável que apareçam em destaque as postagens com as quais temos a maior probabilidade de concordar, reforçando nosso insulamento, privando-nos do contato com visões de mundo contrárias às nossas e, o que é pior, forjando a sensação de que o que pensamos e compartilhamos na nossa página online é consensual (Pariser, 2012). No Twitter, embora tenhamos acesso ao conteúdo postado por todos aqueles a quem seguimos, podemos escolher com quem interagir — e, geralmente, selecionamos poucos contatos para o estabelecimento de uma relação mais próxima (Recuero e Zago, 2009).

5. Campanhas online e suas repercussões em eleições municipais — conhecendo o Observatório das Eleições 2012

Após uma sucinta discussão teórica apresentada anteriormente, o objetivo desta seção é apresentar o projeto do Observatório das Eleições[3] (OE), meio pelo qual foram captados os dados analisados no presente capítulo. O Observatório procura favorecer o conhecimento dos usuários a partir da disponibilização de possibilidades de inteligibilidade a respeito de elei-

---

[3] Desenvolvido pelo Instituto Nacional de Ciência e Tecnologia para a Web (InWeb UFMG), o site Observatório das Eleições é um dos produtos do projeto de monitoramento de conteúdos online denominado Observatório da Web.

ções partidárias utilizando a produção de metáforas visuais[4] decorrentes de ferramentas de mineração de dados.[5] Os dados foram obtidos em sites da web (blogs políticos, sites oficiais dos candidatos e de apoiadores dos mesmos, jornais e revistas online, redes sociais como o Twitter).

O primeiro OE foi desenvolvido para as eleições presidenciais de 2010. A eleição presidencial de 2010 trouxe um diferencial em relação a outros períodos eleitorais no Brasil, com a expectativa de a internet ser efetivamente utilizada na campanha política, assim como havia sido na eleição de Barack Obama, nos Estados Unidos, em 2008. De fato, observamos, ainda que parcialmente, uma intensificação do uso da web, na medida em que os principais candidatos às eleições construíram páginas na internet, as quais permitiam aos usuários fazerem postagens, construírem fóruns de debate etc. Contudo, a função primordial da internet foi outra: ela foi bastante utilizada para a disseminação de conteúdo negativo, muito mais orientado para a difamação de adversários que para um debate político construtivo. Para isso, os mais variados espaços da internet foram utilizados, com destaque para as redes sociais e sites de compartilhamento de conteúdos como Twitter, Facebook e YouTube.

Após a constituição do que passamos a chamar de Observatório com a experiência das Eleições 2010, foram sendo desenvolvidas outras plataformas de monitoramento que nos levaram a questões mais complexas com relação à construção de sistemas de monitoramento da internet, e, a partir disso, foi desenvolvido outro Observatório para as eleições municipais de 2012.

Inicialmente, o Observatório das Eleições foi pensado para acesso amplo e diversificado, totalmente disponibilizado na web para consulta de qualquer pessoa. Isso fez com que tivéssemos que desenvolver formas de visualização dos dados que estavam sendo minerados levando em conta as possibilidades de inteligibilidade dos recursos, buscando gerar um ambiente de maior complexidade no qual os conteúdos de notícias, postagens e mensagens pudessem ser acompanhados em seus percursos pela rede.

Em 2012, o projeto abarcou 14 capitais de todas as regiões do país: Belém, Belo Horizonte, Cuiabá, Curitiba, Florianópolis, Fortaleza, Goiânia,

---

[4] Forma de visualização de informações baseada em elementos gráficos comuns, familiares à maior parte das pessoas.
[5] Processo caracterizado pela extração de grandes quantidades de dados à procura de padrões de interesse consistentes.

Manaus, Natal, Porto Alegre, Recife, Rio de Janeiro, Salvador e São Paulo. Foram acompanhados ainda os *tweets* (postagens no microblog Twitter) em tempo real, respeitando os mesmos critérios anteriormente mencionados, e a repercussão, também em tempo real, dos eventos de campanha (debates e apuração dos votos). No site, é possível filtrar os dados por data, partido, cidade, evento ou fonte (site ou rede social). Consegue-se saber, por exemplo, quais foram os links mais curtidos, comentados e compartilhados no Facebook em determinado dia, a partir de 21 de agosto de 2012 (data que marca o início do Horário Gratuito de Propaganda Eleitoral, na televisão e no rádio, e também a estreia do Observatório 2012).

O Observatório das Eleições utiliza ferramentas de mineração de dados capazes de explorar informações da web sobre um *acontecimento* no tempo presente, de maneira instantânea, no momento em que está ocorrendo. Mas, por estarem registrados midiaticamente e disponibilizados online, os acontecimentos captados em tempo real pelos projetos do Observatório da web permanecem disponíveis para consultas futuras. Cada consulta aciona contextos específicos de produção de sentido, que ressignificam e atualizam os acontecimentos inicialmente captados em tempo real. Isso ocorre, porém, conforme as regras de funcionamento do Observatório. Segundo Castells (2009), os programas determinam a gama de possíveis interfaces no processo de comutação que delineia a rede. As possibilidades de delineamento dos acontecimentos recortados pelos projetos do Observatório, portanto, derivam do programa que o rege, embora cada acesso reflita uma perspectiva própria de consulta ao sistema.

Ressalta-se que os acontecimentos recortados pelos projetos que integram o Observatório são tematizados intermidiaticamente, porque circulam e repercutem fragmentos de acontecimentos similares registrados em ambientes midiáticos variados, conectados pela internet.[6] Tais registros são, porém, disponibilizados para além de sua ocorrência contingencial. Se o que se pretende, por exemplo, é minerar dados sobre as eleições brasileiras, o Observatório opera do mesmo modo: por articulação simultânea e em tempo real de registros midiatizados, em larga escala na internet,

---

[6] Castells (2009) chama de *inter-media agenda setting* o processo de influência recíproca de uma agenda midiática por outra, no qual as corporações de mídia, horizontais ou verticais, circulam e filtram conteúdos produzidos por outros membros de redes midiáticas.

do tema em questão, e esses permanecem disponíveis na internet para além de sua ocorrência.

Os dados minerados são organizados considerando a diferenciação que estabelecemos entre acontecimento, eventos e episódios. A distinção é importante porque sistematiza matizes dos acontecimentos pesquisados. Definimos *acontecimento* como um conjunto de *eventos* e *episódios* que surgem em torno de um ponto comum no decorrer de um determinado período de tempo e em um certo momento histórico. Isto significa que, mesmo considerando dois acontecimentos idênticos do ponto de vista material, eles permanecem irredutíveis do ponto de vista temporal: dois acontecimentos que se repetem são, ainda, diferentes. Já por *eventos* entendemos ações previamente planejadas, construídas em decorrência de determinado *acontecimento*. *Episódio* é compreendido como ações que não são previamente planejadas e que influenciam o movimento de um determinado *acontecimento*, podendo estar ligados a um *evento* específico ou não.

Desse modo, uma eleição é compreendida dentro do Observatório como um acontecimento intermidiaticamente registrado, que abre possibilidades de ação tanto de usuários comuns como de agentes das campanhas políticas, assim como das corporações de mídias e de outras instituições sociais. Juntos, esses segmentos geram intervenções capazes de tornar aquele processo eleitoral um acontecimento político singular, transformando-o em um elemento de debate público entre interpretações distintas.

As convenções dos partidos, os debates entre concorrentes, as entrevistas com candidatos, os comícios planejados e suas repercussões na internet referem-se àquilo que denominamos *eventos* no interior do acontecimento eleição. Já os *episódios* são ações não previamente planejadas, mas que também geram grande repercussão na internet. Como exemplos, podemos citar: a reação à indicação de um vice ou a determinadas alianças; configurações políticas como a disputa entre aliados caracterizada pelo apoio a candidaturas próprias de partidos que compunham o governo até poucos meses antes das eleições (como ocorreu em Belo Horizonte); o "ato falho" de um candidato comentando ações espúrias de um atual aliado etc. Cada um desses episódios propagou-se de modo reticular na internet, influenciando, assim, a dinâmica do acontecimento *eleição* conforme registrado pelo Observatório.

O Observatório das Eleições capturou as repercussões de episódios e eventos no momento em que ocorriam, gerando possibilidades de análises em tempo real pelos usuários e oferecendo possibilidade de acesso futuro aos mesmos dados. O projeto busca, assim, possibilitar que "a parte sombria e secreta" do acontecimento eleição "não pare de se subtrair ou de se acrescentar à sua atualização", conforme proposto por Deleuze (1992:202).

6. Ranking de usuários influentes no Twitter

A partir do exposto acerca da relevância das interações sociais, em específico, dos "líderes de opinião" sobre a escolha eleitoral, e do projeto Observatório das Eleições, buscaremos nessa seção apresentar um estudo a respeito dos *usuários influentes* no Twitter, captados pelo Observatório das Eleições 2012. E em que medida eles podem ser tidos como intermediários importantes entre os conteúdos emitidos pelas campanhas oficiais e os eleitores — fornecendo, nesse percurso, interpretações de tais informações oriundas das campanhas e contribuindo para a (re)configuração das campanhas ao longo do processo eleitoral?

Figura 1
RANKING GERAL DE USUÁRIOS INFLUENTES — 29-9-2012

Fonte: <http://observatorio.inweb.org.br/eleicoes/autores/influentes>.

Para tentar responder a essa questão apresentaremos, a partir de dados extraídos do Observatório das Eleições, um estudo dos usuários mais influentes no Twitter durante as eleições municipais de 2012, em 14 capitais brasileiras.

A mineração e a coleta dos dados relacionados com a campanha de 2012 pelo Observatório foi realizada a partir dos conteúdos publicados em mídias sociais como YouTube, Facebook e Twitter. Nessa última rede social, o Observatório monitorou em tempo real os *tweets* relacionados com a campanha, os comentários mais populares, links populares sobre as campanhas e temas correlatos, os vídeos mais populares no Twitter e os usuários mais influentes (tema desta pesquisa).

O Observatório disponibilizou um *ranking* diário de usuários influentes do Twitter, ao longo da campanha eleitoral. Esse acompanhamento foi feito do início da campanha televisiva (21 de agosto) até o dia 7 de outubro de 2012 (data da realização do primeiro turno). O *ranking* é realizado seguindo a metodologia exposta no site: "A separação é feita considerando que o autor publicou alguma mensagem contendo o nome (ou outra referência) a um nome de pessoa. A variação considera a data de referência (especificada no filtro) e um dia antes" (OE2012, 5-7-2013). O *ranking* criado pelo Observatório é elaborado com os perfis que mais foram citados e cujos *tweets* foram mais replicados nas localidades acompanhadas, de acordo com a data de sua publicação.

O *ranking* permite observar quais foram as fontes de informações mais citadas no debate desenvolvido na internet, indicando quais os perfis que tiveram seus conteúdos mais comentados, lidos e "retuitados", isto é, as publicações que tiveram maior circulação na rede do Twitter. Mais que isso, foram identificados e classificados os emissores das postagens que fizeram com que os demais usuários do microblog abandonassem o estado de "passividade" no consumo de informações e repercutissem, de alguma forma, tais conteúdos. Essas informações possibilitam identificar se a campanha no ciberespaço, mais especificamente no Twitter, propicia a entrada de novos atores políticos no debate eleitoral, como a integração de meios de comunicação alternativos às grandes corporações midiáticas, ampliando o processo de formação e expressão da opinião pública.

Para a realização dessa investigação, voltada para o estudo dos perfis dos usuários influentes no debate eleitoral e formação da opinião pública online, a pesquisa fez um recorte temporal de uma semana, que vai de 23 a 29 de setembro de 2012, para promover a análise dos 25 perfis mais bem colocados no *ranking* de cada capital nesse período, buscando identificar as particularidades e similaridades dos usuários em cada capital e fazer uma avaliação geral desses novos agentes do debate político no universo virtual da internet. No total, foram analisadas 391 contas de usuários do Twitter (algumas dessas contas se repetem em algumas capitais, principalmente no caso de usuários de grupos de mídia e tuiteiros/blogueiros de repercussão nacional, como o Blog do Noblat).

A classificação dos usuários influentes nas capitais estudadas foi realizada a partir da separação dos perfis em seis grupos e 16 categorias, conforme descrito no quadro 1.

Quadro 1
GRUPOS E CATEGORIAS PARA ANÁLISE

Grupos	Categorias	Descrição
G1 — Política	Cd — Candidatos	Perfis de candidatos a prefeitos e vereadores
	PN — Político com visibilidade nacional	Perfis de políticos e ex-políticos com cargos nacionais (deputados federais, senadores e governadores)
	PR — Político com visibilidade regional	Perfis de políticos e ex-políticos com cargos regionais (deputados estaduais, vereadores e prefeitos)
	PP — Partido político	Perfis ligados a partidos políticos
	MA — Militância/ apoiadores	Perfis de grupos, coletivos ou pessoas ligadas a candidato e/ou partido
G2 — Mídia tradicional	Jo — Jornal	Perfis de empresas de jornais em versão online
	Rv — Revista	Perfis de empresas de revistas semanais em versão online
	Tv — Televisão	Perfis de empresas de televisão em versão online

(continua)

Grupos	Categorias	Descrição
G3 — Mídia digital	PI — Portal de informação	Perfis de portais ou websites voltados a publicação de informações online
	JT — Jornalista (tuiteiro e/ou blogueiro)	Perfis de jornalistas que atuam ou atuaram na mídia tradicional que utilizam blogs e o Twitter para publicar conteúdos informativos
G4 — Novos atores digitais	TB — Tuiteiro/blogueiro	Perfis de pessoas comuns que utilizam o Twitter ou blogs para publicar conteúdos na internet e possuem um número grande de seguidores*
	PC — Pessoas comuns	Perfis de pessoas comuns que utilizam o Twitter ou blogs para publicar conteúdos na internet e possuem um número pequeno de seguidores*
	Hu — Humoristas	Perfis de humoristas que utilizam o Twitter para emitir opiniões, fazer comentário e piadas
	Ce — Celebridades	Perfis de artistas, cantores e outros "famosos" que utilizam o Twitter para publicar conteúdos
G5 — Outros Campanha	DC — Diversos campanha	Perfis diversos que publicaram conteúdos relacionados com a campanha eleitoral de 2012
G6 — Outros	Dv — Diversos	Perfis que não foi possível serem classificados ou estavam fora do ar

* Para a pesquisa, foi utilizado como critério de diferenciação entre twitteiro e pessoa comum o número de seguidores: twitteiro (mais de 1.000 seguidores) e pessoa comum (menos de 1.000 seguidores). Essa classificação permite distinguir entre aqueles que utilizam o Twitter como uma mídia social para se comunicar daqueles que utilizam a ferramenta como espaço de expressão e comunicação (profissional ou amador).

A mídia digital, acompanhando as transformações no processo de produção de informações, disponibiliza conteúdos informativos sobre as campanhas, seguindo a tendência apontada por Jenkins (2008) da convergência entre as culturas no formato da internet.[7] Além disso, a internet abriga grupos que atuam de maneira distinta, a exemplo dos veículos de mídia digital que seguem um formato tradicional de comunicação (por-

---

[7] Apesar das rápidas transformações no processo de comunicação, os perfis relacionados com os grupos de mídia tradicionais, em geral, têm um número maior de seguidores, o que amplia sua capacidade de visibilidade dentro do ciberespaço.

tal de informações e jornalistas twiteiros) e, do outro lado, do grupo de comunicação online que insere novos atores no debate político virtual. Conforme mencionamos, tratamos aqui especificamente do Twitter, associado ao fenômeno que Castells (2009b) denominou "autocomunicação de massa", reconfigurando os processos comunicativos na sociedade em rede. Por fim, a pesquisa criou outros dois grupos para agrupar perfis de usuários que não se adequavam à classificação adotada (G5 e G6).

Gráfico 1
RESULTADOS POR GRUPOS (EM %)

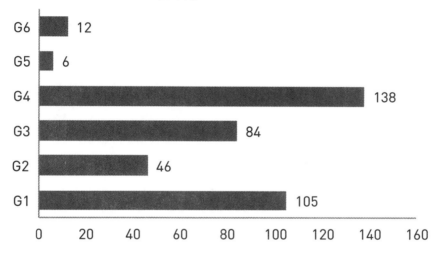

Fonte: Elaborado pelos autores a partir de informações do Observatório das Eleições 2012.

O gráfico 1 ilustra o somatório de perfis de usuários influentes estudados na amostra da pesquisa. O grupo de novos atores digitais (G4) obteve o maior número de incidências, com 138 contas identificadas (o que equivale a 35,3% do total). Esses dados indicam que, no Twitter, o processo eleitoral de 2012 nas capitais avaliadas contou com a participação de novas fontes na produção, circulação e transmissão de informações, tornando o debate político mais diversificado.

Também é interessante observar que o grupo da política (G1) vem se apropriando desse espaço, obtendo 105 ocorrências (26,9%) da amostragem. Candidatos e equipes de comunicação não prescindem mais das redes sociais, tendo em vista seu potencial como instrumentos de disseminação de informações e do estabelecimento de conversação com possíveis eleitores.

Tentando identificar um esquema que defina um padrão de comportamento mais geral do *ranking* de usuários estudados, por grupos, pode-se chegar à seguinte equação: G4 > G1 > G3 > G2> G6 > G5.

Uma análise mais qualificada do grupo da política (G1) permite observar uma maior diversidade de atores políticos dentro da campanha online, não necessariamente presos a estruturas de campanha oficiais, representadas pelos perfis oficiais e pessoais dos candidatos a prefeitos e vereadores. Militantes e simpatizantes podem utilizar suas contas para divulgar e promover notícias em favor das candidaturas apoiadas, deixando o processo de comunicação político mais dinâmico e fluido.

Quadro 2
GRUPO POLÍTICOS (G1) × PARTIDOS

	Partido	Ocorrências (%)
Partidos grandes	PT	29
	PMDB	15
	PSDB	7
	PSD	7
Total		58
Partidos médios	PP	1
	DEM	3
	PSB	5
	PDT	6
Total		15
Partidos pequenos	PSC	1
	PCdoB	14
	PTB	2
	PPS	3
	PP	1
	PV	0
Total		21

(continua)

Partido		Ocorrências (%)
Partidos nanicos	PSOL	5
	PRTB	1
	PR	1
	PRB	0
	PMN	0
	PEN	0
Total		7

O critério para classificar os partidos foi o tamanho da bancada na Câmara dos Deputados: partidos grandes são aqueles com bancada maior que 40 deputados; partidos médios contam com um número entre 20 e 39 parlamentares; partidos pequenos detêm entre 10 e 19 deputados; por fim, partidos nanicos são aqueles que têm de 1 a 9 representantes na Câmara dos Deputados.
Fonte: Elaborado pelos autores a partir de informações do Observatório das Eleições 2012.

A partir de uma análise detalhada do grupo dos políticos (G1), foram identificadas (quadro 2) as ocorrências por partidos políticos, agrupados de acordo com o tamanho de sua bancada. Os dados apontam que as legendas grandes tiveram maior presença no *ranking* dos usuários influentes do Twitter, com 58% das ocorrências. Outro destaque é dos partidos pequenos, que tiveram um número maior de incidências que os partidos médios, o que pode ser um indicador de que o tamanho da sigla não interfere diretamente no uso ativo do Twitter. Em relação aos partidos, os resultados indicam que o PT, com 29%, e o PMDB, com 15% (partidos com maiores bancadas) dos perfis políticos, foram os mais presentes no grupo de políticos entre os usuários influentes. É interessante salientar, ainda, os resultados dos partidos classificados como de "esquerda" dentro do espectro político brasileiro (PT, PDT, PSB, PCdoB e PSOL), indicando uma tendência de maior influência desses partidos na rede social analisada.

Quadro 3
INFLUÊNCIA NO TWITTER E SUCESSO ELEITORAL

	Pref. eleitos	Pref. não eleitos	Total	Vereador eleito	Vereador não eleito	total
Belém	1	2	3	0	2	2
Belo Horizonte	0	1	1	0	0	0
Cuiabá	0	2	2	0	2	2
Curitiba	1	3	4	0	0	0
Florianópolis	0	2	2	0	1	1
Fortaleza	1	3	4	1	0	1
Goiânia	1	1	2	0	0	0
Manaus	1	2	3	0	0	0
Natal	1	2	3	1	1	2
Porto Alegre	0	2	2	0	0	0
Recife	0	1	1	0	0	0
Rio de Janeiro	0	1	1	0	0	0
Salvador	1	1	2	0	0	0
São Paulo	0	4	4	0	0	0
Total	7	27	34	2	6	8

Fonte: Elaborado pelos autores a partir de informações do Observatório das Eleições 2012.

No que concerne à relação entre influência no Twitter e sucesso eleitoral, o quadro 3 indica que os candidatos a prefeito tiveram maior incidência no *ranking*, em relação aos que pretendiam se tornar vereadores. Apesar de os postulantes a cadeiras nas câmaras municipais serem numericamente superiores aos candidatos às prefeituras (ou, talvez, exatamente por isso), eles recebem menos destaque nas disputas eleitorais, o que se reflete na influência adquirida no Twitter.

Analisando os resultados das capitais, pode-se observar que a presença no *ranking* não é um indicativo direto de sucesso eleitoral, como ilustram capitais como São Paulo, Porto Alegre e Cuiabá, em relação aos candidatos a prefeito.

O quadro 4 discrimina as ocorrências dos grupos em cada uma das capitais avaliadas.

Quadro 4
GRUPOS POR CAPITAIS

Capitais	G1	G2	G3	G4	G5	G6	Total
Belém	8	2	7	10	0	1	28
Belo Horizonte	7	5	4	10	1	0	27
Cuiabá	9	1	3	12	0	1	26
Curitiba	4	2	8	9	0	3	26
Florianópolis	10	2	6	10	0	0	28
Fortaleza	10	4	7	2	3	1	27
Goiânia	4	3	9	12	0	0	28
Manaus	10	2	1	14	1	2	30
Natal	16	0	4	11	0	0	31
Porto Alegre	9	4	4	9	0	1	27
Recife	5	3	13	8	0	0	29
Rio de Janeiro	4	4	2	13	1	1	25
Salvador	5	6	8	8	0	2	29
São Paulo	4	8	8	10	0	0	30
Total	105	46	84	138	6	12	391

Fonte: Elaborado pelos autores a partir de informações do Observatório das Eleições 2012.

Uma análise por capitais permite observar que cada cidade estudada teve um comportamento diferenciado, não podendo ser estabelecido um padrão comum. Pode-se perceber que, com exceção de Fortaleza, as capitais tiveram uma grande incidência do grupo de novos atores (G4). Já a cidade de Natal se destaca pelo número elevado de ocorrências do grupo da política (G1). Outro resultado interessante são os dados relativos ao grupo da mídia tradicional (G2), que teve maiores valores em São Paulo (8), Rio de Janeiro (6) e Belo Horizonte (5). Recife também se destaca por apresentar um número acima da média no grupo da mídia digital, com 13 contas identificadas.

Gráfico 2
RESULTADOS POR CATEGORIAS (EM %)

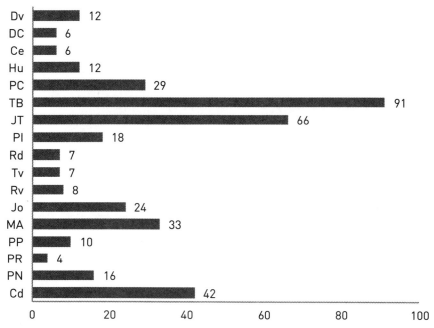

Os significados das siglas constantes no gráfico podem ser encontrados no quadro 1.
Fonte: Elaborado pelos autores a partir de informações do Observatório das Eleições 2012.

A categoria que teve maior número de contas identificadas foi a de tuiteiros/blogueiros (TB), com 91 ocorrências, seguido por jornalistas tuiteiros/blogueiros (JT), com 66 perfis, conforme apresenta o gráfico 2. Esses dados indicam que, no Twitter, o processo comunicativo é permeável à entrada de pessoas que dominam a ferramenta.

Como apresentado anteriormente, também é possível identificar um esquema que define um padrão médio de comportamento em relação às categorias, a partir da seguinte equação: TB > JT > Cd > MA > PC > Jo > PI > PN > Hu e Dv > PP > Rv > Rd e Tv > DC e Ce > PR. Um exame mais atento dessa fórmula geral possibilita detectar que as categorias ligadas à mídia tradicional se encontram ao final, com exceção da categoria Jornal, localizado no meio da equação.

Quadro 5
CATEGORIAS POR CAPITAIS

Grupos	Capitais* / Categorias	Blm	BH	Cba	Ctb	Flp	Ftz	Goi	Mns	Ntl	PoA	Rcf	RJo	Slv	SPo	Total
G1 — Política	Cd	5	1	4	4	3	5	2	3	5	2	1	1	2	4	**42**
	PN	1	2	0	0	1	2	1	1	3	1	1	2	1	0	**16**
	PR	0	2	2	0	0	0	0	0	0	0	0	0	0	0	**4**
	PP	0	2	1	0	2	0	0	1	2	1	1	0	0	0	**10**
	MA	2	0	2	0	4	3	1	5	6	5	2	1	2	0	**33**
G2 — Mídia tradicional	Jo	1	2	0	1	1	3	1	2	0	2	2	2	2	5	**24**
	Rv	0	0	0	1	0	0	0	0	0	1	1	1	1	3	**8**
	Tv	1	1	1	0	1	1	1	0	0	0	0	0	1	0	**7**
	Rd	0	2	0	0	0	0	1	0	0	1	0	1	2	0	**7**
G3 — Mídia digital	Pl	0	1	1	1	4	0	2	0	0	1	1	1	4	2	**18**
	JT	7	3	2	7	2	7	7	1	4	3	12	1	4	6	**66**
G4 — Novos atores digitais	TB	9	7	3	8	6	1	9	9	9	5	5	7	8	5	**91**
	PC	1	2	9	0	4	1	3	5	2	1	1	0	0	0	**29**
	Hu	0	0	0	1	0	0	0	0	0	2	1	5	0	3	**12**
	Ce	0	1	0	0	0	0	0	0	0	1	1	1	0	2	**6**
G5 — Outros campanha	DC	0	1	1	0	0	3	0	1	0	0	1	1	0	0	**6**
G6 — Outros	Dv	1	0	1	3	0	1	0	2	0	1	0	1	2	0	**12**
Total		28	27	26	26	28	27	28	30	31	27	29	25	29	30	391

* Legenda: Blm — Belém; BH — Belo Horizonte; Cba — Cuiabá; Ctb — Curitiba; Flp —Florianópolis; Flz — Fortaleza; Goi — Goiânia; Mns — Manaus; Ntl — Natal; POA — Porto Alegre; Rcf — Recife; RJO — Rio de Janeiro; Slv — Salvador; SPO — São Paulo.
Os significados das siglas constantes na tabela podem ser encontrados no quadro 1. Fonte: Elaborado pelos autores a partir de informações do Observatório das Eleições 2012.

O quadro 5, onde estão descritos os resultados das categorias discriminados por capitais, indica que a categoria tuiteiro/blogueiro tem maiores incidências nas seguintes capitais: Belém, Belo Horizonte, Cuiabá, Florianópolis, Goiânia, Manaus, Natal, Rio de Janeiro e Salvador. Os usuários classificados como tuiteiros/blogueiros aparecem com maior frequência nas cidades de Recife e São Paulo. Outro destaque fica por conta do elevado número de pessoas comuns (com poucos seguidores) que conseguiram sobressair no *ranking* desenvolvido pelo OE2012, com nove ocorrências em Cuiabá.

Pode-se notar que as cidades de Belo Horizonte, Florianópolis, Porto Alegre e São Paulo apresentam um perfil de ocorrências mais diversificado. Por fim, um resultado que chama a atenção são as ocorrências de humoristas no *ranking* da capital carioca, com cinco perfis identificados. Esse dado aponta para a forte presença do humor e ironia no debate eleitoral do Rio de Janeiro.

Em suma, percebe-se que a simples presença dos candidatos no Twitter não os leva necessariamente a ocuparem posições centrais nas discussões que se desenvolvem nessa rede social. A maioria dos usuários influentes não está entre políticos, mas entre os indivíduos que possuem notoriedade resultante de algum campo de atuação desvinculado da política. Destacam-se, ainda, aqueles que demonstram domínio dos recursos oferecidos pelo microblog, sobretudo os que trabalham em veículos de comunicação online. Ademais, a influência no Twitter não foi, no pleito de 2012 e nas capitais analisadas, um indicativo inconteste de sucesso eleitoral. Prova disso é que, em algumas das cidades observadas, havia candidatos a prefeito presentes no *ranking* de usuários influentes no microblog que não conseguiram se eleger, ao passo que os escolhidos nas urnas, nessas mesmas capitais, sequer constam na classificação dos mais influentes do Twitter, de acordo com o Observatório das Eleições.

A multiplicidade de atores presentes e com voz ativa na web aumenta as possibilidades da conquista de espaço por alguns indivíduos que, sem a ajuda das ferramentas online, talvez não adquirissem o mesmo nível de notoriedade. Em contrapartida, o *status quo* não parece abalado pela presença desses novos atores no cenário político-eleitoral: PT e PSDB, partidos com maiores bancadas na Câmara dos Deputados e mais capilarizados nos municípios (Speck e Carneiro, 2013), reproduzem seu predomínio também no *ranking* de influência no Twitter. Em outras palavras, embora não tenha alterado a competição política no Brasil em sua estrutura, o acréscimo desse espaço cria novas possibilidades para a realização das campanhas e do debate político, inserindo novos atores e informações que circulam pelo ciberespaço.

Considerações finais: usuários influentes do Twitter são "líderes de opinião online"?

Estar na internet passou a ser quase um imperativo para os candidatos a cargos eletivos no Brasil. Mas a mera presença garante o sucesso (isto é, a vitória nas urnas) ou, pelo menos, alguma visibilidade (capital político)? Naturalmente, não há espaço nas instituições representativas para todos que se apresentam e buscam votos através da web. No entanto, o que postulantes pretendem, ao buscar seu lugar no ambiente online, é potencializar as chances de serem vistos. Afinal, é a web o equivalente contemporâneo da ágora grega, onde todos podem se expressar e ser ouvidos por todos que estiverem conectados? Não necessariamente.

> [...] topologia sem escala significa que a maioria dos documentos dificilmente é visível, pois uma minoria altamente popular detém todos os links. Sim, de fato dispomos de liberdade de expressão na *Web*. Há chances, contudo, de que nossas vozes, de tão débeis, se tornem inaudíveis. Páginas que possuem poucos links de entrada são de impossível localização por navegação casual. Em vez disso, somos repetidamente levados na direção dos hubs. [BARABÁSI, 2009:154]

Os *hubs* apontados por Barabási (2009) são, nesse caso, os sites mais acessados do mundo. Porém, pode-se aplicar a mesma lógica aos "líderes de opinião", sobre os quais falamos anteriormente: trata-se de indivíduos que estabelecem interações sociais com um número de pessoas maior que a média observada entre os demais e, além disso, atuam como mediadores entre grupos sociais e entre estes e os conteúdos disseminados pelos veículos de comunicação. São, por sinal, os que mais se expõem, ainda em comparação aos cidadãos medianos, a uma gama mais variada de fontes e de informações, estando mais propensos a manifestar a mobilização cognitiva (Dalton, 1984).

É exatamente a respeito do "consumo" de informações oriundas dos meios de comunicação, sejam eles online ou não, que devemos acrescentar algumas ressalvas. A primeira delas é que a dinâmica de funcionamento da web permite a reverberação de conteúdos os mais diversos, das fontes mais variadas e com intuitos também distintos. É possível a replicação de um *tweet* com o único intuito de desqualificá-lo, refutá-lo, de modo a apresentar um contraponto ao que nele está contido. Isso quer dizer que a popularidade de uma fonte ou de suas informações não necessariamente corresponde à aceitação ou à aprovação do que é dito. Reportagem publicada na *Folha de S.Paulo* destaca que os meios de comunicação foram fundamentais durante a onda de protestos pelo Brasil, sobretudo no que concerne ao fornecimento de informações (que eram compartilhadas nas redes sociais, seja para disseminar os acontecimentos ou para reiterar pontos de vista dos replicadores) e ao desmentido de boatos surgidos e espalhados nas próprias redes sociais online. Porém, a mesma reportagem não qualifica a informação referente aos compartilhamentos, tampouco trata dos desmentidos no sentido inverso: ao longo dos protestos, embora nosso estudo não se aprofunde nesse aspecto, foi possível perceber a replicação de notícias nas redes sociais para refutá-las com os fatos vividos pelos autores de tais postagens.

Malini (2013) propõe, recorrendo à teoria dos grafos, a distinção entre a autoridade dos perfis noticiosos (restritos ou não ao ambiente virtual) e o papel de centralidade, que, no contexto das manifestações brasileiras de 2013, é ocupado pelos manifestantes. Autoridade está vinculada ao acesso a informações de amplo interesse, cuja divulgação, inevitavelmente, gerará repercussões. É o que acontece com os grandes portais noticiosos. Já a centralidade é a "capacidade de um 'nó' (um perfil nas redes sociais) [...] atrair conexões, distribuir conexões, ser ponte para outras pessoas, articular mundos. Coordenar uma ação" (Malini, 2013). Em outras palavras, aos grandes portais de notícias, assim como aos conglomerados de mídia, a publicação de um conteúdo sem que se estabeleçam interações com os outros nós da rede gera repercussão, mas não transfere os emissores para o centro desta intrincada rede. As "autoridades" não precisam estar próximas dos perfis que replicam suas informações, nem sempre interagem com esses perfis e não necessariamente aglutinam, ao seu redor, uma rede intensa de interações (das quais façam parte). Já os detentores do papel de centralidade são aqueles com poder de influência sobre a formação da opinião pública — ou seja, os "líderes de opinião" em grande escala. Ou melhor, numa rede sem escalas (Barabási, 2009).

Respeitando essa concepção, não existe apenas um "centro", mas inúmeros *hubs*, ao redor dos quais se aglomeram incontáveis nós. Esta concepção está de acordo com uma impressão empírica: durante as manifestações, foram muitos os comentários acerca da falta de lideranças claras dos movimentos que foram às ruas. Um indício da forma descentralizada de atuação é que o abandono do movimento por qualquer dos grupos participantes não faria com que os protestos fossem interrompidos (o Movimento Passe Livre, por exemplo, anunciou que não mais iria às ruas, o que não desmobilizou os restantes).

Essas colocações, acerca da estrutura de funcionamento da rede e das interações sociais que ali se desenvolvem, fazem todo o sentido ao pensarmos nos períodos eleitorais, quando é chegado o "tempo da política" — marcado, para o eleitor mediano, pelo início do horário eleitoral (Cervi, 2010) — e, portanto, é preciso decidir em quem votar. Pensar em "líderes de opinião" (ou nos *hubs*) é ainda mais complexo num contexto em que muitos querem ser ouvidos, mas poucos realmente serão. Mesmo nas grandes disputas eleitorais, é preciso destacar que as redes formadas ao redor de candidaturas não são dependentes unicamente dos postulantes: Marina Silva (PV) em 2010, por exemplo, contou com uma rede de apoiadores (dentro e fora da web) que disseminaram em seus grupos sociais as opiniões que formaram a respeito da campanha. Cada apoiador estava ligado aos demais, à candidata e aos membros de seus grupos sociais.

Qual seria, então, a campanha eleitoral mais adequada ao ambiente online? Embora falar seja bem mais fácil do que fazer, a campanha "ideal" seria aquela guiada pela busca de engajamento em diferentes níveis, atendendo ao tipo de envolvimento que cada perfil de cidadão deseje ter com a campanha. Outro aspecto fundamental é a manutenção de espaços de interação "verdadeira" com os simpatizantes e apoiadores, de modo a não somente embasá-los de informações sobre a campanha, mas também responder a possíveis questionamentos e demandas. Com isso, não queremos dizer que o candidato deve se dedicar integralmente a conversar com seus seguidores (conforme apresentado na discussão teórica, os riscos da exposição direta podem ser grandes), mas que seus espaços de campanha online não funcionem como meros "murais" de conteúdos cujo fim esteja pretensamente neles próprios. Não é esse, afinal, o intuito de estar na web.

É possível saber qual a exata influência dos líderes de opinião online? Essa seria uma tarefa bastante ambiciosa — e proporcionalmente interessante —, que não cabe nos propósitos deste trabalho. Nosso intuito foi propor uma atualização do debate acerca dos "influenciadores", no contexto de uma sociedade pensada em redes. Os dados apresentados evidenciam que os indivíduos que já estão familiarizados com o funcionamento da internet e com a busca e apuração de informações foram os mais influentes no processo eleitoral de 2012, nas capitais analisadas. Esses "usuários ávidos" da internet (Aldé, 2011) são, principalmente, os jornalistas e blogueiros no Twitter.

Embora não tenha sido possível estabelecer um padrão de usuários influentes do Twitter nas capitais estudadas, pode-se observar a elevada incidência de jornalistas, políticos e militantes entre os principais *hubs* captados pelo Observatório das Eleições 2012. Por fim, é notável a incidência de pessoas "comuns" (perfis do Twitter não pertencentes a pessoas famosas e com menos de mil seguidores), o que nos leva a reforçar a relativização do conceito clássico de "líderes de opinião" — ou, no mínimo, a propor sua adequação ao contexto atual. O fato de esses perfis aparecerem num *ranking* de usuários influentes é um indício de que a atuação no ambiente online merece abordagens mais qualitativas e aprofundadas que a simples mensuração do número de seguidores — buscamos, neste momento, instigar reflexões a respeito do assunto.

Numa rede sem escalas e, portanto, sem um centro basilar, não cabe pensarmos em meia dúzia de indivíduos, entidades ou instituições capazes de responder pela formação ou pela mudança de opiniões de grupos sociais repletos de diversidades internas. É factível, sim, partir do pressuposto de que cada indivíduo pertence a bem mais que um grupo, o que faz com que seja bastante complexo (e potencialmente problemático) defini-lo a partir de uma pequena parte de suas interações sociais. Para alguns estudiosos ou curiosos, pode parecer desanimador. Para outros, o efeito pode ser instigante. Mas podemos estar certos de que há muito mais a descobrir sobre os nós e *hubs* do ambiente online do que cada um deles expressa em 140 caracteres.

Referências

AGGIO, Camilo. As campanhas políticas no Twitter: uma análise do padrão de comunicação política dos três principais candidatos à presidência do Brasil em 2010. In: ENCONTRO DA ASSOCIAÇÃO BRASILEIRA DOS PESQUISADORES EM POLÍTICA, IV, 2011, Rio de Janeiro.

_____. *Campanhas políticas online*: a discussão do estado da arte seguido de estudo de caso sobre os websites dos candidatos à prefeitura de Salvador em 2008. Dissertação (mestrado) — Programa de Pós-graduação em Comunicação e Cultura Contemporâneas, Universidade Federal da Bahia, Salvador, 2010. Disponível em: <http://poscom.tempsite.ws/wp-content/uploads/2011/05/Camilo-Aggio.pdf>. Acesso em: 18 jul. 2013.

ALDÉ, Alessandra. Cidadãos na rede: tipos de internautas e sua relação com a informação política online. *Contemporânea (UFBA Online)*, v. 9, p. 370-389, 2011.

BARABÁSI, Albert-László. *Linked (conectado)* — a nova ciência dos networks: como tudo está conectado a tudo e o que isso significa para os negócios, relações sociais e ciências. São Paulo: Leopardo, 2009.

BARIZON, Daniele. *Eleições em rede*: a evolução do uso da internet em campanhas presidenciais. São Paulo: Textonovo, 2011.

BERELSON, Bernard; LAZARSFELD, Paul; MCPHEE, William. *Voting*: a study of opinion formation in a presidential campaign. Chicago: The University of Chicago Press, 1954.

CASTELLS, Manuel. *A sociedade em rede*. 8. ed. Rio de Janeiro: Paz e Terra, 2005.

_____. *A sociedade em rede*. Rio de Janeiro: Paz e Terra, 2009a.

_____. *Communication power*. Oxford University Press, 2009b.

CERVI, Emerson Urizzi. O "tempo da política" e a distribuição dos recursos partidários: uma análise do HGPE. *Revista em Debate*, Belo Horizonte, v. 2, n. 8, p. 12-17, 2010.

COSTA, Caio. O papel da internet na conquista dos votos de Marina Silva. *Revista Interesse Nacional*, v. 13, p. 59-75, 2011.

DALTON, Russell. Cognitive mobilization and partisan dealignment in advanced industrial democracies. *The Journal of Politics*, v. 46, n. 1, p. 264-284, 1984.

DELEUZE, Giles. *Conversações*. São Paulo: Ed. 34, 1992.

FIGUEIREDO, Marcus et al. Estratégias de persuasão em eleições majoritárias: uma proposta metodológica para o estudo da propaganda eleitoral. In: FIGUEIREDO, Rubens (Org.). *Marketing político e persuasão eleitoral*. São Paulo: Fundação Konrad Adenauer, 2000. p. 147-203.

FIGUEIREDO, Marcus. *A decisão do voto*: democracia e racionalidade. 2. ed. Belo Horizonte: Editora UFMG, 2008.

GOMES, Wilson et al. Politics 2.0: a campanha *online* de Barack Obama em 2008. In: ENCONTRO DA COMPÓS, XVIII, 2009, Belo Horizonte.

GRANOVETTER, Mark. The strength of weak ties. *American Journal of Sociology*, v. 78, n. 6, p. 1360-1380, 1973.

_____. The strength of weak ties: a network theory revisited. *Sociological Theory*, v. 1, n. 1, p. 201-233, 1983.

JENKINS, Henry. *Cultura da convergência*. São Paulo: Aleph, 2008.

KATZ, Elihu; LAZARSFELD, Paul. *Personal influence*: the part played by people in the flow of mass communications. Glencoe, Il: Free Press, 1955.

KAUFMAN, Dora. A força dos laços fracos de Mark Granovetter no ambiente do ciberespaço. *Galáxia. Revista do Programa de Pós-Graduação em Comunicação e Semiótica*, v. 12, n. 23, p. 207-218, 2012.

LEMOS, André; LÉVY, Pierre. *O futuro da internet*: em direção a uma ciberdemocracia planetária. São Paulo: Paulus, 2010.

LÉVY, Pierre. *As tecnologias da inteligência*: o futuro do pensamento na era da informática. São Paulo: Editora 34, 1993.

_____. *Cibercultura*. 2. ed. São Paulo: Editora 34, 2000.

MAIA, Rousiley; GOMES, Wilson; MARQUES, Francisco (Org.). *Internet e participação política no Brasil*. Porto Alegre: Sulina, 2011.

MALINI, Fabio. *A Batalha do Vinagre*: por que o #protestoSP não teve uma, mas muitas hashtags. Disponível em: <www.labic.net/cartografia-das-controversias/a-batalha-do-vinagre-por-que-o-protestosp-nao-teve-uma-mas-muitas-hashtags/>. Acesso em: 18 jul. 2013.

MARQUES, Francisco Paulo Jamil; SAMPAIO, Rafael. Internet e eleições 2010 no Brasil: rupturas e continuidades nos padrões mediáticos das campanhas políticas online. *Revista Galáxia*, São Paulo, n. 22, p. 208-221, dez. 2011.

MUTZ, Diana. *Hearing the other side*: deliberative versus participatory democracy. Cambridge: Cambridge University Press, 2006.

NORRIS, P. *Critical citizens*: global support for democratic governance. Oxford: Oxford University Press, 1999.

PARISER, Eli. *O filtro invisível*: o que a internet está escondendo de você. Rio de Janeiro: Zahar, 2012.

PUTNAM, Robert. Bowling alone. *Journal of Democracy*, v. 6, n. 1, p. 65-78, 1995.

____. *Comunidade e democracia*: a experiência da Itália moderna. 5. ed. Rio de Janeiro: Editora FGV, 2006.

QUAN-HAASE, Anabel; WELLMAN, Barry. How does the internet affect social capital. *Social Capital and Information Technology*, v. 113, p. 113-135, 2004.

RECUERO, Raquel; ZAGO, Gabriela. Em busca das "redes que importam": redes sociais e capital social no Twitter. In: CONGRESSO DA COMPÓS, XVIII, 2009, Belo Horizonte.

RESENDE, João Francisco; CHAGAS, Juliana. Eleições no Brasil em 2010: comparando indicadores político-eleitorais em *surveys* e na internet. In: CONGRESSO LATINO-AMERICANO DE OPINIÃO PÚBLICA DA WAPOR, IV, 2011, Belo Horizonte.

ROSSINI, Patricia; LEAL, Paulo Roberto. Efeitos da campanha virtual no universo das mídias sociais: o comportamento do eleitor no Twitter nas Eleições 2010. *Compolítica*, v. 3, n. 1, p. 7-28, 2013.

SILVA, Regina H. A. da; COSTA, Frederico; REIS, Bruno W. A eleição de 2010 observada a partir da web: os usos (e abusos?) de novos veículos de participação pública. In: CONGRESSO LATINO-AMERICANO DE OPINIÃO PÚBLICA DA WAPOR, IV, 2011, Belo Horizonte.

SHIRKY, Clay. *A cultura da participação*: criatividade e generosidade no mundo conectado. Rio de Janeiro: Zahar, 2011.

SPECK, Bruno; CARNEIRO, José Mario (Org.). *Candidatos, partidos e coligações nas eleições municipais de 2012*. Rio de Janeiro: Fundação Konrad Adenauer, 2013.

STROMER-GALLEY, Jennifer. On-line interaction and why candidates avoid it. *Journal of Communication*, v. 50, n. 4, p. 111-132, 2000.

TELLES, Helcimara et al. *Internautas, verdes e pentecostais*: novos padrões de comportamento político no Brasil? In: _____; MORENO, Alejandro. *Comportamento eleitoral e comunicação política na América Latina*. Belo Horizonte: Editora UFMG, 2013. p. 152-220.

ZAGATO, Alessandro. O acontecimento como fronteira de uma situação histórico-social. *Arquivos da Memória*, n. 2, p. 84-101, 2007.

Base de dados

Observatório das Eleições 2012 — *Ranking* de usuários influentes do Twitter. Disponível em: <http://observatorio.inweb.org.br/eleicoes2012/autores/influentes>. Acesso em: 19 jul. 2013.

Sobre os autores

ANTONIO LAVAREDA é doutor em ciência política pelo Instituto Universitário de Pesquisas do Estado do Rio de Janeiro. Diretor-presidente da MCI-Estratégia; presidente do Conselho Científico do Instituto de Pesquisas Sociais, Políticas e Econômicas (Ipespe); fundador do NeuroLab Brasil — Laboratório de Neurociência Aplicada; professor colaborador da pós-graduação em ciência política da UFPE. Coorganizador de *Voto e estratégia de comunicação política na América Latina* (2015) e *Como o eleitor escolhe seu prefeito: campanha e voto nas eleições municipais* (2011). Autor, entre outros, de *Emoções ocultas e estratégias eleitorais* (2009) e *Democracia nas urnas* (1999).

HELCIMARA TELLES é doutora em ciência política pela Universidade de São Paulo, com pós-doutorado na Universidad Complutense de Madrid (Espanha) e na Universidad de Salamanca (Espanha). Professora da Universidade Federal de Minas Gerais (UFMG), coordenadora do Grupo de Pesquisa "Opinião Pública, Marketing Político e Comportamento Eleitoral" na mesma instituição. Possui inúmeros artigos em revistas nacionais e internacionais. Coorganizadora de *Voto e estratégia de comunicação política na América Latina* (2015), *Comportamento eleitoral e comunicação política: o eleitor latino-americano* (2013), *Como o eleitor escolhe seu prefeito: campanha e voto nas eleições municipais* (2011), *Das ruas às urnas: eleições no Brasil contemporâneo* (2004), entre outros.

André Jácomo é mestre em ciência política pela Universidade de Brasília. Atualmente é professor do Centro Universitário do Distrito Federal e gestor de pesquisas de opinião da FSB Pesquisa.

Antonio Carlos Alkmim é doutor em ciência política pelo Instituto Universitário de Pesquisas do Estado do Rio de Janeiro (Iuperj). Atualmente é pesquisador do Instituto Brasileiro de Geografia e Estatística (IBGE) e professor da Pontifícia Universidade Católica do Rio de Janeiro (PUC-Rio).

Bartira Lins é mestra em economia internacional pela Université Pierre Mendès-France (França) e doutoranda em ciência política pela Universidade Federal de Pernambuco (UFPE).

Bonifácio Andrade é mestre em ciências sociais pela Universidade Federal de Pernambuco (UFPE). Atualmente é membro da diretoria do Instituto de Pesquisas Sociais Políticas e Econômicas (Ipespe).

Bruno Wilhelm Speck é doutor em ciência política pela Albert-Ludwigs-Universität Freiburg (Alemanha) com pós-doutorado em direito penal comparativo pela mesma instituição, além de pós-doutorados na Freie Universität Berlin (Alemanha) e no Massachusetts Institute of Technology (EUA). Atualmente é professor da Universidade de São Paulo (USP).

Cláudio Penteado é doutor em ciências sociais pela Pontifícia Universidade Católica de São Paulo (PUC-SP). Atualmente é professor da Universidade Federal do ABC (UFABC).

Denise Paiva Ferreira é doutora em ciência política pela Universidade de São Paulo, com pós-doutorado no Kellogg Institute for International Studies, University of Notre Dame (EUA). Atualmente é professora da Universidade Federal de Goiás (UFG).

Emerson Urizzi Cervi é doutor em ciência política pelo Instituto Universitário de Pesquisas do Estado do Rio de Janeiro (Iuperj) e realizou estágio pós-doutoral na Universidad de Salamanca (Espanha). Atualmente é professor da Universidade Federal do Paraná (UFPR).

Enivaldo Rocha é doutor em engenharia de produção pela Universidade Federal do Rio de Janeiro (UFRJ). Atualmente é professor da Universidade Federal de Pernambuco (UFPE).

Fábio Vasconcellos é doutor em ciência política pelo Instituto de Estudos Sociais e Políticos da Universidade Estadual do Rio de Janeiro (Uerj). Atualmente é professor da Uerj e da Escola Superior de Propaganda e Marketing (ESPM) no Rio de Janeiro.

Felipe Borba é doutor em ciência política pelo Instituto de Estudos Sociais e Políticos da Universidade Estadual do Rio de Janeiro (Uerj). Atualmente é professor da Universidade Federal do Estado do Rio de Janeiro (Unirio).

Gláucio Ary Dillon Soares é doutor em ciências sociais pela Washington University of Saint Louis Mo. (EUA). Livros publicados recentemente: *Não matarás* e *Por que cresce a violência no Brasil?*. Atualmente é professor do Instituto de Estudos Sociais e Políticos (Iesp-Uerj).

Gustavo Venturi é doutor em ciência política pela Universidade de São Paulo (USP). Atualmente é professor da mesma instituição.

Heloísa Dias Bezerra é doutora em ciência política pelo Instituto Universitário de Pesquisas do Estado do Rio de Janeiro (Iuperj). Atualmente é professora da Universidade Federal de Goiás (UFG).

José Roberto de Toledo é jornalista pela Universidade de São Paulo (USP). Atualmente é conselheiro da Associação Brasileira de Jornalismo Investigativo, e colunista do jornal *O Estado de S. Paulo*.

Luciana Fernandes Veiga é doutora em ciência política pelo Instituto Universitário de Pesquisas do Estado do Rio de Janeiro (Iuperj). Atualmente é professora da Universidade Federal do Estado do Rio de Janeiro (Unirio).

Marcelo Simas é doutor em ciência política pelo Instituto Universitário de Pesquisas do Estado do Rio de Janeiro (Iuperj). Atualmente é professor da Universidade Candido Mendes (Ucam).

Márcia Cavallari Nunes é mestra em ciência política com concentração em pesquisas de opinião pública pela Connecticut University (EUA). Atualmente ocupa o cargo de *chief executive officer* do Ibope Inteligência.

Marcos Tavares Pedro é especialista em finanças coorporativas pela AVM Educacional e mestrando em ciência política pelo Instituto Universitário de Pesquisas do Estado do Rio de Janeiro (Iuperj). Atualmente é professor da Universidade Candido Mendes (Ucam).

Maria Teresa Miceli Kerbauy é doutora em ciências sociais pela Pontifícia Universidade Católica de São Paulo (PUS-SP) com pós-doutorado em ciência política pela Universidad Iberoamérica (Espanha). Atualmente é professora da Universidade Estadual Paulista Júlio de Mesquita Filho (Unesp).

Mathieu Turgeon é doutor em ciência política pela University of Texas at Austin (EUA). Atualmente é professor do Instituto de Ciência Política da Universidade de Brasília (UnB).

Nayla Lopes é mestra em ciência política pela Universidade Federal de Minas Gerais (UFMG). Atualmente é técnica em informações geográficas e estatísticas da Fundação Instituto Brasileiro de Geografia e Estatística (IBGE) e pesquisadora do Grupo de Pesquisa "Opinião Pública, Marketing Político e Comportamento Eleitoral" da Universidade Federal de Minas Gerais (UFMG).

Paulo Victor Melo é mestre em ciência política pela Universidade Federal de Minas Gerais (UFMG) e doutorando em ciência política na mesma instituição, com estágio doutoral na Universidad Complutense de Madrid (Espanha). É pesquisador do Grupo de Pesquisa "Opinião Pública, Marketing Político e Comportamento Eleitoral" da UFMG.

Pedro Floriano Ribeiro é doutor em ciência política pela Universidade Federal de São Carlos, com doutorado-sanduíche na Universidad de Salamanca (Espanha). Atualmente é professor da Universidade de São Carlos (UFSCar).

Pedro Fraiha é economista e mestre em ciência política pela Universidade Federal de Minas Gerais (UFMG). Atualmente é pesquisador do Grupo de Pesquisa "Opinião Pública, Marketing político e Comportamento Eleitoral" da mesma instituição.

Pedro Santos Mundim é doutor em ciência política pelo Instituto Universitário de Pesquisas do Estado do Rio de Janeiro (Iuperj) com pós-doutorado em comunicação social na Universidade Federal de Minas Gerais (UFMG). Atualmente é professor da Universidade Federal de Goiás (UFG).

Regina Helena é doutora em história social pela Universidade de São Paulo com pós-doutorado em arquitetura e urbanismo pela Universidade Federal da Bahia (UFBA) e em cidades e culturas urbanas pelo Centro de Estudos Sociais da Universidade de Coimbra (Portugal). Atualmente é professora da Universidade Federal de Minas Gerais (UFMG).

Sandra Avi dos Santos é mestra em ciência política pela Universidade Federal do Paraná (UFPR). Atualmente é doutoranda em sociologia pela mesma instituição na linha Sociedade e Política nas Democracias Contemporâneas.

Silvana Krause é doutora em ciência política pela Katholische Universität Eichstätt — Ingolstadt (Alemanha). Atualmente é professora da Universidade Federal do Rio Grande do Sul (UFRGS).

Sonia Terron é doutora em ciência política pelo Instituto Universitário de Pesquisas do Estado do Rio de Janeiro (Iuperj). Atualmente é pesquisadora do Instituto Brasileiro de Geografia e Estatística (IBGE) e coordena o Espacio Alacip — Grupo de Investigação em Análise Espacial na América Latina.

THIAGO SAMPAIO é doutor em ciência política pela Universidade Federal de Minas Gerais (UFMG). Atualmente é coordenador do Programa de Pós-Graduação em Políticas Públicas da Universidade Federal do Pampa (Unipampa) e pesquisador do Grupo de Pesquisa "Opinião Pública, Marketing Político e Comportamento Eleitoral" da Universidade Federal de Minas Gerais (UFMG).

WLADIMIR GRAMACHO é doutor em ciência política pela Universidad de Salamanca (Espanha). Atualmente é professor da Universidade de Brasília (UnB).

Impressão e acabamento: